ものと人間の文化史 191

鷹

根崎光男

法政大学出版局

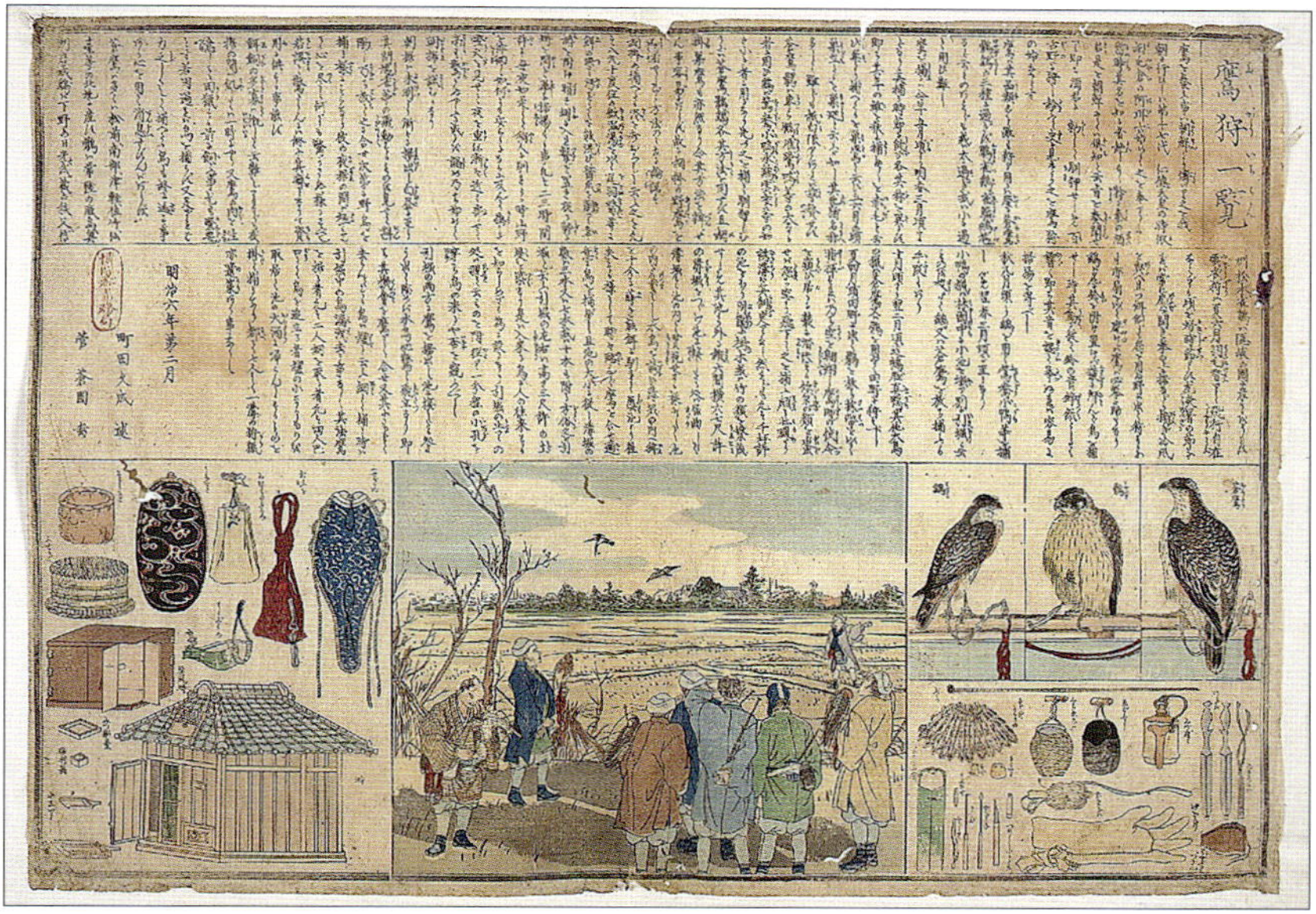

① 鷹狩一覧（「産物一覧」）。町田久成撰・菅蒼圃画
(国立公文書館蔵。本文 15 頁参照)

② 鶴御成（「千代田之御表 鶴御成」）。 楊洲周延画
(本文 31-32 頁参照)

③　鷹を据えた男性埴輪（オクマン山古墳出土）
（群馬県太田市立新田荘歴史資料館蔵。太田市教育委員会提供。本文 39 頁参照）

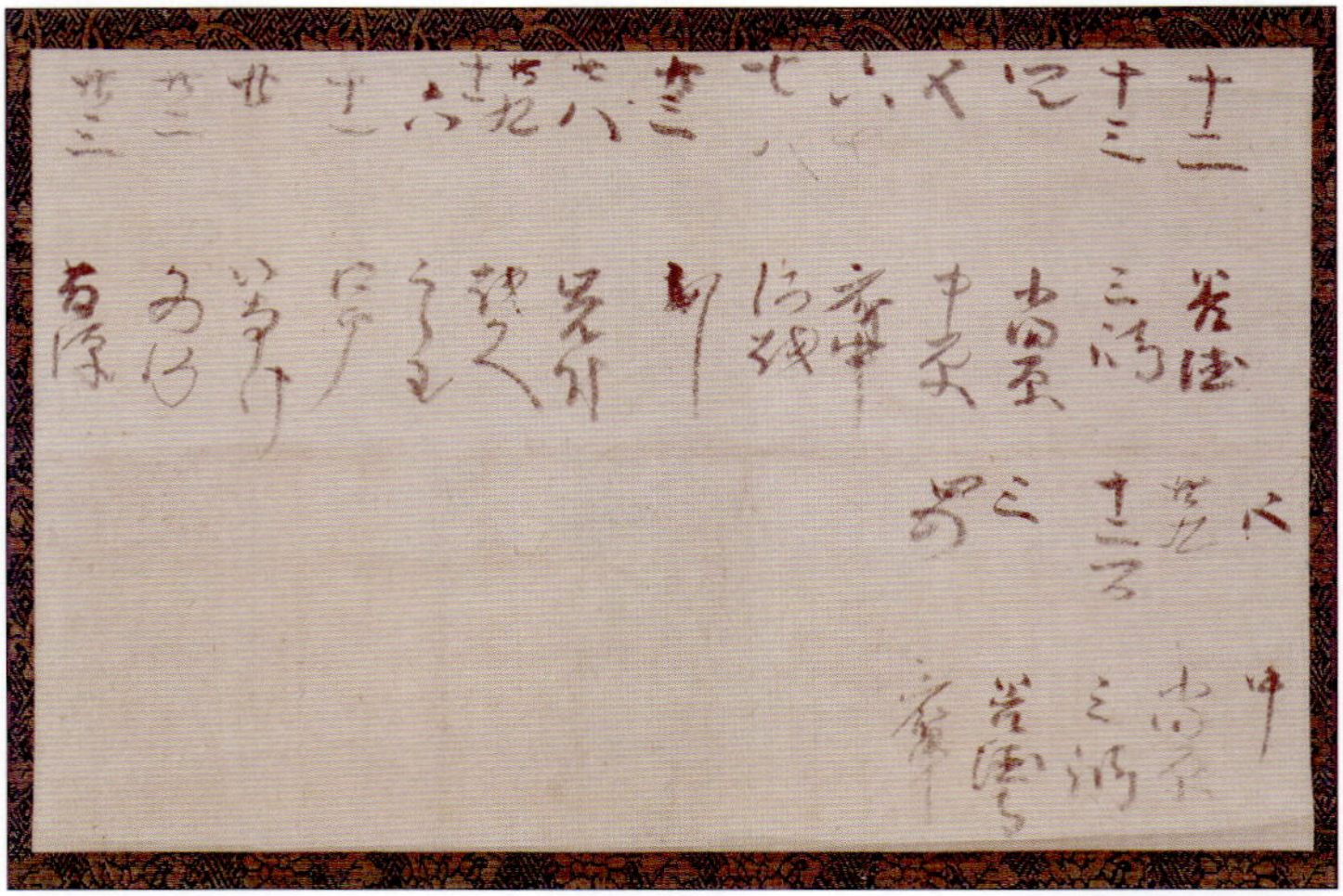

⑤　御鷹野道中宿付（慶長 15 年）
（徳川記念財団蔵。本文 76 頁参照）

④　富士の巻狩（「曽我物語絵巻」部分）
（箱根町立郷土資料館蔵。本文 55 頁参照）

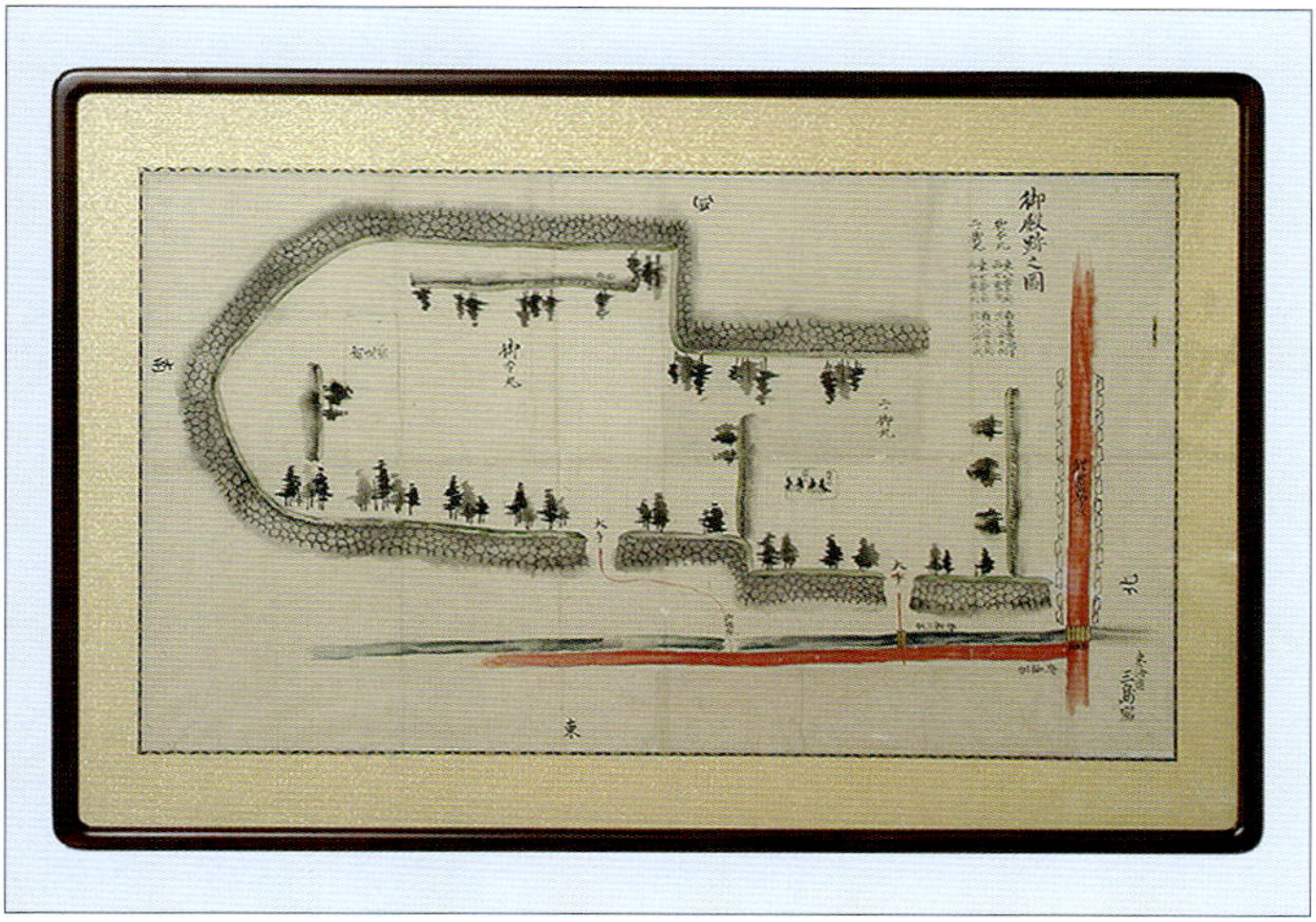

⑥　（三島）御殿跡之図（宝永４年４月）
（三島市郷土資料館蔵。本文 77 頁参照）

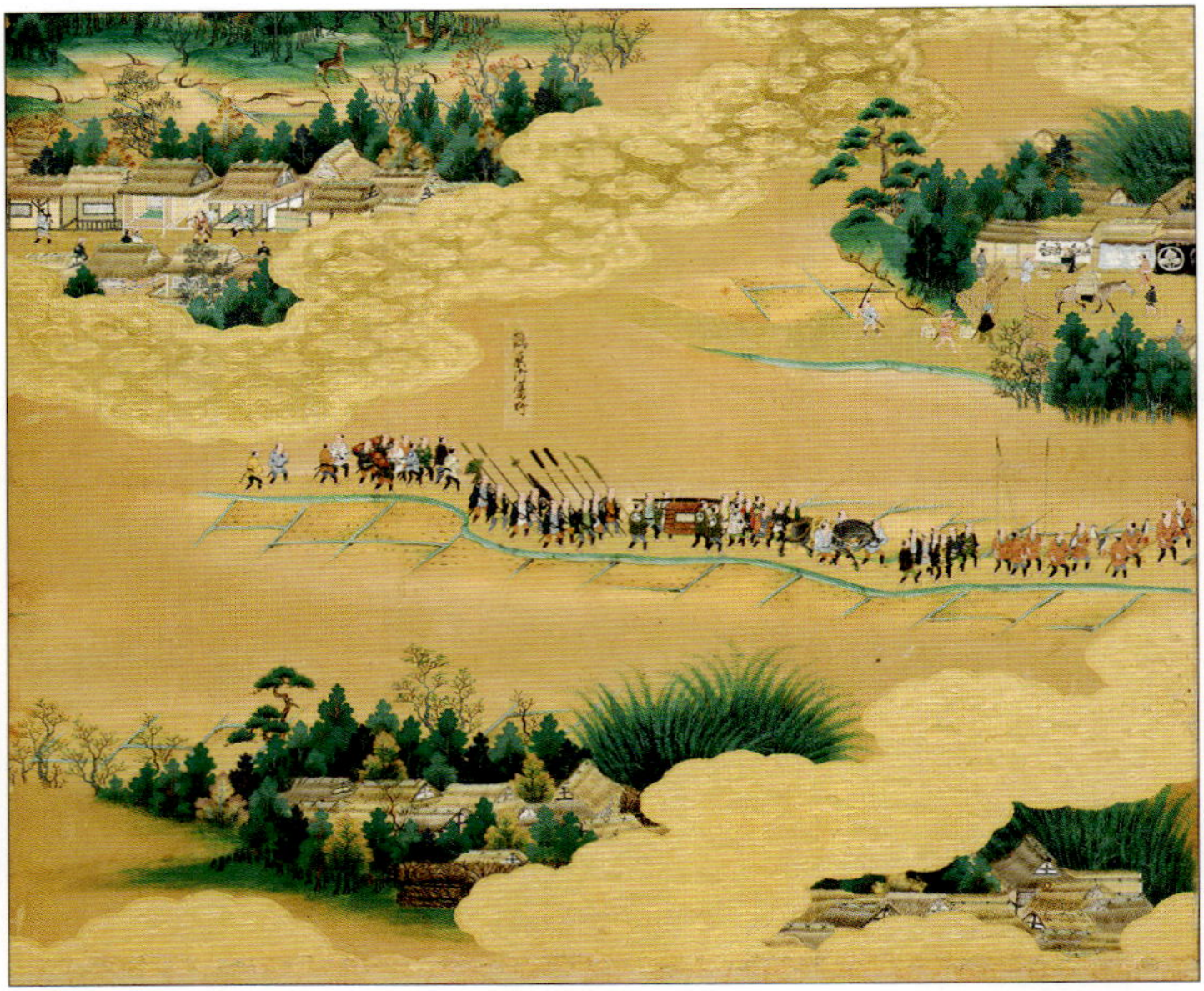

⑦　江戸図屏風右隻（部分）・鴻巣御鷹野
（国立歴史民俗博物館蔵。本文 89 頁参照）

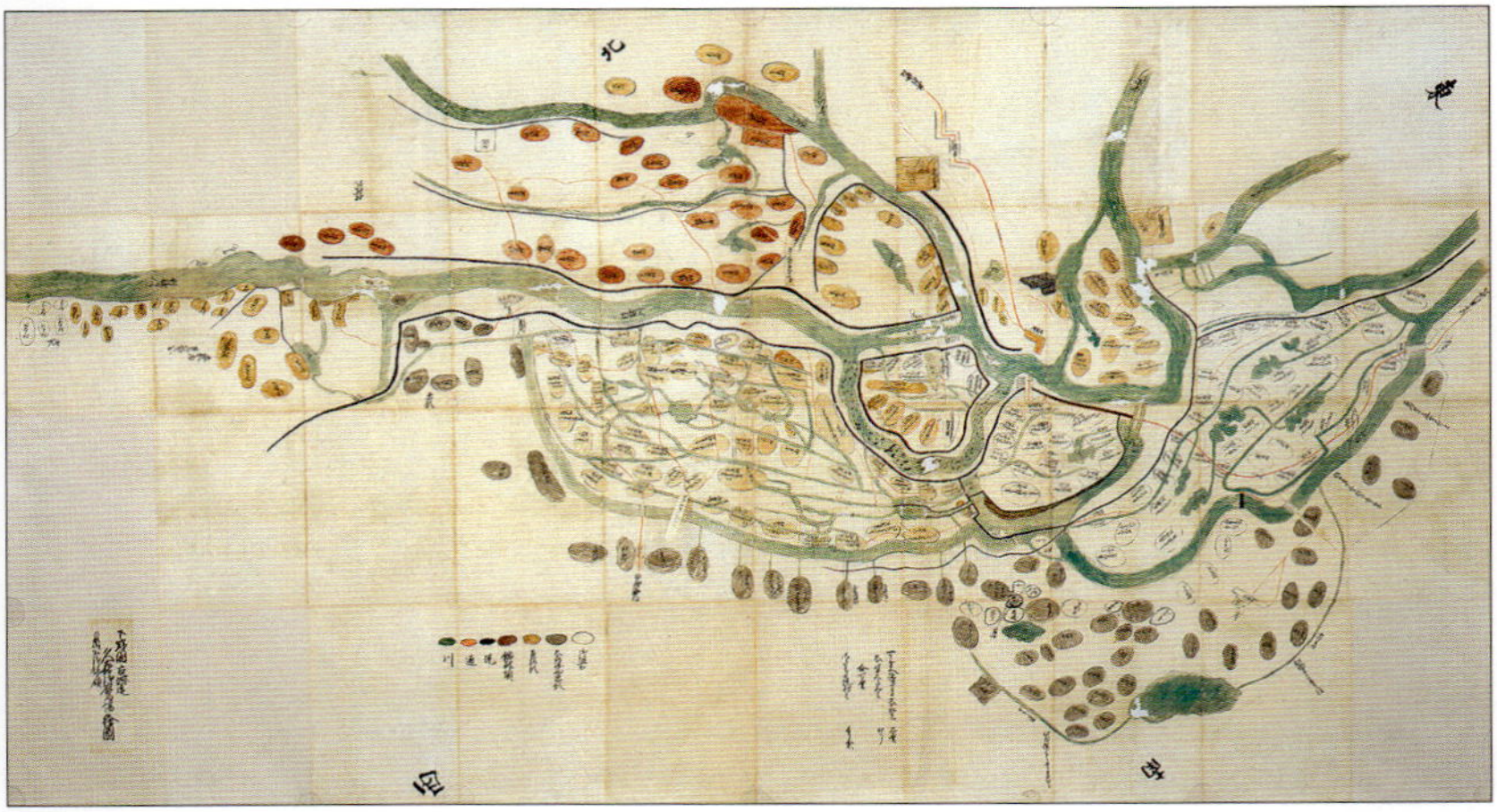

⑧　久喜御鷹場絵図
（仙台市博物館蔵。本文 86 頁参照）

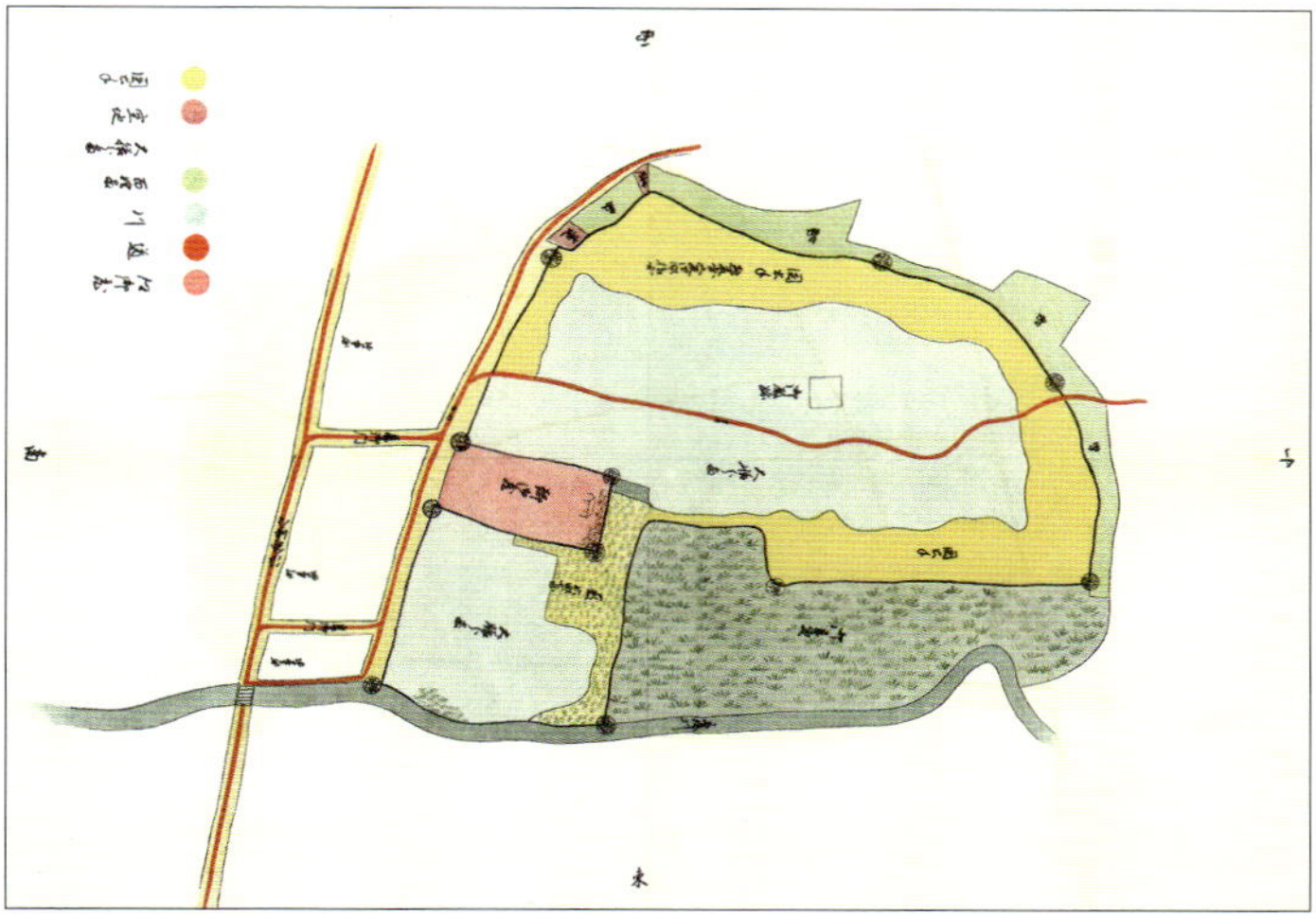

⑨　船橋御殿地絵図（宝永４年４月）
（『船橋市史』前篇、附図。本文 75-76 頁参照）

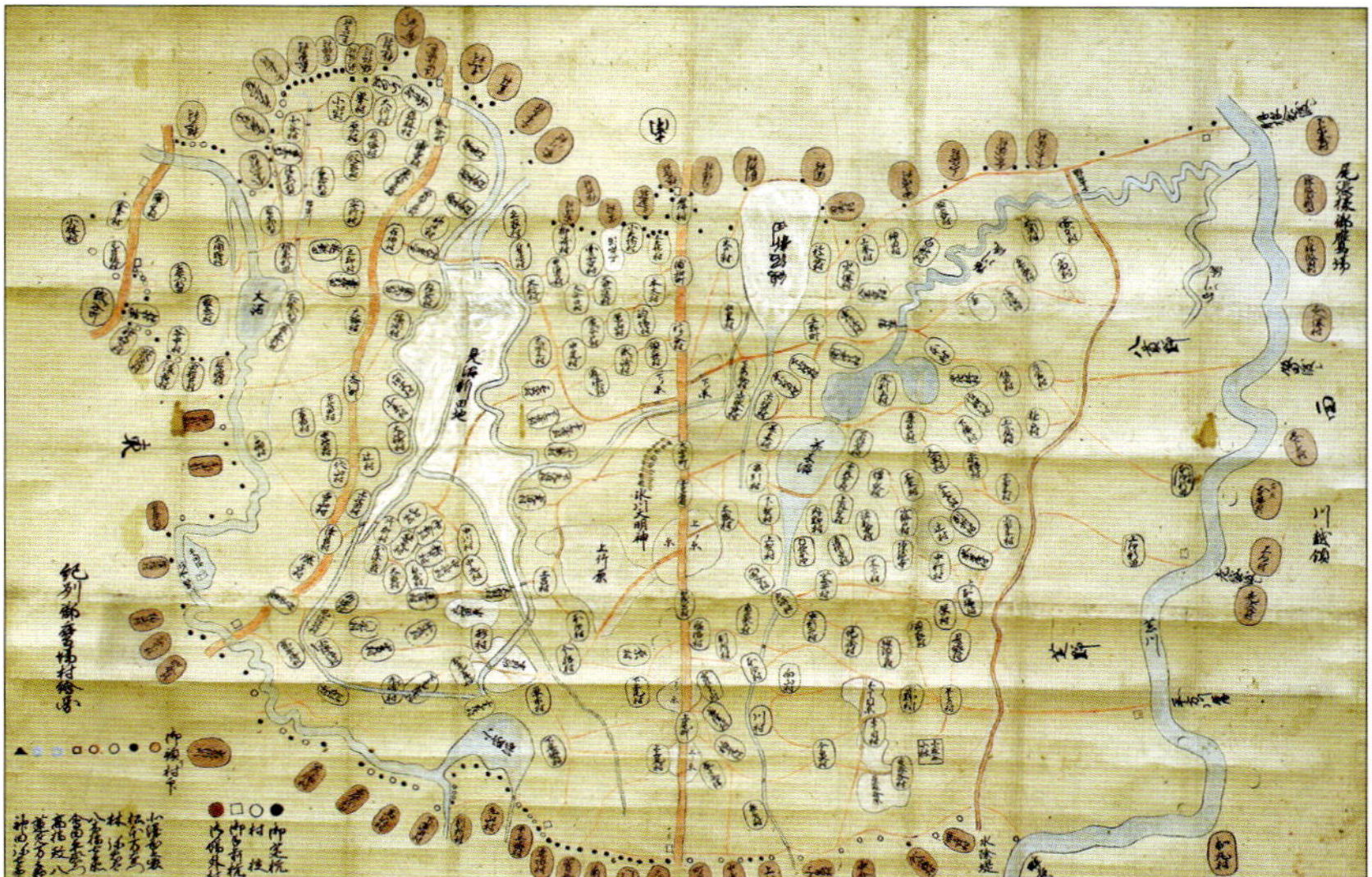

⑩　紀州御鷹場村絵図
（埼玉県立文書館収蔵「会田家文書」No.1924。本文 126 頁参照）

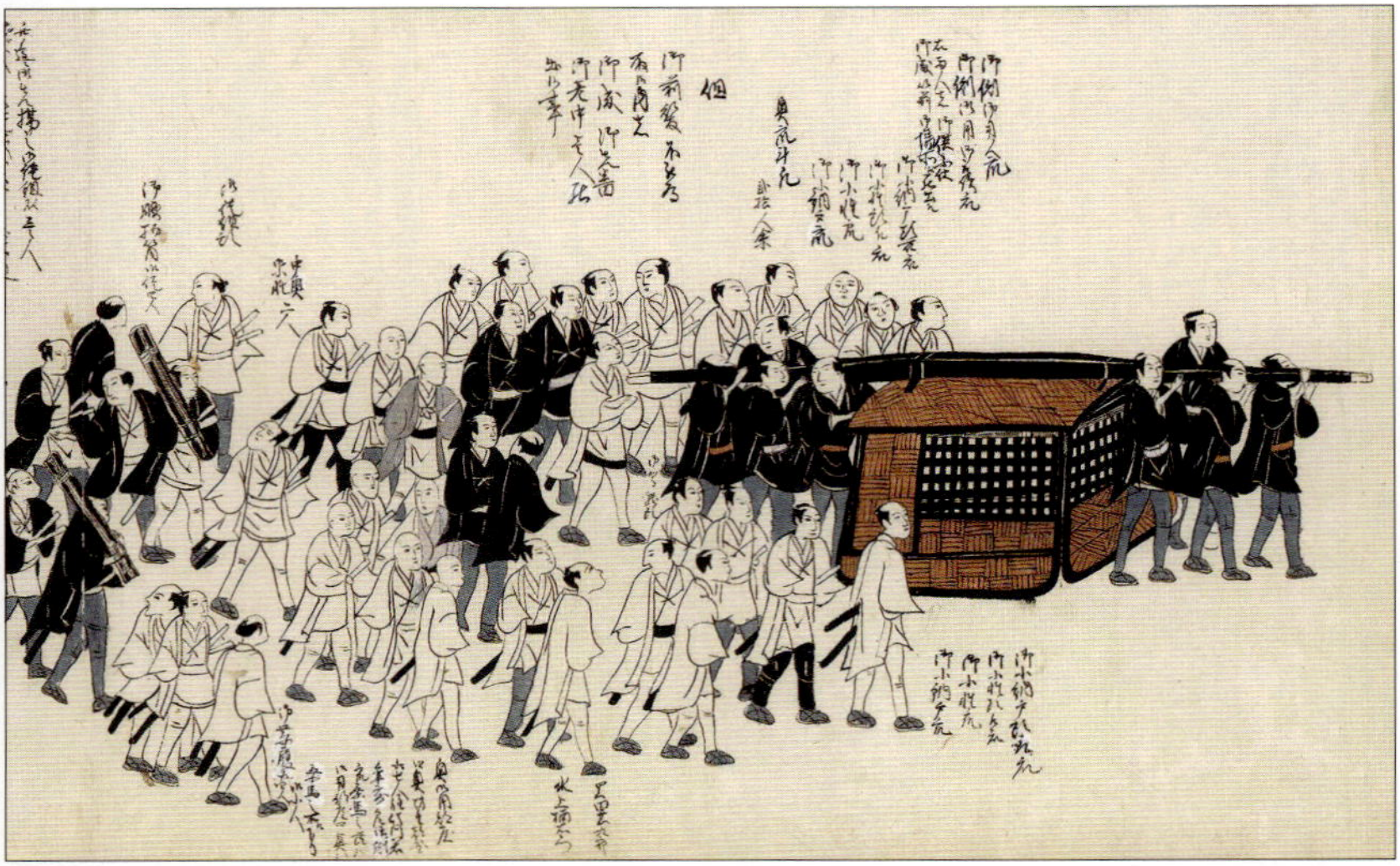

⑪　御鷹野御成図（部分。将軍が乗った御駕籠と警固役人）
（茨城県龍ヶ崎市歴史民俗資料館蔵。本文 114-115 頁参照）

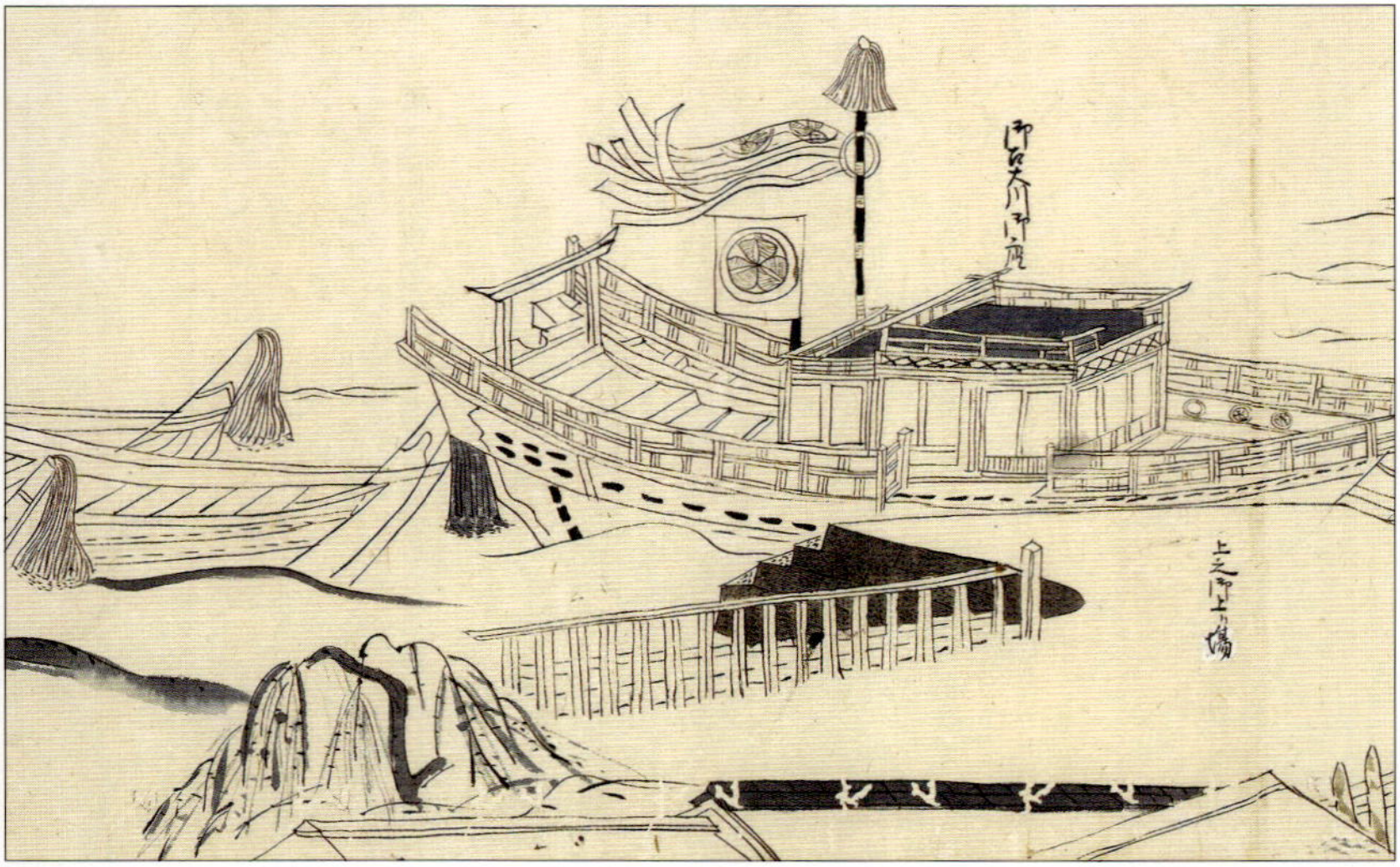

⑫　御鷹野御成図（部分。将軍が乗った御座船）
（茨城県龍ヶ崎市歴史民俗資料館蔵。本文 114-115 頁参照）

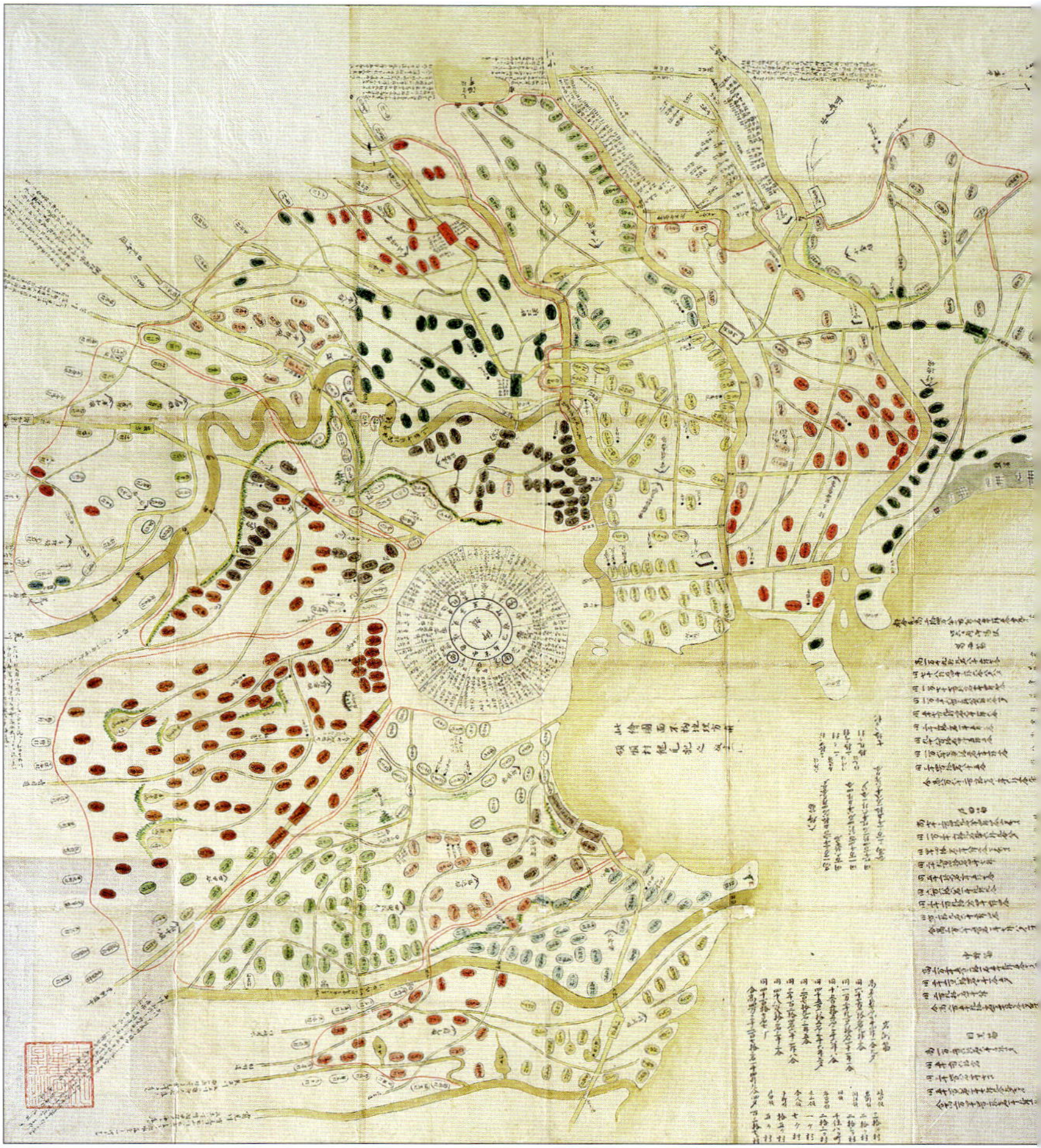

⑬　江戸近郊御場絵図
(国立公文書館蔵。本文 119-121 頁参照)

⑭　浜御殿（千代田之御表・浜御殿」）
（著者蔵。本文 139 頁参照）

⑯　荒木十畝「柏白鷹（絶筆）」（昭和 19 年）
（個人蔵。本文 248 頁参照）

⑮　駒場野（江戸名所図会）
（著者蔵。本文 138 頁参照）

⑰　池上秀畝「松に白鷹図」
（昭和３年）
（オーストラリア大使館蔵。本文 249 頁参照）

（本文 245–247 頁参照）

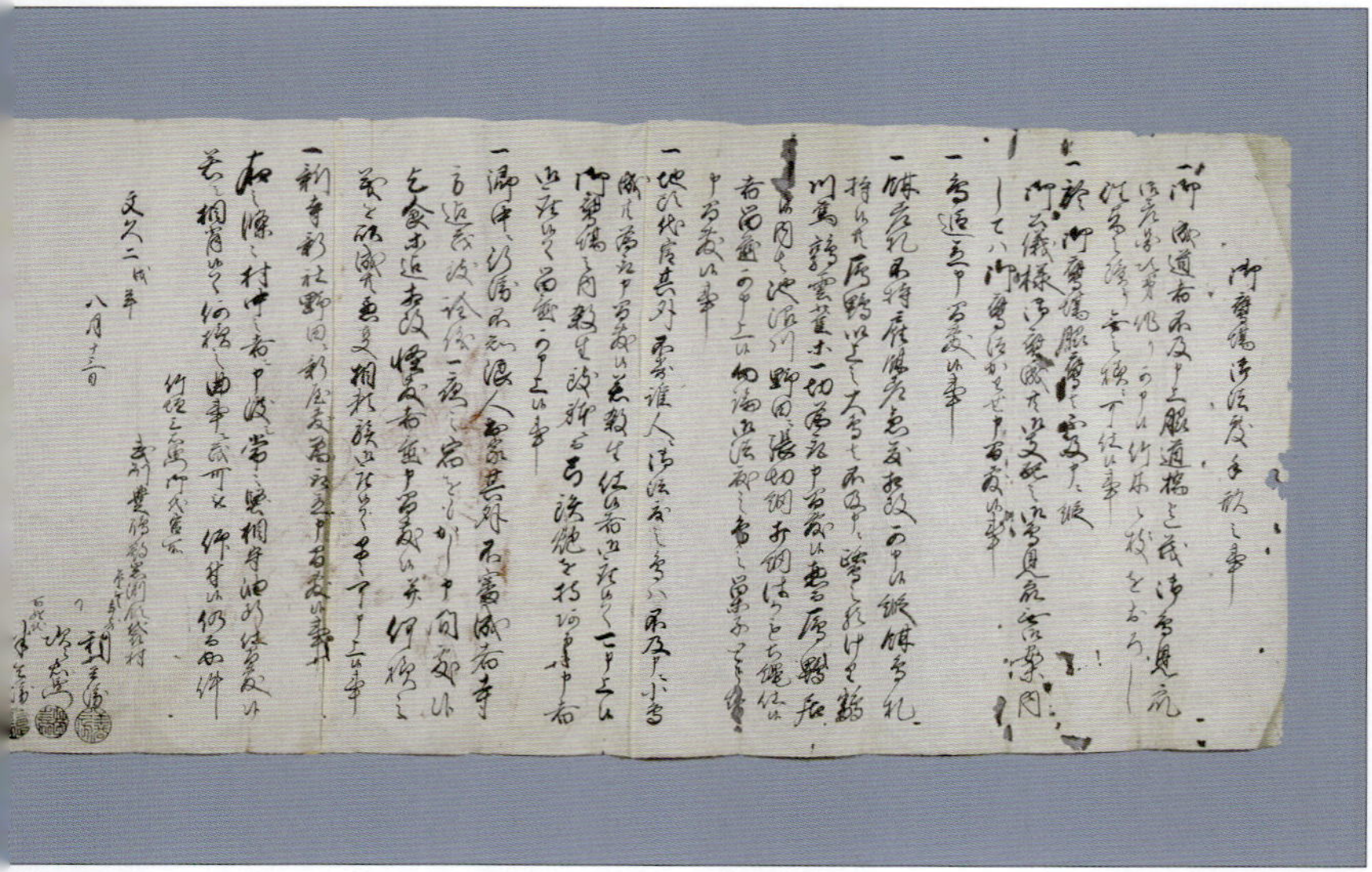

⑲　御鷹場御法度手形之事
（「松澤家文書」東京都北区立中央図書館保管。本文 213–215 頁参照）

⑱ 久隅守景「鷹狩図屏風」（右：右隻の右から四扇。左：左隻の左から四扇）
（東京・日東紡績株式会社蔵。画像提供：東京国立博物館 Image: TNM Image Archives）

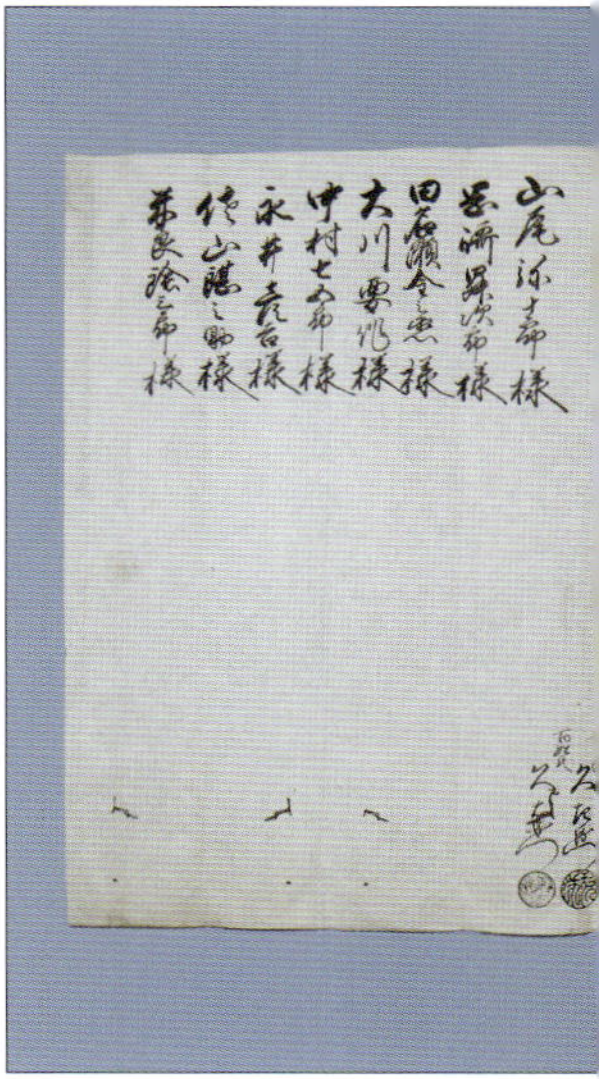

⑳ 小林観爾「鷹図」
（著者蔵。本文 249 頁参照）

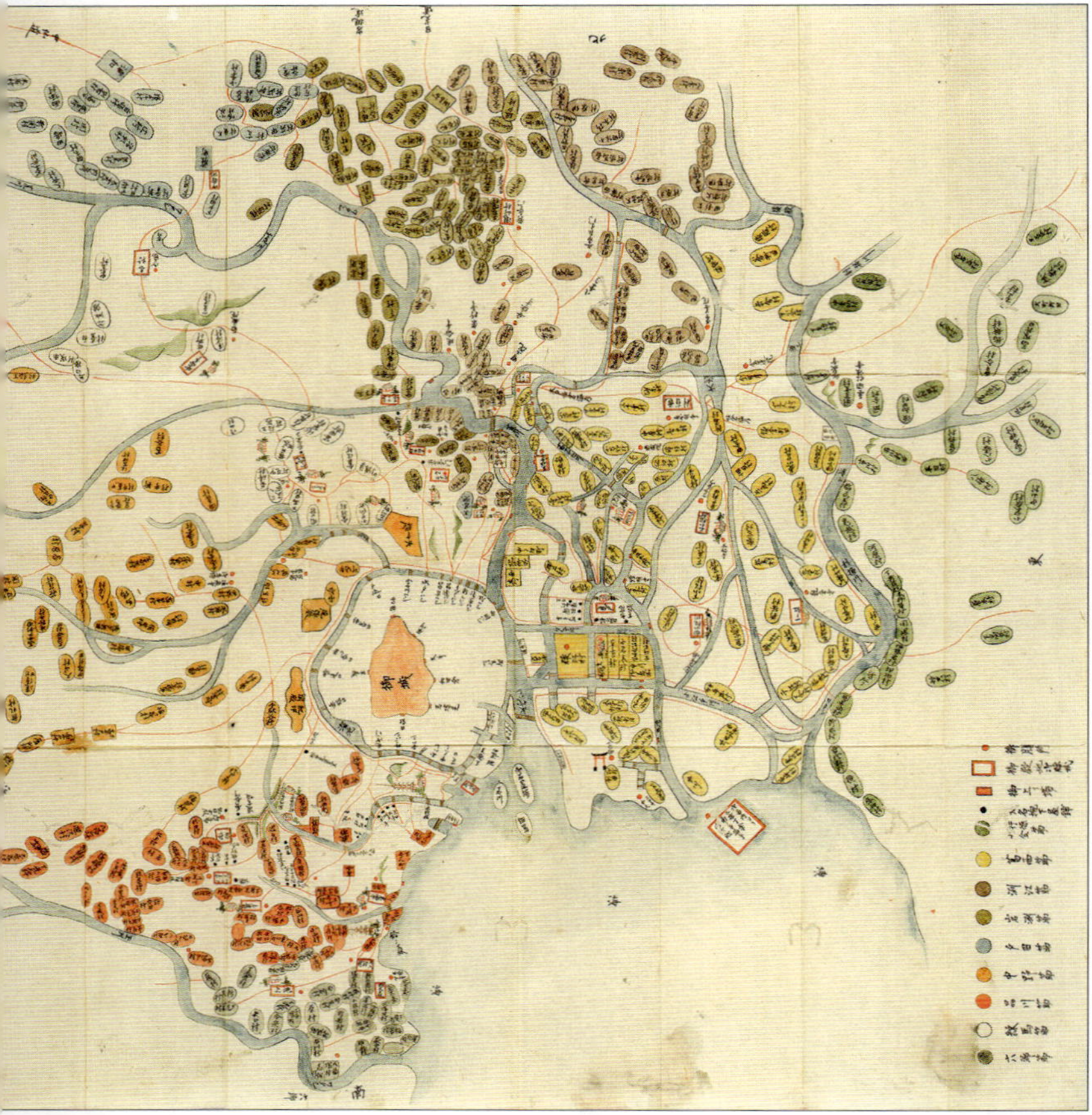

㉑　江戸五里四方御鷹場絵図
（国立歴史民俗博物館蔵。本文 251–253 頁参照）

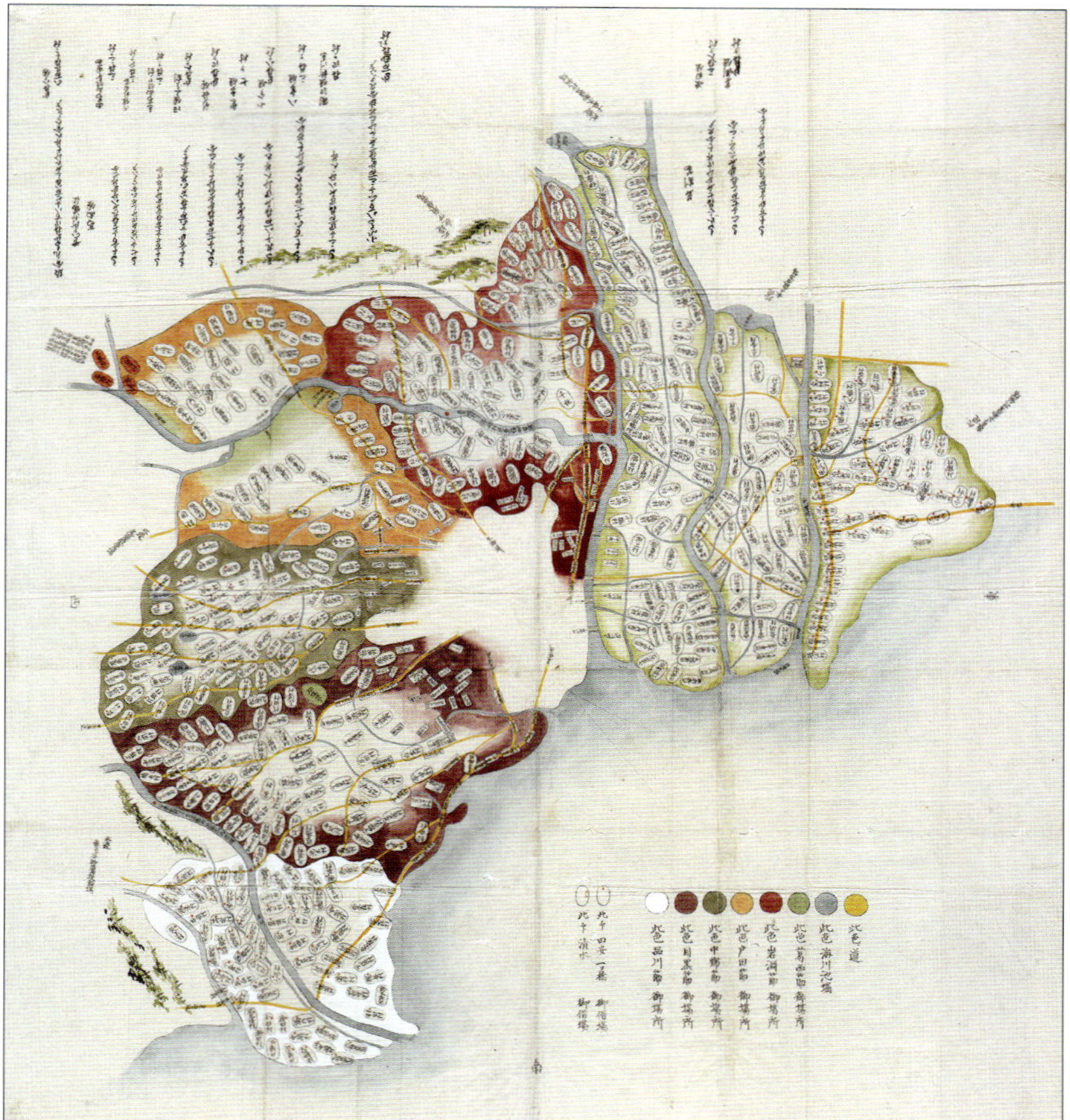

㉒ 御城より五里四方鷹場惣小絵図
（東京都立大学図書館蔵「堀江家文書 S15」。本文 253–254 頁参照）

㉓　新浜鴨場の元溜。元溜の池では、数多くの野鴨などが羽を休めている。
（宮内庁提供。本文 271 頁参照）

㉔　埼玉鴨場の元溜。ここには、野鴨などの渡り鳥が越冬のため飛来している。
（宮内庁提供。本文 271–272 頁参照）

まえがき

私たちの日常の生活空間で鷹を見ることは少ない。しかし、鷹は必ずしも奥深い森林だけを住処《すみか》にしているわけではなく、給餌できる条件が整えば人が暮らす平野部の山林や海岸でも見ることができる。鷹は鷲とともに空の王者といわれ、鳥類のなかでは食物連鎖の頂点に君臨している。空を飛ぶ佇《たたず》まいは優雅であるが、いざ樹上に止まって獲物をねらい、上空から急襲するさまは狩人そのものである。そして、鷹の鋭い目つき、強靭な爪、鉤《かぎ》型に曲がった嘴《くちばし》は、その怖さを象徴するものとなっている。この鷹は、前近代社会において「御鷹《おたか》」と呼び習わされ、人々を平伏させ震え上がらせる存在であった。

いっぽう、「能ある鷹は爪を隠す」「鵜《う》の目鷹の目」「鳶《とび》が鷹を生む」「鷹は飢えても穂を摘まず」などの諺があるように、人は古くから鷹に「速く飛び、力強く、賢い」というイメージを抱き、憧れを抱いてきた。そして、人はそうした鷹に縁起をかつぎ、「一富士、二鷹、三茄子《なすび》」の諺があるように、江戸時代以来、新年の初夢で鷹を見ると縁起がよいと考えてきた。古今東西、人の鷹への認識が大変似通っていることには驚かされる。

ところで、自然の生態系のもとにいる鷹は、どちらかといえば人目につかないところにおり、人にとって決して身近な存在ではない。鷹はそうしたところで長い歴史を歩んできたのだろうが、人が知っている鷹の歴史は主として鷹狩とのかかわりにおいてである。鷹の歴史はそのまま放鷹《ほうよう》（鷹狩）の歴史といっても過言ではないほど、人は鷹と密接な関係を築いてきたのである。

鷹の文献への登場は、『日本書紀』までさかのぼる。その記事には、仁徳天皇の時代に朝鮮半島西南部の百済《くだら》に生息している「倶知《くち》」という鳥が天皇に献上され、百済系渡来人がこれを飼い慣らして天皇に使わせたところ、数十羽の雉《きじ》を捕獲したという。この「倶知」が今でいう鷹であると述べられている。つまり、鷹狩が外来文化として日本に伝わり、天皇を中心とした律令国家の組織内に鷹関連役人が位置づけられ、日本に根づいたものであることを雄弁に物語っているのである。

鷹狩は、古代から現代にいたるまで連綿と継承されてきている。このなかで、前近代社会においては権力者のみが鷹狩をおこない、身分の低い公人や一般民衆は権力者がつくった放鷹制度の維持のために駆り出され、それに奉仕することが強制されてきた。いっぽう、こうした長い鷹狩の歴史のなかで、鷹や鷹狩にかかわるさまざまな文化が生み出されていった。今でも、鷹を飼養し、鷹狩の伝統を継承しようとその訓練に励む人々がいるほか、鷹にかかわる文化は社会のなかに大きな広がりをもっている。このように、人は鷹と長い歴史を築き、放鷹文化を育んできたのである。

これまで、そうした鷹・鷹狩の通史といえば、昭和六年（一九三一）十二月、宮内省式部職によって編まれた『放鷹』に負うところが大きい。この書は、古代から戦前期までの日本・朝鮮における鷹狩の歴史のほか、日本の鷹類の鳥類学的考察、そして鷹にかかわる文学としての鷹書・鷹歌・鷹詞《たかことば》・礼法までを叙述し、まさに鷹・鷹狩に関する総合研究書といえるものである。しかし、当時の社会動向を反映して、その編纂内容に問題点がないわけではない。それは、つぎの二点である。一つは、冒頭の「序」にあるように、皇国史観を前提に皇室における放鷹の廃絶を憂い、その正統性を確立して記録することに主眼が置かれていることである。二つには、全時代にわたって放鷹制度の下に編成された民衆の動向や中央以外の地方での放鷹の展開についての記述がほとんどみられないことである。放鷹は古くから全国で展開していたものであり、その制度が多数の民衆の下支え（生活規則や夫役など）によって維持されていたことは疑う余地がない。

古代以来、わが国の鷹狩は全国で展開し、それ以降、中世・近世社会のなかでさまざまな放鷹術の流派が生まれた。また、近世社会においては皇室の鷹狩がほぼ途絶えていくなかで、幕府や諸藩によって鷹狩が維持され、それに関する文化も広がりをみせた。そして近代になり、宮内省は幕府や特定藩の鷹狩を担った鷹匠を採用し、新たな狩猟制度を成立させた。

このように、わが国における鷹狩の歴史は全国的規模で多様な展開を遂げ、その伝統が育まれ、現代に継承されてきている。このなかにあって、戦後の歴史学ではそうした多様な鷹狩の歴史が実証的に研究されるようになり、権力者・民衆双方および各地域の視点から数多くの研究成果が蓄積され、そして今なお深められつつある。

そこで、本書は、古代から現代にいたる幅広く実証性に裏打ちされた鷹狩の歴史を軸に、人と自然との関係、そして人と人とが国家・社会で取り持つ諸関係を紐解いていくことを目標としている。なかでも、鷹・鷹狩の制度や技術がもっとも進んだ日本近世において、全国規模で展開される鷹の献上システム、また鷹狩によって捕らえた獲物の贈答や饗応の社会的な広がり、さらに鷹の飼養や訓練のシステム、そして鷹場の維持・管理にかかわるシステム、加えて鷹・鷹狩にかかわる文化としての絵画・文学の展開を叙述していきたい。これらを通じて、鷹・鷹狩にかかわって構築された国家・社会システムの構造を、政治・経済・社会・文化などの多方面から明らかにしていきたいと考えている。

目次

序章　鷹と人とのかかわり

1　鷹の生態と機能

タカ類の生態学的位置

タカとは、鳥類の一種であり、タカ目タカ科、またはハヤブサ目ハヤブサ科に属する鳥のうち比較的小さめのものを指し、この呼び名は鳥類の分類学上の学名ではない。肉食性で獲物を捕らえる能力のある猛禽類の鳥たちの総称であり、かつ通称ともなっている。一般には、オオタカ・ハイタカ・ツミ・ハヤブサなどの種がタカと呼ばれている。

タカ類は、生態系における食物連鎖の頂点にあり、広い行動圏を持ちながらさまざまな生き物とかかわりをもっている。その種ごとに生息環境や採食習性などに違いがあるものの、自然界のなかでうまく共存している。一部の種は、春・秋の時期に長距離の渡りをおこない、広い範囲の自然や生態系と結びつきをもっている。ところが、近年、多くの種が減少傾向にあり、その原因は生息地の環境破壊、化学汚染、風力発電施設との衝突などと考えられている。このようなわけで、鷹の保護が急務となっている。

図１　鷹（Wikimedia Commons より）

　さて、江戸時代、新井白石が著した日本語辞書の『東雅《とうが》』によれば、タカの語源について一説にタカは「高」で、高く飛んでいるさまからきているといい、また一説に「タケ」が転じたものであり、その「タケ」は「猛」で、荒々しく勇ましい行動をするさまから名づけられたものという。なお、この書では、鷹狩は古く朝鮮半島の百済《くだら》から伝わったものであり、タカの呼び名は朝鮮半島の方言からきているものなので、早計に判断すべきではないとも指摘している（『新井白石全集』第四巻、吉川弘文館、一九〇五年）。

　タカ科に分類される種のなかでは、比較的大きめのものをワシ、中型のものをタカ（図1）、小型のものをトビ（トンビ）と呼び分けているが、明確な区別があるわけではなく、慣習にしたがって呼び分けているにすぎない。このため、カンムリワシはワシの名前がついているがタカほどの大きさであり、タカ類に分類されてもおかしくないようである。いっぽう、カンムリクマタカはタカの名前がついているが、ワシ並みの体軀をもっていてかなり大きい。このように、その大きさによって、ワシとタカが厳格に分けられているわけでもないのである。

鷹狩に用いられるタカは、現在、タカ目タカ科とハヤブサ目ハヤブサ科に属し、タカ科には日本の鳥ではハチクマ属、カタグロトビ属、トビ属、オジロワシ属、クロハゲワシ属、カンムリワシ属、チュウヒ属、ハイタカ属、サシバ属、ノスリ属、イヌワシ属に分類されている。またハヤブサ科には、ハヤブサ属がある。江戸時代における鷹狩用のタカということであれば、ハイタカ属のツミ・ハイタカ・オオタカ、それにハヤブサ属のハヤブサがよく知られるものである。このほか、現在の鷹狩ではサシバ属やノスリ属の鳥も用いられている。

従来、猛禽類といえば、ワシタカ類と鴟梟《しきょう》類とが同一部類に位置づけられてきた。これに入る鳥類の特徴は、すべて肉食性という点で類似しているとみなされてきた。しかし、それらは習性上の類似だけで、系統上はまったく別物であることが明らかとなり、ワシタカ目とフクロウ目とに分けられた。ワシタカ類は昼行性猛禽類、フクロウ類は夜行性猛禽類と呼ばれてきた。

ところが、ワシタカ目にはノスリやオオタカなどのタカ類とハヤブサやチョウゲンボウなどのハヤブサ類の両方が含まれていたが、近年の分子遺伝学研究の進展に伴い、日本鳥学会の研究成果では別の目とみなされるようになった。その結果、ハヤブサ目はタカ目の鳥と外見は似ているが、系統的にはタカ目よりもスズメ目やインコ目の系統に近いとされ、タカ目から分離して独自のカテゴリーに分類されることになった（樋口広芳『日本のタカ学――生態と保全』）。

猛禽類とは、獲物を捕らえるためにその体を進化させ、他の動物を捕食する習性のある鳥類を言っている。どのような特徴の鳥を指すかといえば、嘴《くちばし》は大きくて曲がっており、先が鋭くとがっている。

足にも先の鋭い太めの爪をもつ。目は大きめで、視覚に優れている。嘴や足を含めて全体に頑丈な体のつくりを生かして、タカ類は両生類や爬虫類、鳥や中小哺乳類などを捕食し、さまざまな住処や採食方法へと適応・分化し、適応放散した多様な鳥たちがみられる。

自然界は弱肉強食のきびしい世界であり、弱いものが強いものの餌食になる。この一見残酷にみえる構図のなかで、野生動物は適切なバランスを保っている。これを食物連鎖というが、猛禽類はこの食物連鎖において頂点に立つ肉食動物なのである。

タカの種類は豊富であり、草原や砂漠・森林・海岸などさまざまな場所に生息していて、その共通点はみられない。日本でみられるタカの多くは、森林のように樹木が生い茂る場所を住処としている。やはり獲物となる小動物が多く生息していたり、比較的危険の少ない樹上に巣を形成したりすることが多いようである。

オオタカやハイタカなどのハイタカ類は、森林や明るい林に住み、林内あるいは林間をすばやく巧みに飛びながら、獲物となる鳥などを激しく追いかけ捕らえている。翼は体のわりに短め、尾は長めで、すばやく、しかも小回りを利かせながら飛ぶのに都合のよい形状をしている。タカにはオオタカ、ハイタカ、ツミといった大中小の大きさの異なる種がおり、体の大きさに応じて捕らえる獲物の種類や大きさも異なっている。猛禽類のタカは肉食なので、その種類や生息地によっては小動物だけでなく、昆虫や甲殻類・魚類・爬虫類・鳥類・哺乳類を食すものもいる。なかには屍肉を好む種類もいるようである。

「オオタカ」は一般的に漢字で書くと「大鷹」と表記されることがあるが、その大きさは五〇～六〇センチメートルくらいで、決して大きな部類の鳥ではない。「オオタカ」の「オオ」は大きさを表しているのではなく、色を表し、羽の色が青味を帯びているところから「蒼鷹」と表記される。読み方は、「アオタカ」がなまって「オオタカ」になったといわれている。

タカ目タカ科ハイタカ属に分類される「ツミ」は、日本でみられる最小のタカである。「ツミ」を漢字で書くと「雀鷹」「雀鷂」となり、ここでの「雀」は小ささを意味している。読み方は「スズメタカ」から「ススミ」「スミ」へと変化していき、「ツミ」になったといわれている。

このように、タカは他の動物を捕食して食物連鎖の頂点に立っているため、もともと個体数が少ないうえに近年の環境の変化によって減少しているといわれ、その保護が叫ばれているのである。

鷹・鷹狩の機能

一般的に、タカ類は生態系の頂点に立つ肉食動物であることから、強さ・速さ・権力・高貴さの象徴とみなされることが多い。人がタカ類を見て感じる思いは、古くから現在にいたるまで同じようなものであり、そうした認識は世界共通であったようにも思われる。このため、タカを含む猛禽類は国章や王室の紋章に取り入れられ、タカはシリア・アラブ首長国連邦・イラク・エジプト・パレスチナなどの国章にみられる。ちなみに、ワシもローマ帝国・オーストリア゠ハンガリー帝国・フランス第一帝政・プロイセン王国・ドイツ・チェコ・ポーランド・ルーマニアなどの国章となってきた。その他、タカやワシは王室のエンブレムにも採用されているものもある。このように、タカやワシが国章や王室の紋章として用いられているということは、紛れもなく国や王室の権威を表象するのにふさわしいと考えられていたことによるものであろう。

図２　新幹線はくたか号（Wikimedia Commons より）

日本における鷹の歴史は長い。人と鷹との関係については少なくとも縄文時代にさかのぼり、それ以後鷹狩の伝来によってより密接となり、現在にいたるまで長い歴史を刻んできた。ただ、それだけでなく、鷹の素性から感じる強さや速さは古くから人々のあこがれの的であり、さまざまな分野で関心の的になっている。

まず、電車の「はくたか」は、速さの象徴として列車名に採用された。一九九七年三月に北越急行ほくほく線が開業し、越後湯沢〜金沢の新ルートができたことで、「特急はくたか号」として新規に取り入れられた。二〇一五年三月から東京〜富山・金沢方面は北陸新幹線のメインルートとなり、北越急行線経由の「特急はくたか号」は廃止されることになった。そして、時を同じくして北陸新幹線の東京〜金沢直通列車の「停車タイプ」の愛称として採用され、「新幹線はくたか号」（図２）として再出発した。なお、「特急はくたか号」という愛称そのものは、一九六五年十月より上野〜金沢を結ぶ特急列車として運転を開始し、一九八二年十一月の上越新幹線開業前まで運転されていた列車にもつけられていた。

列車名「はくたか」の由来は、立山の開山伝説（白鷹伝説）に登場する白い鷹「白鷹」にちなんでいる。北陸新幹線金沢駅開業時の列車名は公募によって決定されたものであり、「はくたか」はその公募で第一位となった。その選定理由は、「スピード感があり、首都圏と北陸をつなぐ列車として親しまれているため」であった（東日本・西日本旅客鉄道プレスリリース、二〇一三年十月十日）。

ちなみに、「はやぶさ」も速さの象徴として人々に親しまれ、東北新幹線や北海道新幹線の列車名の愛称に採用されている。それ以前、一九四二年から二〇〇九年まで東京駅〜熊本・西鹿児島駅間を走った寝台特急列車の「はやぶさ」も鳥のハヤブサにちなんで名づけられたものである。

同様に、二〇〇三年五月九日に打ち上げられた小惑星探査機にも「はやぶさ」（第二〇号科学衛星MUSES－C）の名がつけられた。名前の由来は、小惑星のサンプル採取が一秒ほどの着地と離陸の間におこなわれる様子をハヤブサが獲物を狩る様子に見立てて名づけられたものであった。なお、戦前から軍内部や飛行部隊関係者などが航空機を「鷲」「鷹」「隼」といった名称で呼んでいたが、一九四二年から実戦投入された大日本帝国陸軍の一式戦闘機は正式な愛称として「隼」と名づけられた。

さて、日本では古くから鷹狩が権力者らによっておこなわれてきた。鷹狩は飼いならした鷹を山野に放って獲物を捕らえる狩猟の一つであり、そのために鷹を飼養し訓練する必要があった。ただし、鷹狩ができる階層は時代によって異なり、古代であれば天皇（大王）・王族・上層官人・地方豪族などであり、近世社会においては天皇・公家・将軍・大名らであった。前近代の社会において、一般民衆は鷹狩を許されず、権力者の鷹狩に夫役の提供を義務づけられていた。鷹は権力者の権威に支えられて「御鷹」と呼ばれ、人民を震撼させる存在であった。「御鷹」にかかわる制度は社会の隅々まで行き渡り、身分制のなかに組み込まれていた。たとえば、近世日本の上流社会では、鷹や鷹狩の獲物を贈答・饗応しあう儀礼が浸透し、上下関係を映し出していた。また将軍や大名の鷹場領有者はその鷹狩や鷹場の維持にともなう夫役を百姓・町人に課していた。「御鷹」を通じて、国家・社会を編成してきたのである。

この鷹狩の実際上の機能の一つとして、食料確保があった。これには二つの側面があり、一つは純粋に食料としての鳥類を捕獲するためであり、もう一つは贈答に用いる鷹狩の獲物を調達するためであった。鷹狩の獲物は贈答用だけでなく、饗応のさいの食材としても用いられてきた。

また、将軍や大名の鷹狩の機能には、鳥獣駆除としての側面もあった。幕藩領主には「百姓成立《なりたち》」を保障する必要から、鷹狩の実施によって害鳥獣を駆除してきた。つまり、鷹が他の動物を捕食する習性を利用して、農作物を食い荒らす鳥類を撃退するための武器として用いてきた。狩猟伝承研究者の千葉徳爾氏は、王侯貴族の鷹狩を鳥獣害防除の最たるものであったと述べている（ものと人間の文化史14『狩猟伝承』）。このほか、鷹狩には軍事訓練・民情視察・身体鍛錬・健康増進・娯楽などの機能があったことも知られている（拙著『将軍の鷹狩り』）。

2　鷹の呼称と捕獲

鷹狩用の鷹の呼称

鷹と人とのかかわりを歴史的にたどっていくと、少なくとも縄文時代にまでさかのぼることができる。遺跡の発掘調査からは、当時、鷹は人間の食料として利用されていたようで、その骨が残滓として出土

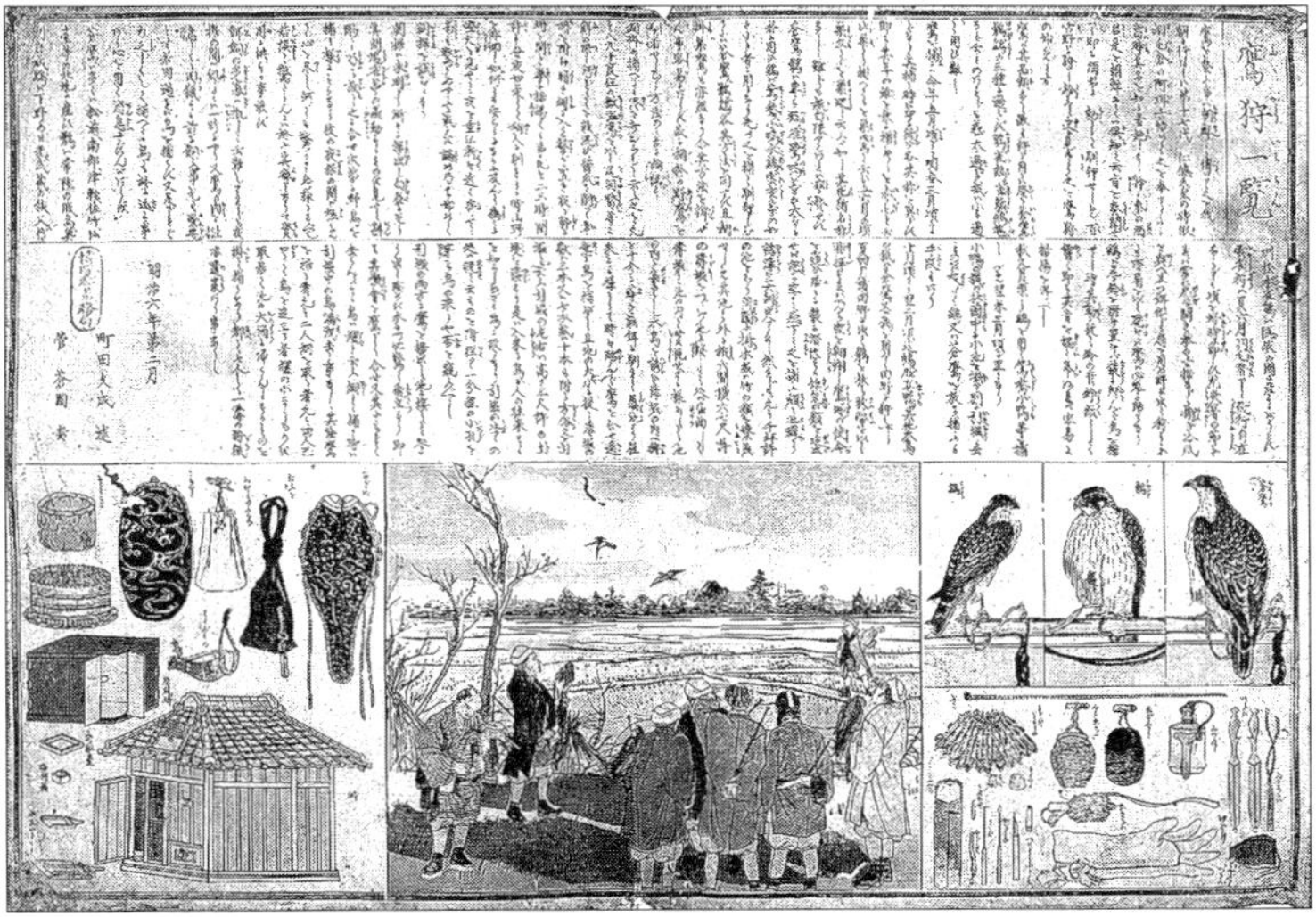

図3　鷹狩一覧（「産物一覧」）　町田久成撰・菅蒼圃画（国立公文書館蔵）

している。

　ところで、鷹狩に用いられる鷹は、その出自や育て方によって二つに大別されていた。一つは「巣鷹《すだか》」と呼ばれ、人が鷹巣から雛を下ろして育てる鷹をいい、もう一つは「網懸《あがけ》」と呼ばれ、鷹が巣立ち後に野生で暮らすようになってから人が道具を使って捕らえた鷹をいった。巣鷹を保護するために幕府や諸藩が人の入山を禁止している山は巣鷹山、あるいは鷹巣山と呼ばれていた。野生で長期間過ごした鷹は自立心が強く調教がむずかしいが、そうした鷹は狩の技術が高く良質な鷹に成長する可能性があった。

　また、鷹の種類はきわめて多く、俗に「四十八鷹」といわれる（図3／口絵①）。そして、雌雄によって呼び方も区別されていた。タカ目の多くは、オスとメスで体格に違いがあり、ほとんどの種類でメスのほうが大きかった。体格が違えば狙う獲物もかわるため、鷹狩においてはその呼び名も異なっていたのである。オオタカ（蒼鷹）のオスは兄鷹《しょう》、メスは弟鷹《だい》と呼ばれていた。

江戸時代後期、伊勢貞丈の有職故実書『貞丈雑記』（東洋文庫四五三、一九八五年）には、「兄鷹は男なり。弟鷹は兄鷹の女なり。男鳥は小さき故、小という。女鳥は大きなる故、おおたかとも、だいたかとも云う」とあり、蒼鷹のオスは体が小さいので小、メスは大きいので大鷹《おおたか》とも呼ばれていた。

ハイタカ（鷂）についても、『貞丈雑記』には「児鷹《このり》は、はいたかの男なり。鷂《はいたか》は、このりの女なり、歌に『はしたか』とよめるは『はいたか』の事なり」とある。つまり、ハイタカは箸鷹《はしたか》とも呼ばれ、そのオスを児鷹（兄鷂）、メスを鷂と呼んできた。

ツミ（雀鷂）についても、『貞丈雑記』には「雀鵊《えっさい》はつみの男也、雀鷂は『ゑっさい』の女也、大きさ、ひよ鳥ほど有り、ゑっさいは力よわし、鳥とらず、つみは小鳥を取り、又たいさぎをとる也」とある。つまり、オスは雀鵊、別に悦哉《えっさい》とも、メスは雀鷂《つみ》と呼ばれた。そして、児鷹以下の小ぶりな鷹は小鷹《こたか》と総称されていた。

いっぽう、ハヤブサ目ハヤブサ科では、ハヤブサやオオハヤブサを用いることが多いが、ハヤブサ類のなかで最大のシロハヤブサやキジバトと同じくらいのコチョウゲンボウの亜種なども使用されている。とくに、シロハヤブサやその亜種は気性が激しく、扱いがむずかしいようである。

また、鷹狩用のオオタカには雌雄の違いだけなく、その年齢によっても呼び名が異なっていた。蒼鷹の一歳鷹は黄鷹《きだか》・若鷹《わかたか》・新鷹《あらたか》、二歳鷹は撫鷹《かたがえり》・片回《かたがえり》・山帰《やまがえり》・鳥屋飼《とやがい》、三歳鷹は諸回《もろがえり》・再鴘《もろがえり》・青鷹《もろがえり》・白鷹、このうち青鷹は三歳鷹で二回換羽して青灰色のものをいい、四歳以上は鳥屋《とや》と呼ばれていた。一般的に、蒼鷹といえば三歳鷹であった。このため、一歳鷹のオスのオオタカは若鷹兄鷹《わかたかしょう》、あるいは黄鷹《きだか》兄鷹《しょう》（黄鷹兄とも書く）、メスであれば若鷹弟鷹《わかたかだい》・若鷹大鷹《わかたかおおたか》、二歳鷹のオスのオオタカであれば山帰《やまがえり》兄鷹《しょう》、同様に二歳鷹のメスのオオタカであれば山帰弟鷹《かたがえりだい》と呼ばれた。なお、若弟鷹・若大鷹などと略して表記されることもある。

さらに、四月に羽毛がかわるとき、韋緡《おしかわ》を解き放って鳥屋のなかに放ち、餌を意のままに食べさせた。日が経つにつれて毛が抜け落ちるが、また新毛が生えて七月中旬には元に戻った。これを片鳥屋《かたとや》といった。二歳になって毛がかわるのを両鳥屋《もろとや》、三歳を両片鴘《もろかたがえり》といった。なお、その尾がかわるときは一枚抜けて、また一枚を得るといった具合で、これは他の鳥と異なっていた（寺島良安『和漢三才図会』六、東洋文庫四六六、一九七八年）。

さて、鷹の数え方について説明しておこう。古文書や歴史史料をみていると、鷹の数え方として「居」「連」「聯」がよく出てくる。貞享元年（一六八四）の序文がある木下義俊著の兵法書『武用弁略』（安政再板）に、それに関する記述がある。鷹の数え方は「一居・二居」、つまり「ひともと・ふたもと」と読み、「居」は一居から一〇〇居までのときに用い、「連・聯」は三居以内では用いず、四居以上のさいに用いられ、読みはともに「もと」と読むと説明されている。このほか、天皇家や将軍家で「御鷹」を数える場合には「本《もと》」を用い、これは放鷹術流派家元の祢津《ねつ》家の言い伝えとされているが、その本家にそのような伝承はないともいわれる。そして、「本」は雌雄一対の鷹を数えるときに使い、「隻」は大小一対の鷹を数える場合に用いられるという。また、近世前期においては、「座」「架」「翼」「枷」、いずれも「もと」と読むが、こうした字も当てられていたと説明されている。

このほか、「基《もと》」と書いてあるものもあるが、その紛らわしさを嫌って一箇《いっか》と書くこともあった。これらのことから、鷹は「もと」と数えるのが一般的であり、その表記としては主に「居」「連」「聯」「本」などが用いられていたといえよう。

蒼鷹の捕獲

鷹狩を挙行するためには、まず何よりも鷹を確保する必要があり、鷹狩が盛行していた江戸時代においては鷹の保護や確保が重大な問題であった。武家社会では、鷹は贈答品であり、将軍と大名との間で鷹をめぐる贈答が繰り広げられた。そうした贈答儀礼のためにも、鷹の贈答が重要であった。

鷹を確保するためには、いくつかの方法があったが、その第一は巣鷹山（鷹巣山、正式には御巣鷹山・御鷹巣山と呼ばれる）の設定であった。巣鷹山に指定されると留山《とめやま》となり、人々の一切の出入りを禁じ、また樹木を繁茂させて鷹の営巣をたすけた。良質な鷹産地としては、松前をはじめ、津軽・出羽・陸奥などが有名で、これに続いて信濃・甲斐・下野日光・伊予などが知られていた（「鷹出所地名」『放鷹』）。このように、巣鷹山で産まれた鷹の雛で鷹狩用の鷹に用いられるものを「巣鷹《すだか》」と呼んでいた（図4）。

寛永三年（一六二六）二月二十八日、幕府は巣鷹が生息する全国幕領村々に「巣鷹の制」三か条を触れた（『新訂増補国史大系　徳川実紀』第二篇、吉川弘文館）。巣鷹の発見者には、本人のみならず、五人組の者を含めて鷹巣の番を免除し、また本人にはいつもの年の二倍の褒美を下さること。いっぽう、巣鷹の巣を隠し、または巣内の鷹を盗んだ者は処罰され、そのような違反行為をした者は本人のみならず、村人や一族にいたるまで死罪に処されること。さらに巣鷹を盗んだ者を密告してきた場合は、その仲間であっても罪を許し、褒美として金五〇両を下さること、が触れられた。幕府にとって、鷹はきわめて貴重な鳥であり、その保護が徹底していたのである。

　第二は、幕府が良質な産地として名高い松前・津軽の鷹を確保する体制を構築していったことである。徳川家康は豊臣秀吉の政権が築いた体制をほぼ継承しながら、新たな体制に組み替えていくことになった。秀吉は蠣崎《かきざき》・津軽両氏からの鷹献上にさいして松前・弘前から京都までに位置づく大名領内に鷹の輸送を命じたが、家康は松前からの献上鷹にかぎって伝馬体制を整備した。このため、家康は慶長九年（一六〇四）八月十六日、松前から京都までの日本海沿岸の大名領内に献上鷹の輸送とその餌の提供とを命じる朱印状を発した（『徳川家康文書の研究』下巻之一、日本学術振興会、一九六〇年）。また同十六年四月十日、将軍秀忠付の年寄本多正信らが、松前から江戸までの間に領知が位置づく大名らに、鷹輸送の伝馬とその餌の提供を命じた（長谷川成一「慶長九年の鷹献上文書について」『弘前大学国史研究』第七六号、一九八四年）。これは、松前氏が他大名と違って、鷹の献上にかかわって伝馬を利用できる特権を与えられていたことを示している。

図４　巣鷹の巣下ろし（河鍋洞郁画「絵本鷹かゝみ」初編下）。（早稲田大学図書館蔵）

　江戸幕府はその開設後、将軍への鷹献上体制を整えていった。奥羽大名はいうまでもなく、鷹を産出する地域の大名や代官などは競って鷹を献上し、そうしたなかには朝鮮通信使がもたらす鷹も含まれていた。

　とくに、鷹献上を義務づけられた大名は、それが御役奉公（それぞれに決められた役割に基づく奉仕活動）の一つとなっていたため、鷹の確保に精を出さなければならなかった。東北大名の秋田（久保田）藩主佐竹義宣《よしのぶ》は、そうした一人であった。元和四年（一六一八）九月、義宣は出羽米沢藩主上杉景勝《かげかつ》の鷹匠が鷹を求めて久保田にやってきたとき、「ここには売却できる鷹は一つもない。当藩領で捕獲した鷹はすべて上様（将軍徳川家）へ献上するものである。自分が使用する鷹でさえ松前から毎年購入している」（東京大学史料編纂所編纂『大日本古記録 梅津政景日記三』岩波書店）と返答していた。領内産の鷹は、すべて将軍への献上用と決められていたのである。

寛永五年九月二十一日、秋田藩鷹師の弥次兵衛らは若大鷹（弟鷹）五居・山帰大鷹二居を携えて秋田を出発した。ところが、途中の出羽国村山郡山形（現山形市）で鷹が病気となり、陸奥国刈田《かった》郡白石（現宮城県白石市）で三居が死んでしまった。残る四居も病気だったため、陸奥国白河（現福島県白河市）に滞在して様子を見守ることになった。参勤交代によって当時江戸に住んでいた藩主の佐竹義宣は、上京してきた鷹師らからこの話を聞き立腹していたという。結局、若弟鷹一居だけが江戸に到着した。これにより、義宣は幕府鷹師頭の加藤則勝を江戸藩邸に招待し饗応した。この時、死んだ若弟鷹を鷹師頭の加藤氏にわざわざ見せている。藩側は将軍への複数の鷹献上の意思をもっていたにもかかわらず、その多くが死んでしまったことを報告したかったのであろう。

このため、秋田藩では同年十月十七日にも若弟鷹八居を携えて秋田を出発したが、途中で一居が死に、五居が病気で、二居だけが江戸に到着した。また山帰の二居のうち一居、兄鷹二居のうち一居が江戸に到着した。十月十九日、生き残った若弟鷹三居を携えて江戸城に登城し、大御所の徳川秀忠に二居、将軍の徳川家光に一居を献上した。このように、藩では献上用の鷹を確保しても、その輸送途中での死去や病気で献上できず、幕府への鷹の献上がきわめてむずかしいものであったことがわかる。

鷹の捕獲については、秋田藩の事例でもわかるように、各藩でも厳重に管理されていた。万治三年（一六六〇）八月二十五日、伊達綱村（幼名亀千代）は父綱宗の逼塞《ひっそく》処分により二歳で仙台藩の家督を相続し、四代藩主となった。このため、一門の伊達兵部大輔宗勝（初代藩主政宗の末子）・田村右京亮宗良（三代藩主綱宗の兄）の両名が後見人となり、かれらには藩領のうち三万石ずつを分知した。

このなかで、幕府筆頭老中の酒井忠清は、寛文二年（一六六二）十一月、両人に所領の仕置に関する制札の作成を命じ、翌三年四月十三日付の「兵部・右京知行仕置之条々」と題する六か条の覚書を了承した。このなかに、「大鷹者亀千代様江進上可申候、其外之鷹者手前ニ可指置事」（『仙台藩史料大成　伊達治家記録』六、宝文堂）という一文がある。伊達宗勝と田村宗良の知行地から捕獲した大鷹は藩主伊達綱村に献上し、その他の鷹については自分たちのところに差し置くことを約束した。こうして、仙台藩領内から産出する大鷹は藩主の綱村に帰属することが明示され、その他の鷹については二人の後見人のところに置いておき、藩の用途に役立てようとしていたのである。

ところで、鷹の捕獲場所を「鷹待場」、あるいは「鷹打場」などといい、それに従事するには熟練の技が必要であった。鷹は三月ごろから巣をかけはじめ、四月には一巣に一つから五つの卵を産む。その後三十三、四日で雛が孵《かえ》る。五月に入って、適当な時期に巣から下ろし、飼いならして鷹狩用の鷹に育てられたのである。

巣鷹山には、百姓のなかから任命された鷹見（地域によって名称が異なる）という番人がいて、春の彼岸ごろになると山を巡回して鷹の様子を観察し、よい時期を見計らって巣から下ろした。巣鷹山の管理は厳重で、留山と同じように木種・木数を調査し、風折れ・熊剝《は》ぎなどの木を発見すると届け出て見分された。また鷹の営巣には山火事に警戒する必要があり、火の取締りもきびしかった。

隼の捕獲

常陸国鹿島地方、上総・下総両国の九十九里沿岸地方は、隼《はやぶさ》の産地として知られていた。「梅津政景日記」の元和七年(一六二一)十二月十七日条によれば、秋田藩家臣の幡屋小兵衛・下田甚吉の二人が常陸国鹿島郡宮中(現茨城県鹿嶋市)の園部彦十郎と下総国海上郡小川戸村(現千葉県銚子市)の喜右衛門から隼一居あたり金二両で買い取っていた(東京大学史料編纂所編纂『大日本古記録 梅津政景日記五』)。

同書の寛永七年(一六三〇)八月二十五日条にも、秋田藩主佐竹義宣の命により鷹師ら四人が常陸鹿島と下総海上に派遣され、金一〇両二分で隼を買いつけることになっていた(『大日本古記録 梅津政景日記七』)。当時、そのための為替手形は梅津政景が預かっていた。このように、太平洋沿岸の常陸鹿島地方や下総海上地方は、東北大名らが隼の買いつけにやってくる地域であった。

それに先立つ天正十七年(一五八九)八月二十四日、関東の戦国大名北条氏政は下総国の小弓・臼井城の城主原胤栄《たねひで》に対してみずからの城である小田原城へ隼の上納を命じていた(『神奈川県史』資料編、古代・中世三下)。原氏は下総佐倉城(本佐倉城)の城主千葉氏の有力家臣であり、このころ千葉氏を凌ぐ勢力をもっていた。その千葉氏は、戦国大名北条氏の傘下に属していたが、天正十三年五月、千葉邦《くに》胤《たね》が近親の怨恨により殺害されたことで、実質的には原氏が千葉氏を代表する立場となっていた。

こうした状況のなかで、千葉邦胤の養子となっていた北条氏政の子息七郎が正式に千葉家を相続することになっており、その間、北条氏は原氏に対し隼の上納を命じていた。実は、千葉氏は北条氏に従属する証として、領内に飛来する隼の上納を義務づけられており、またこの隼を他所に流出させることも禁じられていた。北条氏は千葉氏との上下関係を梃子《てこ》に下総国内の隼を獲得する体制を築き、いっぽうで千葉氏はこの義務を果たすことで下総国内の所領支配を保障されていた。北条氏の鷹の確保のうえで、下総の隼は重要な位置を占めていたのである。

この流れは、近世社会になっても受け継がれ、隼の捕獲地域はさらに広がりをもち、上総国九十九里地方にもおよんでいた。その中心にある東金地域は、徳川家康も、その子秀忠も鷹狩地先として好んだところであり、御成街道の整備とともに御殿（次頁図5）・御茶屋も建設されていた。これにより、家康は二回、秀忠は八回も訪れていた。この地域では、鷹や隼の捕獲のことを「鷹打《うち》」「隼打」と呼んでおり、それらは地域民衆の生業の一部となり、税徴収の対象となっていた。それだけでなく、「鷹打」や「隼打」にあたって、村々にはさまざまな規則が義務づけられており、毎年、請書を提出していた。これは、東金周辺一帯が近世初期より幕府鷹場に指定されていたこともあって、「御鷹場御法度手形之事」の提出と一緒になっていた。

領主名などから寛文末期〜延宝初期（一六七〇年代）と推定される「指上申一札之事」（「東金御鷹場旧記」『改訂房総叢書』第五巻）によれば、下総・上総両国内の五郷組八八組、村落合計およそ四〇〇か村、その総石高約一四万石におよぶ村々がこれに署名していた。その内容は、「鷹打」「隼打」にあたっての規則についてであり、それに違反しないことを誓約したものであった。近世前期、九十九里沿岸地域の

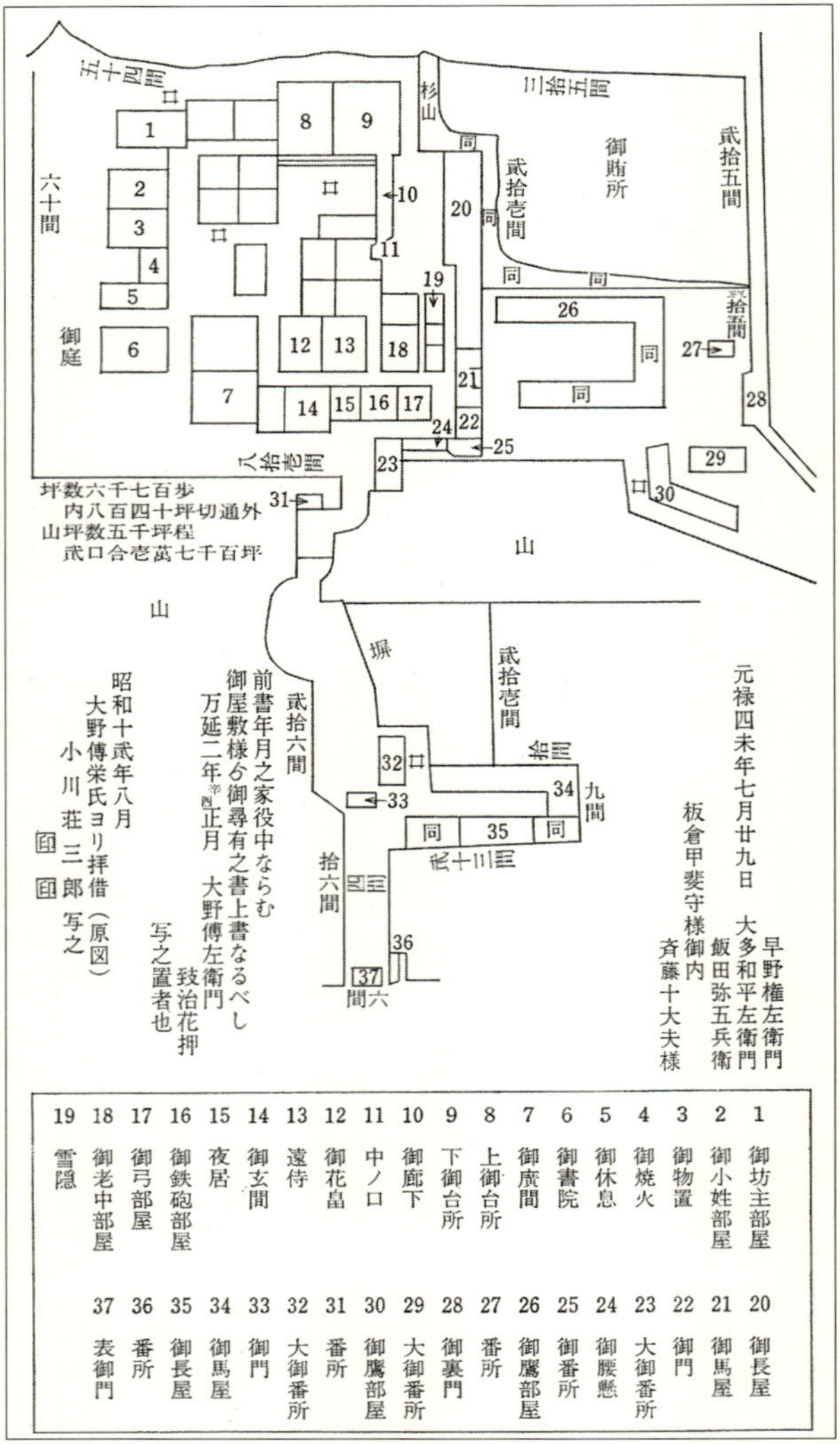

元禄四未年七月廿九日
早野権左衛門
大多和平左衛門
飯田弥五兵衛
板倉甲斐守様御内
斉藤十大夫様
前書年月之家役中ならむ
御屋敷様ゟ御尋有之書上書なるべし
万延二年辛酉正月　大野傳左衛門
致治花押
写之置者也
昭和十弐年八月
大野傳栄氏ヨリ拝借（原図）
小川荘三郎　写之
坪数六千七百歩
内八百四十坪切通外
山坪数五千坪程
弐口合壱萬七千百坪
五十四間
六十間
御庭
八拾壱間
杉山
三拾五間
武拾壱間
御賄所
武拾五間
拾間
山
塀
武拾壱間
武拾六間
拾六間
九間
1 御坊主部屋
2 御小姓部屋
3 御物置
4 御焼火
5 御休息
6 御書院
7 御廣間
8 上御台所
9 下御台所
10 御廊下
11 中ノ口
12 御花畠
13 遠侍
14 御玄間
15 夜居
16 御鉄砲部屋
17 御弓部屋
18 御老中部屋
19 雪隠
20 御長屋
21 御馬屋
22 御門
23 大御番所
24 御腰懸
25 御番所
26 御鷹部屋
27 番所
28 御裏門
29 大御番所
30 御鷹部屋
31 番所
32 大御番所
33 御門
34 御馬屋
35 御長屋
36 番所
37 表御門

図５　東金御殿間取図（習志野市史編集委員会編『習志野市史』第二巻、1986年、1071頁）

村々は、鷹場支配者から隼を捕獲する権利を得ていたいっぽうで、運上を上納する義務を負っていた。

つまり、隼捕獲の特権付与と運上の上納とが鷹場領主と民衆との間で互酬的関係になっていた。

もちろん、この時期、どのくらいの隼を捕獲していたのかは定かでないが、地域民衆が隼の捕獲をめぐって毎年請書を提出していたことからすれば、少なからず鷹打（隼打）がおこなわれ、それによって隼を売却し、生活の糧としていたことが十分に推察できる。江戸幕府は隼の捕獲・上納をめぐって、少なくとも戦国期以来の領主と地域とで結ばれていた隼捕獲の地域秩序を継承し、みずからの下に編成し直していたのである。

3　鷹の調教と鷹野御成

鷹の調教

鷹の調教方法は、鷹の種類・気性・性別・季節などの条件によって少しずつ異なっていた。調教には「馴《な》らし」としての「夜据《よずえ》」と「仕込《しこみ》」としての「昼据《ひるずえ》」とがあった。

そして、その前に鷹部屋内での準備があった。『和漢三才図会』の鷹の項にみられる鷹の飼い馴らしについてみていくと、まずその両目を覆い隠して、頭を布で包んで空屋のなかに閉じ込め、人の肘《ひじ》に止まるように仕向けることが必要であった。鷹ははじめ必ず怒って飛び回り、ひっくり返ってバタバタし、あえて肘に止まろうとはしない。しかし、時間の経過とともにくたびれて、ようやく肘のうえに止まるようになる。飢えたころを見計らって、少しばかりの肉を食べさせる。はじめは多くをやらないのが鉄則であった。

そして、数十日経ってから目の覆いを外し、頭を包んだ布も取り去ってやる。そうすると怒って、またはじめのころのように暴れるが、またくたびれて馴れていく。このため、人を交代してその肘に止まるように工夫した。このようにすることおよそ四九日で、戸を開いて少しばかり高く飛ぶことを許した。高く飛んでも、群れた鳥は鷹を警戒してすべて伏しているので獲物を獲ることができない。このとき、竹を使って雉《きじ》の形につくり、そのなかに肉を置いておくと、鷹はこれをみて奮い立つ。この頃合いで打紐をつけてやる。このような練習をしばらく継続し、そして猟に出かけていけば獲物を捕らえるようになっていくのである。

つぎに、『朝野新聞《ちょうや》』の明治二十六年（一八九三）七月十六日（第五九五二号）や同年七月十八日（第五九五三号）、同年七月十九日（第五九五四号）に掲載された「鷹の記」を用いて、鷹の「馴らし」から「仕込」までを紹介していくことにする。

まず鷹部屋の塒《とや》は、一間（約一・八メートル）四方で建てられ、正面や後ろ側は羽目板でつくられていた。その中央に丸い小窓があり、餌は小窓から入れ、天井際から下へ二尺（一尺＝約三〇センチメートル）のところに無双窓があった。またこの窓下に、三尺の開き戸があった。鷹の出入りも、塒の掃除人も、ここから出入りした。左右には細い磨き竹を並べて、床には何も張らず、地面のままであった。鷹はこの一間四方のなかで、横に渡した架木《ほこぎ》に止まり、足緒は傍らの鉄環につないでいた。そして、塒を清潔にするため、四日ごとに洗い清めた。鷹は排泄のさいに左右の砂壁より天井まで糞を跳ね上げ、そのさいの音は大変すさまじいものであった。排泄を終えると、塒内の片隅に置いている二尺四方で深さ一尺の木箱に入れてある水で、体を清めるのが通例であった。このため、一日に四、五回は必ず水を取り替え、糞はその都度掃除した。

餌は朝・昼・夕の三度、夜間に一度だけ夜食と称して与えた。朝と昼の食事は、雀二羽と鳩一羽であり、夕は雀三羽、夜食も同じ分量を与えた。餌を与えるときは、正面の小窓を開けて差し入れると、すぐに飛んできてこれをつかみ、止まり木の上に置いて足で押さえて食べた。なお、鷹は目の前で料理した鶏肉でなければ空腹でも食べなかった。また目の前で料理した肉であっても時間をかけて与えると、臭気を帯びてしまうためか食べなかったようである。

図６　足緒をつけた鷹（河鍋洞郁画『絵本鷹かゝみ』初編下）（早稲田大学図書館蔵）

餌鳥《えどり》は、町人請負餌差《えさし》一人につき一日あたり雀一〇羽・鳩三羽を納めるのが決まりで、月に三〇〇羽以上にはならなかった。このため、不足分は餌鳥屋より買い上げた。また文政年間（一八一八〜三〇）の調査では、幕府の場合、鷹一居あたりの餌代は一年間で金五三両と銀三匁であった。

鷹のいる塒の入口には、小窓の上に鷹の名を記した木札を掲げていた。夏季は塒に風を入れるため、その小窓および無双窓とも、昼夜開け放し、夜は麻蚊帳《かや》を吊って蚊の害を避け、冬季は小窓にも無双窓にも障子を立てて暖をとった。また鷹が塒にいるときは架木に足緒を結んで垂らしておいた（図6）。鷹匠をつとめた人の説明によれば、鷹の羽は例年土用前より抜け落ちて赤裸となった。その姿はきわめて醜く、それをのぞき見るとすぐに飛んできて、鋭い爪で人の目を突いてくることがあった。このため、人は警戒してこの時期に鷹の覗き見をしなかった。なお、人間の目を突くのは見慣れない者を怪しんでいるからといわれる。

　そして、千駄木・雑司ヶ谷の鷹部屋では、毎日、屋敷内の芝生にて小鳥を餌に見立てて鷹をけしかける稽古があった。こうして、獲物を捕らえる技が熟達すると、鷹匠はこれを据えて鷹部屋近くを出歩くことになった。人を見て無暗に驚かないように馴れさせるためである。この鷹を据えるというのは、鷹匠の左手、拳上に鷹を載せ、その足緒をしっかり結んで飛べないようにしていた。鷹匠の左手にはめる皮手袋（鞢《ゆがけ》）は、弓を引くときに用いるものと同じであった。足緒の末を食指（人差し指）の指頭三分ばかり下のところに結んで、これを手の腹のほうに導いて、手袋の紐下に通しておいた。ただし、実際に小鳥を餌に見立てて鷹をけしかけるときは少し違っていた。

図7　鷹狩装束（「鷹の記」）（加藤貴校注『徳川制度』下、岩波文庫、2014 年、197 頁）

　鷹匠が鷹を据え歩くさいの身なりは、以前は袴姿であったが、享保元年（一七一六）に鷹匠の服制が定められると、羽織に股引《ももひき》・半纏《はんてん》の出で立ちとなった（図7）。羽織は道行き（小襟のついた襟明きの四角い和服用上着）のようなつくりで、色の決まりはなかったが概して花色（薄藍色）であった。股引はあられ小紋（あられの模様を型染めしたもの）、半纏は細かな縞物や小紋（外出の時に着物を汚さない目的で着る上着）で、帯の上に締めた三尺は浅黄のだんだら染め（布帛や糸を種々の色で横段に染めたもの）の一つである手綱《たづな》染めを用いた。刀は従者に持たせ、脇差のみを差していた。大小ともに柄袋をかけた。羽織の場合は背の中程に楊枝を差す穴をあけ、右の肩に端が出るように差した。丈は二尺で、川柳の枝のまっすぐなものを用いた。頭巾は浅黄色で、形は豆蔵（手品や曲芸をし、滑稽なおしゃべりで銭を稼ぐ大道芸人）頭巾と同じつくりであった。餌壺は籐《とう》製、蓋《ふた》は木製であり、これに弓をつけて右の腰に差した。

鷹匠が鷹を据えて夜間に江戸町々を歩くことを「町据《まちずえ》」といい、これにはとくに決まりはなく、一里歩くのも二里歩くのも自由であった。また同僚と連れ立って歩こうが、一人で歩こうが、これも自由であった。将軍が用いる御拳《おこぶし》の鷹を訓練する鷹匠だけは、古参で熟練した者が担当した。江戸の町々を据え歩く場合、その休憩所が千住・板橋・新宿・品川の四宿の御用宿に決められていたため、早朝より出発しても夕方まで帰れなかった。なお、平の鷹匠は御成以外、御用宿で休憩することを許されていなかった。また、将来的に御拳の鷹になるだろうと見込まれているものを預かっている鷹匠は、別格扱いであった。

このため、平の鷹匠は午後に出発して鷹部屋近くを歩き、夕方になって帰ってくる者が多かった。御拳の鷹を据え歩くのは毎日のことではなく、一か月に三、四度であった。また夜中に鷹を据え歩く「夜据」の場合、鷹匠は五、六人が連れ立って実施された。「夜据」は大抵深夜であったため、時には御用宿から提供された饗応用の大酒を飲み、また給仕女性と戯れることもあったが、白昼はさすがに酩酊状態を避けた。御用宿に「御鷹」が到着するとの知らせがあると、向こう三軒両隣の旅籠には昼夜にかかわらず客に断って鳴り物をやめさせ、高声や笑い声などもつつしんでもらったという。こうして、「馴らし」の練習を重ねてから、「仕込」に入っていったのである。

そしていよいよ、鷹部屋で飼育していた鷹が野辺に出て狩をおこなう段階になる。これを「野仕込《のじこみ》」という。巣鷹がはじめて野辺に出る日には定めがあり、「玉女《ぎょくじょ》の方角」を向いて出るのが慣例であった。「玉女の方角」とは、その日の日読み（十二支）より数えて九つ目の方角をいった。たとえば、その日が「子《ね》の日」であれば、九つ目の「申《さる》」の方向が玉女の方角ということになる。この方角に向かって、「シャクナン、チシャクナン」（意味不明）と唱えて出かけたのである。

はじめての狩は「初鳥飼《しょとりがい》」と呼ばれ、これ以降の狩を「野仕込」といった。また鷹を獲物めがけて放つことを「羽合《あわ》す」、あるいは「合す」といい、その頃合いを体得する必要があった。この「羽合せ」の方法もさまざまであり、「隼一人寄せ羽合せ」（図8「鷹術四季書法儀」東京都立中央図書館蔵）や「二人寄せ」などがあり、獲物の居つき状況によっても異なった。鷹匠は鷹に馴染むために据え回し、さまざまな獲物で狩を経験させ、技を高めていった。そして、「野仕込」を通して、獲物によって異なる肉《し》色《し》当《あ》て（鳥の胸の肉づきの様子や胸骨突起に触れて鳥の状態を知ること）の調整や猟法を学んでいったのである。

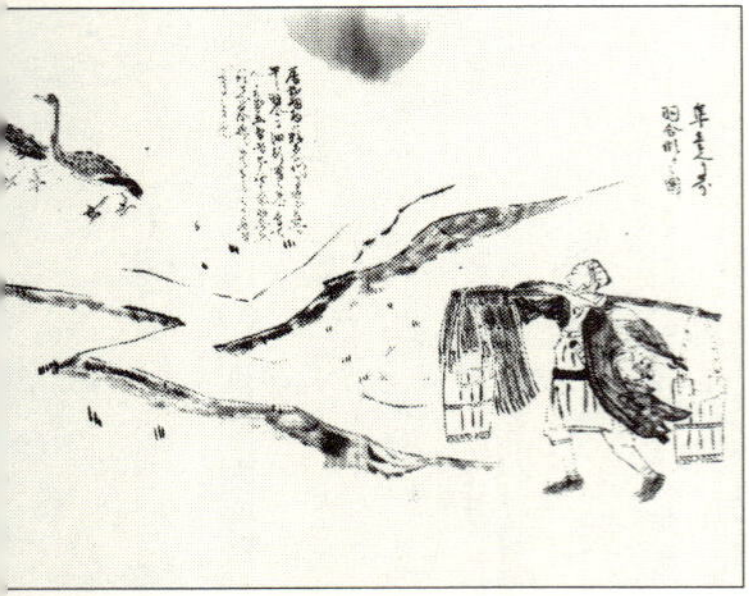
による雁の羽合せ方を図入りで紹介したもの。

鶴御成

狩の前の調教には、「遠丸嘴《とおまるばし》」「据上げ」「呼渡《おき》り」「渡り」「振替《ふりかえ》」「振鳩《ふりばと》」「飛流し」などがあった。「遠丸嘴」とは「丸嘴」（獲物を持ち運ばないように教える仕込み）の距離を延ばすことであり、「据上げ」とは鷹がつかんだ獲物ごと拳に載せて上げることをいった。また「呼

図８　隼一人寄せ羽合せ（「鷹術四季書法儀」）（東京都立中央図書館特別文庫室所蔵）。一人で

渡り」とは拳から地面に下ろした鷹を拳に呼び戻すことであり、「渡り」は樹上などに止まった鷹を拳に呼び戻すことであった。さらに、「振替」とは鷹が他の見知らぬ人の拳でも恐れずに乗ることを教えるもので、「振鳩」とは絹紐をつないだ鳩を振り回して鷹を呼び戻すことであり、「飛流し」とは空中に放った獲物を捕らえさせることであった（大塚紀子『鷹匠の技とこころ——鷹狩文化と諏訪流放鷹術』）。このように、狩の最後の段階となる野で鷹を据え回す「野据」によって鷹匠に馴れるように「使う」ための仕込みをおこない、実践していくことになった。

　つぎに、実践としての鷹狩について説明していくことにする。この鷹狩には、獲物となる鳥の種類に応じて、「鶴御成《つるおなり》」（次頁図9／口絵②）「雁鴨御成」「鶉《うずら》御成」「雉《きじ》御成」などと呼ばれた。ここでは、『朝野新聞』の明治二十六年（一八九三）七月二十一日（第五九五六号）や同年七月二十三日（第五九五八号）に掲載された「鷹の記」を用いて、鶴御成の様子を紹介する。

　鷹野御成のなかでも、鶴御成はもっとも重要な儀式で、将軍みずから出馬し鷹を用いて鶴を捕獲した。鶴御成の場所は、御拳場《おこぶしば》のなかでも葛西筋の葛西・小松川両村（いずれも、現東京都江戸川区）の代付《しろつき》

図９　鶴御成（楊洲周延画「千代田之御表　鶴御成」）（著者蔵）

に限られた。代付とは、鳥を飼いつけている田地周り（鶴御飼付場所、あるいは鶴御場《おば》ともいう）のことで、一代《ひとしろ》は一反歩ほどの土地をいった。この場所には二〇代、すなわち稲刈り後の二町歩の田んぼが「鶴御飼付場所」であった。その周囲には藁《わら》、またはとうもろこしの殻などで寄せ垣をつくり、往来の人々が代のなかを見えないようにして、そのなかに藁小屋をかけ、幕府役人の鳥見《とりみ》（御拳場の支配を担当）が昼夜詰めて餌蒔きの綱差《つなさし》（鷹狩の獲物となる諸鳥の飼育を担当）を指揮した。一日三合ずつの籾を地面に蒔いて鶴を飼いつけ、御成のときの御用に備えた。

　鶴が代に舞い下り、綱差に馴れるまでにはある程度の時間がかかった。その間、綱差はもちろん、鳥見にいたるまで農夫の扮装で周囲を徘徊し、ある時は肥桶を担い、また鍬を使って耕作する仕草を見せた。日を重ねるにしたがい、鶴が人に馴れて、人がその側を通っても飛び去らなくなると、鳥見はそうした事情を鷹《たか》匠頭《じょうがしら》に知らせた。鷹匠頭は鳥見からの知らせに接した翌日に現場に出張し、代付の様子を実際に見分した。その後、こうした事情は若年寄にも報告し、若年寄は老中と協議のうえ、まず御成の日程を定め、将軍に報告した。こののち、さまざまな部署に今度の何月何日に葛西筋で鶴御成を挙行するとの命令をくだした。

そして、御成当日になると、鷹匠頭や鷹匠は寄せ垣のなかに伏せ、静かにして将軍の到着を待った。寄せ垣とは代付の外側に細い青竹を結びあわせた粗末な垣根をいった。やがて将軍が寄せ垣内に設けた仮屋に到着し、準備がはじまると鷹匠は農夫に扮した鳥見に付き添って所定の位置についた。

そして、準備が整うと、鷹匠頭は将軍の御前に進み、左の膝を立て、その左手の拳に据えた鷹の大緒《おおお》の末を自分の右の脇へ引いて一礼した。そしてまた、左手を元の位置に戻して、鷹の気持ちを静め落ち着かせると、ようやく将軍の御拳に鷹を移した。将軍の御拳に鷹を移すときは、鷹匠頭は自分の拳を上手に置き、そのほかの者はみずからの拳を下手に置くのを礼とした。

将軍は平常時に吹上御庭で鷹の羽合せの演習をおこない、鶴御成の準備をした。将軍の御拳から放って鶴を獲った鷹はその成果を賞され、勲章の証として紫色の房をつけ、隠居を命じられる習慣であった。しかし、鶴御成のさい、その鷹が初陣で将軍の御拳で落ち着かないと判断されたときは、以前に隠居を命じられた鷹を召し出して、万一の場合に備えることもあった。このような場合には、その隠居した鷹を仕込んだ鷹匠の名誉となった。その場合は、食禄を増やされ、その功績を賞されたのである。

鶴御成の場合、将軍も、供奉《ぐぶ》の者も、股引《ももひき》・半纏《はんてん》・草鞋《ぞうり》履《ば》きであった。将軍と鷹匠とは同じ扮装をしているので、誰が将軍で、誰が老中や鷹匠なのか、わかりにくいものであった。ただ将軍だけは帯の上にまとった絹地浅黄染めの子持ち縞（太い線と細い線が繰り返される縞柄）を白く染め抜いたものを着す例となっていた。これが目印となったが、近習の者たちのなかには同じものを拝領する者がいたので紛らわしかった。このため、享保期に鷹野のさいの服制が定められたといわれる。

実際の鶴御成においては、将軍が代内に進むと鳥見が大きな日の丸の扇を高く掲げ、代の内に伏せている鷹匠に合図し、扇を高く掲げたまま鶴が歩き回っているほうに進んでいった。鶴はこれを見て驚き、舞い上がろうと羽を広げ、地面から一丈七、八尺（五メートル強）ばかり離れた頃合いを見て、将軍が鷹を放った。鷹が勢いよく飛んでいってすぐに鶴の下より突き、脱爪《だっそう》（成長が止まって段ができた爪）で咽喉をつかみ、その体を鶴の脚間にひそめて地上に引き落とそうとする。すると鶴も翼を開いて、鷹を打ち落とそうと天空に舞い上がり、両者は空中で争いを繰り広げた。このような状況のなかで、鷹匠頭や鳥見をはじめ、供奉の者のなかからも一〇人から一五人くらいが、鷹が鶴と争いながら飛んでいく方向に目を注ぎ、右往左往しながら駆け回った。そのさい、供奉の者たちは「上意、上意」と叫びながら鷹を励ましたが、これを「力声」といった。

なお、御拳の鷹一居だけで鶴を捕らえられないとき、鷹匠頭は伏せていた鷹匠に指図し、二居、三居の鷹を放って加勢する指示を出した。このような場合、第一着の鷹はすでに鶴の脚間にあるために、第二の鷹はすぐに鶴の背上から首を蹴り、第三の鷹は背上に爪を刺し、上より押して鶴を突き落そうとした。その駆け引きは、人が見ていても驚くばかりであった。鷹一居で鶴を捕獲することは、きわめて稀なことだったようである。

第1章　古代・中世日本の鷹狩

1　旧石器・縄文・弥生期の鷹

タカ目に属するタカの種類は非常に多い。和名に「タカ」が含まれるものだけでも、オオタカ・ハイタカ・クマタカをはじめ、タカサゴダカ・アカハラダカ・ヒメハイタカなど多数にのぼる。このほか、タカ科にはトビ属、オジロワシ属、クロハゲワシ属、カンムリワシ属などのワシ類やチュウヒ属、サシバ属などもあり、またハヤブサ目ハヤブサ科ハヤブサ属にはよく鷹狩で用いられてきたハヤブサやチョウゲンボウなども含まれている。

自然史研究の成果を調べてみると、旧石器時代人骨「浜北人古層人骨」の発見で知られる、静岡県浜松市浜北区根堅《ねがた》の岩水寺地内の「浜北根堅遺跡」の岩水寺層からトラ類化石と鳥類化石とが出土していた。しかし、長らくその正体は不明であったが、このうち鳥類化石の研究が進められた結果、クロハゲワシと同定されたという。同層準の年代は約一万八〇〇〇年前で、最終氷期にヒト・トラ類とクロハゲワシとが当地で共存していたことが明らかとなった。なお、クロハゲワシの化石が日本から確認されたのはこれがはじめてであり、浜北根堅遺跡からの発見は化石産地として世界でもっとも東の地点からの記録になるという。

化石産出層の時代である最終氷期極相期の日本列島の気候は、グローバルな寒冷化と大陸の乾燥化を背景とし、当時の浜北地域はクロハゲワシの原生息地の環境に似ていたといわれる（松岡廣繁・長谷川善和「浜北根堅遺跡（静岡県浜松市）から『トラ』や『浜北人下層人骨』と共産した鳥類化石はクロハゲワシ（タカ科）である」『群馬県立自然史博物館研究報告』第二七号、二〇二三年）。ヒトとクロハゲワシとの関係については不明であるが、食料になっていた可能性もあるように思われる。

また、国内の考古学発掘成果を確認してみると、富山市北西部に所在する小竹貝塚から鳥類の遺存体が多数出土し、そのなかにタカ科の鳥類も含まれていた。小竹遺跡は、縄文時代前期（約六〇〇〇年前）の貝塚遺跡であり、酸性土壌の日本列島では腐って残らないことが多い動植物遺存体など有機質の遺物が、貝塚から溶け出すカルシウムの中和作用によって保護され、現在まで遺存していた。こうした遺物は、動植物の生態系や古環境、人々の食生活など多くの謎を探ることのできる貴重な情報源であった。

鳥類遺体のうち、骨端部の残存している烏口《うこう》骨・肩甲骨・上腕骨・尺《しゃっ》骨・橈《とう》骨・手根中手骨・大腿骨・脛足根《けいそっこん》骨・足根中足骨の九部位五九四点を分析対象とし、そのうち五八〇点について科以上の単位で同定できたという。鳥類遺体全体の約五二パーセントはカモ科、約二八パーセントがカイツブリ科、約五パーセントがクイナ科、約三パーセントがカラス科、この四科で約八八パーセントを占めた。このほか、ウ・キジ・アホウドリ・ガン・ミズナギドリ・ツル・ハクチョウ・コウノトリ・アビなどの諸科の鳥類、タカ科の同定破片数も一五点出土し、トビより小型のものから大型のワシのものまであった。

これらの鳥類は狩猟によって捕獲され、食料となっていた。こうした鳥類狩猟は、主に冬季におこなわれたと考えられるが、なかには幼鳥や若鳥の骨も検出されていることから、これらは繁殖期の夏季に狩猟された個体に由来するものであろうと推定されている（『富山県文化振興財団埋蔵文化財発掘調査報告第六〇集・小竹貝塚発掘調査報告』公益財団法人富山県文化振興財団埋蔵文化財調査事務所、二〇一四年）。

このように、縄文時代に生息していたタカ科鳥類は、他の鳥類とともに狩猟によって捕獲され、この時代の人々の食生活の一端を支える食料となっていたのである。

弥生時代は、稲作が本格的にはじまった時代であり、それ以外にも大麦・小麦・粟・黍《きび》・稗《ひえ》などの穀物や小豆・大豆などの豆類を畑作によってつくっていた。また、狩猟や漁労・採集も縄文時代に引き続き盛んにおこなわれていたが、朝鮮半島から豚が伝わり、家畜も飼育されるようになった。この時期、タカを捕獲して食料としていた事実は確認できなかった。

2　外来文化と古代の鷹狩

鷹狩の伝来と移入文化

日本での鷹狩の模様を、はじめて載せた文献は『日本書紀』である。その仁徳天皇四十三年九月朔《さく》(一日《ついたち》）条には、依網屯倉《よさみのみやけ》という場所で阿弭古《あびこ》という人物が「異鳥」を捕獲し、仁徳天皇に献上した。酒君《さけのきみ》を招いてその「異鳥」のことを尋ねると、「この鳥は百済《くだら》では数多く生息し、飼い慣らせば人によく従い、速く飛んでさまざまな鳥を捕らえ、百済ではこの鳥を倶知《くち》（これ、今時の鷹なり）と俗称している」と応えた。天皇は、この鳥を酒君に預けてその調教を命じた。酒君はほどなくこの鳥を調教して飼い馴らした。そして、この鳥の足に「韋緡《おしかわのあしお》」（「韋」〈なめし皮〉と「緡」〈縄〉）を結び、その尾には「小鈴」をつけ、自分の腕の上にこの鳥を据えて天皇に献上した。天皇はこの日、百舌鳥野《もずの》で遊猟し、鷹を放って数十羽の雉を獲った、と記録されている。

ここに登場する「酒君」の素性は、仁徳天皇四十一年三月条によれば仁徳天皇の使者紀角宿禰《きのつののすくね》に無礼を働いた「百済王之族」、つまり百済王の一族であった。すなわち、放鷹《ほうよう》（鷹狩）は仁徳朝の時代に百済から伝来し、その放鷹を伝えた人物が百済王族の酒君であった。また、仁徳天皇四十三年九月の是《ぜ》月《げつ》条によれば、天皇はこの月、百済系の放鷹をつかさどる「鷹甘部《たかかいべ》」を設置し、「鷹甘邑《むら》」にその担当者を集住させたという。

ここには、「鷹甘部」や「鷹甘邑」に関係する場所として依網屯倉や百舌鳥《もず》野（現大阪府堺市）が出てくるが、「鷹甘邑」は律令国家体制下では摂津国住吉郡（現大阪市）に含まれており、難波京の南北中軸線を南方へ延長した難波大道が、礒歯津道《しはつみち》（八尾街道）と交わる交差点の東北側に位置し、依網屯倉は礒歯津道の南方であった。なお、「鷹甘邑」の故地は、現在の大阪市東住吉区鷹合であろうと伝承されている（秋吉正博『日本古代養鷹の研究』）。

この『日本書紀』の伝来記事を踏まえると、放鷹は百済系渡来人を媒介として移入された文化という位置を与えられていたことがわかる。

「鷹を据えた男性」埴輪が語るもの

五世紀から七世紀にかけての各地の古墳から、「鷹を据えた男性」埴輪や鷹の埴輪が出土している。なかでもよく知られているものに、群馬県太田市のオクマン山古墳から出土した「鷹を据えた男性」埴輪がある（図10／口絵③）。高さ約一四七センチメートル。この古墳は六世紀後半の築造と推定されているものだが、台座の上に立つ男性は鍔《つば》のついたりっぱな帽子をかぶって髪を結い、籠手《こて》をつけた腕に内向きの鷹を据え、凛とした武人の姿で表現されている。また首に丸玉の首飾りをつけ、髪はおさげ髪のように束ねて耳の脇で結んだ美豆良《みずら》に結い、衣と袴を着し、衣は腰で広帯を締め、袴はその中程を脚結《あゆい》で結んでいた。この埴輪には、大刀と紐を下げていた痕跡が残っている。また、鷹の尾羽につけられた鈴、左腰には餌を入れていたと思われる口餌籠《くちえかご》など、細部にいたるまで巧みに表現されていた。このように、堂々とした男性像の埴輪である。

図10 「鷹を据えた男性」埴輪（オクマン山古墳出土）（群馬県太田市立新田荘歴史資料館蔵、太田市教育委員会提供）

また、大和文華館所蔵の「鷹を据えた男性」埴輪は、群馬県佐波郡采女《うねめ》村（現伊勢崎市）淵名出土で、国指定重要有形文化財に指定されている。六世紀後半の男子全身立像と考えられているが、膝から下が欠損している。残存している像の高さは約七六センチメートルである。頭には赤色塗彩の施された帽子をかぶり、髪は美豆良結いで耳の脇に束ねていた。丸玉で首元を飾り、衣の正面には二か所の結び紐がみられる。また両腕には籠手をつけ、右腕を下げ、左腕を肩の高さまで上げて前方で曲げ、その腕に鷹を据えている。外を向いた鷹の尾羽には丸い鈴が結びつけられている。腰帯の正面に大刀、右腰に鷹を据えたり架《ほこ》に止めたりするときに足革につなぐ紐（一筋大緒）を下げ、左腰には餌入れと思われる口餌籠をつけている。そして、袴は膝の中程を脚結で結んでいる。

こうした「鷹を据えた男性」埴輪について、末次雅雄氏は鷹の尾羽につけられた鈴に注目し、人によって調練された鷹であることを指摘し、鷹狩が中国・朝鮮を経て日本に伝来した狩猟であったことを論じた（「鷹匠埴輪」『大和文華』第三七号、一九六二年）。また、武田佐知子氏は古代衣服制の研究によって、袴は大陸の乗馬の風習により伝わってきたもので、その袴を着用したのは地域の首長クラスであったことから、「鷹を据えた男性」埴輪は支配者の姿とみるべきではないかと問題提起した（『古代国家の形成と衣服制――袴と貫頭衣』）。さらに、塚田良道氏は「鷹を据えた男性」埴輪が盛装男子全身立像の一つであり、これは鷹匠ではなく、支配者層の人物の姿であるとの見解を提起し（「鷹匠と馬飼」『考古学と生活文化』同志社大学考古学シリーズ刊行会、一九九二年）、これを榎村博之氏（『狩りと王権』）、賀来孝代氏（「鵜飼・鷹狩を表す埴輪」『古代』第一一七号、二〇〇四年）、若狭徹氏（『もっと知りたいはにわの世界』）らも支持している。

いっぽう、亀井正道氏は「鷹を据えた男性」埴輪について狩猟儀礼の一環で鷹を据えて葬祭に参列した鷹匠の姿であるとの見解を示している（『日本の美術3 人物・動物はにわ』第三四六号）。また、基峰《きみね》修氏も古墳での埴輪配列における鷹狩男性埴輪の位置から、被葬者（支配者層）の姿ではなく、その支配下におかれた武人や力士と同等級の職能技術者で、鷹甘《たかかい》（鷹匠）の正装した姿であると結論づけている

（「鷹甘の文化史的考察」『人間社会環境研究』第三〇号、金沢大学大学院人間社会環境研究科、二〇一五年）。

このように、「鷹を据えた男性」埴輪の性格やその評価をめぐって、支配者層と捉えるのか、あるいはその従属下の鷹匠（「鷹甘」）とみるのか、その評価が二分されている。さらに事例を収集して検討していく必要があるように思われる。なお、個人的には鷹狩男子の服装が首に丸玉の首飾り・左衽《さじん》（左前）の服・大刀・口餌籠・一筋大緒をつけた鷹狩の盛装であり、またオクマン山古墳の埴輪配列では「鷹を据えた男性」埴輪が武人と武人の間に守られて配置されているため、地域社会の首長層に位置づく人物であった可能性が高いのではないかと推察している。

また、鷹狩男子埴輪の存在から、すでに五、六世紀の日本では鷹狩が百済から日本に伝わり、ヤマト王権の大王《おおきみ》だけでなく、各地域の首長層も鷹狩をおこなっていたことが判明する。そして何よりも、鷹を据えた男性が帽子着用によって左手の腕に鷹を据え、また鷹餌を入れる口餌籠を左腰につけ、さらには右腰には一筋大緒を下げるという古式の姿態を伝え、ここに見られる鷹道具は諏訪流の現代鷹匠のそれとあまり変わっていないことも特筆されよう。つまり、鷹の調教に必要な道具は五、六世紀には大体出来上がっていたわけであり、大陸文化がそのまま伝来し、現代にいたるまで継承されてきたようである。

奈良時代の放鷹司と主鷹司

兵部省《ひょうぶしょう》主鷹司《しゅようし》は、律令国家体制のもとに置かれた官司である。天平宝字元年（七五七）に施行された養老律令のうち、翌二年養老令に規定された主鷹司は兵部省に置かれ、軍事の一部門として鷹や犬の飼育・調教・調練を担当した。組織は長官の主鷹正《かみ》一人、主典《さかん》の主鷹令史一人、使部六人、直丁一人、鷹戸が所属し、四等官のうち次官《すけ》・判官《じょう》が属していないきわめて小規模なものであった。そして、鷹戸とは鷹養戸《たかかいこ》、つまり鷹を飼育している家のことで、大和・河内・摂津三か国の一七戸で構成されていた（『令集解』巻四、職員令兵部省、主鷹司条、『新訂増補国史大系 令集解』前篇）。なお、このころの鷹とはどのような種類のものであったのかについては、明確にわかっていない。

これに先立つ養老五年（七二一）七月二十五日、元正《げんしょう》天皇は放生を命じる勅令を発令した（『新訂増補国史大系 続日本紀』巻八）。そのなかに、「周孔の風」や「李釈の教へ」、つまり周公旦（周の文王の子）と孔子が説く儒教の仁愛の精神、また老子の道教や釈迦の仏教の教えによりすべての殺生を禁じ、放鷹司《ほうようし》の鷹や犬、大膳職の鵜飼、諸国の鶏や猪を放つこと、その関係者などの役職を停止するというものがあった。この勅令で放鷹司が廃止されたが、大宝令制下では放鷹司と呼ばれる鷹の調教・訓練にかかわる官司が存在していた。しかし、まもなく放鷹司は復活し、諸衛府鷹飼と並立していた。この経緯からみて、大宝令制の放鷹司と養老令制の主鷹司とは系譜的に継承された官司であったとみられる。

その後、『続日本紀』巻九の神亀三年（七二六）八月十七日には、鷹戸は一七戸から削減されて一〇戸と定められ、これは『日本書紀』で確認できる「鷹甘邑」居住の「鷹甘部」の後進であったと考えられる。また、天平十七年（七四五）には放鷹の所管が兵部省から民部省に移管され、天平宝字八年（七六四）から神護景雲三年（七六九）までは放鷹が停止され、放鷹司に代わって放生司《ほうじょうし》が置かれた。さらに、延暦七年（七八八）七月二十五日の除目《じもく》（大臣以外の諸官職を任命する儀式）に、はじめて従五位下の主鷹司が登場していることから、宝亀元年（七七〇）には主鷹司が再設置されていたとみられる。このため、延暦十年までは主鷹司と諸衛府鷹飼が並立していた（秋吉正博『日本古代養鷹の研究』）。

『続日本紀』巻四〇の延暦十年七月二十七日、桓武天皇は鷹戸を廃止し、諸衛府の鷹飼を統合した。鷹飼は宣旨をもって任じられる特権的身分で、主鷹司・蔵人所あるいは五衛府（のち六衛府）に属する官人である。また、弘仁十一年（八二〇）には、主鷹司の鷹飼の一部を蔵人所に分属させたが、貞観二年（八二〇）には主鷹司が廃止され、蔵人所の鷹飼も停止した。さらに、元慶七年（八八三）七月五日、陽成天皇は蔵人所鷹飼の再設置を勅令で命じた（『新訂増補国史大系　日本三代実録』巻四十四）。つまり、弘仁十一年から貞観二年までは鷹飼が主鷹司と蔵人所に分属していた関係で、主鷹司に支給されていた鷹飼三〇人と犬三〇牙《きば・げ》分の食料のうち、鷹飼一〇人と犬一〇牙分を割《さ》いて蔵人所に引き渡すように命じていた。ところが、貞観二年には主鷹司と蔵人所の二つの組織が停廃され、元慶七年になって鷹飼一〇人などが復活し、蔵人所の管轄となったのである（三保忠夫『鷹狩と王朝文学』）。

このように、鷹職制は時として放鷹の禁止にともない、職制が廃止されることがあったが、最小規模の構成ではあるものの、律令国家体制のもとで国家組織内に位置づけられ、鷹・犬の飼養・調教を管掌していたのである。

平安時代の御鷹の貢上

平安時代になると、鷹・鷹狩をめぐる特殊な社会関係が出来上がった。平安時代初期には一般の私的な鷹狩や鷹の飼育が禁じられたのに対して、大同三年（八〇八）九月二十三日の官符《かんぷ》（『新訂増補国史大系普及版　政事要略』）などによれば、親王・観察使以上、および六衛府次官以上には印書や公験《くげん》（朝廷などが発行した権利を公認する内容の文書）が与えられ、鷹狩が公許されていた。

この時代の鷹捕獲の方法については、「類聚三代格《きやく》」（『新訂増補国史大系普及版』）の貞観元年（八五九）八月十三日の太政官符によれば、天皇の許可のない鷹や鷂《はいたか》の飼育・調教は禁じられていた。そして、以前から天皇へ貢上する「御鷹《おたか》」を他の者へ貢上することも禁じられていた。ここで、鷹に「御」が付されていることに注意したい。天皇に貢上される鷹は「御鷹」と尊称され、権威をともなっていたのである。具体的には、諸国から貢上された鷹は天皇の「御覧《ごらん》」を経たのちに「御鷹飼」に分給された。その鷹には、鷹巣から下ろされた鷹と、網を使って捕らえた鷹との別があった。つまり、「巣鷹《すだか》」と「網懸《あがけ》」についての区別であり、そのことは飼育・調教のうえで大きな違いがあったことを推測させる。いっぽう、心ない者たちが貢上物に事寄せて無駄に駅馬《はゆま》・伝馬として「公乗」（公けの車）を利用することも禁じられていた。なお、鷹のほかに、天皇の「御覧」を経て、諸司に分給されるものには鵜《う》と馬があった。しかし、鵜に「御」が付されることはなく、「馬」には少しの例はあるものの、それらは鷹と同列には置かれていなかったのである。

諸国では鷹を捕獲すると、京へ運搬していくことになったが、そのための準備や管理は国衙《こくが》によっておこなわれていた。この貢上には、巣鷹のまま貢上する場合と在国で鷹の調教をしたあとに貢上する場合とがあった。この鷹の調教を担当した者は「鷹養人《たかかい》」と呼ばれた。なお、「鷹養人」の素性については、鷹の字を名の一部とする氏族・部民のほか、早くから鷹飼・鷹取を氏族名として名乗らない諸氏族も「鷹養人」や「鷹取」に指定されていたようである（秋吉正博『日本古代養鷹の研究』）。

そして、京に着いた鷹は侍臣の臂《ひじ》（肘）に据えられ、天皇の御前に引き出されて披露された。たとえば、『小右記』の天元元年（九七八）四月二十五日条には、出羽国からの鷹八聯・犬八牙の貢上にさいして、円融天皇による鷹および犬の「御覧」を経たのち、「御鷹飼」らへの鷹・犬の班給へと進んでいったことがわかる。貞観元年（八五九）八月八日に、地震の影響により天皇の勅令で「五畿七道の諸国の年貢の御鷹、一切停止す」（『日本三代実録』巻三）とあり、主鷹司が廃止され、年貢の御鷹の一切停止に連動して鷹・鶻《はいたか》の飼養も禁止されているなかでの鷹・犬の班給であった。

このように、鷹を貢上する国々は野生の鷹を捕獲し調教すると、使者に預けて京に運搬していた。そして、鷹は宮城内裏の侍所において天皇の御覧に供し、御覧後にその場において諸司や親王・貴族らに班給し調教を命じていたのである。

天皇の禁野

古代日本において、天皇の狩猟場として禁野《きんや》が設定されていた。禁野は禁処《きんしょ》・標野《しめの》とも呼ばれ、庶民に迷惑がかからないように一定の地域を限って囲い込んだ土地であった。ここでは、一般庶民の狩猟が禁じられ、原則としてその立ち入りも許されなかった。

『日本書紀』神功皇后摂政元年二月条に、麛坂王《かごさか》は忍熊王《おしくま》が仲哀天皇の悲報に接して兵をあげたさいに、両者は摂津の菟餓野《とがの》（刀我野、現大阪府大阪市）で祈狩《うけいがり》をおこなった。しかし、「赤き狼」が現れて麛坂王を食い殺し、従者の軍士はその恐怖におびえたと伝えられる。祈狩とは呪術的な卜占のためにおこなわれる儀礼的な狩猟の一つであり、狩猟で捕獲した獲物によって神意を判断するものであった。このときの祈狩による神意は凶と出たのであり、挙兵それ自体の失敗を物語っていた。摂津の菟餓野が祈狩の場として登場しており、王家の神聖な狩場となっていたように思われる。

『養老令』雑令九条に、国内の銅鉄の産出地で官が採掘しないのであれば、百姓が私的に採掘することを認めるというものがある。このほか、禁処でなければ山川藪沢《そうたく》は共有で利用するように定められた。山川藪沢は、原則として官と私の双方が利用できる「公私共利」の空間であったが、「禁処」であるところは除外されていた。この「禁処」に禁野が含まれていた。

ところが、「公私共利」の原則のもとで、山川藪沢の空間を排他的に囲い込むようになったのは天武・持統朝のころからであった。『日本書紀』天武五年（六七六）五月是月条によれば、飛鳥京近くにある南淵山・細川山と畿内の山野の特定場所では伐木が禁じられていた。このころ、奈良県明日香《あすか》村の飛鳥池から「天皇」「丁丑」（六七七）の墨書木簡が出土し、天武朝における「天皇」号の存在が明らかとなった。天武朝においては「大王」の神格化が飛躍的に進み、「天皇」と称されるようになった。こうした神格化・絶対化によって、天皇は「公私共利」を超えた存在になったのである。

『日本書紀』持統三年（六八九）八月丙申条によれば、河内国大鳥郡の高脚海《たかしのうみ》（高師の浜、現大阪府高石市）に準じて、摂津国の武庫海近くの紀伊国阿提《あて》郡の那耆野《なきの》（現和歌山県有田《ありだ》市）や伊賀国伊賀郡の身野《むの》（現三重県名張市）が禁猟区として設定され、守護人を置いて管理していた。

また、平安時代（一〇世紀）に撰述された『西宮記』巻八には、「禁野　北野〈別当少々有り〉　交野《かたの》〈百済王を以て検校す〉　宇陀野《うだの》」と記され、北野や交野は桓武天皇がしばしば遊猟した場所であり、とくに交野は百済王氏が検校《けんぎょう》（管理）することになっており、桓武天皇自身が渡来人の血脈にあって百済王氏を重用していたことがわかる。いっぽう、宇陀野は推古天皇が薬猟をおこなった場所であった。

『続日本紀』延暦六年（七八七）十月丙申条には、桓武天皇が平安遷都前から交野に行幸し放鷹をおこなっていたことが知られる。天皇はみずからに百済系渡来人の血が流れていることを強く意識しており、百済から伝来した放鷹をたびたびおこない、山城国大原野・栗前野・北野、河内国水生野・交野（図11）などに何度も行幸していた。

貞観二年（八六〇）十月二十一日の太政官符では、諸国の禁野での狩を禁じていた。ここでは、代々の先帝が綸言《りんげん》（詔）をもって諸国の禁野で狩をすることを重ねて禁じてきたが、実際のところは鷹狩が横行していた。これは、国司が怠慢だったからであり、そのためきびしく取り締まるように命じていたのである（『類聚三代格』巻十九、禁制事）。

図 11　帝交野放鷹之図（河鍋洞郁画「絵本鷹かゝみ」初編上）（早稲田大学図書館蔵）

それでは、天皇から鷹狩と私鷹の所持とを許された者は、実際にどこで放鷹をおこなっていたのであろうか。『類聚三代格』嘉祥三年（八五〇）四月二十七日の太政官符によれば、官位が二品の仲野親王（桓武天皇の第十二皇子）の場合、鷹・鷂それぞれ二聯ずつの私鷹をもつことを許されていたが、狩場については詔を河内・摂津両国に発して、人々に禁野以外での狩猟を許すように命じていた。禁野の獲物を天皇の供御用に進上するため、禁野以外の野に制限していたのである。

禁野はその場所の四方の境界を限っているのに対し、禁野以外の野は耕地と錯綜していたためそれを踏み荒らす可能性があり、農民に許しを請う必要があった。このように、放鷹特権勅許者の狩場も、対象者ごとに大まかな取り決めがなされていた。なお、狩場の畿内諸国限定は、親王や五位以上の貴族が天皇の許可なしに畿内を出られない行動規制を前提としていたのである。

禁野の制は民業を妨げないことを旨とし、原則としてそのなかでの草木採取や農耕を許したが、禁野預《あずかり》らが百姓の牛馬を略取し、あるいは鎌や斧を奪う非法をおこなうことがあり、それらを規制する禁制も出されていた。その後、多くの禁野が廃絶されるなかで、室町時代まで残ったのは河内国の交野であり、十六世紀末まで五節《ごせち》の神事（大嘗祭における豊明節会のときに舞姫らによって舞われる神事）にさいして雉《きじ》を献上していた。この由緒にちなんで、現在、大阪府交野市は雉を「市の鳥」と定めている。

天皇の権限と勅許

古代の日本では、天皇が幾度となく養鷹の禁制を発令した。その禁制の対象となった養鷹の中心は「私養鷹」、つまり私的な鷹の飼養であった。養鷹禁制は令制下の御鷹飼養の組織を前提にしたものであり、それ以外の私的な養鷹を禁止したものであった。とはいえ、ここにも天皇の放鷹に供奉《ぐぶ》しながら、「御鷹」ではなく「私鷹」で奉仕できるかどうかという問題があった。

ところが、宝亀四年（七七三）正月十六日騰勅符《とうちょくふ》（『類聚三代格』巻十九）では、京・畿内諸国の郡司・百姓、および王臣子弟が天皇から特別に許可されたと詐称し、あるいは「侍臣」にかこつけて鷹を

図12　在原業平交野鷹狩之図（河鍋洞郁画「絵本鷹かゝみ」初編上）（早稲田大学図書館蔵）

養い、競って郊野を馳せていたという状況を伝えている。このように、郡司・百姓・王臣子弟らが私鷹を飼養し、その鷹を据えて平城京周辺の郊野で鷹狩をおこなうという行動は、「侍臣」らの勢いを表象するものでもあった（図12）。

中央周辺でもこのような状況であったから、地方の諸国にいたっては私鷹飼養の取締りがいっそうむずかしかった。諸国における養鷹禁制の取締りは、国司・郡司らによっても担われており、かれらは地方支配として養鷹の取締りをおこないながら、みずから養鷹禁制に違犯していたのである。

養鷹に関する規制は、違犯者に対してだけでなく、特権的に勅許を受けた人々にも及んでいた。その規制の内容は、私鷹の飼養数、鷹餌調達人の員数、狩猟場の指定などについてであった。延暦二十三年（八〇四）十月甲子条（『日本後紀』巻第十二）によれば、私的な養鷹の禁制が発令されて久しいが、臣民のなかには数多くの鷹を蓄え、狩猟をおこなっている者たちがいたようである。これは天皇の御意と違うものであり、その罪は重いものであった。

なお、王臣によっても養鷹の内容に違いがあり、特権の勅許者の各人が賜う「印書」にその詳細が記されていた。それ以外に養鷹をした場合は、重科に処されることになった。そして、「印書」以上の鷹数を持っている者は、違犯者＝「臂鷹人《ひよう》」（鷹を臂《ただむき》にとまらせた人）として逮捕された。このほか、王臣五位以上の者はその名を記して言上し、六位以下及び「臂鷹人」は法に照らし合わせて禁固となり、「違勅罪」（天皇の勅に違うことによる罪）を科された。これには、使者を派遣して捜査し、国郡の官司についても違犯があれば処罰された。このように、養鷹の特権勅許者にはその詳細を記した「印書」に基づいて放鷹することになっており、それに違犯すれば処罰の対象となったのである。

そうした事例として、仲野親王（桓武天皇の第十二皇子）の場合には、『日本三代実録』貞観三年（八六一）三月二十三日丁酉条にあるように、鷹・鸇《はやぶさ》を私的にそれぞれ二聯ずつ養鷹することを認められていた。ここでは、私鷹の飼育数と狩猟場が決められていたのである。また養鷹で必要となる鷹餌の調達を担う者は「餌取」と呼ばれ、「鷹官符」を受けた家々の「餌取」の人数は三位以上の者が各二人、四位以下の者が各一人と定められていた（『政事要略』巻七十　糺弾雑事・鷹鸇事、検非違使式）。

いっぽう、養鷹を勅許された人々は、天皇への奉仕を求められていた。その一つに、天皇遊猟のさいの鷹飼の供奉があった。秋吉正博氏は『続日本後紀』天長十年（八三三）九月戊寅条を用いて、仁明天皇の栗栖野遊猟のさいに、神祇少副正六位上大中臣朝臣磯守が調養した隼《はやぶさ》を放って水禽を捕獲していたことについて、つぎのように評価している。この隼が天皇から預かった御鷹なのか、それとも磯守が独自に入手した私鷹であったのかは断定できないが、天皇遊猟（のちに野行幸と称す）は、養鷹禁制施行の下で養鷹を特権的に許された者たちにとっては、その成果を天皇に披露する機会であったと述べている（秋吉正博『日本古代養鷹の研究』）。

仁和二年（八八六）十二月十四日の光孝天皇による芹川野行幸では、中納言以上のほとんどが、そして参議の者たちも全員が供奉していた。この行幸について、弓野正武氏は六国史の遊猟記事によって天皇遊猟が桓武・平城・嵯峨・淳和・仁明の各天皇の時代に頻繁におこなわれたが、続く文徳・清和・陽成の天皇三代には途絶えたことを明らかにした。また陽成天皇の跡を継いだ光孝天皇は、父の仁明天皇にならって遊猟を復活させたものが仁和二年の芹川野行幸であったことを明らかにし、儀式としての「野行幸」の成立を説いている（「平安時代の鷹狩について」『民衆史研究』第一六号、一九七八年）。こうして、「野行幸」という形で鷹狩の儀礼化がいっそう進んでいったのである。

貢進物としての狩猟の獲物

天平宝字八年（七六四）十月十一日、淳仁天皇はつぎのような勅を発した。諸国で鷹や犬・鵜を飼って狩猟をしてはならない。また、諸国で御贄《みにえ》として種々の宍《しし》（肉）や魚類を進上することをすべて停止せよ。また中男《ちゅうなん》（一七〜二〇歳の男子の課口）の生産物として魚、宍、蒜《ひる》等の類の進上を止めて代替物とせよ。つまり、中男は調の代わりに現物納租税を課された。ただし、各神社が与えられた神戸《かんべ》（神社の封戸）はこの限りではないというものであった（『増補新訂国史大系二　続日本紀』巻二十五）。この納付（租庸調・雑役）をもって、それぞれの経営がおこなわれ、封戸《ふこ》を与えられていない神社は、禰宜《ねぎ》・祝《ほうり》らが修道にあたることになっていた。

なお、この勅に記されている贄《にえ》は、天皇に貢納される食料品の総称で、初物貢献に起源をもつと考えられている。藤原宮や平城宮その他から出土した貢進物の付け札木簡や正税帳をはじめとする文献史料から、贄として貢納された食料品は、海水・淡水産の魚類を中心に、貝類・海藻類・調味料・獣類・果実類などの生鮮品や加工品からなり、多彩な山野河海の採取物であった。これは、諸国貢進御贄と御料とに大別され、前者は贄戸《にえこ》や特定の地域の海部などの集団による贄戸の御厨《みくりや》的な採取調達であり、後者は諸国の国衙や郡家《ぐうけ》の責任のもとで雑徭《ぞうよう》や公益による採取調達の貢納形態であった。

そして、この贄には、魚介類や果菜類を主体とする「御贄」と、狩猟の獲物となった猪・鹿や鳥類を主体とする「獦贄《かりにえ》」とに区別されていた（石上英一「日本古代における所有の問題」、岸俊男等編『日本の古代』十五　古代国家と日本、中央公論社、一九八八年）。「獦贄」は地域首長の政治的支配権の掌握を象徴する儀礼的な狩猟によって得た獲物を天皇に納めた貢進物であり、その領域支配権を確認するための証しでもあった。いっぽう、令制下の天皇が各地域から貢進された「獦贄」を食さなければならなかったのは、日本の国土の領有権者としてその行為が不可欠だったからであり、そのことで天皇の全国支配を儀礼的に確認することになったのである。

十一世紀以降になると、猪や鹿の代用として水鳥や雉《きじ》を用いるようになったが、この変化が仏教思想に基づく哺乳動物の肉食忌避の影響によるものか、狩猟形態の変化によるものなのかは判然としない。

『新修鷹経』の歴史的役割

日本最初の鷹書《たかしょ》と伝えられる「新修鷹経《しんしゅうたかきょう》」は、嵯峨天皇の時代に主鷹司から鷹飼を割いて蔵人所の鷹飼を成立させるため、養鷹技術の統一基準とすべく編纂され、鷹所（主鷹司）に下賜されたものとされている。

現在、私たちの目に触れる「新修鷹経」は、続群書類従完成会によって刊行された『群書類従』第十九輯に収められた「鷹部」の「新修鷹経」である。ここに記された内容によれば、「新修鷹経」は上・中・下の三部から構成されていた（塙保己一『群書類従』第十九輯 管弦・蹴鞠・鷹・遊戯・飲食部、続群書類従完成会、一九九二年）。

その内容について、「新修鷹経」上には、形相、相鷹大體法・附醜鷹三段ノ鷹蔓菁鷹皃居鷹、相別體法・附羅鷹巣鷹、相隼體法、良鷹傍體図、同対體図、同背體図、同軒翥體図、醜鷹體図、三段鷹體図、蔓菁鷹體図、皃居鷹體図、隼鶻體図が収載され、鷹の形相や部位について詳述している。「新修鷹経」中には、調養、養鷹法、入田放鷹法、著脚絆法、繫鷹法、僵鷹法、著鈴繫法、攻觜法、攻爪法、禁忌法、繫格禁、鷹屋禁、放鷹禁、吐毛禁、穢器禁、汗毛禁、飲酒禁、脚絆脚纏繫把図、鈴繫図、鳥羽根図が収められ、鷹の調養の取り扱い上の具体的所作について詳述している。「新修鷹経」下には、療治、治目病方、治鼻塞方、治臀塞方、治脚腫方、治脚疣方、治噣抜羽法、治瘙方、治血痢方、治被犬滋鷹執方、治肉癥方、治脚折傷方、治莫瘁方、刀子図、鈎子図、銅火鉢図、灸図・腹背が収められ、鷹の病の治療として薬・灸・針などについて詳述している。

ところで、「新修鷹経」は誰がいつ編纂したのだろうか。そのことを考えるにあたり、群書類従本の

「新修鷹経」の巻末連署をみてみると、その解釈については文意が通じない部分があって明確な考証が進んでいない。しかし、これだけをみれば連署者の七名が「新修鷹経」の成立にかかわっていたように思える。

至徳三年（一三八六）十一月七日の年記のある「嵯峨野物語」（『群書類従』第十九輯）には、嵯峨天皇が「新修鷹経」に記載した弘仁九年（八一八）ではなく、弘仁二年に「新修鷹経」を鷹所へ下賜し、これに別当親王・大臣らが連署して弘めたと説明されている。

また、戦国大名朝倉氏家臣の朝倉教景《のりかげ》（宗滴）が、鷹の調教を記した「養鷹記」（『群書類従』第十九輯）で「嵯峨野物語」と同様の認識をしていた。

この「新修鷹経」の詳細な考証を試みた秋吉正博氏は、「『新修鷹経』は日本で編纂された可能性が高く、編纂者が誰かは未詳であるが、中国の『鷹賦』を参照して構成し、和漢にわたるある種普遍的な養鷹のエッセンスを簡潔にまとめたものであろう」（「『新修鷹経』の校正――『鷹賦』との関係」『八洲学園大学紀要』創刊号、二〇〇五年）と推測している。まだまだ課題の多い「新修鷹経」であるが、これが現今における「新修鷹経」研究の到達点といえよう。

3　殺生罪業観と中世の鷹狩

鎌倉時代の鷹狩

武家政権の成立によって、平安期の朝廷放鷹が後退し、大臣家の大饗《だいきょう》（内裏または大臣の邸宅でおこ

図13　富士の巻狩（「曽我物語絵巻」部分）（神奈川県箱根町立郷土資料館蔵）

なった大規模な饗応）にみられる鷹飼渡《たかかいわたり》（鷹飼が放鷹実演によって獲物を捕獲し提供する儀式）や野行幸をはじめとする貴族の放鷹なども衰微した。いっぽう、十一世紀半ば以降、釈迦の死後、正法・像法の世を経て末法の世がくるという末法思想の影響によって、鷹飼の罪業観が高まりをみせるようになった。しかし、禁野では秦《はた》氏や下毛野《しもつけの》氏による朝廷御厨子所《みずしどころ》に鷹の鳥を献上するための鷹狩が継続され、また諏訪大明神への贄《にえ》鷹神事に代表されるような供祭《ぐさい》のための鷹狩も鎌倉幕府の守護・地頭らによって維持されていた。

さて、源頼朝といえば、建久四年（一一九三）五月から六月にかけて、駿河国富士山麓の藍沢《あいざわ》や富士野にて多くの御家人を集めて巻狩をおこなったことで知られる（図13／口絵④）。巻狩とは狩競《かりくら》（狩倉）の一種で、鹿や猪などが生息する狩場を大勢で四方から取り囲み、その囲いを縮めながら獲物を追いつめて射止める大規模な狩猟である。しかし、この巻狩も二代将軍頼家までで、三代将軍実朝や摂家（藤原）将軍が狩猟をおこなっていた形跡は確認できない。

いっぽうで、『吾妻鏡』（新訂増補国史大系普及版）建久六年九月二十九日条によると、鎌倉幕府は諸国御家人に対して鷹狩を禁止し、これに違反した者を処罰すると申し渡していた。しかし、こうした状況のなかで、神社の貢税《ぐぜい》（供税）や贄鷹を目的とした鷹狩は認められていた。ここからわかるのは、鎌倉幕府の諸国御家人たちの間では鷹狩がおこなわれていたが、幕府はこれを規制しようとしたという事実である。

『真名本 曾我物語』（東洋文庫四六八）には、富士の巻狩の前段として「畠山重忠の鷹談義」が登場し、源頼朝が侍所に居並ぶ「諸国の侍共」に向かって、「狩猟は罪業であると聞くけれども、男にとっての見せ場は狩猟以外にないのではないかと思っている。一体どうしたらよいのだろうか」と問いかけた。これに対して、鎌倉幕府初期の有力御家人であった梶原景時は、「狩猟が罪業にあたるとは思えない」と述べ、これに続けて「なぜなら天竺（インド）や震旦《しんたん》（中国）の金輪聖王からわが国の王臣武将にいたるまで、狩猟には由緒があり、単なる好みでやっているわけではない」（カッコ内著者註記）と付け加えた。狩猟とは、主に鹿を逐う巻狩のことであるが、景時はさらに続けて「鷹狩こそ罪業であると聞いている」と述べたのである。

景時の認識によれば、巻狩は罪業ではないが、鷹狩は罪業だと考えていた。これに対して、鎌倉幕府成立の功臣であった畠山重忠は、「梶原殿、どうしてそのようなことをいうのか。鷹も由緒のあるものであり、どうして罪業になるのか」と反論した。景時が天竺、震旦から日本にいたる狩猟の由緒とその正当性を主張したのに対し、重忠は鷹狩を罪業とみる見解を否定する理由として、さまざまな鷹にまつわる由緒や仁徳天皇以来の鷹狩の正当性を力説し、最後に「本当に鷹狩が好きである」と結んだ。重忠による鷹狩の功徳の説明に侍一同は感服したが、仏教の不殺生戒にみられる殺生罪業観を拭い去ることは難しい問題であった。こうした状況のなかで、「諸社贄鷹《にえたか》」のための鷹狩は神仏に供されるものであるから、罪業に当たらないとの認識が広まっていったようである。

このため、『吾妻鑑』にみられるように、鎌倉時代、幕府によって鷹狩は禁止されていたが、同時に例外規定も設けられていた。つまり、神社への供物を調達するための鷹狩による獲物の捕獲は許されていたのである。そのことは、幕府法令に「供税」「供祭」「貢税」のような文言がみられ、神社に供える贄《にえ》を捕獲するためのものであった。

なお、そのさいの鷹狩であっても、文永三年（一二六六）三月二十八日の関東御教書《みぎょうしょ》では、七代執権の北条政村と執権補佐をつとめる連署の北条時宗が諸国守護人に宛てた「鷹狩事」には、供祭以外の鷹狩を禁じるなかで、たとえ神事の供祭であっても、その「社領」の「社官」による鷹狩に限定されていた（「関東御教書・鷹狩事」『鎌倉遺文』古文書編 第十三巻）。この背景には、供祭に事寄せ、許容された領域で身分を偽って勝手に鷹狩をおこなう者たちが横行し、法令違反者が後を絶たなかったということがあったのである。

こうした状況のなかで、『吾妻鑑』建暦二年（一二一二）八月十九日条に示されている「諏方《すわ》（訪）大明神御贄の鷹」は特別視され、その鷹狩は免ぜられていた。山名隆弘氏は、鎌倉幕府と諏訪大明神との関係について、つぎのような見解を披瀝している。①信濃国司の初任検注（国検）にさいし、諏訪大明神の「五月会幷御射山《みさやま》」の神事に当たる「頭人《とうにん》」らは検注を免除されるという先例を主張していた。②「頭人」は鎌倉幕府の御家人であったが、その年の鎌倉番役と諸公事を免除されていた。③信濃国内の頭人を統轄したのは諏訪大明神の大祝《おおほうり》であった諏方氏であり、その諏方氏は代々、執権北条氏から重んじられていた。④諏訪氏の一族および頭人らは得宗家の被官になる者が多かったことを指摘し、幕府と諏訪大明神との親密な関係に言及したのである。

鎌倉政権成立以来、信濃国は東国支配の要衝であり、執権北条氏の所領が多く、また善光寺ならびに諏訪大明神は北条氏一族の信仰心が篤い寺社でもあった。こうしたことにより、守護・地頭らが在地武士たちに鷹狩の禁止を言明し続けるためには、諏訪大明神の御贄《みにえ》の鷹にもっとも深いつながりを有する鷹の口伝・故実を中核に据えながら、諏訪大明神の神威を強調し続ける必要があった（山名隆弘『中世鷹狩の研究』）。

また諏訪大明神の御贄は、鷹狩によって捕らえるものだけでなく、その主たるものは弓矢を使って捕らえる鹿であった。当社の御贄に掛け（供え）ていけない生き物としては熊・猿・カモシカ・岩魚・山鳥が上げられており、いっぽうで御贄として掛けてよいものは鹿のほか、山鳥以外の鳥・水魚（主に鯉）であった。古くから、諏訪大社では贄を「捧げる・供える」と言わずに、「掛ける」と呼び習わしてきた。その御贄は五月会・御射山のような神事に当たる頭人が「御贄鷹」を使って鷹狩をおこない、その獲物を御贄として掛けて（供えて）きたのである。つまり、御贄の狩猟をおこなわないということは、神慮に背くものだと考えられていた。このように、諏訪大明神の贄鷹は普通の鷹狩ではなく、神仏に捧げる聖なる営みであったということになろう。

室町・戦国期の鷹狩

足利氏による室町政権に移行しても、鷹狩を取り巻く状況は変わらず、室町時代中期まで天皇や公家、あるいは義満をはじめとする足利将軍の鷹狩はほとんど確認できていない。将軍の鷹狩が本格化するの

図 14　太田持資武蔵野放鷹之図（河鍋洞郁画「絵本鷹かゞみ」初編上）（早稲田大学図書館蔵）

は、十一代将軍義澄《よしずみ》の時代、つまり戦国時代の幕明けとなる応仁の乱後の一五世紀末ごろからである（図14）。

戦国期の鷹狩を分析した大坪舞氏は、鷹狩の本格的な復活をつぎのように総括する。室町幕府の管領をつとめた細川政元が鷹狩を単なる遊興ではなく、軍事的な目的を兼ねておこなった。その政元が九代義尚や十一代義澄の鷹狩を取り計らうようになった。義澄以降の将軍は、大名邸御成や泊山などでの鷹狩を通して側近とのつながりを深め、十二代義晴の代には禁裏への「鷹の鳥」（鷹狩によって捕らえた獲物の鳥）の献上を定着させていった。さらに将軍の側近・縁戚であった公家衆も鷹狩をするようになり、帯同のみならずみずから鷹を所持し、洛中洛外での鷹狩に興じるようになった。こうして武家や公家の間で「鷹の鳥」の贈答や天皇への進上へと展開していき、鷹狩が流行していったとされる（「戦国期における鷹狩――足

利将軍家・細川京兆家・公家を中心として」、鷹・鷹場・環境研究会編集『鷹・鷹場・環境研究』第五号、二〇二一年)。

戦国の争乱のなかで、それぞれの地域では実力のある支配者が台頭していった。みずからの力で武力闘争を勝ち抜いて領国をつくり上げ、独自の支配をおこなう地域権力としての戦国大名が誕生したのである。この戦国大名のなかには、それぞれの分国法のなかで鷹の所持や鷹狩を規定していることがあった。例を挙げると、甲斐の戦国大名である武田信玄は、天文十六年(一五四七)六月一日に制定した「甲州法度之次第」(「信玄家法」)のなかで、鵜や鷹を用いた狩にふけることは不奉公のもとになるとして制限していた。

また、土佐の戦国大名である長宗我部元親・盛親父子は、慶長二年(一五九七)三月二十四日に制定した「長宗我部氏掟書」(「長宗我部元親百箇条」)のなかで、「家老より外ハ、鷹持候事、令禁制事」と規定し、家老以外の家臣の鷹所持を禁じた。

さらに、越前国守護の朝倉孝景が文明十一年(一四七九)から同十三年までの間に制定したとされる「朝倉孝景条々」(「朝倉敏景十七箇条」)には、「侍之役なるとて、伊達・白川へ使者を立て、能馬・鷹など被求間敷候、自然他所より到来候はば尤に候」とあり、これは領内秩序のうえで家臣団の贅沢を戒めたものだが、家臣らが奥州の戦国武将であった伊達氏や白川(河)氏へ使者を派遣して良馬や名鷹を求めることを禁じていた。ただし、それらが自然に入ってきた場合は問題ないとしていた。

このほか、周防《すおう》(現山口県東部)を本拠地とする大内氏が明応四年(一四九五)ごろに編集した「大内氏掟書」(「大内家壁書」)の「鷹餌鼈亀《とちがめ》禁制事」によれば、鷹餌としてスッポンを用いることを禁じ、鷹の飼養のうえで禽獣の餌だけで飼育できない場合は鷹の所持を禁じた。この禁制に違反した場合は、公恩給地を没収し、所帯をもっていない場合は追放に処するとしていた。また凡下《ぼんげ》の者たちの場合は即時勾留するか、事の次第によっては打ち殺すと規定し、きびしい態度で臨んでいたのである。

このように、一部の戦国大名はそれぞれの領内での鷹狩に規制を加え、大名・家臣間の主従関係と家臣団間の上下関係を編成しようとしていた。それだけ鷹狩が流行し、領内支配に大きな影響を与えていたために、領内支配の秩序維持のために分国法をつくって規制しようとしていたのである。

実際に、盛本昌広氏の研究成果によれば、戦国大名のなかには鷹狩用の鷹を求めて奥羽に出かけて買い求め、あるいは家臣や従属下にある領主たちから献上させていた。たとえば、関東の戦国大名の北条氏政は、天正十七年（一五八九）八月二十四日、下総国の豪族千葉氏の重臣であった原若狭守らに対して隼の献上を命じていた（『神奈川県史』資料編、古代・中世三下）。千葉氏一統は北条氏に従属する証として領内に飛来する隼の上納を命じられ、またこの隼を他所へ流出させることを禁じられていた。これ以前に、千葉邦胤《くにたね》が北条氏照《うじてる》に隼を贈与しており、この地の隼はすでに北条氏への贈答品として位置づけられていた。つまり、千葉氏の領内に生息する隼を北条氏が独占する体制を確立しようとしていたのである（「戦国期の鷹献上の構造と贈答儀礼」『日本中世の贈与と負担』）。

常陸・下総両国の太平洋沿岸部に飛来する隼は、近世に入っても鷹好きの大名らにはよく知られており、寛永期に秋田藩主の佐竹義宣《よしのぶ》は下総国海上や常陸国鹿島に家臣を派遣して隼を買い求めていた（『大日本古記録　梅津政景日記三』）。また、寛文期から延宝期にかけて、江戸幕府は下総・上総両国の九十九里沿岸の村々に隼の捕獲を許し、その代わりに運上として隼の上納を命じ、その独占をはかっていた

（拙稿「近世初期における鷹の獲得をめぐる政治と地域社会——下総・上総両国内に飛来した隼を事例として」『人間環境論集』第一〇巻第一号、法政大学人間環境学会、二〇〇九年）。

このように、戦国期には戦国大名がみずからの領内および従属下にある領主の領内から、鷹や「鷹の鳥」を上納させるという贈答儀礼が恒常化し、同時に鳥料理の饗応儀礼もみられるようになった。それを実現するためには、巣鷹山の指定やその維持管理、そして鷹狩のための鷹野の整備も重要だったのである。

織田信長の鷹狩

織田信長は鷹好きの武将であり、鷹狩にもきわめて熱心であった。その証拠に、信長の一代記『信長公記』（奥野高広・岩沢愿彦校注、角川文庫ソフィア）には、鷹にまつわる記事が頻出している。同書の天正八年（一五八〇）閏三月十六日条によれば、信長は日々、弓衆や責子《せこ》（勢子）を動員して鷹狩をおこなっていた。

信長の鷹狩は、他の戦国大名がそうであったように戦陣を意識したものであった。信長は、離反した摂津の荒木村重が籠《こも》る有岡城（伊丹城）を包囲していた天正七年四月八日、古池田東の野に鷹狩に出かけ、「御狂」と称される軍事訓練をおこなっていた。それは、信長が供衆を二手に分け、馬廻《うままわり》・小姓衆を騎乗させ、弓衆はみずからの周囲に配置して徒士《かち》組とし、騎乗組が馬乗衆や責子衆のなかに駆け込んでくるのを防ぐというものであった。信長は責子衆と一緒になって騎乗組をさえぎるという訓練を実施し、しばらくの間そうした形の気晴らしにいそしみ、そののち鷹狩をおこなった。狩を戦陣に見立てて遊び感覚で楽しみ、士気を鼓舞しようとしていたのである。

その信長が、戦国大名のなかで、最初に天下統一に乗り出した。信長は、永禄三年（一五六〇）に今川義元を尾張の桶狭間の戦いで破り、同十年には美濃の斎藤氏を滅ぼして岐阜城に移ると、「天下布武」の印文にあるように天下を治める意志を明らかにした。その翌年、信長は畿内を追われていた足利義昭を擁立して将軍職に就かせ、全国統一の第一歩を踏み出した。

このような立場になると、信長は鷹の故実をも意識するようになっていた。足利義昭が諸大名に逸物の鷹の献上を督促していたのをみて、鷹を献上させる行為が権威を表象するものであることも知るようになった。『信長公記』天正三年十月三日、奥州から手に入れた鷹五〇居が到着すると、このうち二三居をみずからが受け取り、残りを家来たちに分与した。そして、十月十日、信長は鷹一四居と鷂《はいたか》三居を据えて上洛した。これは、朝廷が信長に大納言兼右大将の叙任準備を進めていたことにより、「天下布武」を目指す者としてその権威を誇示しようとしたものであろう。

ところで、『信長公記』天正五年十一月十八日には、「御鷹山猟御参内之事」が記録されている。これは、従二位右大臣・右近衛大将拝賀の儀式を目前に控えて、信長が正親町《おおぎまち》天皇に敬意をあらわそうと参内して鷹野の行装を見せるために企図したものである。供奉の者たちはいずれも思い思いに着飾り、頭には趣向を凝らした頭巾をかぶって輿を引き、狩杖にいたるまで金銀泥をほどこした豪華な恰好であり、その壮麗さは筆舌に尽くしがたいほどのものであった。供奉の者たちのうち、先手第一段は弓衆一〇〇人ほどがつとめ、いずれも信長より下された虎の皮の弓空穂《うつぼ》をつけて歩き、第二段には鷹一四居を据えた年寄衆が続いた。そして、信長も鷹を据えつつ、その前後に小姓衆・馬廻衆を従えて厳かに進んでいった。周囲を固める供衆は、ありとあらゆる風流花車を供えて美を競い、京の貴賤たちはそのあまりの美しさに驚かされたのである。

こうして、信長は綺麗・奇抜な出で立ちの行列を仕立て、光耀の限りを尽くした行軍によって京洛の群集の耳目を驚かせ、みずからの軍事力の威勢を誇示したのであった。天下統一を目指す第一人者としての風格を示したのである。

また鷹は、この時期、贈答品としても人気があり、とくに朝鮮半島の鷹は舶来品として珍重されていた。その点では、織田信長も同じであった。『信長公記』天正三年十月十九日、信長は奥州の伊達氏より馬とともに「鶴取之御鷹」二居を献上された。また、天正七年から九年にかけてのものとみられる十一月二十六日付の村上掃部佐《かもんのすけ》に宛てた信長朱印状には、瀬戸内海最大の海上勢力である能島《のしま》村上氏が信長に弟鷹《だい》一居を贈ると、天下人の座をほぼ手中にしていた信長はたいそう喜んで大切にしていることを伝えていた（「村上家文書」山口県文書館蔵）。このように、奥羽や瀬戸内海、そして九州の諸大名にとって、信長が所望する鷹を献上することは、天下取り目前の信長と友好関係を樹立するまたとない機会だったのである。

第2章　近世日本の鷹狩と幕府放鷹制度

1　豊臣秀吉の鷹狩と鷹場

豊臣秀吉は、織田政権下で頭角を現し、天正十年（一五八二）の信長の死後、その後継者として台頭していった。同十二年十一月に従三位・権大納言、翌十三年三月に正二位・内大臣、同年七月に従一位・関白職に就いた。同十四年九月には正親町《おおぎまち》天皇より豊臣姓を与えられ、同年十二月に太政大臣に就任し、豊臣政権を樹立した。

秀吉の鷹の確保は、諸大名の服属と密接にかかわっておこなわれていた。天正十五年五月、秀吉は薩摩の島津義久らを降伏させ、九州平定を実現した。これにより、同年九月二十五日付で、島津義弘に宛てて朱印状を発し、日向国の鷹巣奉行に任命してその鷹巣を管理させ、その地の鷹を権力下に置いた（「島津家文書」『大日本古文書』家わけ第十六ノ一）。当時、日向の鷹は良質な鷹として全国的に知られ、その鷹の確保のための道筋をつけたのである。

翌十六年四月二日付の義弘に宛てた秀吉朱印状によれば、義弘に日向国内の鷹巣管理を命じたことで、同国内において誰の知行所であっても巣鷹を捕獲する権限を与え、また同国内の領主たちが直接、秀吉へ鷹の献上を申し出た場合にはこれを把握しておくことを命じていた（「島津家文書」『大日本古文書』家わけ第十六ノ一）。

こうした措置は、九州平定のさいに日向口攻撃の手引きをつとめた伊東義祐《よしすけ》の子祐兵《すけたけ》に対してもおこなわれており、その功績により天正十五年九月十日には同国米良山の鷹巣守《もり》に任じて、その給分として肥後国八代の地を安堵し、精を出してくれたら扶助を加えるとも約束していた（「伊東文書」『日向古文書集成』）。鷹の所望とは異なり、職分として鷹巣守に任じていたのである。

いっぽう、秀吉は日向産の巣鷹だけでなく、全国的に良質な鷹産地として知られた松前や津軽の鷹についてもその確保に乗り出した。天正十九年から文禄二年（一五九三）にかけて、松前の蠣崎《かきざき》（松前）慶広《よしひろ》や津軽の津軽為信が毎年秀吉に献上していた巣鷹を確保する必要から、そこから日本海経由で京都に至るまでの鷹輸送についての伝馬制を敷き、その間に所領をもつ大名らに領内における鷹の輸送や宿泊場所・鷹餌の提供を義務づけた（名古屋市博物館編『豊臣秀吉文書集』五、六）。こうして、国内的に鷹産地として知られた日向・松前・津軽の鷹を権力下に組み入れたのである。

そのほか、秀吉は直接・間接に有力大名に自分への鷹の献上を強要して、主従関係を構築しようとする動きもみせた。天正十六年四月五日、前田利家が伊達政宗に宛てた書状のなかで、秀吉が鷹好きなためできるなら良質な鷹を献上したほうがよいと進言していた。そのさい、秀吉への逸物の鷹献上とともに、政宗が最上義光《よしあき》と和睦すべきことを勧告していた（「伊達家文書」『大日本古文書』家わけ第三ノ一）。

その後、同年十二月十二日、秀吉配下の代官富田知信が伊達政宗に宛てた書状に、秀吉は政宗が持っている逸物の「鶴取之御鷹」を所望しているので急ぎ献上すべきこと、また秀吉が伊達氏と佐竹・最上両氏との和睦を望んでいるので成し遂げること、さらに政宗の上洛のさいに秀吉に服属すべきことを命じていた（「伊達家文書」『大日本古文書』家わけ第三ノ一）。この史料には、「従方々鶴取之御鷹も、余多参候」という文言があり、秀吉は伊達氏に限らず、他大名からも鷹の献上を通してその服属の意思を確認していたとみられる。

天正十三年以降、秀吉は朝廷の権威を背景に各地の戦国大名に停戦を命じ、これに違反したとして、同十五年には九州の島津義久を征討して降伏させ、同十八年には小田原の北条氏政・氏直父子をも滅ぼし、さらに伊達政宗ら東北地方の諸大名をも服属させて、全国統一を達成した。これにより、秀吉の権威・権力は一段と高まり、諸大名たちにみずからの鷹狩への供奉《ぐぶ》、鷹や鷹狩の獲物の贈答などを通して主従関係を固めていった。

また、天正十九年十月から十二月にかけて、秀吉は美濃・尾張・三河の三国内で大規模な鷹狩を挙行し、その権威を誇示した。この秀吉の大鷹野の最中の十二月八日、秀吉は安芸の大名毛利輝元へ宛てた朱印状のなかで、鷹狩の獲物である雁や鶴など一万羽余りを携えて上洛する意向であることを伝え、また「大明動座」（明征服のための出陣）のため「路次通分国中泊々」の普請と「兵船用意」とに油断がないようにと命じていた（名古屋市博物館編『豊臣秀吉文書集』五）。つまり、この大鷹野は上洛や「大明動座」のための大規模な政治的示威行動の一環だったのである。

天下を統一し、強大な権力を手にした豊臣政権は、広域にわたる鷹場を領有するにいたった。徳川家康の鳥見をつとめた伊藤九左衛門正知は、天正十九年二月、秀吉に召し抱えられ（「家忠日記」『増補続史料大成』第十九巻)、三河国吉良《きら》の鷹場奉行に就任し、吉良鷹場の支配にあたった(『新訂寛政重修諸家譜』第二十)。同じ頃、秀吉は尾張国清須で鷹狩をおこなっており、すでに三河・尾張両国は豊臣政権の鷹場であった可能性が高い。

文禄三年(一五九四)九月十一日付の島津義久に宛てた秀吉朱印状には、「九州分領中」で鶴・白鳥・雁・鴨などを鉄砲使用によって捕獲し献上するように命じ、これは「五畿内幷近国」で鷹狩を挙行するにあたって、その近くに諸鳥を集めるためのものであることを記していた(『豊臣秀吉文書集』六)。「五畿内」とは山城・摂津・河内・和泉・大和の五か国、「近国」とは近江・三河・尾張の三か国を指し、この地は豊臣政権の鷹場となっていた。同日付でほぼ同内容の秀吉朱印状は、加藤清正、加藤嘉明、鍋島勝茂、毛利輝元、上杉景勝らにも発給され、同年九月十八日付でほぼ同じ内容の秀吉朱印状は佐野信吉にも発せられていた(『豊臣秀吉文書集』六)。

翌文禄四年正月十七日付の関白豊臣秀次に宛てた太閤秀吉朱印状により、秀吉は先年、秀次より贈られた「日向巣之鷹」を改めて秀次に下賜した。そして、今後、尾張・三河両国内で鷹狩を挙行しないので、秀次がその場所を使って鷹狩をするように通達した(藤田恒春校訂『増補駒井日記』文献出版、一九九二年)。つまり、秀吉は豊臣鷹場のうち、「近国」の尾張・三河両国の鷹場を秀次が使うように命じたのであった。このように、豊臣政権下において、秀次が豊臣鷹場の一部を使用することが認められ、鷹場の下賜に近い行為があったことがわかる。

同年九月十六日には、諸大名に対して鉄砲を使って諸鳥を打ちとめ、その獲物の献上を命じた秀吉朱印状が発せられ、ここでは「御鷹場ニ被留置候所へ、諸鳥可集来候之間、入精可申付候」とあって、この発砲は豊臣政権の鷹場へ諸鳥を集めるためであると記していた。ほぼ同文の秀吉朱印状は、秋田実季《さねすえ》、秋月種長、生駒一正、伊東祐民《すけたみ》、加藤清正、加藤嘉明、岸田忠氏、島津義久、島津豊久、高橋元種、小早川秀秋、筑紫広門、中川秀成、南部信直、島津義弘、立花宗茂、松浦鎮信らにも発給されていた（『豊臣秀吉文書集』六）。つまり、豊臣政権は「諸鳥進上」と鷹場への「諸鳥可集来」のための発砲を命じ、大名らには所領安堵に対する御役奉公を強制していたのである。

これに先立つ文禄四年九月六日、福島正則に宛てた秀吉朱印状には、尾張国内で鉄砲を使って鶴・白鳥・雁・鴨などの鳥を討つこと、私鷹を遣うこと、網刺・罠刺などの道具を用いて鳥を捕獲することを禁じ、これに違反した者がいた場合は成敗を加えると申し渡していた。この年、福島正則は朝鮮への出兵や豊臣秀次への切腹命令の伝達などの功績により、尾張国清洲に二四万石の所領を与えられたばかりであった。これは、前述した秀吉朱印状を諸大名に発給する先駆けとなったのである。

豊臣秀吉は天下統一を梃子《てこ》に絶大な権限を手中に収め、「五畿内幷近国」に広大な鷹場を設定し、諸大名にはその鷹場へ諸鳥が集まるように領内での発砲を強制し、捕獲した諸鳥の献上を御役奉公の一つとして命じていた。また義息秀次に豊臣鷹場のうち尾張・三河両国内での鷹狩を許可し、みずからは鷹狩でこの鷹場を使わないことを約束していた。徳川政権下での恩賜鷹場の下賜に匹敵する行為が、ここに確認できるのである。

2　徳川家康の鷹狩と幕府体制

鷹数寄と領国経営

徳川家康は、自他ともに認める無類の鷹好きであった。『細川家記』には家康の言葉として「我生得、鷹と鉄砲を好む」と述べたことが記され、また公家の近衛前久《さきひさ》は薩摩の戦国大名島津義久に宛てた書状のなかで家康を「一段鷹数寄《ずき》」であると語っていた（「後編薩藩旧記雑録十四」所収の天正十一年十月五日付書状、『大日本史料』第十一編之五）。家康の鷹好きは諸将の間でもよく知られ、一目置かれていた。

家康が晩年に住んだ駿府城本丸跡には、左手に鷹を据えて立つ家康の銅像が設置されている（図15）。駿府城に居を移した家康は関東など遠出の鷹狩を幾度も挙行していた。ひとたび鷹狩に出かけると、遠距離に、しかも二、三か月の長期間にわたることもあり、紛れもなく膨大な日数を費やしていたのである。駿府城本丸跡の銅像はそうした家康を象徴するものであったといえよう。

ところで、家康の鷹好きは幼少期からはじまっていた。戦国大名今川氏の人質時代には鷂《はいたか》を飼い、たびたび飛ばしていた。その鷹が隣家の孕石主水《はらみいしもんど》の屋敷によく逸れてしまい、そこに忍び込んで鷹を据えることがたびたびあったという。このため、主水は家康のそうした行動をよく見つけては叱り飛ばしていた（『三河物語』）。また「鳥居家譜」によれば、当時、遊び相手をつとめていた鳥居元忠に百舌鳥《もず》を鷹のように仕込むことをせがみ、それがなかなかうまくいかないため元忠を縁側から地面へ突き落したという逸話も残っていた（『徳川実紀』第一篇）。

「中泉古老諸談」によれば、幼年期から老年にいたるまで少しでも時間があるときには鷹狩に出かけたとあり（『徳川実紀』第一篇）、鷹狩以外の遊戯にはあまり興味を示さず、それを最上の楽しみとし、幾多の戦争の間も慰みとしておこなっていた。また同書のなかで、家康は鷹狩の徳を説き、単に遊娯のためだけでなく、民情視察・士風刷新・健康増進のためでもあり、その根底には軍事訓練への配慮があると述べていた。

三河時代から五か国領有時代へとその領土を拡大していくにつれて、鷹狩の地先も広がりをみせた。五か国領有時代、とくに家康が鷹狩に好んで出かけたのは、浜松城下（現静岡県浜松市）、遠江《とおとうみ》国中泉（現静岡県磐田市）、三河国幡豆《はず》郡吉良《きら》（現愛知県西尾市）、尾張国渥美郡田原（現愛知県田原市）などであり、そのことは『武徳編年集成』の記事によっても確認できる。

図15　鷹を据えた家康銅像（著者撮影）

家康は、天正七年（一五七九）正月二十日に三河国吉良へ鷹狩に出かけ、同二十七日にも吉良に秀吉の鷹野見舞のため訪れていた。この吉良には、家康のみならず、天正十二年十二月二十五日には織田信雄《のぶかつ》も鷹狩にやってきていた（「家忠日記」『増補続史料大成』十九）。家康が関東に入国したころ、豊臣秀吉は吉良周辺を豊臣政権の鷹場に設定し、その地に鷹場奉行を置いて支配していた。家康のもとで鳥見をつとめた伊藤正知は、天正十九年二月に秀吉に召し抱えられ、同年八月に秀吉より吉良鷹場の鷹場奉行を命じられていた（記録御用所本「古文書」一三一一、国立公文書館内閣文庫蔵）。その業務は、吉良地域での諸鳥の保護のためにその密猟や殺生道具の使用を取り締まることであった。その後、正知は家康の家臣に復帰し、伏見に住んで鷹場奉行となり、その子正信も三河国内に住んで鷹場奉行をつとめた（『新訂寛政重修諸家譜』第二十）。

秀吉と家康との間では鷹関係の交流も多くなり、とくに家康が在京の折には在坂の秀吉が京都に出かけてくることもあった。そして、天正十六年三月二十九日には、二人揃って鷹狩に出かけた。そのさい、家康の譜代家臣であった松平家忠も鷹を贈っていた（「家忠日記」『増補続史料大成』十九）。このように、両者間の鷹を通じた交流が活発におこなわれていた。

天正十八年（一五九〇）、徳川家康は駿河・遠江・三河・甲斐・信濃五か国の旧領を離れて、江戸に入った。関東の領国は、北条氏の旧領である伊豆・相模・武蔵・上総・下総・上野の六か国にまたがる二四〇万二〇〇〇石におよんでいた。そのほか、在京 賄《まかない》料として近江・伊勢・遠江・駿河の四か国内に一〇万石の地も宛行《あてが》われていた。

このなかで、家康は江戸を城下町として造成していくとともに、領国経営のために総奉行として榊原康政、その下に知行割の実施責任者として伊奈忠次、青山忠成などを起用し、旧領時代の代官や勘定方をも総動員して家臣団の知行割にあたらせた。

武蔵忍《おし》城には家康の四男松平忠吉《ただよし》（幼名福松）が配置され、同時に松平（深溝《ふこうず》）家忠を城預かりとして入城させた。松平家忠が記録した「家忠日記」（『増補続史料大成』十九）には、このころの事情が記されているので、鷹の諸事情について確認していきたい。家忠は忍城に入城してまもない天正十八年十月十八日、二〇間の鷹部屋を造作し、十二月十一日に家忠は家康が近日中に忍近辺で鷹狩をおこなうとの連絡をうけた。翌十二日、家忠は馬小屋も造作していた。三日後の十五日、江戸から家康に仕える鳥見の伊藤正知が忍にやってきた。その理由は記されていないが、おそらく鳥の生息状況の見分のためであろう。結局、このときは家康が忍地域に来ることはなかった。

翌天正十九年閏一月十二日、小栗久次・安藤直次を大将とする鷹飼衆およそ一五〇人が忍地域を訪れ、十七日までこの地にとどまっていた。大人数であるが、ここには猟犬の飼育にあたる犬牽《いぬひき》や鷹の餌を調達する餌差《えさし》らも含まれていたとみられる。おそらく鷹狩によって獲物を捕らえる訓練をしていたものであろう。鷹飼衆の帰り際、家忠は小栗久次に反物や皿を贈り、いっぽうで小栗は家忠に鷹狩で捕らえた雁を贈っていた。これにより、家忠はこの雁の料理を家中に振る舞った。

同年四月五日、江戸城の普請のために派遣されていた家忠の家臣五人が家康の御前で鷹を使うことになり、そのさい鷹狩地先の畑の麦を踏み荒らすという事件を引き起こした。そこで、家康の使番《つかいばん》阿部正広に伴われて詫びを入れるため、家忠の家臣原田金左衛門を江戸に派遣することになった。このときの鷹狩地先がどこであったのかは不明であるが、鷹狩にさいしての畑の麦の踏み荒らしが糾弾対象となっていた。

また、同年十月二日には家康がまもなく忍《おし》に鷹狩に赴くとの連絡があり、家忠は十五日に五間の鷹部屋を完成させた。同月晦日に江戸に出向いていた家忠は、家康が来月十四、五日ごろ忍へ鷹狩に出かけてくるという情報を聞き、再び鷹部屋の建設に取り掛かり、十一月十四日に一〇間と五間の鷹部屋を完成させた。同月二十二日には福松衆も一〇間の鷹部屋を建設し、家康の来訪に備えた。しかし、このころ家康が忍地域に来ることはなかった。その後も、家康の忍地域への鷹狩は何度も計画されたが、なかなか実現しなかった。

ところで、「公餘録」（学習院大学史料館保管）は、忍藩主をつとめた阿部家の元和二年（一六一六）から慶応二年（一八六六）までの歴史を編纂した家譜であり、その家臣の川澄次是《じぜ》がまとめたものである。宝永四年（一七〇七）三月、参勤交代を終えて江戸から国元へ帰る藩主阿部正喬は忍城本丸に入るにあたり、家臣の加藤半次郎に先導を命じた。ところが、半次郎は翌月五日まで喪に服す身の上であり、本丸に入る先導をつとめることができないと申し出た。その理由について、忍城の本丸は家康がかつて宿泊した御殿の跡地であり、喪中の者の立ち入りがはばかれるので差し控えたいと述べていた（第三十二回企画展『鷹狩と忍城』カタログ、行田市郷土博物館、二〇一八年）。この記事から、当時の忍城本丸はかつて家康の御殿が建てられていた場所に造成されていたことが判明する。

このように、忍地域は家康の御殿が建設されていた由緒をもつ鷹狩の拠点の一つであり、忍城内に幕府の鷹部屋や馬小屋が造作される背景が存在していた。

鷹狩と御殿・御茶屋

家康が東軍の大将として関ヶ原の戦いに勝利し覇権を掌握すると、鷹狩の地先はさらに広がりをみせていった。関東領国内（図16）をはじめ、五か国領有時代の旧領、さらに畿内周辺でも旺盛な鷹狩を繰り広げた。

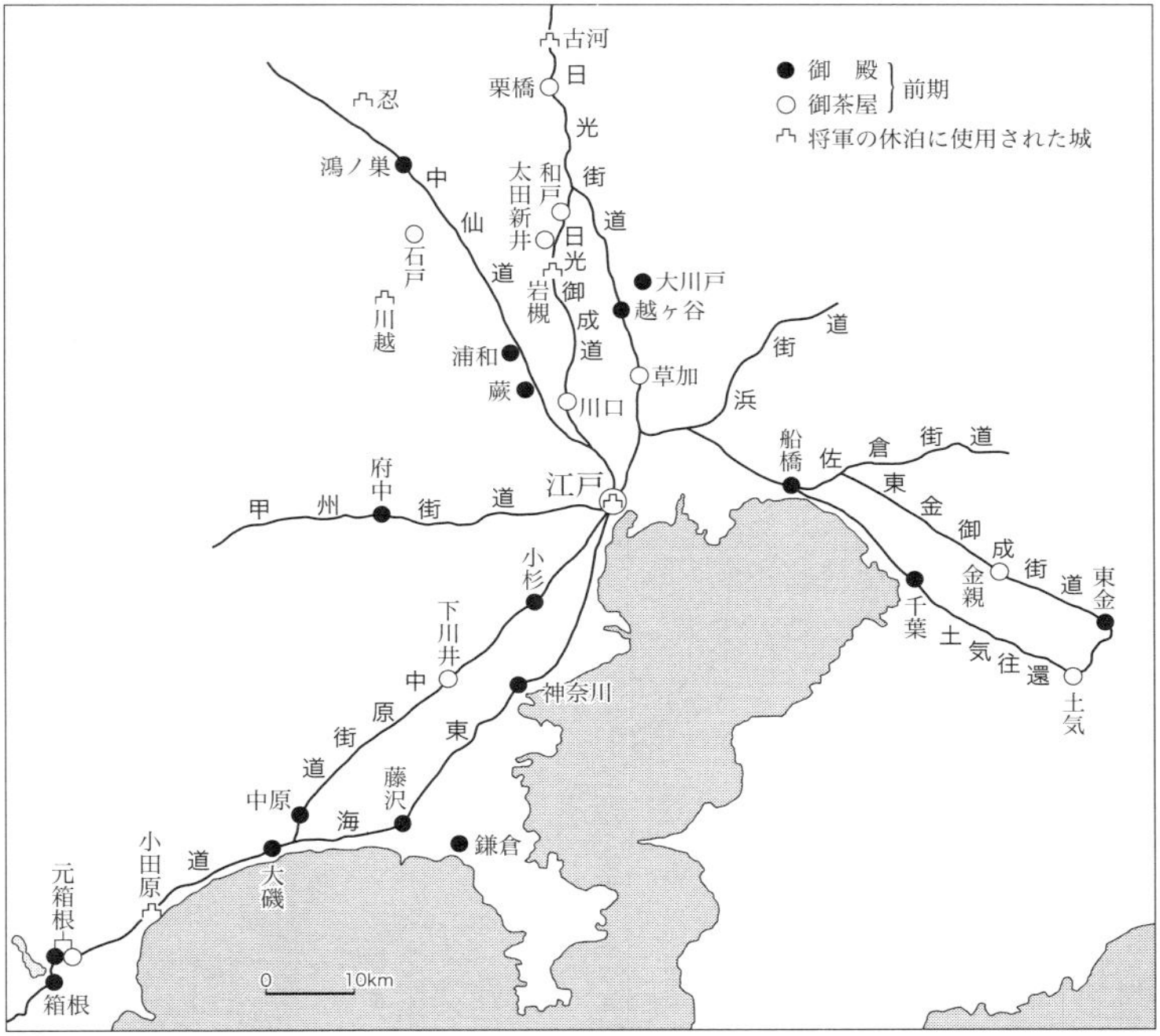

図16　南関東の御殿・御茶屋（中島義一「徳川将軍家御殿の歴史地理的考察」『駒沢地理』14、1978年をもとに一部修正して作成）

とくに、関東領国内では、武蔵国岩槻・忍・鴻巣・越谷・川越・浦和・戸田・葛西・小杉、相模国小田原・中原・藤沢・神奈川、下総国船橋（次頁図17／口絵⑨）・千葉、上総国東金などに鷹狩に出かけることが多くなった。その後、慶長十年（一六〇五）に将軍職を秀忠に譲って大御所となっても、また同十二年七月に駿府城を居城としてからも、これらの地域への鷹狩は年中行事と化していた。家康は駿府と江戸を往復する途中で鹿《しし》狩、鷹狩をおこないながら、狩猟を通じた軍事調練も怠らなかった（『徳川実紀』第一篇）。

鷹狩への意欲は、家康が駿府城に移ってからも変わらず旺盛であ

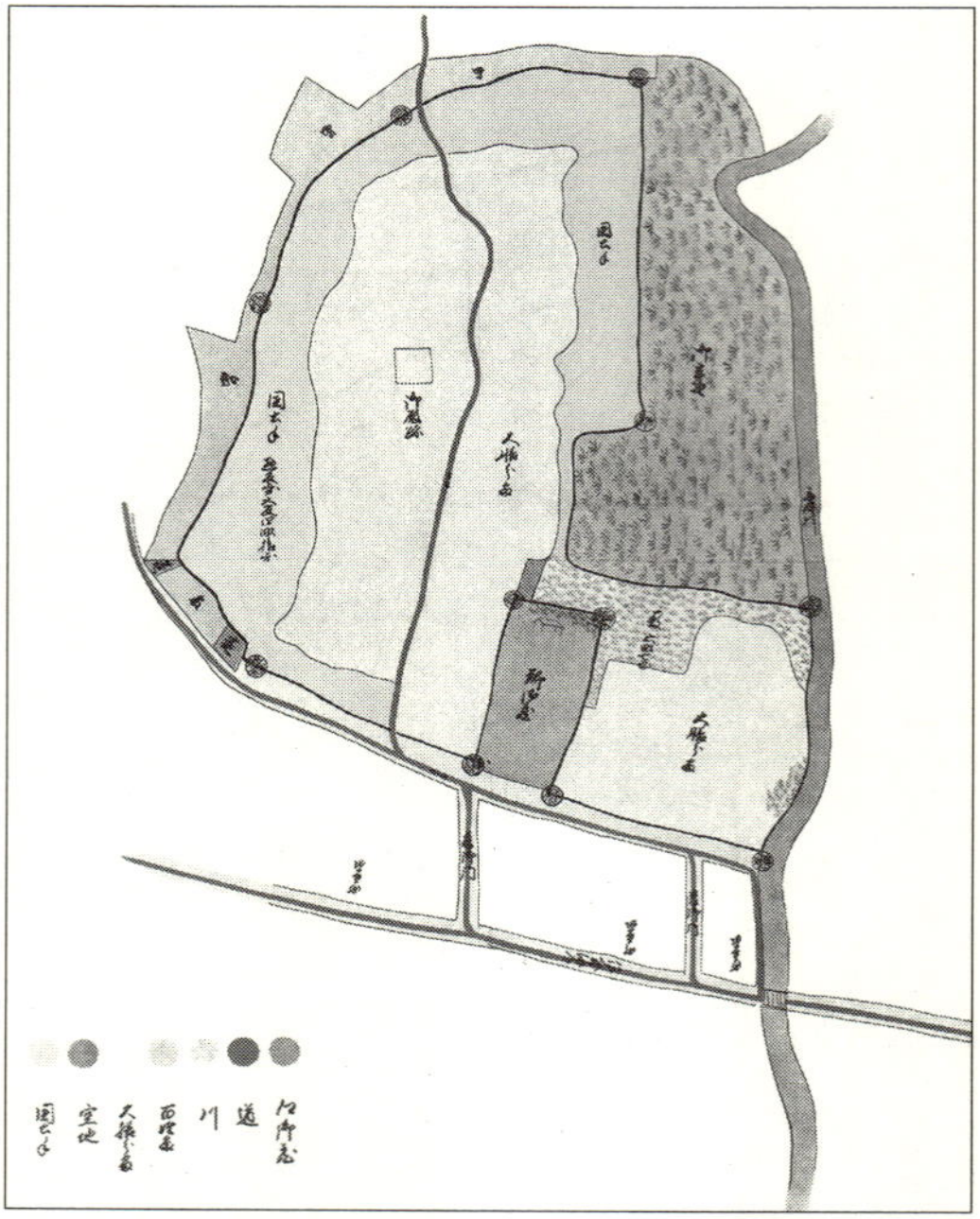
図17　船橋御殿地絵図（宝永４年４月）（『船橋市史』前篇、附図）

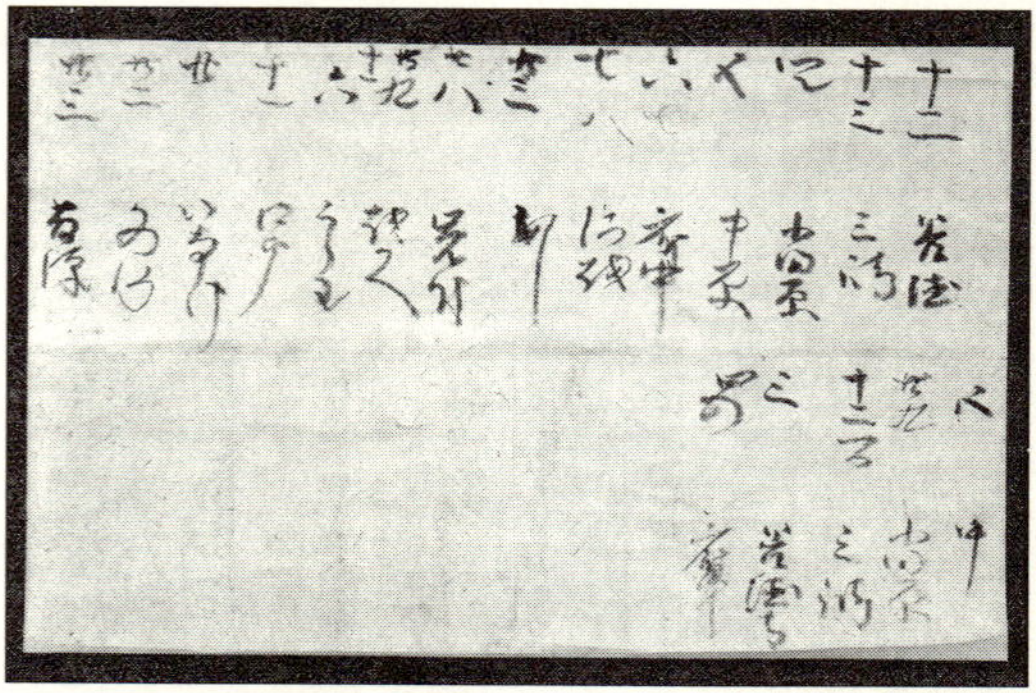
図18　御鷹野道中宿付（慶長15年）（徳川記念財団蔵）

った。そのことは、晩年の家康が自筆で鷹狩計画を書き留めた「御鷹野道中宿付」がいくつも残っていることからもわかる（図18／口絵⑤）。ここには、二、三か月に及ぶ鷹狩の宿泊地の予定が書き上げられ、なかには何度か計画を変更しているものもあった。亡くなる直前まで鷹狩に出かけることを楽しみとし、武威の発露としても挙行していた。

この時期の家康の長期間に及ぶ鷹狩を可能にしたのは、交通の要衝地に建設された御殿・御茶屋の存在である。関東地方では、東海道・中原往還・中山道・甲州道中・日光道中・東金御成道沿いなどに御殿・御茶屋が設置され、家康の宿泊・休憩のために利用された。また京都までの東海道や中山道・美濃路・朝鮮人街道などにも、数多くの御殿・御茶屋が建設された。これらの御殿・御茶屋は関東・五畿内近国鷹場での鷹狩のみならず、上洛、江戸・駿府往復、日光社参などのさいにも利用された。

そこで、慶長十六年十月六日に家康が駿府城を出発、江戸で十日間余にわたって逗留し、同年十一月二十三日に駿府城に帰着するまでの御殿地での行動を「駿府記」を用いて確認してみよう（『史籍雑纂 当代記・駿府記』続群書類従完成会、一九九五年）。この長旅の目的は、関東での鷹狩であった。十月七日は今泉の善徳寺、八日には三島御殿（図19／口絵⑥）、九日には小田原城、十日から十三日までは中原御殿に宿泊した。このなかで、十日には小田原藩主大久保忠隣《ただちか》の長男忠常の死去の知らせが届いた。十三日には藤沢御殿、十四日には神奈川宿に到着、当地に将軍秀忠が出迎えのためやってきて対談し、江戸に帰っていった。十五日には小杉御殿に宿泊、十六日には江戸に着き、江戸在住の多くの大名たちが金杉・芝・品川まで出迎えのために来てくれていた。

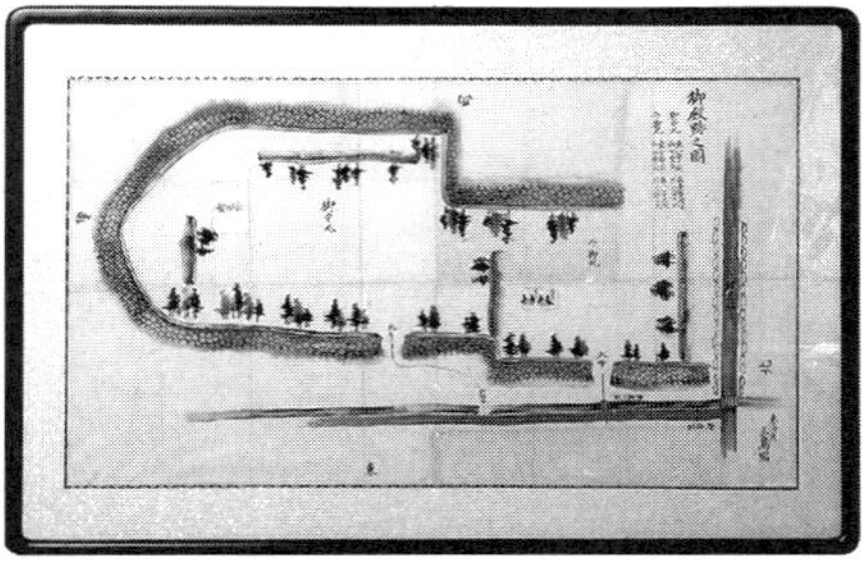
図19 （三島）御殿跡之図（三島市郷土資料館蔵）

十月二十八日まで江戸城に逗留、十七日には将軍秀忠との対面、十八日には江戸在住の大名たちが登城し大御所に謁見した。十九日には江戸内海に白鳥が多いとの情報を得て、家康は鉄砲上手の家臣たちを引き連れて出かけたが、波が荒いため船が揺れ動いて獲物が捕らえられず江戸城に帰還した。二十日には増上寺の観智国師（十二世源誉上人）が登城してきて対面、弟子の呑龍《どんりゅう》らも同席し、浄土宗の教義を説いてくれた。二十一日には江戸近辺に鷹狩に出かけて鶴・雁などを捕らえ、午後には江戸城本丸南庭で能が舞われ、将軍家の家臣らとともに公家らも鑑賞した。二十二日にも大御所の命により能が舞われ、将軍家の御台所《みだいどころ》や江戸在住の大名らの母・息女たちも招かれて観覧した。二十三日に江戸近辺へ、二十六日には戸田（現埼玉県戸田市）へ鷹狩に出かけ、多くの獲物を捕らえた。二十四日には本丸で孫の竹千代（のちの三代将軍家光）や国松（将軍秀忠の三男、のち駿河藩主）と面会、次いで年寄本多正信と「天下政務之御雑談」をしていた。

そして、十月二十九日、家康は江戸を発って川越に到着、十一月四日まで逗留して鷹狩三昧の日々を送った。このなかで、一日には天海が住持をつとめる川越の無量寿寺北院（のち喜多院）に出向いて、仙波所化《しょけ》堪忍料《かんにん》として寺領寄付の意思を告げた。四日にはよく用いていた兄鷹《しょう》によって菱喰《ひしくい》を捕らえ、これは前代未聞のことであったという。翌五日には忍の鷹場に移動、将軍秀忠から使者として送られた土井利勝と面会して諸事を執行し、十三日まで忍御殿に滞在した。六日には鴻巣に鷹狩に来ていた将軍秀忠と会い、八日には仙台藩主の伊達政宗がやってきて馬一〇匹と鷹一〇聯を献上し、江戸に戻っていった。十日、十一日、十二日と連続して忍周辺に鷹狩に出かけた。その夕方に駿河より飛脚が到来し、家康九男の徳川義直（義俊、のち尾張名古屋藩初代藩主）が八日から重病になり、十日に疱瘡《ほうそう》が出たとの連絡が入った。このため、急ぎ駿府城へ帰還することになった。

そこで、十一月十三日、家康は忍から川越に移動し、そこに将軍秀忠が鴻巣から出向いてきて対面した。十四日には府中御殿に到着、十五日には義直の疱瘡が軽くなったとの連絡が駿河の医師施薬院宗伯

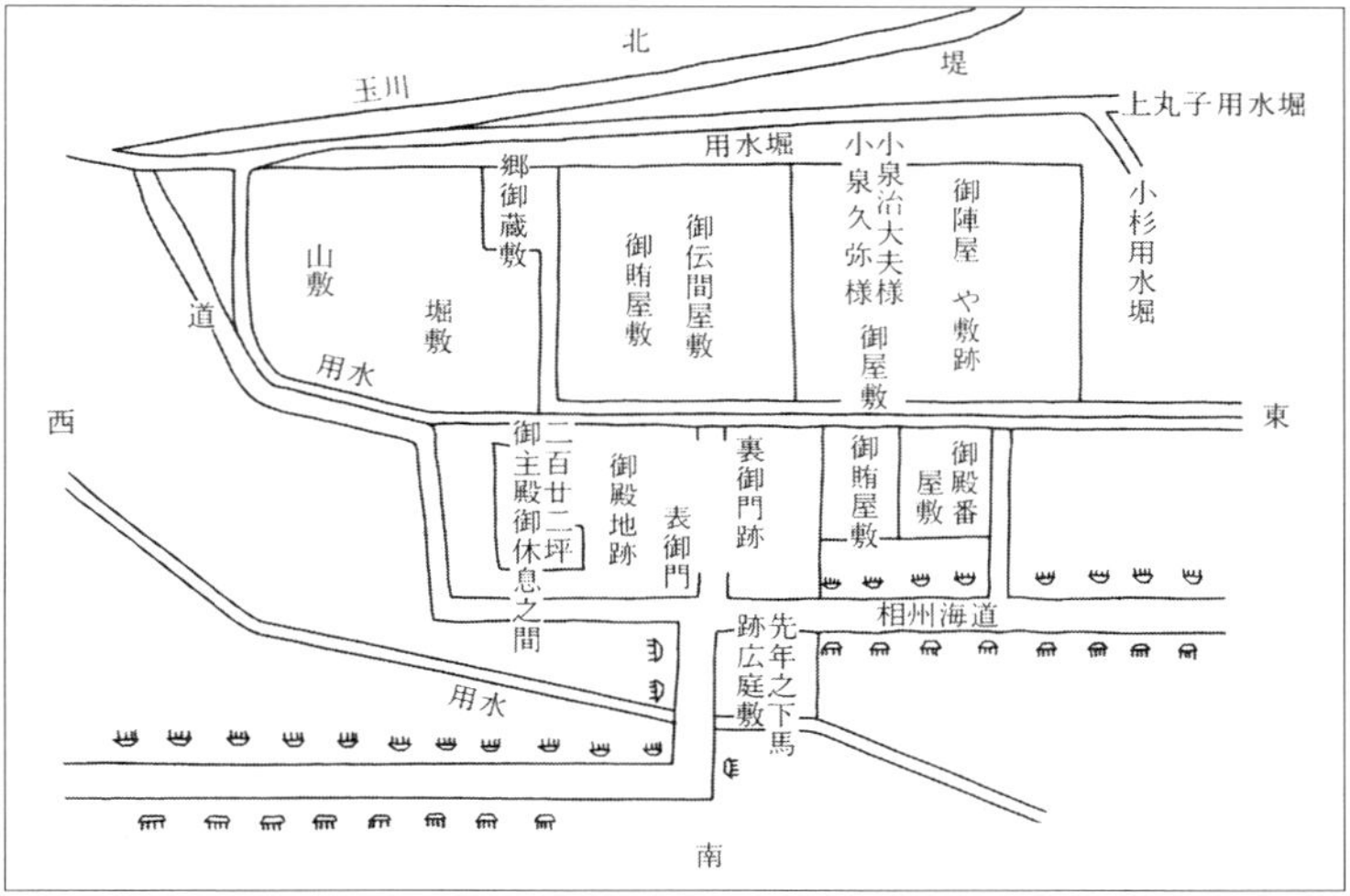

図20　小杉御殿・陣屋付近図（川崎市編『川崎市史』通史編２ 近世、1994 年、63 頁）

や片山宗哲から入った。家康は大変喜び、のんびりと鷹狩をしながら武蔵稲毛（小杉御殿、図20）に到着した。十六日には鷹狩を楽しみながら神奈川に到着、将軍秀忠は暇《いとま》乞いのため当地にやってきて対面し、逸物の白兄鷹と鷂《はいたか》を献上した。この日、将軍秀忠は当地の金蔵寺に宿泊したが、家康は神奈川御殿に宿泊していた可能性が高い。また米沢藩主の上杉景勝が拝謁のために参上し、綿子《わたこ》五〇〇把、蠟《ろう》燭《そく》五〇〇挺、馬一匹を献上した。この日、義直の病状がより軽くなったとの連絡も入った。十七日は終日大風で鷹狩ができず、神奈川宿に逗留することになった。

十一月十八日には鷹狩をしながら藤沢に到着、秋田藩主佐竹義宣《よしのぶ》がお目見えのためやってきて、蠟燭一〇〇〇挺を献上した。十九日にも鷹狩をしながら中原に到着、この日の鷹狩では若鷹が白鳥を捕らえ、上機嫌であった。夜になると、鎌倉の荘厳院が「保暦間記」を持参して家康に読んでくれた。二十日には小田原城、二十一日には三島御殿、二十二日には今泉の善徳寺に到着、京都伏見からの飛脚により十七日から伏見町で大火事があり、焼失家屋が一〇〇〇軒余にのぼったことを知らされた。そして、二十三日に駿府城に帰着した。すぐに家康は義直のもとに駆けつけ、疱瘡が平癒したことを聞いて安堵した。

このように、ひとたび鷹狩に出かければ、長期間におよぶことが多かった。その宿泊先の多くは御殿と呼ばれる施設であった。江戸・駿府往復時に利用した御殿では、鷹狩のさいの宿泊だけでなく、将軍や大名から大御所への諸品の献上、大御所から大名らへの「鷹之鳥《たかのとり》」（鷹狩で獲った諸鳥）の下賜や茶の振舞い、大御所から大名・家臣への振舞い、将軍や大名らによる大御所の出迎え、大御所や将軍への拝謁など、さまざまな儀礼がおこなわれていた。また長期におよぶ御成であったため、僧侶や検校を呼んで学問・経典などの読み聞かせやそれにかかわる雑談もおこなわれていた。さらに御殿では幕府の政治向きに関する諸事の打ち合わせや諸々の命令を発することもあった。そのほか、直訴《じきそ》の受理やその裁決、大名・家族などの死去・病気の知らせも届いており、居城の本丸御殿での業務と変わらない内容が数多く含まれていた。

家康に仕えた鷹役人

三河時代には、家康は多くの鷹役人を抱え、そのなかには側近の本多正信もいた。一時期家康のもとを離れた正信は、帰参後「はやぶさ鷹師」（『三河物語』）、あるいは「鷹師会計の小吏」（『徳川実紀』第一篇）をつとめたとされ、鷹師関連の仕事で仕え、その子正純も諸大名が家康に献上した鷹の披露役をつとめていた。

家康に早くから仕えた鷹匠の一人に、小栗久次がいる。幼くして孤児となった久次は、外祖父の小栗平右衛門に養育され、三河国額田郡青野郷（現愛知県岡崎市）に居住していた。家康がこの地に鷹狩で訪れたさいに召し出され、永禄九年（一五六六）より仕え、鷹匠同心を預かり、また鳥見を支配し、鷹匠頭的な立場であった（『新訂寛政重修諸家譜』第八）。『家忠日記』の天正十九年（一五九一）閏一月十二日条によれば、久次は「江戸鷹飼衆百五十計」の「大将」（「家忠日記」『増補続史料大成』十九）であった。しかし、同年二月六日条には関白豊臣秀吉の命によって召し抱えられ、一時期、徳川氏から離れた。このとき、秀吉の家臣となった者のなかには鳥見の伊藤正知もいたが、開幕後小栗久次とともに徳川氏家臣に復帰した。以後、小栗久次の家系からは五代にわたって享保期まで鷹匠頭を世襲し、この家から分家した四家も鷹匠をつとめた。

つぎに、北条遺臣から家康の鷹匠として仕えた者に間宮信繫がいる。信繫は戦国大名北条氏の滅亡後、文禄元年（一五九二）に家康に召し抱えられ、武蔵国久良岐《くらき》郡内で五〇〇石を賜り、使番をつとめて鷹贈答の業務も担当した。関ヶ原の戦いのさいには、預かっていた鷹匠同心二〇人に自分の具足を貸し与え鉄砲を持たせて出陣した。その活躍によって、七〇〇石を加増され、新たに鉄砲同心五〇人も預けられて五〇〇石の地を加増され、一七〇〇石を知行することになった。大坂の役のさいにも鷹匠同心や鉄砲同心を率いて先陣をつとめた。信繫の没後、嫡男の信之は父に代わって鷹匠同心や鉄砲同心を支配するように命じられたが、故あってこれを辞した。これにより、鉄砲同心二〇人を鳥見同心としてその給知を賜り、鷹匠同心と合わせて四〇人を預けられて手鷹匠《てだかじょう》を支配した（『新訂寛政重修諸家譜』第七）。

信繫は、慶長十四年（一六〇九）十月二十二日付の鷹流儀の秘伝書「間宮左衛門鷹書」（宮内庁書陵部

蔵）を残した。この鷹書は、信州の祢津《ねつ》流もしくは諏訪流の系譜にあり、それが中世近江国の守護佐々木氏に相伝され、さらに間宮氏に伝わったものである。これには、鷹の病気の治療法が記され、鷹の目の病などへの対応や日々の薬の与え方などが詳述されている。

北条氏の没後、家康の鷹師として仕えた者たちのなかには、三橋信次・信勝父子もいた。文禄元年、信次は朝鮮出兵にさいしてお供の列に加わり、肥前国名護屋に赴いた。このとき命を受け、陸奥国津軽に出向いて鷹を求め、またその地のありさまをも報告した。その後、ほぼ毎年津軽出張を命じられ、その回数は二五度におよんだ。またその子信勝も鷹師をつとめ、父と同様、鷹を求めて津軽に赴いた（『新訂寛政重修諸家譜』第十六）。津軽や松前は良質な鷹の産地として知られ、幕府のみならず、諸藩も鷹買いのため競って訪れていた。

この期の鷹役人には、関東や五畿内近国の拠点に住んで業務を遂行する者たちもいた。徳川家康の関東入国以来、関東の拠点には鷹部屋（鳥屋《とや》・塒《とや》）や鳥見屋敷が位置づいていた。鷹のことに詳しい「村越筆記」（『古筝類苑』遊戯部・放鷹）によれば、近世前期、関東には鷹匠役所（鷹部屋）が五か所あったとされ、それは武蔵国内の江戸・忍（鴻巣）・八王子・川越、上総国姉崎などであったとみられる。関東入国後、家康は武蔵国忍城主に四男の松平忠吉を配置していたが、関ヶ原合戦の論功行賞として尾張清洲に移し、忍城は城代と城番によって守衛される番城となった。

このため、武蔵忍城内には城番衆とともに、幕府の鳥屋飼《とやかい》屋敷（鷹部屋）や鳥見屋敷が設置されていた関係で、幕府の手鷹匠（手鷹師）や鳥見も詰めていた（「柳営日次《ひなみ》記」国立公文書館蔵）。これは、家康の鷹狩を前提とするもので、忍や鴻巣の鷹場支配とも密接にかかわっていた。忍に住んで手鷹師をつとめていたのは、北条遺臣で天正十八年から家康に仕えた間宮元重、永禄年間から家康に仕えた神谷直清、天正十八年の関東入国に従った大草忠成らであった。忠成の父は北条家に仕えていたが、天正十一年に家康に召し抱えられた間宮元次ら七人のうちの一人であった（『新訂寛政重修諸家譜』第七）。かれらは、それぞれ知行を宛行《あてが》われ、忍領に住んで鷹関係の仕事をつとめていた。

戦国時代、上総国東金地域は北条傘下の東金城主酒井氏が支配していたが、北条氏滅亡後、家康は東金領の支配として代官を、その周辺に甘（玉）縄城主本多正信配下の七十騎衆を配置していた。この措置は、北の常陸国に大名の佐竹氏、南の安房国に大名の里見氏が蟠踞《ばんきょ》しており、それに対する備えであった。そればかりでなく、家康は関東入国後最初の鷹場を東金周辺地域に設定し、その由緒により「御吉事の御鷹場」（『東金市史』史料篇一）と呼ばれていた。これにより、家康は東金鷹場の「鷹場預り役」に旧東金城主酒井氏家臣の栗原右衛門を任命し、鳥見同心一五名を付属させた。その後、この地の蔵入地支配を引き継いだのが代官の野村為勝（のち上総国東金領、下総国千葉領の代官となる）で、大坂の役後の論功行賞で上総国山辺郡内に領知を宛行われ、鳥見同心を預けられていた（『新訂寛政重修諸家譜』第七）。この時期の鷹場の設定は、軍事面と密接に結びついていたのである。

家康に仕えた鷹役人には、三河国吉良の鷹場奉行をつとめた伊藤正知のほか、五畿内近国に居住している者たちもいた。天正十年より家康に仕えた井口宗景は、近江国野洲《やす》郡乙窪《おちくぼ》村（現滋賀県野洲市）に住んで鳥屋飼《とやかい》をつとめ、この村には徳川氏の五か国領有時代に鷹部屋が置かれていた。宗景の子宗貞は近江国の郡代であったが、宗貞の子宗次は乙窪村に住んで鷹師をつとめた（『新訂寛政重修諸家譜』第十七）。

また、近江国南部に勢力をもっていた六角氏に属し、のち織田信長、そして慶長三年に家康に召し抱えられた沢真清《さねきよ》は、近江国神崎郡神田村（現滋賀県東近江市）に住んで手鷹師をつとめた。その後、代々、この地で手鷹師を世襲したが、将軍綱吉による放鷹制度の停止によって江戸に移り住んだ。この家から分家した四家も神田村に住んで手鷹師をつとめていた（『新訂寛政重修諸家譜』第七）。家康以来の鷹狩に奉仕したものであろう。

関東領国時代に家康の手鷹師をつとめた比留正吉は、京都に住んで隔年ごとに江戸に赴いていた。開幕後も引き続き京都に住み、その死後、子の正永も京都に住んで手鷹師をつとめた（『新訂寛政重修諸家譜』第七）。家康の京都滞在時の鷹狩に奉仕したものとみられる。祖父吉政、父吉直は織田信長に仕えていたが、吉直の子越智吉長は一時浪人となったものの、伊勢国で滝川一益《かずます》に従属し、その没落後豊臣秀吉に仕えた。その後、徳川家康に召し抱えられ、河内国交野《かたの》郡（現大阪府交野市）内の知行地に住んで山城・摂津・河内三か国の諸鳥法度の沙汰を担当した。その子吉広も父の務めを受け継ぎ、五畿内の諸鳥法度の沙汰人をつとめた（『新訂寛政重修諸家譜』第七）。

また、東海道は家康にとって生まれてから亡くなるまで一生涯利用した街道であり、鷹狩の関係からも因縁浅からぬ地であった。駿河国内で仕えた吉田政永は手鷹師をつとめ、家康の鷹狩に奉仕し、兄の種久も鷹師をつとめた（『新訂寛政重修諸家譜』第七）。また、遠江国中泉（現静岡県磐田市）には天正年間（一五七三〜九二）に御殿が設置され、この付近での鷹狩のさいの宿泊場所になり、鳥屋も置かれて鷹師も居住していた。善得寺（今泉）御殿も、関東入国後に鷹狩のために整備された御殿と伝えられる。東海道の宿場の多くに御殿が建てられ、上洛や駿府・江戸往復のさいの宿泊場所として利用され、この街道沿いで鷹狩が挙行されたことから鷹役人も配置されていた。

このように、家康時代には、関東のほか、東海道沿い、京都・大坂にも鷹役人が配置され、それぞれの任務を帯びて家康の鷹狩を支えていた。なかでも、諸鳥法度沙汰人は国制（一国単位で展開する支配体制）に基づいて、諸鳥の保護と取締りの業務を遂行していて特筆される存在であった。

幕府鷹場と恩賜鷹場

関ヶ原戦の勝利、そして幕府の開設後、幕府鷹場が拡張・整備されていくことになるが、その特色は幕府鷹場の設定とともに進められた諸大名への鷹場の下賜である。これは、将軍から大名への御恩の一環として繰り広げられたものであるため、「恩賜鷹場」と呼ぶことにする。その対象者は、大名の家格を意識しながら、家康との個人的なつながりも重視され、属人的要素の強いものであった。

さて、開幕後の幕府鷹場は、関東鷹場および五畿内（山城・摂津・河内・和泉・大和の五か国）・近国（近江・尾張・三河の三か国）鷹場であった。前者は関東領国時代の鷹場を継承したものであり、後者は豊臣政権の五畿内・近国鷹場を奪取したものであった。こうした幕府鷹場の拠点には、鷹部屋や鳥見屋敷が設置され、鷹場支配がおこなわれていた。

家康は幕府鷹場を整備しただけでなく、その一部を大名に下賜した。幕府鷹場の下賜は、天下人（将軍）と被下賜者（大名）との間に主従関係が成立したことを意味し、在江戸および在京時の大名の鷹狩の場を保障するものであった。そしてまた、「御鷹之鳥」の贈答儀礼を維持するとともに、公儀鷹場の一部を大名に管轄させる役割をも有していた。

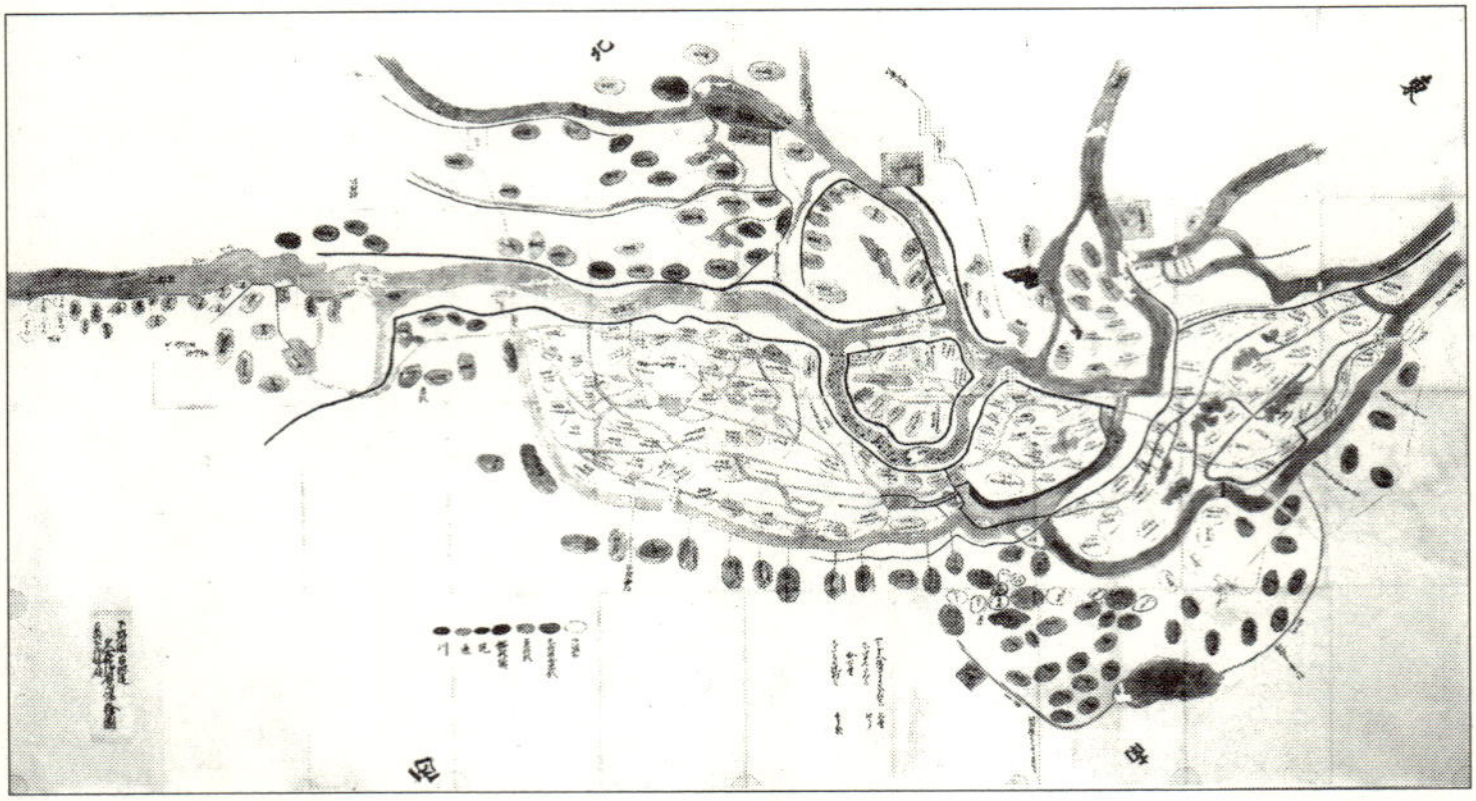
図21　久喜御鷹場絵図（仙台市博物館蔵）

関ヶ原の戦いに勝利し、事実上、天下人になった家康から最初に恩賜鷹場を下賜されたのは仙台藩主の伊達政宗であった。慶長六年九月二十六日、武蔵国埼玉郡久喜《くき》周辺に一〇〇か村余の村々が恩賜鷹場として下賜された（図21／口絵⑧）。この出来事は、家康と政宗との関係の深さを示すと同時に、政宗の政治的位置づけの高さをも物語るものとなった。

元和元年（一六一五）十月二十日、出羽久保田（秋田）藩主の佐竹義宣は、武蔵・下総・常陸三国にまたがる栗橋・古《こ》河《が》・柳橋・山川・結城・下妻・下館地域一帯に恩賜鷹場を下賜された。また、同年十一月二十日、出羽米沢藩主の上杉景勝は武蔵国府中・八王子辺の三〇〇〇石の地を恩賜鷹場として下賜された。これは、幕府年寄の安藤重信・土井利勝・本多正純三名の連署奉書によって通達され、安藤と土井は江戸の将軍秀忠付の年寄、本多は駿府の大御所家康付の年寄であり、家康・秀忠二元政権の合意によるものであった。

このほか、家康の在世時には飛騨高山藩主の金森長近が山城・摂津・河内・和泉国内に、姫路藩主の池田輝政が武蔵野周辺・摂津国内に、前掛川藩主の松平定勝が山城国伏見近郷

表1　恩賜鷹場の下賜

歴代政権	下賜年代	拝領者	藩　名	恩賜鷹場の場所
	慶長6年9月26日	伊達政宗	仙台藩	武蔵国久喜（100か村）
家	慶長8年	金森長近	飛騨高山藩	山城・摂津・河内・和泉国内
	慶長11年1月	池田輝政	姫路藩	武蔵国武蔵野
秀	慶長12年閏4月29日	松平定勝	（伏見城代）	山城国伏見近郷
	慶長16年	金森可重	飛騨高山藩	常陸国下妻
	慶長17年9月4日	池田輝政	姫路藩	摂津国内
	元和元年10月20日	佐竹義宣	秋田藩	下総・常陸国内
	元和元年11月20日	上杉景勝	米沢藩	武蔵国府中・八王子（3000石）
康	元和元年	井伊直孝	彦根藩	近江・山城国内
	元和元年	桑山元晴	和泉谷川藩	常陸国下妻
	元和9年	徳川頼宣	和歌山藩	伊勢国
忠	寛永2年	松平忠昌	福井藩	下野国足利
家	寛永7年2月	細川忠興	豊前小倉藩	下総国小金・振屋
	寛永10年2月13日	徳川義直	名古屋藩	武蔵国所沢周辺
	寛永10年2月13日	徳川頼宣	和歌山藩	武蔵国浦和・大宮周辺
	寛永10年2月13日	徳川頼房	水戸藩	下総国小金周辺
	寛永10年2月21日	井伊直孝	彦根藩	武蔵国稲毛領
	寛永10年2月21日	松平忠明	大和郡山藩	武蔵国小机領
	寛永10年	稲葉正勝	小田原藩	相模国小田原
	寛永13年10月	前田光高	金沢藩	武蔵国・相模国東郡（148か村）
	寛永13年12月1日	伊達忠宗	仙台藩	武蔵国久喜
	寛永14年10月5日	井伊直孝	彦根藩	武蔵国世田谷
	寛永15年12月	松平光長	越後高田藩	上野国尾島
	寛永16年9月26日	酒井忠勝	若狭小浜藩	相模国鎌倉・三浦・本牧
光	正保3年12月1日	保科正之	会津藩	常陸国下館
	正保4年12月	松平直政	松江藩	上総国姉崎
	寛文元年11月10日	徳川綱重	甲府藩	武蔵国羽生
家	寛文元年11月10日	徳川綱吉	館林藩	上野国館林城下
	寛文元年	松平光通	福井藩	下総・上総国内（鷹場移転）
	寛文3年7月22日	徳川綱重	甲府藩	武蔵国府中・八王子
	寛文4年4月18日	徳川綱吉	上野館林藩	武蔵国膝折・白子
	寛文6年10月1日	稲葉正則	小田原藩	相模国小田原西郡
綱	寛文8年7月11日	酒井忠清	上野前橋藩	武蔵国八条（鶴狩の地）
	寛文8年7月11日	阿部忠秋	武蔵忍藩	武蔵国熊谷（鶴狩の地）

註『新訂寛政重修諸家譜』『徳川実紀』など。各政権の期間には大御所時代を含む。

に、飛騨高山藩主の金森可重《よししげ》が常陸国下妻に、彦根藩主の井伊直孝が近江・山城国内に、和泉谷川藩主の桑山元晴が常陸国下妻に恩賜鷹場を下賜された。この恩賜鷹場の下賜は、原則的に属人的要素の強いものであり、前頁表1のようにその多くは一代限りであった（拙著『江戸幕府放鷹制度の研究』）。

こうした鷹場の下賜儀礼は、一時期を除いて近世を通じておこなわれたが、近世前期・後期ともに一貫して拝領したのは尾張・紀伊・水戸の徳川御三家だけであった。この御三家鷹場は、将軍家鷹場の周囲に位置づき、公儀鷹場の一翼を担っていた。享保期以降、鷹場の下賜が将軍家にとってもっとも身近な一族である御三家と御三卿に限られたことからも、その格式が重視されていたことがわかる。

3　徳川家光と放鷹制度の整備

家光の養生と鷹狩

徳川家光は、少年時代、しばしば病を発症し、虚弱な体質であったのではないかとみられる。そうした体質の改善と養生のために、鷹狩がよく利用されるようになった。家光の鷹狩は大納言時代からおこなわれ、元和六年九月十六日には上総国東金（現千葉県東金市）に鷹狩に出かけたが、これは元服を記念してのことであったと思われる。一般に、武家の鷹狩は元服を済ませてはじめてできるものであった。東金の地は、祖父の家康も二回鷹狩に訪れ、父の秀忠にいたっては元和三年から八回にもおよんでいた。

徳川家光は、父秀忠が家康在世中に将軍職を譲られたように、秀忠在世中の元和九年（一六二三）七月に将軍職を譲られ、三代将軍となった。以後、秀忠は西丸、家光は本丸において、二元政治を展開した。幕府政治の主導権は大御所の秀忠が掌握し、そのもとで家光への権力移譲が進められていった。この年一〇月一三日、家光は再び上総国東金に出かけ、鷹狩を挙行した。これは「御代始《みよはじめ》」の鷹狩であった。これ以降、江戸近辺のほか、川越・鴻巣などでの鷹狩を連年おこなっていった。

図22　江戸図屏風右隻（部分）・鴻巣御鷹野（国立歴史民俗博物館蔵）

ところが、寛永九年（一六三二）一月の秀忠没後、家光の鷹狩地先に変化がみられるようになった。つまり、従来のような東金・川越・鴻巣（図22／口絵⑦）などでおこなっていた宿泊を伴う鷹狩がみられなくなり、江戸廻り五里以内の地に限定され、日帰りのものへと変化していった。その理由は、次節で述べるように、寛永五年十月に「江戸近郊放鷹地の制」が触れられて、江戸周辺五里四方の鷹場が将軍家の鷹狩場として身体保全のうえからも重要視されるようになったこと、また秀忠・家光による二元政治が解消されてみずからの意思で鷹狩の地先を決定できるようになったこと、さらに関東領国の経営が安定してきて地域撫循としての遠隔地での鷹狩が必要なくなったこと、などが考えられる。その後の家光の鷹狩は、城外・品川・葛西・高田・麻布・目黒・千住・隅田川・王子などを中心に、江戸城近辺の地域に限られるようになった。この結果、ひと月に一〇回を超えることも珍しくなかったのである。

寛永十四年一月二十一日、家光は腹をこわす虫気《むしけ》という病気に見舞われた。これは吐逆《とぎゃく》・霍乱《かくらん》とともに、家光がしばしば煩ったもので、多くは飲酒が原因であった。このときの病は重く、三月・六月には小康状態であったが、七月に再発し、その回復が長引いていた。同年十一月十七日付の家光に近侍していた僧沢庵宗彭《そうほう》の書状（『沢菴和尚書簡集』岩波文庫・青三三八－一）によれば、家光が連日「御養生」のために江戸城周辺に鷹狩に出かけ、諸大名との対面を避けがちであったことが知られる。当時、家光は沢庵に帰依していたが、その養生は能や風流などの慰みから明らかに鷹狩へと移っていた。

鷹狩の機能は、家康・秀忠の時代には領国支配や軍事訓練といった面に重きがおかれていたが、家光時代にはみずからの養生や慰みに比重を移すようになっていった。とはいえ、鷹狩の道すがら、家臣や農民の暮らしぶりを見る機会があり、分限を過ぎる身なりや行動があった場合には処分することもみられた。そして、家光の鷹狩が日帰りでおこなわれたことにより、食膳・休憩の場所として江戸周辺の寺院などに御殿・御茶屋が造成されていったのである。

江戸近郊放鷹地の制が意味するもの

この時期になると、しだいに軍事的緊張も和らぎ、江戸町の発展とともに、江戸周辺の地域編成が江戸城城付《しろつけ》地の観点から進んでいくことになった。それまで関東の鷹場は家康が好んだ鷹場地域を中心とした支配をおこなってきたが、「江戸廻り」（戦国期から見える広域呼称）と呼ばれる江戸周辺の広域的なまとまりが定着するようになった。そうした状況のなかで、寛永五年（一六二八）十月二十八日、幕府は江戸周辺村々に「江戸近郊放鷹地の制」五か条を触れた（『徳川実紀』第二篇）。

このなかで、江戸廻りの幕府鷹場において将軍から鷹狩を許されたのは、黒印を付した木製の鑑札を所持している鷹師頭四名（加藤伊織・戸田久助・小栗長右衛門・阿部新右衛門）の配下の鷹師たちに限定された。また、この鑑札を所持していない鷹師が鷹狩をしていたならば、村人が留め置きすぐ報告すること。さらに、鑑札を所持することなく鷹狩をしている者を通報した村人には褒美を下すこと。しかし、見逃してしまった場合はその者を処罰すること。鷹の通行のさいには、鷹場内のみ宿継ぎすること。鷹場内には不審者を一切差し置かないことなどが鷹場村々に触れられた。

このように、江戸廻り鷹場村々の百姓は、鷹狩をしている者の発見・監視・注進、そして鷹の輸送や鷹場に怪しい者を入れないようにすることを命じられた。鷹場の維持や夫役《ぶやく》の提供などの役割が、鷹場村々の百姓の務めとして義務づけられたのである。

「東武実録」（『内閣文庫所蔵史籍叢刊』二）には、この法令のほか、この法令が触れられた五四か村の村名、そして各村への布達を担当した幕府代官七名の名前も収載されている（次頁図23）。まず確認しておきたいのは、五四か村は江戸周辺の村々をすべて網羅したものではなく、河川に面した村々を中心に街道・脇往還の宿駅であり、江戸周辺のおよそ五里四方に位置づく村々であった。同書にはこの五四か村を「此御法度書相触ル村々之事」と記され、この鷹場法令を触れ回す「触村」として位置づけられていた。また幕府代官は、この地の幕府直轄領を支配していた代官たちではなく、江戸周辺の私領を含む鷹場村々に鷹場法令を触れる権限を有する代官たちであった。このように、幕府代官には幕府直轄領

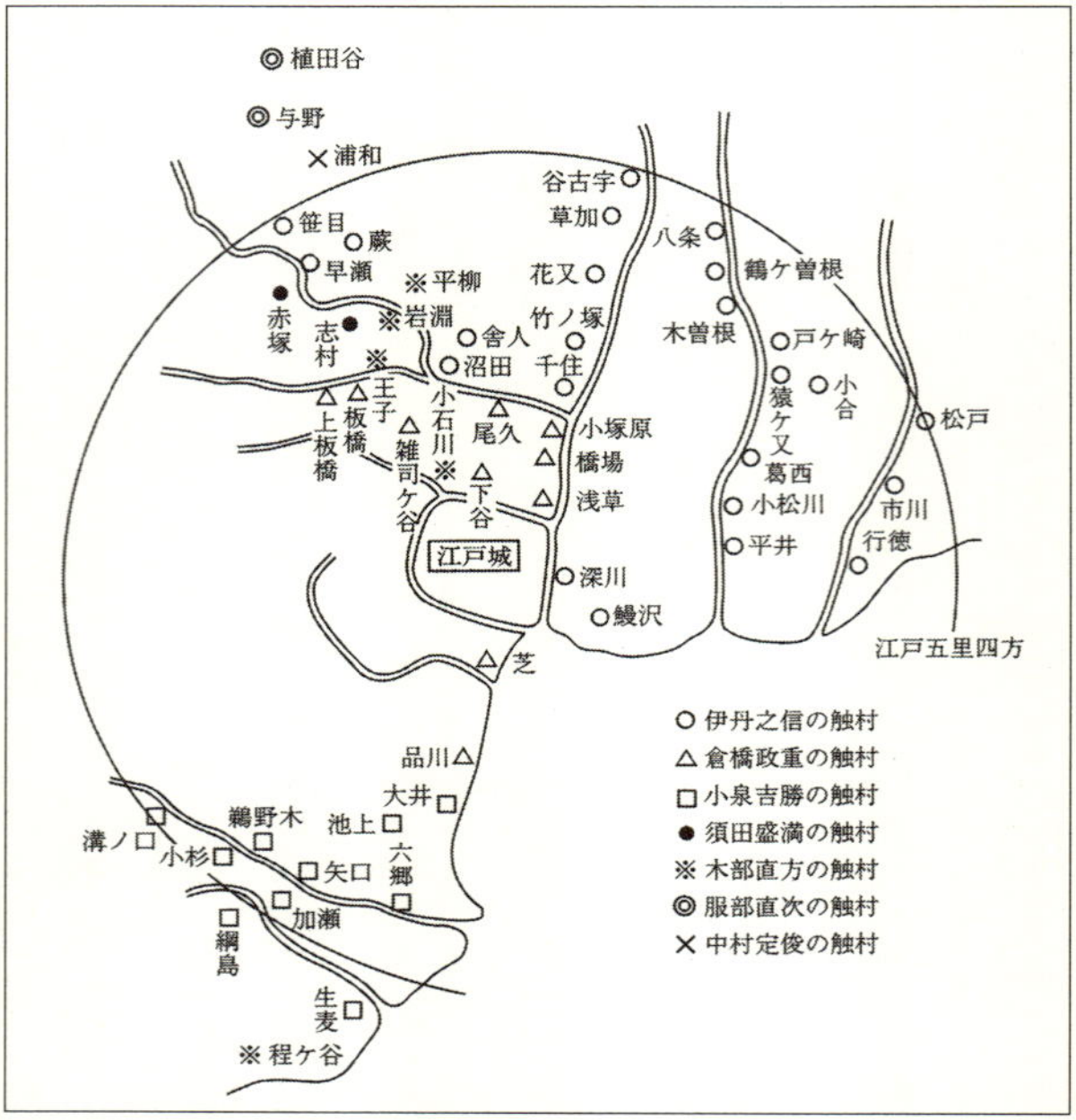

図23　寛永５年鷹場令の触村（拙著『江戸幕府放鷹制度の研究』吉川弘文館、2008年、81頁）

の支配にあたる代官とは別に、私領（大名領や旗本領）を含む江戸周辺の幕府鷹場への法令伝達を担う代官たちもいたのである。

この法令の大きな課題は、なぜ寛永期に江戸周辺の鷹場村々とその外側の鷹場村々とが分離してきたのかということである。一例を示すと、寛永十九年閏九月十四日の幕府法令によれば、幕府鷹場への案山子《かかし》立てをめぐって「江戸廻り」とその外側とでは鷹場政策に違いがみられた（『徳川禁令考』前集第五）。寛永期はそのような地域的枠組みができあがる分岐点であった。その理由として、つぎの三点が考えられる。一つは、寛永期における幕府家臣団の江戸集住やそれにともなう商人・職人の移住などによる江戸の都市化とともに、江戸城城付地の編成とかかわって「江戸廻り」という枠組みが意識されてきたこと、二つには江戸の町にもっとも近い江戸廻り鷹場地域の環境保全が重要になってきたこと、三つには近世国家の鷹をめぐる諸儀礼を維持するにあたって、幕府の中心的な政治基盤であり、また交通上至便という理由もあって、将軍が鷹狩に出かけやすい江戸廻り鷹場がその重要性を増したことなどがあげられよう。

つまり、寛永期になると、江戸の都市化にともなう江戸周辺鷹場を取り巻く状況の変化により、江戸にもっとも近い五里四方の鷹場村々が「江戸廻り」と呼ばれる地域編成によって、一つの地域的なまとまりとして把握されてきた。そして、この地域が江戸城城付地として江戸の防衛や治安維持、鷹場環境保全のためにもっとも重要な地域となり、江戸城を支える領域としても機能していくことになったのである。そして、この地域は享保期の鷹場編成のなかで「御拳場《おこぶしば》」と呼ばれるようになり、将軍が鷹狩に出かける地域として位置づけられることになった。

家光に仕えた鷹役人

寛永九年（一六三二）の秀忠没後、将軍家光は幕府職制の再編を進め、そのなかにあって小姓組番頭であった松平信綱に老中をも兼務させた。それればかりか、信綱は鷹狩関係の統括者として指名されていた。それは信綱が家光の小姓を八歳のときからつとめ、その信頼がきわめて厚かったからである。正保四年（一六四七）十一月、幕府は鷹場取締法令を触れたが、鷹場内において鷹狩をしている者や殺生をしている者を見つけたときには「松平伊豆守（信綱）」へ注進するように命じていた（『徳川禁令考』前集第二）。信綱は大名としての務め（忍《おし》藩主から川越藩主へ）だけでなく、老中として幕政を担い、鷹関係をも統括していた。

近世前期に鷹匠頭を世襲した家柄としては、家康時代からの小栗家、秀忠時代からの戸田家・阿部家、家光時代からの加藤家がよく知られる。このなかで、近世後期まで唯一世襲したのは戸田家のみであった。戸田久助貞吉は秀忠の時代に鷹師頭に任命され、寛永十九年に布衣《ほい》の着用を許され、正保三年に二〇八〇石余を知行、慶安二年（一六四九）に鷹師同心を増員されて五〇人を預けられた。家光の鷹狩によく供奉し、貞吉が飼養した鷹で家光が丹頂の鶴を仕留めるなどの成果を上げたことで、松平信綱からも信頼されていた。その後、戸田家は五代将軍綱吉時代の放鷹制度中断期を除いて、幕末まで鷹匠頭を世襲した（『新訂寛政重修諸家譜』第十四）。

戸田久助貞吉の三男権之助吉春は、清水家の養子となり、将軍家光に謁見、三河国内に一〇〇〇石の采地を賜った。その後、鷹師頭に任命され、慶安二年には鷹の訓練で三河国西尾（現愛知県西尾市）に赴いた（『新訂寛政重修諸家譜』第十五）。また、加藤伊織則勝は大坂の役でも活躍し、寛永二年に一五八〇石余を知行した。その後、鷹を預けられ、鷹惣支配をつとめた。その子則吉は父の跡を継ぎ、鷹師頭に任命された。続いて、則吉の子則政、則政の子則久とも鷹師頭をつとめたが、将軍綱吉による幕府放鷹制度の停止政策により他の役職へ異動し、その子孫が鷹役人に復帰することはなかった（『新訂寛政重修諸家譜』第十三）。

斉藤吉勝は、将軍秀忠の時代に伊豆国三島（現静岡県三島市）に住んで鳥屋《とや》（塒）を管理し、その子吉之も父の仕事を継いだが、吉之の養子吉継の代に三島から江戸に移って鷹師をつとめた（『新訂寛政重修諸家譜』第十三）。また、河内国交野《かたの》（現大阪府交野市）に住んで五畿内などで諸鳥法度の沙汰人をつとめた越智吉次は、寛永十九年に上総国東金の鳥見となり、関東に移った。

表2　家光時代の御殿・御茶屋

施設名	郡	設置時期	廃止時期	寺院との関係	出　典
高田御殿	豊島	寛永年間	延宝8年		新編武蔵風土記稿
隅田川御殿	葛飾	寛永年間ヵ		木母寺境内	葛西志
大井御茶屋	荏原	正保2年		常林寺境内	新編武蔵風土記稿
永代島御茶屋	葛飾	寛永年間ヵ		永代寺辺	新編武蔵風土記稿
本所御茶屋	葛飾	寛永年間		最勝寺境内	御府内備考、葛西志
谷中御茶屋	豊島	寛永15年		感応寺境内	御府内備考
目黒御殿	荏原	寛永11年		瀧泉寺境内	新編武蔵風土記稿
牛込御殿	豊島	寛永年間	承応年間		御府内備考、南向茶話
西ヶ原御殿	豊島	寛永年間ヵ			新編武蔵風土記稿
王子御茶屋	豊島	寛永11年		金輪寺内	新編武蔵風土記稿
代々木御茶屋	豊島	寛永年間		大正院境内	新編武蔵風土記稿
下高田御茶屋	豊島	寛永年間	元禄以前	南蔵院境内	新編武蔵風土記稿
高円寺御茶屋	多摩	寛永年間ヵ		高円寺境内	新編武蔵風土記稿
井之頭御殿	多摩	寛永年間		井之頭池西	武蔵名勝図会
千住御殿	足立	寛永年間	延宝8年	勝専寺境内	新編武蔵風土記稿
新宿御茶屋	葛飾	寛永年間ヵ			新編武蔵風土記稿

家光政権の時代に幕府職制が整備されるなかで、鷹匠・鳥見系統の鷹職制も確立していったのである。

寛永期の御殿・御茶屋

家光の鷹狩地先が江戸周辺地域に限られたことで、家康時代に建てられた御殿や御茶屋はその一部が維持されていたものの、江戸の近辺に休息や食事のための施設が必要になった。このため、家光は江戸周辺の各地に規模の小さな御殿・御茶屋を設置していった。『新編武蔵風土記稿』や『御府内備考』によって判明するものだけでも、表2のように御殿は高田・隅田川・目黒・牛込・西ヶ原・井之頭・千住の七か所、御茶屋は大井・永代島・本所・王子・谷中・代々木・下高田・高円寺・新宿の九か所が確認できる。

このうち、「西ヶ原御殿山之事」(「御場御用留」国立公文書館蔵)によれば、西ヶ原御殿(現東京都北区）は家光時代の造営と伝えられ、その御殿地の広さは一万四〇〇七坪におよんでいたが、その後破却され、いつしか竹林となった。そして、その付近に住む長右衛門という人物が山守《やまもり》となって管理し、その者には一か年に一〇俵の扶持米が支給されたという。享保期には、この地で将軍徳川吉宗による猪狩が挙行された。

『新編武蔵風土記稿』の隅田村（現東京都墨田区・葛飾区）の項に「御殿蹟」の記録があり、隅田川御殿は寛永年中に名刹木母寺《もくぼじ》北側の隅田川近くに建っていた。また、同書の高円寺村の項によれば、高円寺御茶屋は寛永年中に高円寺の境内に建てられ、その大きさは高さ六尺、広さは三間四方で小規模なものであった。

いっぽう、家康の時代に造営された御殿・御茶屋は寛永年間にはそのほとんどが老朽化していたが、同十六年六月二十日、幕府はそれぞれの施設の修理奉行を任命した。葛西御殿は小姓組小倉正守と大番本多正次、府中御殿は小姓組長谷川重治と大番本多光政、船橋御殿は書院番佐藤成次と大番小笠原貞信、稲毛御殿は小姓組安藤忠次と大番小俣政貞、中原御殿は書院番長谷川重政と大番山岡景信、越谷御殿は書院番平野長利と大番山田正清であった（『徳川実紀』第三篇）。いずれの御殿も、造営後ほぼ二〇～四〇年を経過していて修復の対象となったが、それは家光が崇拝した家康ゆかりの御殿だったからであろう。

御三家の恩賜鷹場

御三家は、初代将軍徳川家康の男子を始祖とし、親藩の最高位に位置づけられ、徳川姓を名乗ること、また三つ葉葵の家紋使用が許された別格の大名家となった。家康九男の義直が尾張徳川家（名古屋藩）、同十男の頼宣が紀伊徳川家（和歌山藩）、同十一男の頼房が水戸徳川家（水戸藩）の三家がそれである。将軍家の後嗣が絶えたときに、御三家から養子を出すことになっていた。

関ヶ原戦の勝利後、家康は大名の一部に鷹場（恩賜鷹場）を下賜する儀礼を開いた。家康在世中、外様大名や譜代大名のなかには関東および五畿内の幕府鷹場の一部を恩賜鷹場として下賜された者もいた。しかし、御三家のうち紀伊徳川頼宣は元和九年（一六二三）伊勢国内に恩賜鷹場を下賜されていたが、江戸周辺や五畿内近国では御三家のいずれもが鷹場を下賜されていなかった。このため、江戸滞在の御三家（水戸徳川家だけは定府）は将軍に鷹狩の暇《いとま》を願い、幕府鷹場で鷹狩をすることになっていた。寛永七年一月二十四日に「紀伊大納言頼宣卿は大宮、浦和の狩場に放鷹のいとま給ふ」とあり、また同八年一月二十一日に「尾張亜相《あしょう》義直卿に大鷹二聯遣はされ、浦和、大宮、植蓑（植田谷）辺に逍遥あるべしとていとま給ふ」（『徳川実紀』第二篇）とあり、紀伊家・尾張家とも幕府鷹場の大宮・浦和辺に鷹狩に赴いていた。そのさい、御三家がみずからの意思で鷹狩の暇を願う場合と、幕府から鷹狩に出かけることを促される場合とがあった。

秀忠没後一年が経過した寛永十年（一六三三）二月十三日、将軍家光は尾張徳川家に武蔵国入間郡坂戸・高坂筋（蛭田廣一「史料紹介・尾州様御鷹場御定杭場所書上帳」『多摩のあゆみ』第五〇号、一九八八年）、紀伊徳川家に武蔵国浦和・大宮周辺（紀州鷹場）、水戸徳川家に下総国小金領周辺（「水戸紀年」『茨城県史料』近世政治編一）を恩賜鷹場として下賜した。秀忠は寛永九年一月十九日に死去したので、家光はその一周忌明けを期して御三家に恩賜鷹場を下賜し、将軍として自立したあとの事実上の「御代始」の鷹場下賜儀礼として執行したものであった。

続いて、将軍家光は、その八日後の二月二十一日、その後見人（大政参与）に任じられた近江彦根藩主井伊直孝に「稲投」（稲毛ヵ、武蔵国橘樹郡稲毛領）地域を、同じく大和郡山藩主松平忠明に「小築井」（小机ヵ、武蔵国都築郡小机領）地域を恩賜鷹場として下賜した。これは、長年にわたる幕府への貢献が評価されたものである。その後も、金沢藩主の前田光高、仙台藩主の伊達忠宗へも恩賜鷹場が下賜され、大藩の二代・三代藩主も下賜対象となっていった。

このように、江戸幕府のもとでは、家康時代に鷹場の下賜儀礼がはじまり、当初はその対象者が外様大名を中心としていたが、寛永期以降は親藩大名や幕府重職者が中心となっていき、その下賜基準が固まっていった。このなかで、恩賜鷹場は当初から家格を基礎にしながらも、属人的要素によって下賜されていたのである。しかし、寛永期以降は「鷹場賜る事は、三家又は老臣にかぎれば」（『徳川実紀』第三篇）とあり、御三家は家に対して、そのほかは幕府重職に長年在職した老臣に限られるようになったのである。

4　徳川綱吉と放鷹制度の中断

鷹狩を挙行しない将軍

四代将軍徳川家綱の死去によって、延宝八年（一六八〇）八月二十三日、実弟で上州館林藩主の徳川綱吉が徳川宗家を相続して五代将軍となった。しかし、綱吉は将軍就任後一度たりとも鷹狩を挙行しなかった。というよりも、藩主時代の後半から鷹狩をおこなわなくなっていた。綱吉は正保三年（一六四六）一月八日、三代将軍徳川家光の四男として江戸城で生まれた。寛文元年（一六六一）閏八月に館林藩主となり、同年十一月には将軍家綱から館林城下に、また同四年四月には武蔵国新座郡膝折村（現埼玉県朝霞市）と同郡白子村（現埼玉県和光市）間の一帯にも恩賜鷹場を下賜された。この鷹場は「雲雀《ひばり》の狩場」（『徳川実紀』第五篇）と呼ばれた。

こうして、将軍家綱より恩賜鷹場を下賜されると、綱吉は鷹狩に出かけ、鷹狩の獲物を捕獲すると将軍に献上した。いっぽう、将軍家綱は綱吉に徳松と名乗っていた幼少期から鷹狩の獲物（御鷹之鳥）を下賜していた。こうした相互の献上・下賜儀礼が存在していたのである。また、明暦二年（一六五六）から、綱吉は将軍家綱に巣鷹（巣鶏）を献上していた。綱吉の鷹狩の頻度は少なかったが、二、三年に一度は二、三週間にわたる鷹狩に出かけた。

ところが、寛文十二年以降、綱吉の鷹狩が確認できなくなる。将軍家綱は亡くなる前年二月にも鷹狩に出かけて綱吉に「御鷹之雁」を下賜していたにもかかわらず、綱吉から将軍へは鷹狩に出かけなかったこともあり、「御鷹之鳥」を献上することはなかった。このような将軍家綱と大名綱吉との間の、「御鷹之鳥」の下賜・献上の相互儀礼が維持できないという事態は、きわめて重大であったにちがいない。にもかかわらず、将軍家綱が大名の綱吉を君臣関係の秩序を乱したとして処分するとか、忠告した形跡はみられない。

将軍就任後の延宝八年九月十五日、鷹狩関係を統括していた老中の堀田正俊の命を受けた勘定頭の徳山重政と大岡重清は、この年の鷹師の派遣による鷹狩を中止するので、作物を食い荒らす諸鳥を追い払ってもよく、また案山子《かかし》を立ててても縄を張ってもよいという法令の徹底を代官の伊奈忠篤に命じていた（「教令類纂」初集十三、『内閣文庫所蔵史籍叢刊』二十二）。この措置は、凶作によって農村が疲弊していることへの対応の一つであったが、将軍の鷹狩は挙行されなくとも、特例を除いて鷹師による鷹狩がおこなわれていた。

このように、将軍が鷹狩に出かけなくとも、綱吉政権下の鷹狩・鷹場政策は進められていた。「常憲院殿御実紀」の天和二年（一六八二）六月十日条によれば、小石川御殿への将軍御成にさいして重臣や側衆は羽織・袴の正装であったが、軽輩の者たちは鷹狩装束、つまり小袖に色とりどりの羽織、それに股引《ももひき》か脚絆《きゃはん》の出で立ちで供奉《ぐぶ》していた（『徳川実紀』第五篇）。この時期の御成の服装は、鷹野行列にさいしての装束を準用していた。

それでは、なぜ綱吉は鷹狩に出かけなかったのであろうか。その理由を記した文献は見当たらないが、綱吉の仏教・神道・儒教への帰依、そして服忌令《ぶっきりょう》や生類憐みの令などへの執着を考慮すると、生類の殺生・虐待に対する穢《けが》れ観念を強く意識していたからではないかとみられる。つまり、綱吉は生類の死や血を極度に嫌う思考をもっていたように思われるのである。

将軍綱吉といえば、「生類憐みの令」（発令時期については、諸説がある。筆者は「生類憐み」文言の成立をもって生類憐みの令のはじまりと考えているので、貞享元年説を打ち出している。拙著『生類憐みの世界』）が想起されるが、その発令に先立ち、将軍後継者に決定した延宝八年五月六日と将軍宣下を受けた同年八月二十三日との間に、幕府は武士たちが馬の筋を延ばしたり、切ったりすることの禁止を諸藩に申し渡していた。幕府は、諸国の名馬産地から出荷される「拵馬《こしらえ》」や「繕馬《つくろい》」の流行に警鐘を鳴らし、その禁止を命じていたのである。

『会津藩家世実紀』の延宝八年八月十一日条によれば、会津藩では幕府より同様の法令を受け取ったことを書き留めている。このとき、会津藩にこの法令を申し渡したのは幕府老中の稲葉正則の子正往《まさみち》であった。また、「仙台馬養録」（『日本馬政史』第二巻、帝国競馬協会、一九二八年）の同年七月十九日条に、綱吉は馬の前筋や後筋を延ばしたり、尾を拵えたりするなどの「拵馬」の流行が気に入らず、その禁令が仙台藩に通達されていた。そのような武士たちの間での流行は、綱吉からすれば馬の虐待以外の何物でもなかったのである。そうした行為は、死や出血をともない、そのこと自体穢れを生み出すものであり、仏教・神道・儒教に精通した綱吉からすれば絶対に放置することはできなかったのである。

鷹狩は、獲物の捕獲によって殺生や出血をともなうものであり、それによる穢れを極度に嫌う綱吉だからこそ鷹狩に出かけなかったと推察される。このため、放鷹制度は縮小されていき、最終的には停止されるにいたったのである。

鷹役人の削減

延宝八年（一六八〇）十二月十六日、綱吉政権は若年寄の松平信興と石川乗政に鷹・馬の所管を命じ、鷹匠・鳥見・殺生方の鷹方役人を支配下に置いた。それまで、この担当は綱吉の将軍擁立に貢献した老中の堀田正俊であった。これは、一見、単なる職務の変更にみられがちだが、鷹方支配の所管が老中から若年寄へ移行したことは、この支配の幕閣内における位置づけが後退したことを意味するものであった。こうして、その後、御鷹懸《おたかがかり》の若年寄のもとで放鷹制度の縮小が進められていくことになった。

そして、まずはじめられたのが鷹役人の大幅な削減であった。天和二年(一六八二)三月二十一日、幕府は鷹師頭五人のうち三人を大番・腰物番・小十人組へ、手鷹師四五人を小十人組へ、手鷹師二六人と鶴頭《はいたか》二人を小普請へ、鷹方二人を小十人組へ、鷹方一人を小普請へ、さらに鳥見の六人を火番《ひのばん》へ異動させた。このうち、大番・小十人組は軍事部門の職制であり、腰物番は将軍の使用や諸侯に賜う刀剣の担当、小普請組は無役、火番は火災の予防・警戒担当であった。同年十二月五日にも、幕府は鷹師一人、鳥見一人を大番へ、鷹師・鳥見・馬方ら五人を小十人組へ異動させた。また網奉行五人全員が小普請入りとなり、この職制は廃止され、享保期の放鷹制度の復活にさいしても再置されることはなかった。さらに、貞享三年(一六八六)十月五日にも、手鷹師二七人、鳥見一七人が小普請入りとなった(『徳川実紀』第五篇)。このように、五年間で鷹役人の一四一人が諸組に異動となり、明らかに鷹役人が削減されていったのである。

なお、この削減策は鷹職制に限られていたわけではなく、天和元年五月二十二日には徒組《かち》二隊を削減してその分の人員を残りの隊に分属させ、同二年十一月十三日には船手頭所属の水手《かこ》五〇人を削減したほか、同年十一月十一日には町奉行所同心の解雇を含む八〇人を削減した(『徳川実紀』第五篇)。こうした人員削減措置は、作法や風俗が乱れている者たちを淘汰しようとする綱紀粛正の一環であった(「常憲院贈大相国公実紀」『内閣文庫所蔵史籍叢刊』十七)。

鷹役人の削減は、そうした意図とともに殺生にかかわる職制だったからである。熊沢蕃山《ばんざん》はその著「集義外書」(『増訂蕃山全集』第二冊)のなかで、世間では鷹師を「あぶれ者」と呼び、「御鷹」の権威をかりて乱暴狼藉を働き、また人々に迷惑をかけていたと指摘し、また田中休愚《きゅうぐ》著「民間省要」(村上直校訂『新訂民間省要』有隣堂）のなかでも、鷹師らは「御鷹」の権威を笠に着て威張り散らし、人々を悩ませていると記していた。

確かに、鷹師や餌差《えさし》の庶民に対する対応が横暴であったことはよく知られる。しかし、それだけで鷹役人削減政策を進めたとは考えにくい。貞享四年四月六日、幕府は鷹師同心を他の組織に異動させたが、人員が不足している場合は鷹方支配の判断を仰いでから増員を要請するように命じていた。その理由については、他の組織への異動によって補充人員が必要になっているからであると説明していた（「常憲院贈大相国公実紀」『内閣文庫所蔵史籍叢刊』十七）。鷹役人の場合は、穢れを生じさせる鷹狩に従事する者たちであり、そうした殺生を忌み嫌う意識から出た削減だったのである。

鷹儀礼の縮小

将軍の鷹狩が挙行されないということは、鷹役人の削減にとどまらず、放鷹制度のさまざまな側面に影響を与えることになった。その一つが鷹狩に伴う諸儀礼である。家康以来、幕府は大名の一部に鷹場（恩賜鷹場）を下賜してきたが、綱吉政権になってからはまったく執行されず、最終的には恩賜鷹場を下賜された大名が幕府に返上するということがみられた。この鷹場での鷹狩にさいしても、将軍と大名との間には諸鳥の献上や将軍家からの差し入れなど、さまざまな諸儀礼がみられた。

そこで、御三家の一つである紀伊徳川家が恩賜鷹場に鷹狩に出かけたさいの一例を紹介する。貞享元年（一六八四）十二月六日、幕府は紀伊和歌山藩主徳川光貞のもとに若年寄の秋元喬知《たかとも》を使者として遣わし、鷹狩の暇《いとま》を給わった。これにより、光貞は武蔵国足立郡内の紀州鷹場に出かけた。同十二日、幕

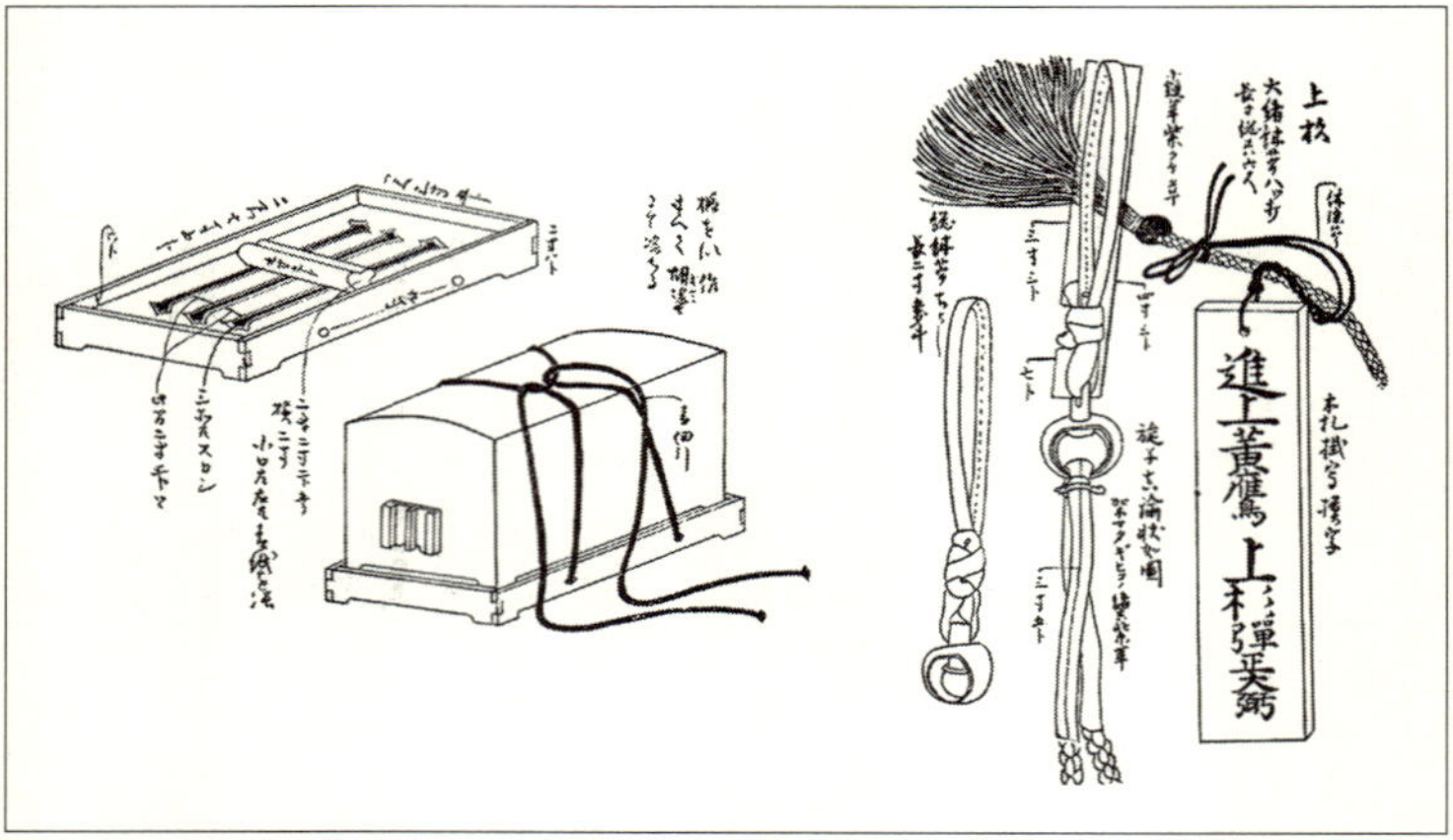

図24　上杉家献上鷹具（宮内省式部職編『放鷹』吉川弘文館、1932 年、130-131 頁）

府は紀州鷹場に小姓組番頭の牧野忠貴を鷹野見舞いとして派遣した。光貞はその返礼として将軍綱吉のもとに使者を送って雁二双を、同十六日にも雁を献上した。同十八日にも、光貞は将軍綱吉から下賜された恩賜の鷹を用いて捕獲した雁を献上した。そして、同二十二日、光貞は狩場より帰途に就いたのち将軍綱吉に拝謁し、無事帰還したことの報告をおこなった。このように、恩賜鷹場を下賜された大名が鷹狩に出かけると、さまざまな相互儀礼があった。しかし、将軍が鷹狩をおこなわないため、恩賜鷹場を下賜された大名たちは鷹狩に出向くことを躊躇するようになり、その後恩賜鷹場への鷹狩はみられなくなっていった。

　また鷹儀礼のなかで、重要な位置を占めたものに、放鷹制度の起点となる鷹の贈答儀礼があった。大名による将軍への鷹の献上（図24）、将軍による大名への鷹の下賜がそれである。この点についても、幕府は躊躇なく諸藩に命令を出した。貞享元年六月の会津藩の記録によると、これまでほぼ毎年継続してきた会津藩の将軍家への巣鷹献上については幕府老中が断ってきたと記されている。その理由は、将軍が「生類憐み」政策にかかわって巣鷹献上の必要がないと命じていたことであった（『会津藩家世実紀』第四巻）。生類憐みの令の初発は、会津藩から将軍への鷹献上を停止させるものであった可能性が高い。

しかし、貞享二年六月十日に甲府藩主の徳川綱豊が巣鷂《はいたか》二居を、同月十二日に尾張名古屋藩主の徳川光友が巣鷹六居を献上していた。また翌三年五月二十二日にも甲府藩は巣鷹二居を、同四年五月二十七日にも甲府藩が巣鷹二居を、同年六月九日に尾張名古屋藩が巣鷹を献上していた（『徳川実紀』第五篇）。いっぽう、仙台藩は元禄五年（一六九二）まで黄鷹を幕府に献上してきたが、翌六年九月四日に幕府老中の阿部正武が仙台藩江戸留守居を通じて、今年は鷹献上の必要がないことを伝達した（『伊達治家記録』十六）。こうして、長らく続いた仙台藩の将軍家への鷹献上は中止されることになった。そして、このころまでには、諸藩でも幕府からの鷹献上無用の命令によって中止することになったのである。

さらに、鷹儀礼には諸鳥の贈答儀礼もあった。幕府は、四月に梅首鶏（大鷭の漢名）・鷭《ばん》、六月に巣鷹、七月に雲雀《ひばり》、八月から十月にかけては鶴、十一月には雁を家格に基づいて大名たちに下賜していた。そして、これらは毎年、幕府の公式行事となっていた。このほか、朝廷への鶴（初鶴）・鴻《こう》（新鴻）の進献、また鷹狩に出かけたさいの「御鷹之鳥」の下賜などもあった。

ところが、綱吉政権のもとでは、四月の梅首鶏・鷭の下賜儀礼がその就任当初からみられず、七月の雲雀の下賜儀礼や八月から十月にかけての鶴の下賜儀礼も貞享二年から中止となり、十一月の雁の下賜儀礼は天和元年（一六八一）には有力大名や老中在職者におこなわれていたが、同二年から貞享元年までは幕府重臣に限られ、貞享二年からはすべてが中止となっていた。このように、貞享二年における諸鳥の贈答儀礼は朝廷への鶴（初鶴）・鴻（新鴻）の進献儀礼と、御三家、甲府徳川家、加賀前田家に対しておこなわれていた巣鷹の下賜儀礼のみとなっていた（『徳川実紀』第五篇）。

将軍の鷹狩が挙行されなかったことで、鷹狩のさいの供奉や休息所などの設置にともなう褒賜儀礼も確認できなくなり、また「御鷹之鳥」の饗応儀礼も執行されなかった。こうして、鷹儀礼の推移をみてみると、貞享二年から大幅に中止されていったことがわかる。これは、幕府が貞享元年には放鷹制度の縮小方針を固め、実施に移していった結果とみられる。その背景には、「生類憐み」政策の展開や穢れ意識の深化があったといえよう。

放鷹制度の中断

元禄期に入っても、幕府の鷹部屋で鷹が飼育され、そのための鷹役人も存在し、鷹師の鷹狩も継続されていた。鷹場村々への鷹場規制も依然としておこなわれ、鷹儀礼もきわめて縮小されたとはいえ執行されていた。

ところが、元禄元年（一六八八）六月二十一日、幕府は鷹部屋で飼育していた黄鷹《きだか》・鶬《はいたか》二三居を武蔵国入間・高麗両郡（現埼玉県中南部）の山中に、ついで翌月二十一日にも黄鷹・鶬二〇居を武蔵国川越（現埼玉県川越市）の山中に放った。鷹の飼育・訓練は幕府放鷹制度の根幹をなすものであり、その鷹を放つということはその廃止に向けて舵を切ったことを意味し、また仏教思想にみられる不殺生の実践としての放生の意味合いも有していた。同六年九月十日、幕府の鷹狩中止決定後の同十二日、鷹部屋に残っていた鷹のすべてが伊豆諸島の新島《にいじま》（現東京都新島村）に運ばれて放たれた（『徳川実紀』第六篇）。

幕府の公式記録ではこのように説明されていたが、鷹の放鳥をめぐっては秘められた事実があった。元禄六年九月十六日、将軍家への鷹献上を担当していた仙台藩士の浅井織部は、幕府鷹師頭の加藤則久のもとを訪ね、黄鷹の放鳥の様子を尋ねた。その返事は、当時残っていた鷹はすべて放すことになったが、天皇家に「御鷹ノ鳥」を献上するために隼《はやぶさ》四、五居を残すように命じられたということであった（『仙台藩史料大成　伊達治家記録』十六）。結局、幕府は秘かに隼を残していたのである。確かに、以後も天皇家への「御鷹ノ鳥」の献上は継続されていた。

元禄六年九月十日、幕府は正式に鷹狩の中止を決定した。それまでは将軍の鷹狩のみがおこなわれず、鷹師による鷹の飼育・訓練は細々と継続していたが、鷹狩中止の決定を受けて鷹師たちにもそのことが申し渡された。これにより、江戸の鷹匠町（現東京都千代田区）を小川町に、その二日後には餌差町（現東京都文京区）も富坂町へと、その町名を変更したのである。

元禄期に入って、鷹師頭をつとめた小栗正等《まさとも》や鶉頭の職にあった小野次興は、鷹狩中止直前の同六年七月十七日に小普請入りとなって異動した。いっぽう、天和二年（一六八二）三月二十一日、鷹師頭から大番に異動した加藤則久は、元禄五年十二月十四日に鷹師頭に復帰し、同六年九月の鷹狩中止決定以後もその地位にあった。この加藤氏が鷹師頭を辞し、小普請入りとなるのは同九年十月十四日のことであり、それまで加藤氏のもとには手鷹師や鷹師同心らが従属していた。貞享二年まで鷹師頭をつとめた間宮敦信は、すでに小普請入りとなっていたが、鷹狩中止によってその配下の鷹師同心二〇人の給知（武蔵国橘樹《たちばな》郡北加瀬村）五〇〇石も召し上げられ、その代わりに俸禄として三七俵二人扶持を支給されるようになった（「享保年中御鷹心得方其外帳　全」宮内庁書陵部蔵）。

餌差職《えさし》についても、御家人身分の幕府餌差は廃止されたが、京都で鷹餌の調達を担当していた町人身分の町餌差が、鷹狩中止にもかかわらず存在するのは道理に合わないとして、同七年五月に京都町奉行より町猟師になるよう申しつけられた。しかし、そのかれらに殺生の停止が命じられたのは、同十六年九月のことであった（『京都御役所向大概覚書』上巻）。

つぎに、幕府鷹場の管理にあたった鳥見職について確認する。鷹狩中止以後も鳥見たちは鷹場支配にあたっており、これが廃止されたのは元禄九年十月七日であった。この日、鳥見組頭は御用がなくなったことで小普請入りとなり、残っていた鳥見六人は生類方に異動した。この生類方（寄合番支配）の担当には、二つの系統があり、その一つが大久保・四谷・中野の犬小屋担当であり、もう一つが小日向台《こひなただい》町（現東京都文京区）の鷹部屋御用屋敷に属して鶴などの飼育場の管理や烏《からす》・鳶《とび》などの巣払いを担当した。このうち、烏・鳶の巣の取り払いを担当したのが鷹師から異動した山本藤右衛門、佐原十左衛門であり、生類憐み政策と密接に関連して設置された役職であった。この山本と佐原の両人のもとで、鳥見の任を解かれた天野九郎兵衛がその補佐、林勘右衛門・若林平三郎・幸田孫介・岡田甚右衛門・海野三右衛門の五人が寄合番として生類方御用にあたった。

元禄九年十月までには、幕府の放鷹制度を構成するほとんどの要素が消滅していった。このなかで、唯一残っていたものが、幕府による天皇家への「御鷹之鳥」の献上であった。これが中止となるのは宝永三年（一七〇六）九月のことであったが、これだけは取りやめるのが容易ではなく長い時間を要した。武家政権による天皇家への「御鷹ノ鳥」の献上儀礼には長い伝統があり、朝幕関係のうえからも取りやめることができなかったのである。これをもって、幕府の放鷹制度は完全に終止符を打つことになった。

幕府の鷹狩中止方針に追随し、元禄六年十月十五日、紀伊・甲府・水戸・尾張の徳川四家は、足並みを揃えて幕府から拝領していた恩賜鷹場を返上した（『徳川実紀』第六篇）。このとき、四家より幕府に返上された鷹場地域は、「水戸殿鷹場」が下総国葛飾郡・武蔵国葛飾郡内、「紀伊殿鷹場」が武蔵国足立郡指扇・大宮・木崎・南部・平方・植田谷・小室・赤山・岩槻・与野・桶川・浦和・大谷の一三か領、「尾張殿鷹場」が武蔵国清戸周辺、「甲府殿鷹場」が武蔵国府中・石原地域や羽生領であった。なお、武蔵・相模両国内の「松平加賀守殿（金沢藩前田家）鷹場」も同様に返上された（『会田落穂集』埼玉県史料集・第四集）。

いっぽう、仙台藩では毎年一月六日に「野始《のはじめ》」と呼ばれる藩士の装備点検や練武を兼ねた狩猟行事を挙行していた。しかし、幕府が鷹狩中止を決定したことで、「野始」がこれに抵触するのではないかとの懸念から、翌七年一月の「野始」を中止することにした。そして、幕府の指示を仰いで、その再開については殺生をともなわない「馬揃《うまぞろえ》」や「人数揃」として挙行し、質素で目立たないように実施することにした。また、御三家・甲府徳川家・前田家・井伊家は、幕府に恩賜鷹場を返上したことで、鷹部屋を廃止して鷹を放ち、幕府の鷹狩中止に追随した。さらに、会津藩では鷹餌の捕獲にあたっていた餌差を廃止して無役とし、その者たちを月番の御用人に二人ずつ付属させた。このように、諸藩では幕府との意思疎通をはかって幕府方針に抵触しないように努めていたのである。

幕府鷹場の廃止と御留場

元禄六年（一六九三）九月十日、幕府が鷹狩中止を決定しても、鳥見による鷹場支配が続いていた。

通常、鷹場村々は毎年、「鷹場法度」への誓約として、一村単位で「御鷹場御法度手形之事」（二一四頁図43／口絵⑲）を提出してきた。そのために、村々には幕府鳥見よりその雛形が示され、この雛形の体裁通り文書を作成し、鳥見に提出することになっていた。

元禄七年九月六日、武蔵国埼玉郡八条領村々（現埼玉県越谷・八潮・草加各市の一部）が、幕府鳥見の近藤与兵衛・戸口庄右衛門に提出しようとしていた「御法度手形」の雛形には、「御鷹場」の文字が消え、「御留場《おとめば》」の文字に置き換えられていた（『越谷市史』三、史料一）。元禄六年九月十日に幕府が鷹狩中止を決定した時点で、この地域は鷹狩がおこなわれる「御鷹場」ではなく、「御留場」と称されるようになったのである。「御留場」とは鳥類の殺生を禁じた場所をいう。つまり、かつての鷹場村々は「御鷹場」ではなくなったので、「御留場」としての取締りが義務づけられていたのである。

この「御法度手形」は五か条から成文化されていた。第一条は鷹匠が鷹の訓練でやってきたときにはすでに連絡がきている鷹の数と合っているかどうかを確かめる。その鷹の訓練終了後は、たとえ誰であっても鷹を放って鳥を殺生させてはならない。とくに、歴代将軍の月命日である精進日（五日・八日・十七日・二十日・二十四日）は注意する。第二条は病鳥がいた場合は持ち帰り、餌や水をあげて養育し、早々に状況を報告する。また落鳥を発見した場合もすぐに報告し、決して見逃さない。第三条は餌差が通達通りやってきたときにはその鑑札を改めて鳥を獲らせる。また通達のなかった餌差にはいっさい鳥を獲らせない。さらに、その監視のため村ごとに野番（鳥殺生の番人）を二人ずつ置く。不審者がいた場合は改めて報告し、鳥類を追い立てたりしない。第四条は「御留場」内に不審な者を入れないように改める。むやみに張弓や鉄砲、鳥の殺生道具を持ち歩いている者がいた場合は改めて留め置き報告する。

第五条は、「御留場」内の大道・脇道・橋をいつも見回って修理し、道路に垂れ下がっている木の枝は伐っておく。このように、「御留場」へと変更されても、鷹狩がおこなわれないだけで、鷹場設定時と変わらない取締りが継続していたのである（拙著『生類憐みの世界』）。

この段階では、鷹師頭や鷹師らの役職が残っており、鷹の訓練にやってくる可能性を前提に、人物の確認のため鷹師らが携帯している鑑札の改めと、「御留場」でのいっさいの鳥類捕獲を禁じ、病鳥や落鳥への対応を命じていた。とくに、この法度では歴代将軍の精進日の鳥類殺生に留意するように命じ、それによる穢れを最小化しようとしていたことがわかる。

ついに、元禄九年十月十四日、幕府代官の伊奈半十郎忠篤は、武蔵国葛飾郡西葛西領・東葛西領・二郷半領、同国埼玉郡八条領・越谷領（現東京都東部および埼玉県東南部）の村々に、幕府鳥見の廃止を触れた。これによって、「御留場」は「元御留場」へと変更されたが、傷ついた鳥類がいた場合はその地域を支配する幕府代官や大名・旗本に報告し、隠し置いてあとから露見することがないようにと命じていた。そして、従来通り、十月より翌年三月までは鳥類の監視を担当する「鷹番」や、「御放鶴《おはなち》」保護のための「番人」を設置し、その動静を鷹部屋御用屋敷に報告することになっていた（『越谷市史』三、史料二）。

このように、幕府が鷹狩の中止を決定したことで鷹職制が廃止されていき、それによって幕府鷹場も廃止されたが、これまで幕府鷹場に指定されていた村々はその後も鳥類の殺生を禁じられ、また病鳥などの保護も命じられ、さらに放鳥されていた鶴の監視も命じられ、基本的にそれまでと変わらない業務が課されていた。

そして、綱吉政権が進めてきた放鷹制度はついに廃止された。田中休愚著の「民間省要」（『新訂民間省要』）によれば、鷹狩が中止となって鉄砲の使用が認められたことで発砲音によって鳥類が驚き、鳥獣がかつての十分の一に激減し、生態系が破壊されていると指摘していた。また、幕府が推進している鳶や烏の駆除にかかわって、それを担当した生類方役人にはかつての鷹師や餌差たちが採用され、人々に迷惑をかけていたようである。つまり、鷹狩が中止されたにもかかわらず、世の中は一向によくなっていないと嘆いていたのである。

5　徳川吉宗と放鷹制度の復活

鷹狩の復活と鷹職制の整備

正徳六年（一七一六）四月三十日、七代将軍徳川家継がわずか八歳で病死すると、同日、御三家のなかから紀伊和歌山藩主の徳川吉宗がその後継者として江戸城二の丸に入った。ついで、五月二十二日には二の丸から本丸に移り、幕府政治を始動させることになった。いわゆる享保の改革の断行である。この改革は、幕府の財政再建を最重要課題としながら、国家・社会の再編を企図し、また幕府・将軍の権威を高めることも模索されていたのである。それは、古式の復興と新機軸の創出との両面から進められることになった。幕府放鷹制度の復活も、前者のねらいを達成させようとするものであった。

徳川吉宗は、和歌山藩主時代から鷹好きであり、五代将軍徳川綱吉没後の宝永七年（一七一〇）十一月十二日から二十三日までの間、和歌山藩主としての鷹狩を伊勢国飯野郡松坂領（現三重県松坂市）や同国度会《わたらい》郡田丸領（現三重県伊勢市・志摩市）などで再開させていた（『南紀徳川史』第一冊）。

この時期以降、鷹狩を再開させた大名は多く、名古屋藩主の徳川吉通も正徳元年（一七一一）十月二十一日に東（現名古屋市東部）周辺に出かけて鷹狩を再開した（「鸚鵡籠中記（四）」『名古屋叢書続編』第十二巻）。幕府も、正徳元年九月、徳川家宣《いえのぶ》の将軍就任祝賀として来朝した朝鮮通信使の献上鷹一〇居《もと》（二居を病気で失い、残り八居が享保期に役立った）を、吹上の花畑奉行のもとで飼育しはじめた（「享保年中御鷹心得方其外帳　全」宮内庁書陵部蔵）。

こうした前提もあり、吉宗は本丸に居を移したあとの享保元年（一七一六）七月二十二日（将軍宣下の大礼は同年八月十三日）、若年寄の大久保常春に鷹方支配（鷹関係の統括）を命じた（『徳川実紀』第八篇）。将軍綱吉の時代に、鷹方支配が老中から若年寄に変更されていたが、それを踏襲したのである。なお、吉宗が常春を指名したのは、鷹狩がしばらく中断していたこともあって、その実情を知っている者がいないなかで、常春は何にでも精通していたことが理由であった（『徳川実紀』第九篇）。

享保元年八月十日、幕府は「江戸より十里四方」の地域を古来の通り「御留場《おとめば》」に再指定し、江戸周辺の村々に鳥類の威嚇や殺生を禁じた。同月二十二日、戸田勝房と間宮敦信を鷹師頭に任命してこの職を復活させ、九月十三日には小普請の小栗正等《まさとも》を鷹師頭見習に任命した。この三人は、かつて鷹師頭をつとめてきた家柄の出身であった。そして、同月十六日、鷹師や鳥見が若干任命され、その職もまた復活した。しかし、十二月十九日、鷹師頭の間宮敦信は大名から献上された鷹のことで不正があって小普請入りとなり、代わって鷹師頭見習の小栗正等が鷹師頭の本役となった。

鷹師の組織は、享保二年十一月、鷹師頭戸田勝房のもとに鷹師二〇人、鷹師同心上役二人、同見習三

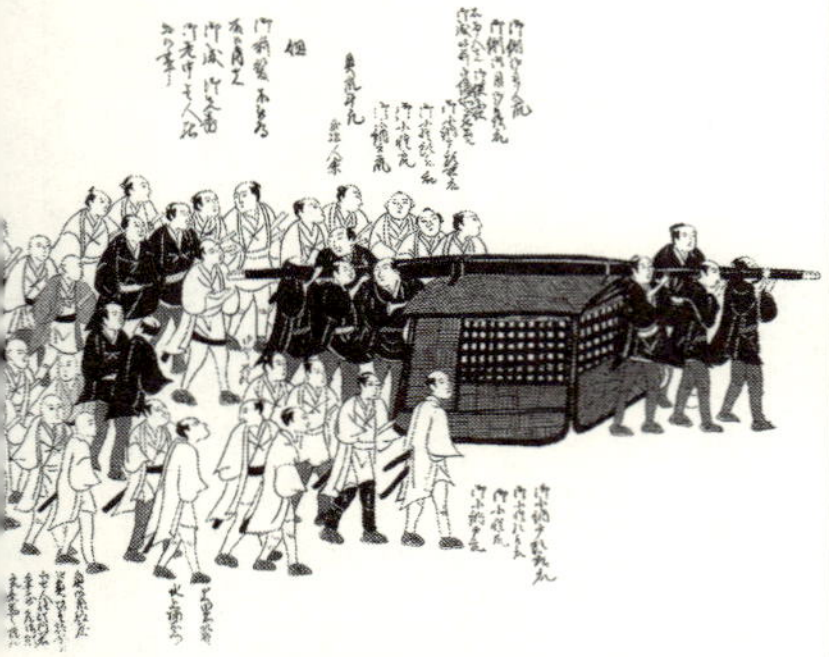
将軍が乗った御駕籠と警固する幕府役人たち

鷹狩の獲物を運ぶ御鳥持衆

人、鷹師同心三三人の総数五九人、鷹師頭小栗正等のもとに鷹師二三人、鷹師同心上役二人、同見習二人、鷹師同心三三人の総数六一人、合計一二〇人で構成された。いっぽう、綱吉の将軍就任直後の天和元年（一六八一）の鷹師組織が鷹師頭五人、鷂《はいたか》頭五人、寄合組頭三人、手鷹師一一六人、鷹師同心二五二人、餌差一〇八人、合計四八九人であったことからすれば、吉宗政権はそれを大幅に縮小して復活させたのである。

　また鳥見の組織は、まず享保元年九月十五日に鳥見組頭一人、鳥見八人を任命した。このときはかつて鳥見をつとめた家筋の者から選任するという方針のもとで進められ（「御鷹野旧記」国立公文書館蔵）、鷹場を巡回し、抱屋敷や百姓地を見廻るよう申し渡されていた。ついで、同年十二月七日に鳥見組頭一人、鳥見九人が増員され、これでその総数は鳥見組頭二人、鳥見一七人となった。その後も、鷹場支配の強化方針によって増員され、元文四年（一七三九）七月段階の御《お》拳《こぶし》場《ば》六筋の鳥見定員は三五人であった。

　将軍の鷹狩の復活に向けた組織整備は、それだけではなか

両国橋近くに停泊した将軍愛用の御座船

若年寄に続いて行進する御側衆の一団

図25　御鷹野御成図（部分。茨城県龍ケ崎市歴史民俗資料館蔵）

った。鷹野御成を担う組織体制の整備も進められた。若年寄のうちの一人は鷹方支配を担当しただけでなく、御場御用掛を命じられて将軍の鷹野御成に伴う庶務全般を統括した。初代の御場御用掛は吉宗の信任厚い若年寄の大久保常春であったが、それを補佐したのが御場掛で、これは和歌山藩士から幕臣となって小納戸《こなんど》（のち小納戸頭取）をつとめた者のなかから選任され、御成先の事前見分や勢子《せこ》人足の徴発、鷹場法令の伝達などの鷹野御成にかかわる広範な職務を担った。初代の御場掛は、和歌山藩士時代に吉宗に近侍し、幕臣となって小納戸に就任した松下當恒《まさつね》であり、その職務とのかかわりで江戸周辺の苑地政策にも深く関与した。

こうした組織整備と鷹場設定とを経て、ようやく将軍鷹狩の挙行にこぎつけた。復活第一回の鷹狩は、享保二年五月十一日、亀戸・隅田川周辺で挙行された鷭《ばん》御成であった。これには御場御用掛の若年寄大久保常春をはじめ、図25（口絵⑪⑫）のように多くの幕臣たちが供奉《ぐぶ》した。この日の行程は、江戸城を出発して両国橋から麒麟《きりん》丸という御座船に乗り、竪《たて》川《かわ》を通って天神橋で上陸した。天神の社頭で少し休憩し、船に戻って船中で吉宗みずから鉄砲を使って鵜《う》を打ちとめた。続いて、葭沼《よしぬま》に至り、隅田川堤の上から床几《しょうぎ》を出して供奉の大番と書院番、小十人組の遠勢子《とおせこ》を指揮し、葭沼に徒士《かち》二隊を入れて鶴を狩りだした。勢子とは葭原に潜む獲物を一定の場所に追い込む役割をもつ者のことをいい、狩猟では勢子同士が連携して獲物を追い込むことが必要であった。とくに、多くの勢子が参加する狩猟においては遠隔地の勢子（遠勢子）をうまく指揮して統率することが重要であり、軍事訓練としての性格はこの点に負うところが大きい。

　ところで、将軍吉宗は享保初年の落書《らくしょ》で「上（将軍）のおすきなもの御鷹野と下（庶民）の難儀」（「物揃」『江戸時代落書類聚』上巻）と揶揄されたように鷹好きであった。また「鷹将軍」の異名をもっているように、鷹狩に精通した将軍であった。吉宗は、なぜこれほど将軍の鷹狩の復活に執念をもやしたのだろうか。享保十九年（一七三四）十月十八日、吉宗が嫡男の家重に従属していた西の丸御側の渋谷良信を呼び寄せて、将軍の要諦を家重に伝えてほしいと依頼した「有徳院殿大御所様上意之趣」（宮内庁書陵部蔵）によれば、吉宗自身、狩猟を楽しみとしていたこともあるが、まず狩猟は「治世に乱をわすれず」のための武備を担うものであり、将軍の務めでもあると述べていた。この言葉は吉宗の放鷹観を示すもので、家康の鷹好きを受け継いでいた。吉宗にとっては、家康以来の鷹狩の伝統を復活し、これを幕府制度のなかに位置づけ、将軍の権威を高めて軍事訓練・民情視察・害鳥獣駆除・身体鍛錬などを実現することが何より重要だったのである。

御留場と御鷹場の復活

将軍鷹狩の復活にさいして、職制の整備とともに進められたものに、鷹場の復活とその支配体制の整備とがあった。吉宗の将軍就任直後の享保元年（一七一六）八月十日、勘定奉行や勘定吟味役は、代官を通じて「江戸より十里四方」の地域を従来通りの「御留場《おとめば》」に再指定した。この法令には、「御留場」に指定された武蔵国足立・豊島・葛飾・荏原・橘樹《たちばな》・久良岐《くらき》・都築《つづき》・多摩・高麗《こま》・新座・入間・埼玉の一二郡、相模国三浦・鎌倉・高座・愛甲の四郡、下総国葛飾・千葉・印旛《いんば》・相馬の四郡、常陸国筑波郡の計二一郡が書き上げられ、これらの地域での鳥類の殺生・威嚇を禁じた。

ついで、同年九月十一日、幕府は武蔵国内の沼部・世田谷・中野・戸田・平柳・淵江・八条・葛西・品川の九か領を「御留場」と位置づけたうえで、その周辺四、五里の間の鳥類を威嚇しないように申し渡した。しかし、「御留場」村々に殺生人が徘徊しているとして、代官所の手代が私領村々まで出かけ、鳥類の殺生・威嚇の取締りにあたることになった（『御触書寛保集成』）。つまり、代官所の手代は、「御留場」の支配に関連し、幕府領だけでなく、私領村々をも巡回し、殺生取締りに関与することが公認されていたのである。

同月十五日には、鷹師・鳥見の職制が復活して、鷹場支配が開始された。鷹師頭や鷹師は鷹場村々の見分に出かけ、その村々に鷹場監視のための鷹番人足を拠出させた。また同月二十七日には、勘定奉行が代官らを通じて鳥類威嚇禁止区域を従来の「江戸より十里程」から「御留場より、二、三里の間」へと変更することを関係村々に触れた（『八潮市史』史料編、近世Ⅱ）。

同年十月、鷹場村々の支配がはじまると、「御拳場《おこぶしば》」と呼ばれる鷹場が登場し、これに指定された

表3　御拳場の規模

筋　名	享保6年（1721）		文化2年（1805）	
	村　数	石高（単位／石）	村　数	石高（単位／石）
葛西筋	261	105,843.65	223	86,347.32
岩淵筋	58	21,247.24	137	43,373.15
戸田筋	64	38,188.10	72	36,500.17
中野筋	75	37,002.86	81	25,093.78
品川筋（目黒筋）	102	24,027.18	100	24,437.19
六郷筋（品川筋）	34	12,505.90	78	33,051.87
計	594	238,814.93	691	248,803.48

註　「御場一件」「江戸近郊御場絵図」（いずれも国立公文書館蔵）より作成。

村々は将軍の鷹狩場となり、鳥見《とりみ》の支配を受けることが明らかにされた（表3）。「御拳場」は「江戸五里四方御拳場」とも表記され、江戸の町人地の一部を含む江戸周辺五里四方の村々におよんでいた。また、この月、御場御用掛の若年寄大久保常春の申し渡しにより、「御拳場」と「御留場」の村々では、これまで十月から翌年正月までの昼間の魚殺生は許され、夜中はそれが禁じられていたが、御拳場の一部には昼間であっても禁止場所に指定されることがあるという法令が鷹場村々に触れられた。「御拳場」の村々には、八か条にわたる鷹場法度に対する請書の提出を命じ、下総国相馬郡小金領久寺家《くじけ》村（現千葉県我孫子市）でも鳥見に提出していた（『柏市史』資料編五）。

同年十二月、幕府は「御拳場」を「筋《すじ》」と呼ばれる領域に区分し、その「筋」支配を担当する鳥見を決定し、「筋」ごとの鷹場支配を実施していく方式を採用した。この月十五日、武蔵国埼玉郡八条領村々に「葛西筋」担当の鳥見が若林義豊・江口輝勝・小把《こたば》源大夫・野々山兼満の四人であることが触れられ、これらの者たちは鳥類の生息状況の確認と鷹場環境の保全、そしてその殺生・威嚇の取締りをおこなうことが知らされた。同時に、放し飼いの鶴の居つきやその監視・保護も命じられていた（『八潮市史』史料編、近世Ⅱ）。

翌二年二月には鳥見の場所割が改められ、葛西筋担当の鳥見は若林義豊・粟津清永・佐山正栄・中村正秀・江口輝勝の五人、岩淵・戸田筋は樋口輝孟《てるおき》・山田春純・林伝右衛門・野々山兼満の四人、中野筋は戸口長政・幡野春照・平山義言・佐藤伊右衛門の四人、品川・六郷筋は内山光利・小把源大夫・坂部新五郎・福島義勝の四人となった。このように、「御拳場」には葛西筋、岩淵・戸田筋、中野筋、品川・六郷筋というように、六つの筋を四つに区分し、それぞれに担当鳥見を決定し、その鷹場村々を支配することになった。鳥見の場所割による鷹場支配方式は御場御用掛の若年寄大久保常春の主導によって進められたものであった。

享保三年一月になると、「御拳場」の六か所に鳥見が宿泊して常駐する「鳥見定泊」制が発足した。武蔵国足立郡淵江領高野(谷在家)村(現東京都足立区)に鳥見の中村正英、下総国葛飾郡小金領大和田村(現千葉県市川市)に若林義豊、武蔵国葛飾郡東葛西領上篠崎村(現東京都江戸川区)に粟津清永、同国豊島郡岩淵領袋村(同北区)に平山義言、同国同郡麻布領上豊沢村(同渋谷区)に幡野春照、同国荏原郡六郷領徳持村(同大田区)に内山光利が配置され、毎月十日に鳥代《とりしろ》(鳥が居ついている場所)の様子を若年寄大久保常春に報告することになった。この措置は、将軍の鷹狩地先を決定するための鳥類の生息状況の把握と鷹場環境の整備のためであった。

同年九月には、「御拳場」の六筋それぞれに鳥見役所を設置し、そこに鳥見が居住する「在宅鳥見常駐」制に変更することを決定した(次頁表4)。翌十月になると、鳥見役所の普請奉行となった代官伊奈忠逵《ただみち》の家臣尾崎杢之丞が中心となってその建設が進められ完成した。葛西筋の武蔵国葛飾郡西葛西領亀有村(現東京都葛飾区)の鳥見役所に鳥見の中村正秀、葛西筋の同国同郡東葛西領上小松村(同葛飾

表4　江戸城周辺の御拳場町村

目黒筋	中渋谷村／下渋谷村／下豊沢村／隠田村／原宿村／下高輪町／上高輪町／三田町／飯倉町／麻布村／白金村／今里村／白金台町／桜田町／龍土町／今井町／宮益町／芝町／金杉町／市兵衛町／谷町／下大崎村／上大崎村／南品川宿／北品川宿／歩行新宿／上豊沢村／道玄坂町／上渋谷村
中野筋	市ヶ谷村／早稲田村／原町／築地片町／改代町／牛込水道町／内藤新宿／柏木村／下高田村／天龍寺門前／千駄ヶ谷村／東大久保村／西大久保村／下戸塚村／馬場横町／馬場下町／成子町／淀橋村／源兵衛村／諏訪谷村／代々木村／上戸塚村／葛ケ谷村／上落合村／下落合村／角筈村
戸田筋	関口水道町／小日向水道町／金杉水道町／白山前町／雑司ヶ谷村／巣鴨町／戸崎村／大塚町／大蔵屋敷／長崎村／中丸村／池袋村／新田堀之内村／今井久保村／音羽町／石川町／下板橋宿
岩淵筋	駒込片町／駒込村／下駒込村／谷中町／谷中本村／坂本町／龍泉寺町／材木町／花川戸町／山宿町／瓦町／聖天町／田町／山川町／東仲町／並木町／西仲町／三間町／田原町／茶屋町／箕輪町／橋場町／新鳥越町／山谷町／浅草町／諏訪町／駒形町／北馬屋町／南馬屋町／六軒町／今戸町／西ヶ原村／瀧野川町／中里村／上中里村／田端村／新堀村／谷中古川前町／金杉村／三河島／通り新町／中村町／小塚原村／町屋村／下尾久村／上尾久村／船方村／梶原堀内村
葛西筋	千田新田／永代新田／平井新田／下八郎右衛門新田／上八郎右衛門新田／深川村／猿江村／南本所村／北本所村／小梅村／石小田新田／海辺新田／砂村新田／八郎右衛門新田／亀高村／大塚新田／中田新田／荻新田／又兵衛新田／太郎兵衛新田／久左衛門新田／次兵衛新田／大島町／大島村／平方村／小名木村／六軒堀村／中ノ郷出村／深川出村／柳島村／中ノ郷村／押上村／亀戸村／請地村／須崎村／寺島村／隅田村／善左衛門村／若宮村／大畑村／木ノ下村／小村井村／葛西村／下木下川村／上木下川村

註　「江戸近郊御場絵図」（国立公文書館蔵）より作成。太字は文政元年「江戸朱引黒引図」（東京都公文書館蔵）の黒引内町村を示し、細字は朱引き内町村を示す。

区）に佐山正栄、戸田筋の同国豊島郡峡田領志村（同板橋区）に樋口輝孟、岩淵筋の同国豊島郡岩淵領袋村に平山義言、中野筋の同国多摩郡野方領高円寺村（同杉並区）に粟津清永、品川筋の同国豊島郡麻布領渋谷村（同渋谷区）に内山光利、六郷筋の同国荏原郡六郷領東大森村（同大田区）に福島喜勝が常駐することになった。この在宅鳥見と江戸在住の「筋」担当鳥見（筋掛鳥見と呼ぶ）とが共同して各筋の鷹場支配を担うことにしたのである。

しかし、まもなく品川筋渋谷村の鳥見役所が同国荏原郡馬込領上目黒村（現東京都目黒区）

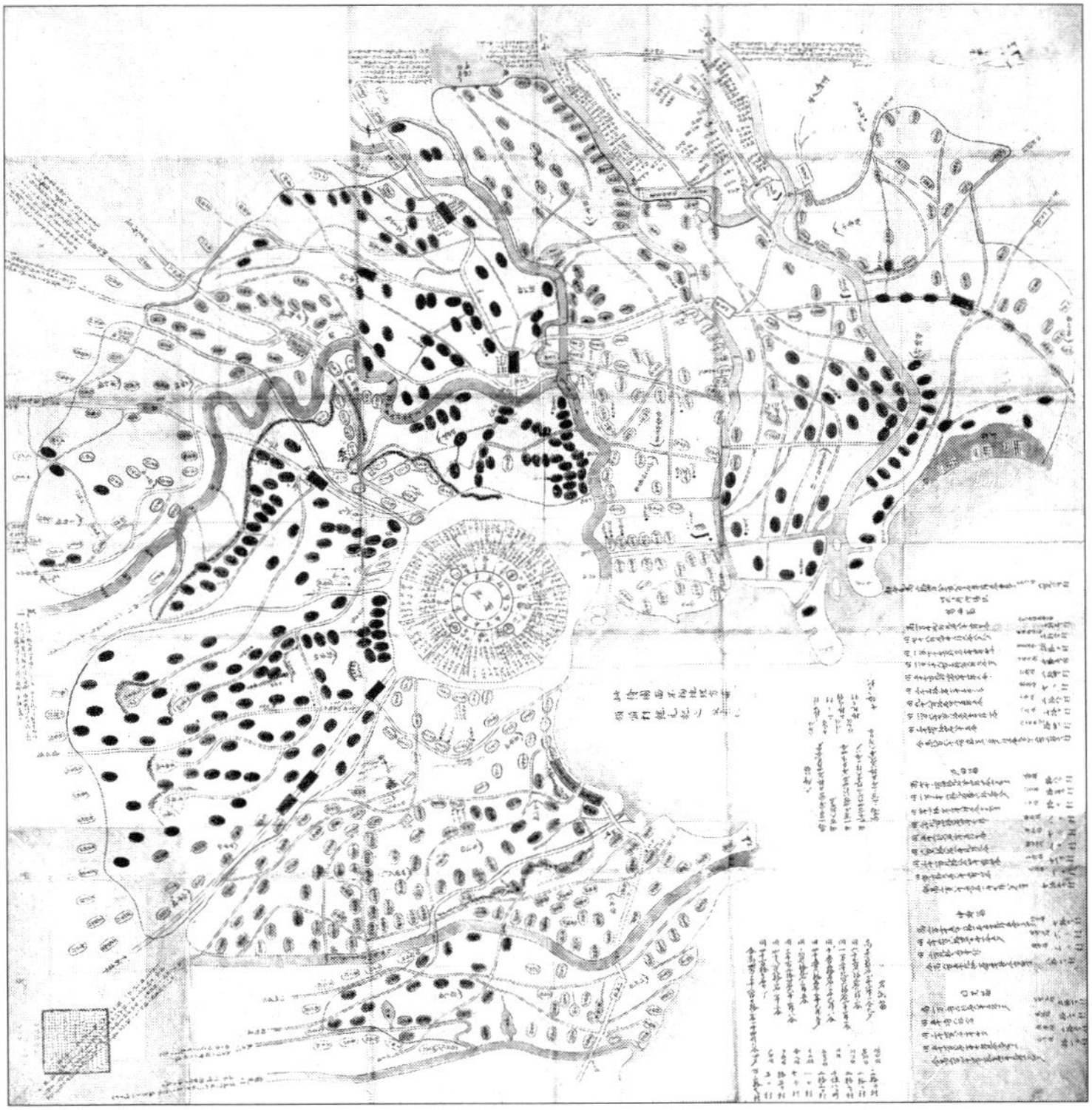

図26　江戸近郊御場絵図（国立公文書館蔵）

に移り、同十二年三月には岩淵筋袋村の鳥見役所が同国豊島郡岩淵領上中里村（現東京都北区）に移転した。

なお、享保十年十一月、「六郷筋」での御成が「品川筋」の御成と間違われるようになったため、「六郷筋」という呼称をやめて「品川筋」に変更し、従来の「品川筋」を「目黒筋」に改めることになった（図26／口絵⑬）。

また、御拳場の村々は必ずしも固定されていたものではなく、享保八年十二月には鷹師頭戸田五助勝房管轄の御鷹捉飼場《おたかとりかいば》であった武

表5　御拳場六筋の鳥見人数

筋担当	元文４年７月以前	元文４年８月以降
葛西掛	8	10
岩淵掛	6	8
戸田掛	3	4
中野掛	3	4
目黒掛	3	4
品川掛	4	5
計	27	35

註　「御場一件」（国立公文書館蔵）より作成。

蔵国足立郡吉笹原・宿篠葉《しゅくしのは》・谷古宇・弥惣右衛門新田・太郎左衛門新田・北草加・南草加・庄左衛門新田・千左衛門新田・槐戸《さいかちど》・中曽根・篠葉（以上、現埼玉県草加市）の一二か村が御拳場に編入された（「御場御用留」国立公文書館蔵）。

元文三年（一七三八）十一月、鳥見の定員が本役・見習を含めて三五人と決まり、これにともない翌四年七月には各筋担当の鳥見人数が決定した（表5）。これらの鳥見は、将軍の鷹狩に奉仕し、御拳場の鷹場環境の保全・整備を担い、さまざまな内容にわたる鷹場支配をおこなった。享保十九年九月に御場掛となった御側《おそば》の渋谷良信は、翌十月に鳥見たちに御成先での鳥代《とりしろ》（鳥が居ついている場所）の状況報告を命じ、かれらにとってもっとも重要な職務の一つとなった。そのため、鳥見は日ごろから鷹場を巡回してその環境を監視・保全する必要があった（「御場御用留」国立公文書館蔵）。また、御拳場内に居住する浪人の吟味は御鷹御用懸の目付が担当し、在方における鉄砲の取締りは鉄砲改役がおこなった。なお、御拳場や江戸十里四方地域では、一切の鉄砲所持と利用が禁じられ、その没収措置が講じられていた（『御触書寛保集成』）。

享保二年には、「御捉飼場《おとりかいば》」（取飼場、御鷹捉飼場）と呼ばれる鷹場も設定され、鷹師頭の管轄で実際の支配にあたったのは郷鳥見《ごうとりみ》であった。郷鳥見は在地の有力農民から選任され、この職をつとめている間は苗字帯刀を許され、二人扶持を給された。同三年七月十八日、若年寄の大久保常春は郷鳥見を野廻《のまわ》りと改称し（「御場御用留」国立公文書館蔵）、勘定奉行を通じて鷹師頭に伝え、その管轄する鷹場村々に勘定奉行・勘定吟味役を通じて代官伊奈氏から通達させた（『八潮市史』史料篇、近世Ⅱ）。

近世後期に作成された「村越筆記」によれば、二組（鷹師頭の戸田氏と内山氏）の鷹部屋が管轄した関東の「御捉飼場」村々は、その村高合計が五三万五〇〇〇石であった（『古事類苑』遊戯部十四）。

御三家鷹場の再拝領

享保二年（一七一七）五月十五日、尾張・紀伊・水戸の徳川御三家は幕府より鷹場を再拝領した（『徳川実紀』第八篇）。近世前期には、幕府が御三家を含む多くの大名に恩賜鷹場を下賜していたが、この時期、御三家以外の大名に恩賜鷹場を下賜することはなかった。享保期の幕府放鷹制度のすべてが近世前期のそれよりも大幅に縮小され、このなかにあって大名への恩賜鷹場の下賜儀礼についても大幅に縮減されたのである。

この結果、享保期における御三家への恩賜鷹場の再拝領は、元禄期までの鷹場地域を踏襲したものとなった。この時期、幕府鷹場は江戸五里四方の「御拳場」とその外側の「御鷹捉飼場」とに区分して指定されたが、御三家の恩賜鷹場は「御拳場」の外側に位置づけられた。具体的には、尾張徳川家の恩賜鷹場（尾州鷹場と略す）は武蔵国入間・多摩・新座郡内に、紀伊徳川家の恩賜鷹場（紀州鷹場と略す）は武蔵国足立・埼玉郡内に、水戸徳川家の恩賜鷹場（水戸鷹場と略す）は武蔵国葛飾郡内および下総国葛飾・相馬郡内に置かれ、それぞれの鷹場役人によって支配された。

尾州鷹場の支配を統括していたのは、江戸の和田戸山（現東京都新宿区）の名古屋藩戸山屋敷内にあ

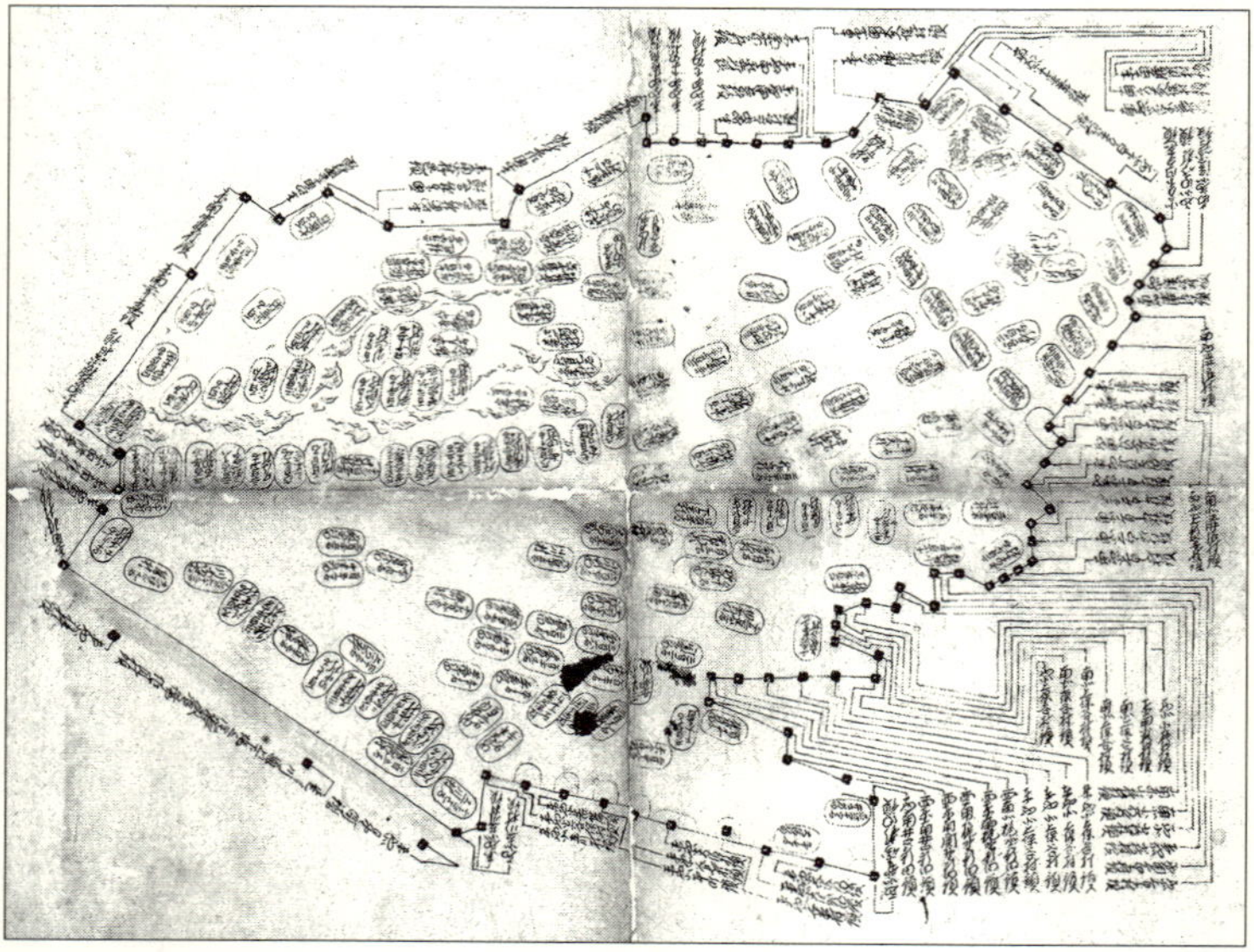

図27　尾州鷹場図（「尾州様御鷹場御定杭場所書上帳」小平市中央図書館寄託「小川家文書」）

った「御鷹方役所」であった。この役所には鷹の飼養と訓練とを担当する「鷹匠」、鷹場を廻村して諸事項を担当する「鷹場吟味役」、常宿陣屋（「鳥見陣屋」と呼ぶ）に詰めて鷹場を管轄した藩士出身の「鳥見」（「尾州鳥見」と呼ぶ）、鷹匠の業務を監察していたと思われる「鷹目付」などの役人が置かれ、その下に一定領域の鷹場を管轄して鷹狩に来た者を案内する農民出身の「御鷹場御預り御案内」（「鷹場預り」と略す）、鷹餌を捕獲・調達する「餌差」が設置されていた。

尾州鳥見は鷹場内の村落に常駐し、延宝六年（一六七八）一月二十一日の「御鷹場絵図」によれば、下宗岡・鶴間・下片山・久米川・藤沢の五か村に居住していた。この鳥見の常駐施設は常宿陣屋と呼ばれた。また宝暦期作成の「尾州様御鷹場御定杭場所書上帳」(小平市「小川家文書」図27)によれば、享保期の鷹場再拝領時には元禄期の鷹場返上時を踏襲して田無・久米川・藤沢・館《たて》・下片山・城《しろ》・箱根ヶ崎・宗岡・鶴間の九か村に鳥見二人ずつが配置されたが、享保十年(一七二五)の鳥見半減政策によって九人が引き揚げて九人が残り、同十二年にはその九人全員も引き揚げることになった。これにより、「御鷹場御預り御案内」が鷹場内の見廻りを加役として命じられ、享保十五年には鳥見一〇人を石神・二本木・廻り田・館・鶴間の五か村に配置することになり、それ以降半年ごとに交代となった(槇本晶子「尾張藩の鷹場について」『多摩のあゆみ』第五〇号、一九八八年)。

そして、寛延元年(一七四八)八月、幕府の御鷹捉飼場や御三家鷹場を含めて鷹場の改編があり、場所替えがおこなわれた。このなかで、尾州鷹場でも丘陵の武蔵国入間・多摩両郡内村々に代わって、新たに玉川筋の多摩郡の二二か村が「新場」(新しい鷹場村)として編入されたことが勘定奉行・勘定吟味役から通達された(『国分寺市史料集』I)。

つぎに、享保期における紀州鷹場の再拝領の経緯をみてみると、享保二年五月の御三家への恩賜鷹場の下賜はその決定を知らせたものであり、恩賜鷹場の範囲を示すものではなかった。その鷹場地域の確定は、同年六月二日からの幕府鳥見の平山六左衛門と代官伊奈氏家臣とによる調査からはじまった。また幕府代官や幕府の御場掛が、かつて紀州鳥見をつとめていた者たちに従来の紀州鷹場の範囲について尋問し、その鷹場絵図や鷹場村書上帳の提出を命じていた。この結果、紀州鳥見から提出された鷹場書上に基づいて紀州鷹場の範囲を確定した。こうした事情は、尾州鷹場や水戸鷹場の場合も同様であったとみられる。

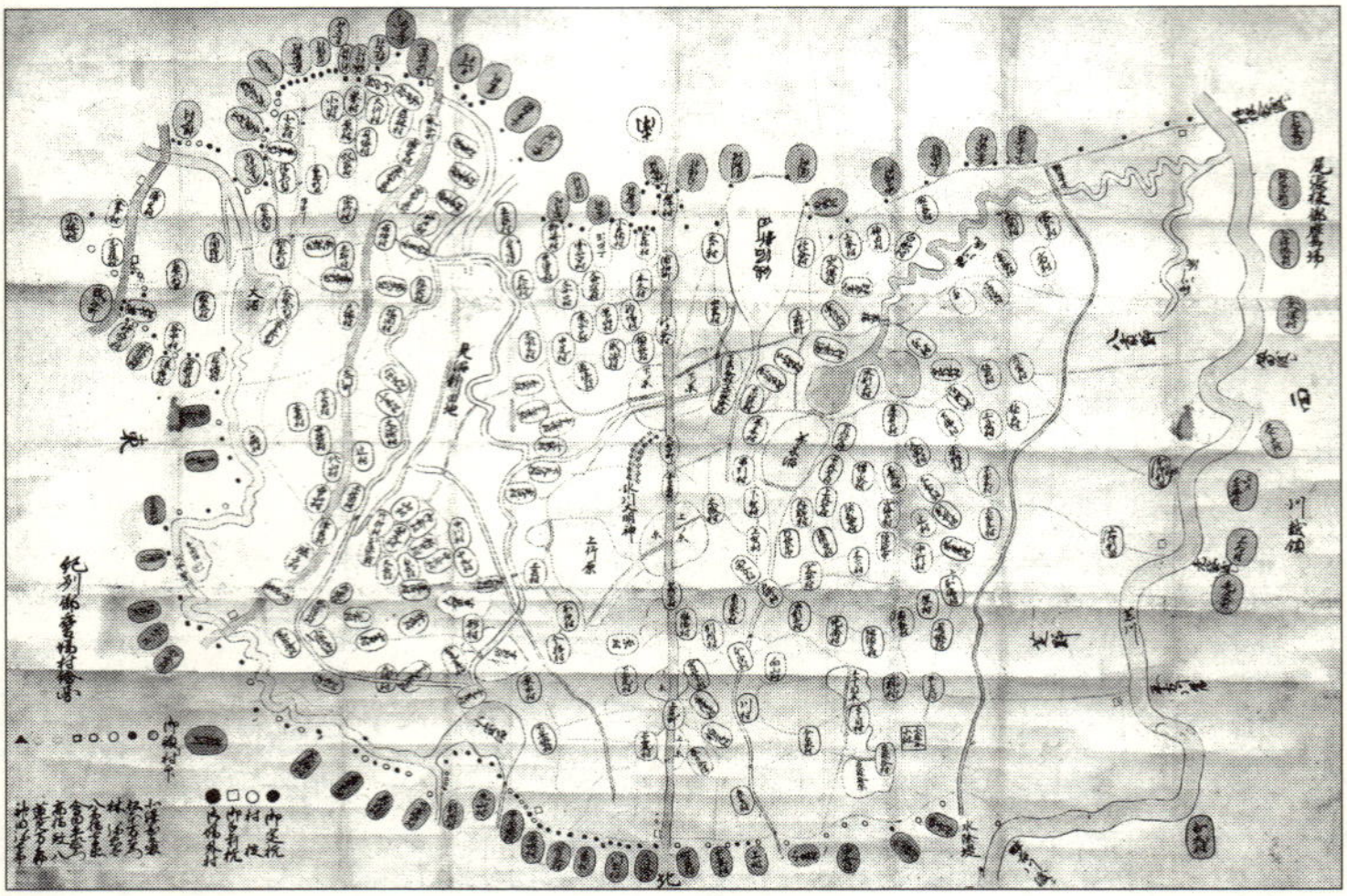

図28　紀州鷹場図（「紀州御鷹場村絵図」埼玉県立文書館寄託、会田家文書 №.1924）

そのさい、幕府の御拳場・御捉飼場と紀州鷹場とは隣り合っていたため、「公儀御拳場・御捉飼場と此方（紀州）御鷹場と入込有之」という状況であり、一つの村が両方の鷹場に指定されるという入り組んだ状況がみられた。これを受けて、同年六月、幕府の勘定奉行・勘定吟味役の連名で村々に紀州鷹場の再指定を触れ、七月十四日には幕府代官の都築法景《つづきのりかげ》が一〇五か村、石川伝兵衛が五三か村、森山実輝《さねてる》が五三か村を分担して、大宮町の北沢甚之丞、浦和町の星野権兵衛、深作村の八木橋七兵衛、大門町の会田平左衛門、大宮町の松本万右衛門、大牧村の蓮見万之助ら六人が紀州鳥見に就任したことを紀州鷹場村々に通達した。この時期、紀州鷹場の村々は二一一か村であった（「紀州御鷹場村絵図」埼玉県立文書館寄託、図28／口絵⑩）。また享保二年には、新たに紀州鷹場として四四か村が加えられ、このため紀州鳥見として小沢三郎兵衛・林八郎右衛門が就任した。これにより、紀州鳥見は八人となった。同五年八月には幕府鷹場と紀州鷹場との境界に「定杭《じょうくい》」が建てられた。

水戸鷹場については、享保八年五月の下総国葛飾郡小金町名主作兵衛が幕府代官の小宮山杢之進に提出した「水戸様御鷹野寄」（千葉県柏市「染谷家文書」）によれば、武蔵・下総両国にわたり、武蔵国葛飾郡二郷半領や下総国葛飾郡小金領などでは、幕府鷹場と水戸鷹場とが入り組んでいた。ここに書き上げられた武蔵国葛飾郡二郷半領・松伏領、下総国葛飾郡庄内領・小金領村々二一三か村のうち、一三七か村は水戸鷹場であったが、幕府鷹場と水戸鷹場とを問わず、「領」ごとに法令伝達体制が整備され、二郷半領は二触（二つの法令伝達経路）、松伏領は一触、庄内領は一触、小金領は三触に分かれていた。しかし、この水戸鷹場の村数は全体ではなく、寛政初年の水戸鷹場村々は武蔵国葛飾郡二郷半領、下総国葛飾郡庄内・小金領などにわたる一八八か村、その総石高は四万八〇〇〇石余であった。

そして、水戸藩の鷹組織の頂点には鷹方支配（御鷹掛）が位置づき、その下に御中間頭・鷹師頭・鷹師・鳥見頭（御場頭ともいう）・鳥見（御中間鳥見）・網方が置かれていた。そして、水戸鷹場を統括した役所は、下総国葛飾郡小金西新田（現千葉県松戸市）に置かれた鷹場役所であり、御中間頭・鳥見頭（御場頭）・網方と呼ばれる役人が詰めていた。延享五年（一七四八）一月には、「御中間頭」の小松崎文右衛門、「御場頭」の秋山弥九郎・谷田部猟之助・児玉銀次郎・立川助五郎・渡辺久助・小島兵三郎、「御網方」の篠崎又兵衛・大合長兵衛・中村伝右衛門・安藤宗助の総勢一一人が赴任していた。

鷹場村々は一〇区分され、その区分ごとに鳥見役所が設置され、鳥見が詰めていた。この一〇か所の鳥見役所を統括し、指示を出していたのが鷹場役所であった。明和四年（一七六七）一月、藩士の鳥見が詰めた鳥見役所は幸房役所（一七か村管轄）、我孫子役所（二一か村）、下ヶ戸役所（一六か村）、目吹

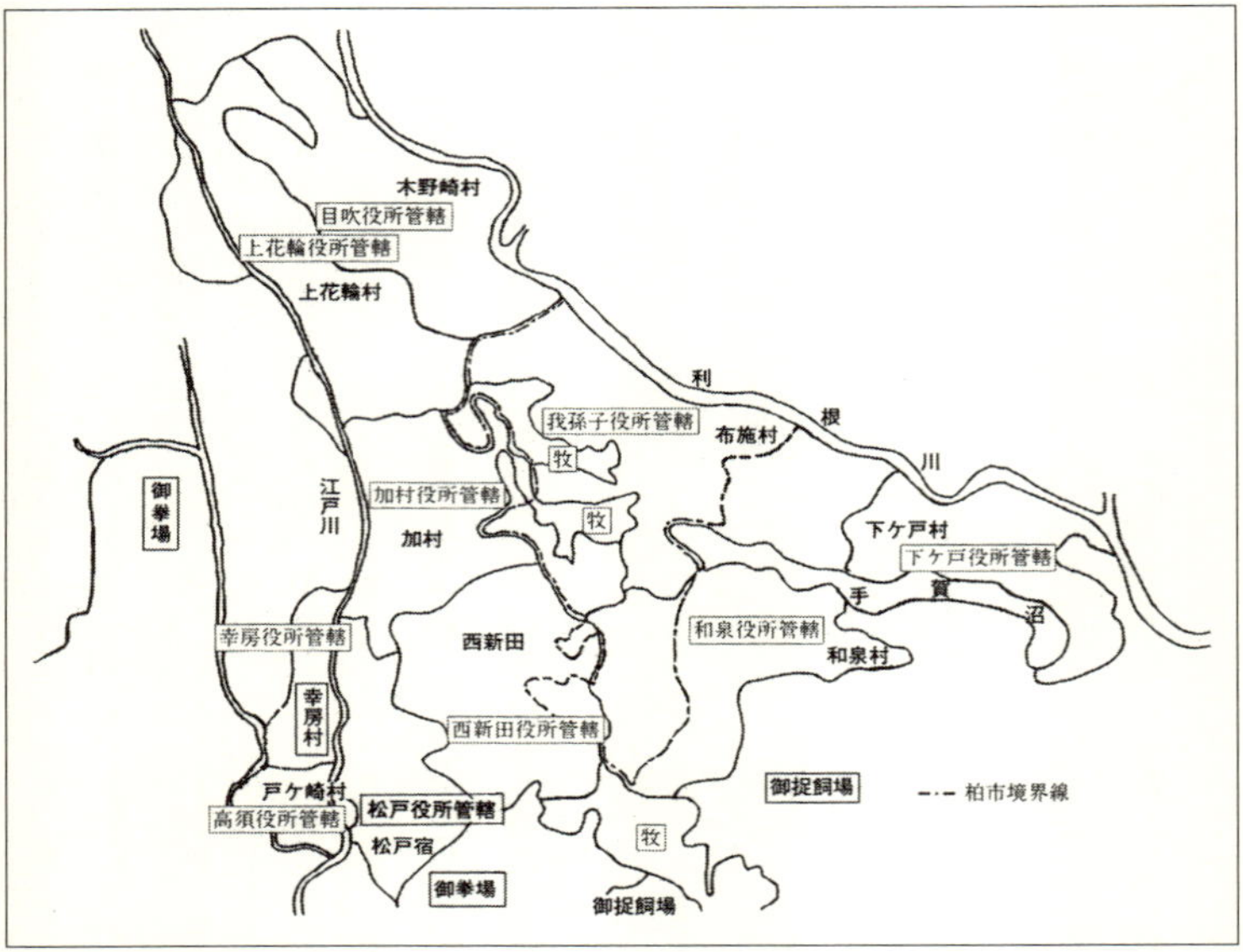

図29　水戸鷹場図（柏市史編さん委員会編『柏市史』近世編、1995年、514頁）

役所（二六か村）、和泉役所（一六か村）の五か所、地《じ》鳥見が詰めた鳥見役所は西新田役所（二六か村）、松戸役所（二〇か村）、加村役所（二九か村）、上花輪役所（一八か村）、高須役所（一三か村）の五か所であり、この時の鷹場村数は二〇二か村であった（千葉県柏市「三上家文書」図29）。

　このように、近世前期、御三家が拝領した鷹場は、綱吉政権の鷹狩中止方針によって幕府に返上されたが、享保期の吉宗政権のもとで再拝領となり、将軍の鷹狩場である御拳場の外側に御三家鷹場が復活した。御三家はそれぞれの藩制機構のなかに鷹職制を位置づけ、独自の鷹場支配機構によって維持された。御三家鷹場は本来的には幕府鷹場であった領域を拝領したものであり、江戸滞在時の慰みとして利用されたが、公儀鷹場としての性格を有し、その支配の一翼を担うことに重要な意

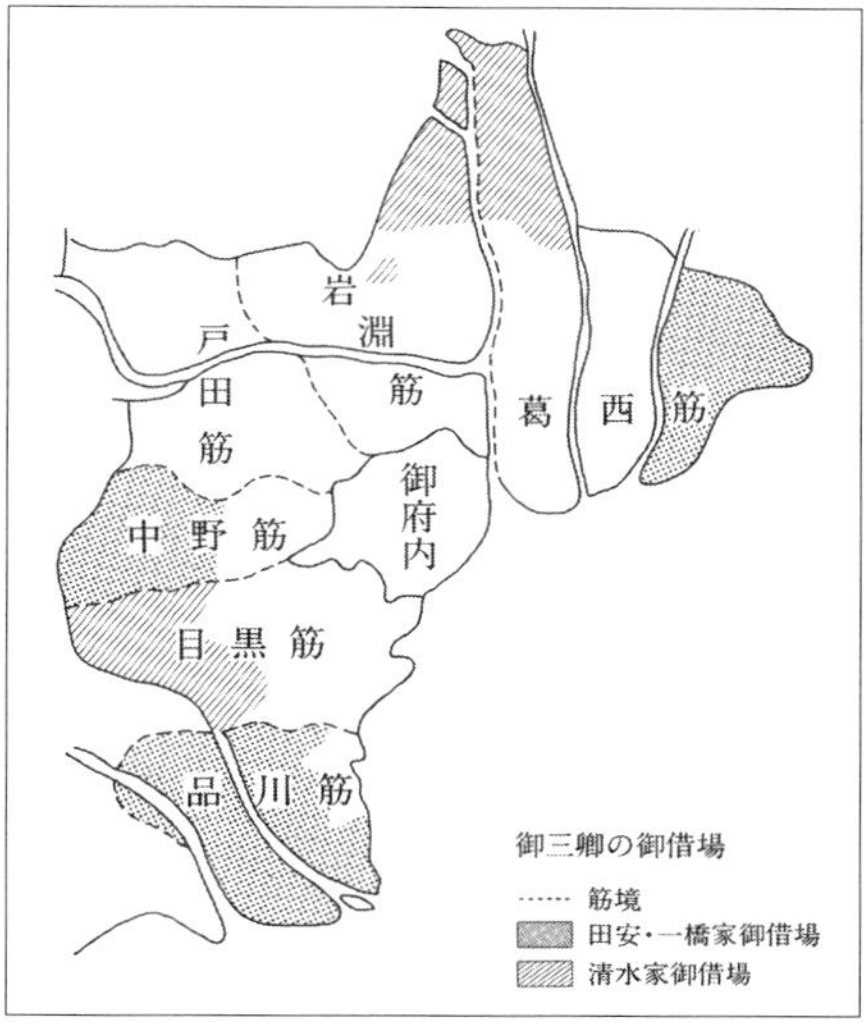

図30　御三卿の御借場（三浦茂一先生還暦記念会編『房総地域史の諸問題』国書刊行会、1991年、41頁）

味があったのである。

御三卿鷹場の成立

吉宗政権のもとで、江戸周辺地域において新たに鷹場を与えられた者たちがいた。田安家・一橋家・清水家の御三卿である。元文三年（一七三八）八月三日、田安宗武と一橋宗《むね》尹《ただ》が鷹場を与えられ、将軍家の御拳場の一部を拝借していたことから「御借場《おかしば》」と呼ばれた（図30）。その場所は御拳場の葛西筋のうち「宇喜田筋、行徳筋、小金筋」と品川筋の「江古田筋、和田筋」であった（「御場御用留」国立公文書館蔵）。正確には、葛西筋のうち下総国葛飾郡小金・行徳領、中野筋の武蔵国多摩郡野方領の一部と府中領、品川筋のうち武蔵国荏原郡六郷領の一部と同国橘樹《たちばな》郡稲毛・川崎領であった。『新稿一橋徳川家記』の同日条では、一橋家の鷹場が設定されたことを伝え、この通達は御場掛をつとめる御側の渋谷良信から御拳場を支配する幕府鳥見に伝えられた。その範囲は朱引きで示され、その規模はおよそ一九〇か村、その総石高は約六万五〇〇〇石におよんでいた。

なお、御借場を与えられた田安・一橋両家の鷹場利用は共有名義であったが、その利用や整備がどのようにおこなわれていたのかは判然としていない部分がある。しかし、寛政十二年（一八〇〇）閏四月の「訴状写」（千葉県船橋市「安川家文書」）によれば、寛政初年には一橋家の御借場として利用されていたが、寛政末年には田安家の御借場となっていた。両家の御借場のうち下総国内の鷹場村々は、その都合により交替で利用されていたようである。

いっぽう、品川筋の両家の御借場は、「御本丸御場所御懸リ」、「田安様御借場海之手之方御懸リ」、「一ツ橋様御借場山之手之方御懸リ」というように、将軍家・田安家・一橋家の三者によって地域を区分して利用されていた。この地域の鷹場整備は、代官伊奈氏の家臣によっておこなわれ、そのさいに必要となる御場所拵《こしら》え人足は鷹場村々に割り当てられ、村高に応じた人足が動員されていた。これに対して、伊奈役所から人足一人当たり五合の扶持米が支給されていた（『大田区史』資料編、平川家文書一）。

また清水家の御借場は、宝暦十三年（一七六三）十月、田安・一橋両家と同様、幕府の御拳場の一部を拝借するという形で与えられた。具体的には、御拳場葛西筋のうち武蔵国埼玉郡八条領村々、岩淵筋のうち武蔵国足立郡谷古田領村々、目黒筋のうち武蔵国荏原・多摩両郡の世田谷領村々の一部に与えられ、その規模はおよそ一〇〇か村、その総石高は約三万石であった。

これらのことから、御三卿に与えられた御借場には、つぎのような特徴があったことがわかる。一つは、この鷹場は御拳場の一部を拝借するという形で与えられた点である。従来、幕府が大名に下賜した恩賜鷹場は、幕府鷹場の一部を与えられ、公儀鷹場としての一翼を担うものの、大名家の鷹場として独自の鷹場支配が展開していた。しかし、御三卿の御借場は御拳場の一部を拝借したものであり、その支配は幕府鳥見がおこなっていた。あくまでも御拳場の一部地域を間借りして鷹狩をおこなっていたということである。二つには、田安・一橋両家が御借場を共有名義で拝借していた点である。そして、将軍の鷹狩場である御拳場でもあったため、将軍家・田安家・一橋家の三者で調整して利用せざるをえなかったのである。このため、『新稿一橋徳川家記』の延享二年十月五日条に、田安宗武と一橋宗尹は二人合わせて鷹狩回数を年二〇回と決められていた。三つには、御三卿の一家当たりの御借場の規模は村数でおよそ一〇〇か村、その総石高では約三万石であった。

このように、御三卿は将軍家の最近親者に位置づけられていたが、御三家のように独自に鷹場を下賜されていたわけではなく、御拳場の一部を拝借する御借場としての利用であり、田安・一橋両家にいたっては共同利用であった。これは、御三卿が藩城を築く大名とは一線を画す存在であったように、鷹場の支配についても自立した形ではなかった。御三卿各家とも鷹狩は行使できたが、鷹場の支配は幕府組織に依拠していたのである。

鷹の飼養と鷹餌の調達

幕府は、享保元年（一七一六）八月に鷹師頭、九月に鷹師の職制を再置し、十二月には本郷（現東京都文京区）の甲府藩主松平（柳沢）吉里の中屋敷を上知して鷹師頭の戸田勝房・小栗正等両組の鷹部屋を建設し、翌二年一月に吹上で飼育されていた朝鮮国献上の鷹を移した。しかし、まもなく焼失したため、駒込・千駄木（ともに現東京都文京区）周辺の姫路藩主榊原政邦の上屋敷一万坪を上知し、両組の鷹部屋や鷹師同心の屋敷を建設したものの、これも同三年十二月に焼失した。同月、幕府は鷹師頭に布《ほ》衣《い》の着用を許し、鷹師を御目見《おめみえ》以上で小十人格に遇した。

享保四年一月、寄合近藤用純《もちずみ》の下駒込村（現東京都文京区）の下屋敷を上知して鷹部屋を造成し、六〇軒の鷹埘《とや》と焼失跡地に鷹師同心の長屋を建設した。二月には、幕府が飼育していた鷹の帳簿（「御鷹帳」）を作成し、内訳は大鷹三五居、鷂一三居、隼六居であり、その総数は五四居であった。同年四月、下駒込村の鷹部屋（のち千駄木御鷹部屋と呼ばれる）が鷹師頭戸田氏、雑司ヶ谷に建設された鷹部屋が鷹師頭小栗氏の管轄となった。

同年五月、幕府は鷹師らに職能訓練の徹底を指示し、和歌山藩士から幕臣となって鷹師をつとめた水上昌次・宮井玄方《はるかた》・水上昌勝を指南役として、鷹狩の熟練者を養成する研修体制を整備した。さらに、同年九月、朝鮮通信使から献上された鷹を両組の鷹部屋で飼養するようになった。また朝鮮通信使が逗留していた東本願寺に鷹師頭の戸田氏を派遣し、鷹狩技術の入手につとめた。こうして、放鷹術の技を学び、その技術向上のための職能訓練は、復活したばかりの将軍の鷹狩を維持・継承していくためにも重要なことであった。

さて、鷹の飼養には鷹餌の調達が欠かせない。享保期以降、仏教の殺生禁断の影響と思われるが、幕府では鷹の餌として犬を用いなくなり、鳩・雀などの鳥を利用するようになった。こうした鷹の餌を捕獲する幕府役人は餌差《えさし》（餌指）と称された。享保期の鷹職制の整備のなかで、餌差は享保二年二月六日にまず小普請入りとなっていた一三人を任命し、鷹師頭の戸田五助組に七人、小栗長右衛門組に六人を配置し（「御場御用留」国立公文書館蔵）、九月にも六人が増員された（これを「公儀餌差」という）。

このほか、鷹師頭の小栗組には「御抱《おかかえ》在郷餌差」（単に「餌差」ともいう）と呼ばれる者たち二〇人もいた。この者たちには、餌差組頭・餌差目付役・平餌差の職階があり、在地の有力者から選任されて苗字を許され、切米として二〇俵三人扶持を給されていた。この二〇人は武蔵国北部から下野・上野両国一帯から選ばれているという特徴を有し、餌鳥《えとり》札（図31）という鑑札を持って、鷹餌の捕獲に従事していた（『竹橋餘筆』汲古書院）。

いっぽう、町奉行所は享保三年七月に鳥の密猟や密売を防止するため、以後三年間の時間を区切って江戸の鳥問屋を一〇人に限定し、鳥を扱うことができる鑑札を下げ渡すことにした。また、鳥問屋を認められなかった者のなかから江戸町人七人を任命し、幕府の鷹餌御用を担当させた。江戸町人七人は鳥問屋一〇人のもとへ二、三人ずつを付属させ、鳥問屋の指揮下に置かれて鷹餌鳥の調達を担わせ、鷹部屋に上納させることにした（『御触書寛保集成』）。しかし、同五年十月、この方式を改め、麹町平河町二丁目（現東京都千代田区）六右衛門店新兵衛の一手引き受けとすることに決定した（『撰要類集』第三）。

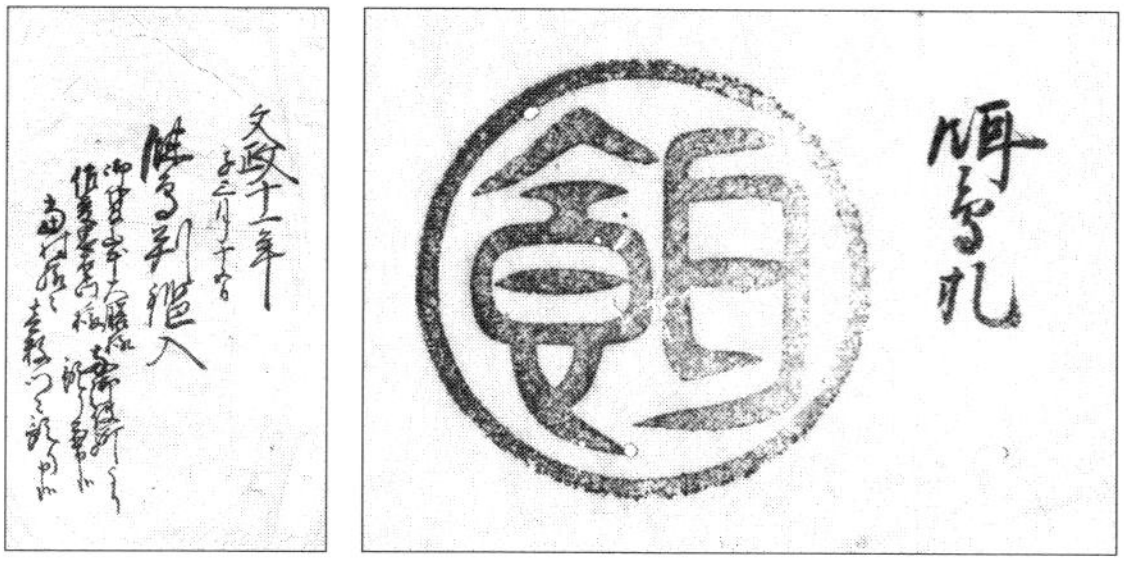

図31　餌鳥札（文政11年3月）（著者蔵）

このように、享保期の幕府放鷹制度の復活のなかで、鷹餌鳥の調達は幕府餌差と江戸の鳥問屋配下の鷹餌鳥請負人との二系統が担当することになった。しかし、餌差のなかには公儀御用にかこつけて村人に悪行をなす者たちがおり、鷹餌鳥調達体制の変更を余儀なくさせた。一つは、享保六年九月、幕府は鷹餌鳥の捕獲地域についてこれまで制限していなかったが、今後は関東に限定することにした（『撰要類集』第三）。もう一つは、同年十二月、幕府は餌差の子・弟・甥までを弟子餌差と呼んで脇差の携行を認め、それ以外の弟子・小者・雇いの者の脇差の携行を認めないという決定を下し、村々でその鑑札を改めるように命じた（『御触書寛保集成』）。つまり、餌差の素行の悪さが関心事となってきたのである。

このため、享保七年九月、幕府は鷹餌鳥請負人の公募に踏み切り、江戸周辺村々から鷹餌鳥の調達をどれくらいで請け負えるかの入札に応じる者たちを募った。しかし、その入札に応じる者はなかったため、翌十月に改めて野先御用のみの鷹餌鳥調達の請負人を公募した。このときの文書には、鷹餌としての雀・鳩・蒿雀《あおじ》・頬白《ほおじろ》を金一両につき何羽で請け負えるかを競《せ》り合い、その請負人を決定しようとしていた（『大田区史』資料編、平川家文書一）。

享保七年十月、幕府は麴町平河町二丁目六右衛門店の五郎左衛門、新右衛門町（現東京都中央区）太兵衛店の治兵衛、小石川富坂新町（同文京区）家主の平兵衛、小石川下富坂町（同文京区）家主の利右衛門、同所家主の三郎兵衛、同所七郎右衛門店の半九郎、同所六郎兵衛店の佐兵衛、同所家主の清兵衛ら、江戸町人八人を鷹餌鳥請負人（餌鳥屋）に決定した。これにより、鷹餌鳥請負人たちは、①金一両につき雀三八〇羽の割合で鷹餌鳥の調達を請け負う、②前借は金二〇〇両とし、請負中は常に前借金を受け取れる、③業務遂行のため、元数寄屋町一丁目（現東京都中央区）と芝口《しばぐち》一丁目西側横町（同港区）の屋敷を拝借する、④請負人たちは餌鳥札三〇〇枚を預かり、関東内で殺生人（雇餌差・町餌差ともいう）を組織して餌鳥を捕獲する、⑤鷹餌鳥請負人が仕入れた鳥は他の鳥屋には売却しないなどの約束を幕府との間で結んだ（『御触書寛保集成』）。

また、鷹餌鳥請負人たちは、①餌鳥の焼印札は春・秋に一度ずつ町奉行所で改めを受ける、②殺生人は餌鳥札を所持することなく鳥を捕獲しない、③殺生人たちは各地域で道理に外れたことをしない、④

餌鳥の焼印札を他人に貸さない、⑤焼印札を所持したまま出奔した者がいた場合は町奉行所に届け出る、⑥殺生人は一村に五日以上逗留しない、⑦鷹餌を百姓役として徴収しない、⑧殺生人は武士屋敷に入らない、⑨上野・増上寺・伝通院・山王・愛宕の寺社五か所内には入らない、⑩殺生人は八月一日より翌年三月晦日まで、御拳場内で網・黐《もち》・罠《わな》などで鳥を捕獲しない、⑪鷹餌鳥請負人や殺生人は脇差を指さない、などの掟書に対する誓約書を提出した。この結果、享保七年十一月、幕府は公儀餌差を廃止し、同十一年九月には鷹匠頭小栗組の御抱在郷餌差も廃止した。こうして、鷹餌鳥の調達は江戸町人の鷹餌鳥請負人に一元化されたのである。

享保七年までは幕府餌差が鷹餌鳥を捕獲していたこともあって、鷹餌鳥調達代金は一か年に金一二〇〇両（俸禄を除く）であったが、餌差廃止後の同八年には金一八二四両余へと跳ね上がった。幕府はこの増額をもってしても横暴な振る舞いを続ける幕府餌差の廃止に踏み切り、鷹餌鳥の円滑な調達体制を構築する必要があった。この改革のねらいは、評判の悪い幕府餌差の廃止と鷹餌確保にあたっての経済合理性の追求であり、役人の綱紀粛正と財政再建とに寄与させることであった。

そこで、享保十六年七月、町奉行の大岡忠相《ただすけ》は、鷹餌鳥の調達を安く請け負うと申し出た町人を積極的に採用し、吹上の鷹部屋では金一両につき雀六〇〇羽で請け負う請負人を一部採用した結果、前年（金一両につき雀三五〇羽）よりも金四八両一分を削減することができた。この時期、請負人一人当たり一年間で鷹餌鳥四万羽を取り扱い、その経費は巨額であった。このため、鷹部屋の効率的な運営のために吉宗側近の御側渋谷良信や町奉行大岡忠相は、勝手方若年寄の本多忠統《ただむね》にさまざまな提言をおこない、飼育する鷹の種類および数の変更、各棟の鷹飼育担当者の交代などを実現させていた。

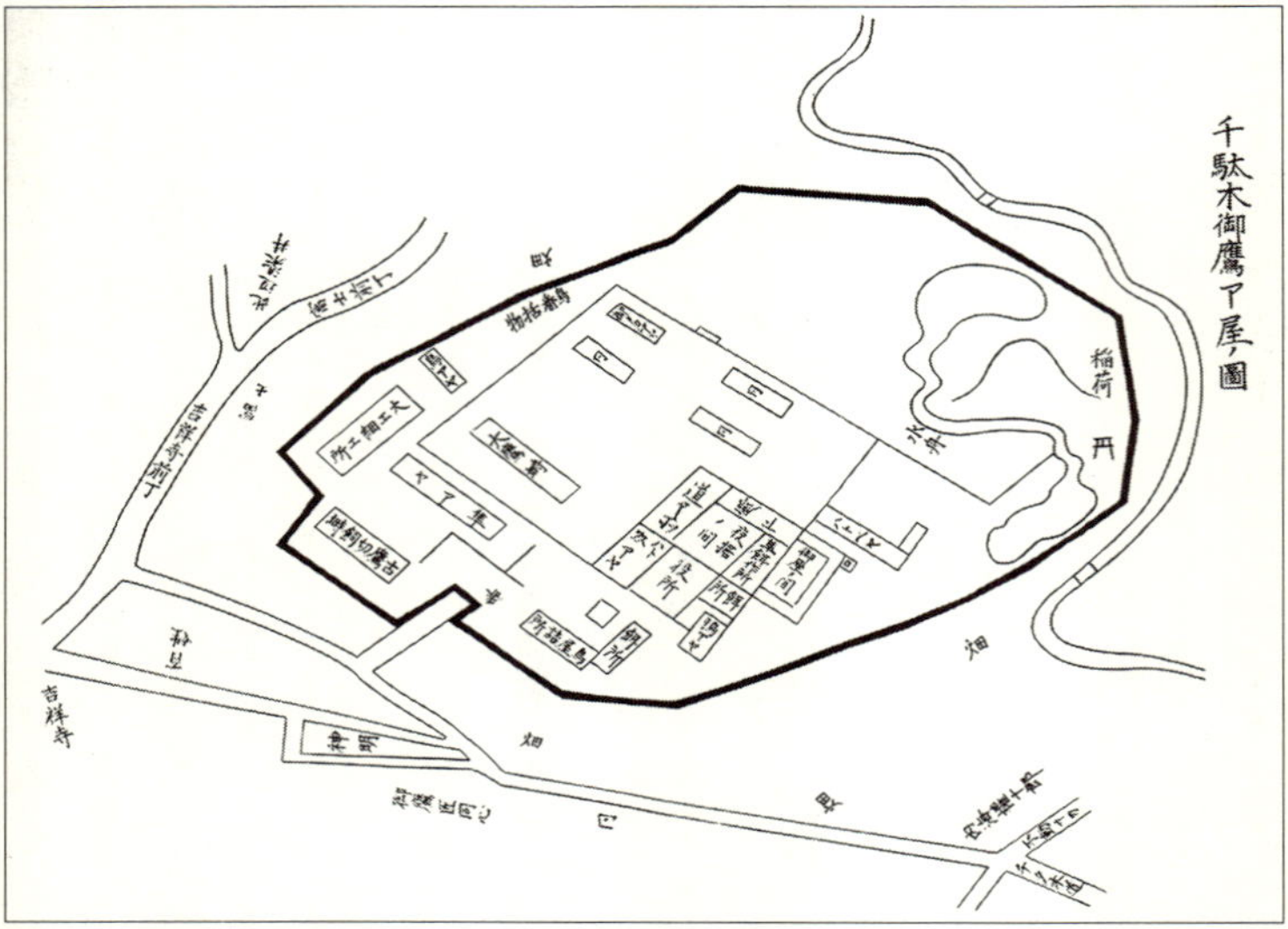

図32　千駄木御鷹部屋図（古板江戸図集成刊行会編『集約江戸絵図』下巻、中央公論美術出版、1963 年、103 頁）

享保十八年二月三日、鷹師頭戸田五助は千駄木の鷹部屋（図32）、鷹師頭小林十郎左衛門は吹上・雑司ヶ谷の鷹部屋を管轄していた。そこで、鷹部屋における鷹の飼養体制を大まかに紹介する。戸田組の千駄木鷹部屋では、鷹塒《とや》（鷹を飼っておく小屋）を三棟に分け、一棟の大鷹九居・鷂《はいたか》一居の担当として飼方の佐野郷蔵と古餌鳥屋の利右衛門、別の一棟の大鷹八居・鷂一居・雀鷂《つみ》一居の担当として飼方の真野久左衛門と古餌鳥屋の又七、さらに別の一棟の大鷹八居・鷂一居・雀鷂一居の担当として飼方の三橋平右衛門・飼方同心組頭の藤沢佐次右衛門と古餌鳥屋の佐兵衛・清兵衛を割り当てた。また小林組の吹上鷹部屋一棟の大鷹七居・鷂一居・隼二居の担当として飼方の佐々彦太夫および水上楠木右衛門と新餌鳥屋の伊兵衛、そして雑司ヶ谷鷹部屋を二棟に分け、そのうちの一棟の大鷹八居・鷂一居・雀鷂一居の担当として飼方の山本又十郎と新餌鳥屋の太兵衛、別の一棟の大鷹八居・鷂一居・雀鷂一居の担当として飼方の水上八左衛門と古餌鳥屋の三郎兵衛・半九郎を割り当てた。同年二月十五日、鷹師頭の戸田・小林両名は、この棟割担当者を勝手方若年寄の本多忠統に報告していた（『撰要類集』第三）。ところが、同年十二月、古餌鳥屋の三郎兵衛と半九郎は、町奉行に請負内容を変更してくれるか、あるいは以前担当した鷹部屋に戻してくれるように嘆願書を提出した。その理由は、通常、餌鳥の請負人が一人一棟の担当であるにもかかわらず、かれらは一棟を二人で担当することになり、御用餌鳥の数量が大幅に減少してしまったからであった。しかし、この願いが聞き届けられることはなかった。以後、担当者の交代や鷹の種類や数量に変更はみられたが、棟割担当制そのものは維持された。

このように、吉宗政権は鷹狩の復活にかかわる業務について、和歌山藩士から幕臣となった人々を積極的に活用し、鷹の確保やその飼養、それに鷹餌の調達ともにその縮小化と効率化とに取り組んでいったのである。

鷹狩の施設と将軍権威

吉宗政権の放鷹制度は、前代と比較して明らかに縮小したものであった。しかし、そうしたなかにあっても、幕府は将軍権威を高めることに意を尽くした。鷹狩では、ねらいをつけた獲物をいかに確実に捕獲するかが重要であった。ねらいを定めた獲物めがけて鷹を放つことを「羽合《あわせ》」といったが、吉宗はこれを「合《あわ》する」と呼ぶように命令した。これにより、将軍吉宗が鷹を放って獲物を獲ることを「御合《おあわ》せ」と称するようになった（『徳川実紀』第九篇）。鷹狩に精通した吉宗だからこそ、鷹詞《たかことば》を命令一下改

図33　駒場野（江戸名所図会）（著者蔵）

めることができたわけで、将軍権威の創出にも一役買うことになった。

吉宗の鷹野御成は、その地先と捕獲対象となる鳥の種類によって、たとえば「小松川筋鶴御成」「品川筋鶴御成」「戸田筋雉御成」「三河島雁御成」「亀戸より隅田筋鷭御成」「碑文谷筋鶉御成」などと呼ばれるようになった（「御場一件」乾、国立公文書館内閣文庫蔵）。

「鶴御成」は、十二月以後に決まった順路、つまり常盤橋御門より本町通り横山町（現東京都中央区）を経て両国広小路へ出て、浅草御門より馬に乗り、三河島（現東京都荒川区）などでおこなわれた。これは天皇家へ献上する鶴の捕獲を目的とし、鷹狩のなかではもっとも厳かな儀式であった。一、二羽でも捕獲できればすぐに帰城できたが、鶴を捕獲できないときは何度も御成を仰せ出された（「鷹の記」『徳川制度』下、岩波文庫）。

「雉御成」は、四月中旬に千住（現東京都足立区）・三河島あたりで、「雁鴨御成」は両国橋下より乗船して出かけ千住大橋へ着くと、それより葛西小松川へは乗り物を使わずに徒歩で回り、十月に浜御殿（同中央区）・隅田川あたりで挙行し、「鶉御成」は駒場御成とも呼ばれ（図33／口絵⑮）、十月に駒場（同目黒区）で実施された（「村越筆記」『古事類苑』遊戯部）。

ところで、家康や家光の時代には、鷹狩の地先が遠隔地であれ、近場であれ、御殿・御茶屋と呼ばれ

図34　浜御殿（「千代田之御表・浜御殿」）（著者蔵）

る施設があちこちに建てられ、その宿泊や休息の場となっていた。しかし、綱吉時代に鷹狩がおこなわれなくなったことで、そうした施設は存在意義を失い、多くは解体されていった。このなかにあって、五代将軍綱吉は新たに御成時の休息場所として小石川御殿・麻布御殿・浜御殿を造成した。このほか、残存していた隅田川御殿・品川御殿を修復していた。

吉宗政権期には、浜御殿がもっとも利用された御殿であったが、享保九年に火災で焼失し、御殿の建物は失ったものの、その後も浜御殿地は維持された（図34／口絵⑭）。そして、前将軍の側室屋敷や象の飼育所などの用途で利用され、奉行ほかの役人も配置されていた（拙稿「徳川御殿の時期区分試論」『人間環境論集』第二一巻第一号、法政大学人間環境学会、二〇二〇年）。

いっぽう、武蔵国葛飾郡小菅村（現東京都葛飾区）の代官伊奈氏の屋敷には真鶴や丹頂が放たれ、元文元年（一七三六）七月には屋敷内に幕府の御殿が建てられ、将軍就任前の徳川家重が鷹野御成のさいに宿泊・休息の場所として利用した。

そして、吉宗の時代には、鷹狩のさいに利用した施設の顕彰化が進んだ。将軍の食事場所となる「御膳所」、食事をともなわない将軍の休息場所となった「御小休」「御中休」「御腰掛」、また将軍の立ち寄り場所となる「御立寄」と呼ばれる施設が指定された。これらは、かつてのように新築された施設ではなく、古刹の寺社、名主・有力百姓の屋敷、あるいは中川番所や鷹部屋のような幕府施設などが指定され、そのほか御殿山・飛鳥山のような名所、そして河原・山のような自然の場が指定された（「御場御用留」国立公文書館蔵）。なかでも、「御膳所」は有名寺社が指定されることが圧倒的に多かった。これらは新しく建設されたものではないので、鷹狩の経費削減に大きく貢献した。また、「御膳所」「御小休」などに指定された寺社などは、将軍の休息場所となったことで将軍権威をまとうようになっていった。

江戸城から鷹狩地先までの間には、将軍が御座船から降りて上陸する階段は「御上《おあが》り場」と呼ばれ、木の箱段および石段で築かれた。このとき、従者たちも上陸したが、少し離れた場所に「上り場」が設けられ、「御上り場」から上陸できるのは将軍だけであった。さらに、将軍が船から乗降する場所は「御召場《おめしば》」、眺望がよい場所には「御立場《おたちば》」が築かれ、将軍御成の記念碑として位置づけられた。

このように、将軍の鷹狩のさいの食事場所・休息場所・上陸場所・船舶乗降場所などには「御」が付された施設がつくられ、将軍の権威化が図られた。これらは、鷹狩のたびごとに指定され、将軍の訪問を記憶させる装置となったのである。

獲物の飼育と御飼付御用

吉宗が将軍に就任したころ、江戸の都市化にともなって諸鳥の生息環境が悪化し、獲物となる鳥が少なくなって、その捕獲がむずかしいという現実があった。そこで、享保三年（一七一八）七月、幕府は鳥が少なく御用に役立てられないため（『御触書寛保集成』）、向こう三年間の諸鳥の献上やその饗応を禁止した。それに先駆けて、吉宗が取り組んだのは将軍鷹狩の復活に臨んで、鶴・白鳥・雁・鴨などの獲物を確実に捕獲する体制を整えることであった。これは、吉宗の将軍としての立場を守り、将軍の権威を維持するためにも重要なことであった。

吉宗は、まず諸鳥飼育役人の設置とそのための飼育環境を整えることに取り組んだ。これと関連して、諸鳥の放し飼いによってその生息数を鷹場で増やすこともおこなわれていた。享保元年（一七一六）十二月、伊勢国在住の甚内は幕府の命により和歌山藩の出張所である松坂役所に呼び出され、急ぎ江戸へ出向くように命じられた。このため、年末の二十六日に伊勢を出発し、翌二年一月に同郷の喜兵衛とともに江戸に到着した。

甚内は姓を牧戸といい、伊勢国飯野郡松坂領大宮田村枝郷西野々村（現三重県松阪市）の百姓であった。その祖父平兵衛・父甚九郎は、紀伊和歌山藩の「網差《あみさし》」という役職をつとめ、鶴の生け捕りをおこなっていた。江戸に着いた甚内は、吉宗の将軍就任にともない、和歌山藩士から幕臣となって御場掛の小納戸をつとめる桑山盛政・松下當恒《まさつね》から鶴の飼育にあたるように命じられた。これにより、鶴の飼育とその移送に従事することになり、これは吉宗の「上意」によるものであった。この役職は「綱差《つなさし》」と呼ばれる役職となり、職名それ自体、吉宗みずからが命名したと伝えられる。

同二年四月、一時的に帰国の暇を許された甚内らは国元に帰った。同年秋、江戸に戻るさい喜兵衛は務めを辞退し、これに代わって源太郎が同道することになり、御拳場の葛西筋で鶴の御飼付御用をつとめることになった。同年十二月十九日、将軍吉宗による小松川筋での鷹狩では、二人が飼育した鶴の捕獲に成功し、褒美が下された。とくに甚内には、将軍吉宗の命により鷹狩に随行していた御側加納久通の苗字と紋所とを譲渡された。こうして、姓が牧戸から加納へと改められ、分家同様の扱いを受けることになった。またこのころ、二人は江戸・伊勢の往復とも苗字帯刀を許されていたが、仕事柄帯刀しなくなり、役名ばかりで苗字も名乗らなくなった（『綱差役川井家文書』目黒区教育委員会）。このため、綱差一同は幕府に何度も苗字帯刀の願書を申請したが、認めてもらえなかった。

同三年四月にも、二人は暇を許され、国元に帰った。そこで、家族での江戸への引っ越しを命じられ、同年九月に二人は路銀や必要な家財道具などを支給され、妻子をともなって江戸に移転してきた。そのさい、小納戸の桑山・松下の両人は当面の間、俸禄として三人扶持と金一五両ずつを給付すると申し渡した。そして、甚内は武蔵国葛飾郡西小松川村（現東京都江戸川区）に屋敷一〇〇坪を与えられ、家作のほか、家財道具を下げ渡された（「御場御用留」国立公文書館蔵）。同道した源太郎は、姓を橋爪といい、伊勢国度会郡田丸領小俣村（現三重県伊勢市）の出身で、和歌山藩の「網差」をつとめていたといわれる。幕府の綱差に就任したことにより、武蔵国荏原郡六郷領不入斗《いりやまず》村（現東京都大田区）に居住を命じられ、六郷筋（のち品川筋に改称）の綱差となった。この二人の働きによって、御飼付御用が順調に進み、御拳場の六筋全体に綱差が配置されるようになった（表6）。

この措置によって、甚内らが飼育した鶴は将軍の鷹狩地先に放たれ、その獲物として捕獲された。これは、単に獲物を容易に捕獲できるようになったというだけでなく、幕臣や民衆の目が注がれる鷹狩の場で将軍の権威を高めることにも作用したのである。

内陸部の御拳場品川筋（のち目黒筋に改称）には、鶉《うずら》の御飼付御用を命じられた権兵衛が配置された。

表6　御拳場六筋の綱差人数（寛延元年8月4日）

筋名	地域区分	綱差人数（内見習）	餌籾高（単位／石）	1人当たり（単位／石）
葛西筋	東葛西	5（1）	8.2	1.64
	西葛西	5（2）	7.9	1.58
岩淵筋	淵　江	7（2）	8.5	1.51
	三河島		2.1	
戸田筋		2	1.0	0.5
中野筋		1	0.7	0.7
目黒筋		2（1）	1.0	0.5
品川筋	品　川	3	4.9	0.63
	稲毛・川崎	1	0.7	0.7
計		26（6）	35.0	（平均）1.35

註　「御場御用留」（国立公文書館蔵）より作成。

権兵衛は武蔵国多摩郡柚木領野津田村（現東京都町田市）の百姓で、雉《きじ》獲りの名人として知られていたが、享保三年八月に武蔵国荏原郡馬込領上目黒村（現東京都目黒区）の鳥見役宅に居住する鳥見高月忠右衛門国弘に見いだされて綱差見習となった。同六年には綱差の本役となり、五人扶持を給された。その召し抱えの経緯は、鳥見の高月から上司である鳥見組頭に報告し、組頭経由で御場掛の小納戸松下専助當恒から綱差採用の許しを得て、目黒筋に配置されたものである。

そして、享保十年二月、綱差権兵衛は代官伊奈半左衛門を通じて上目黒村の御用屋敷内の芝地五〇〇坪の拝借を許され居住するようになった。同十三年には、それまで宮崎次太夫がつとめていた鶉の御飼付御用を御場掛の松下から命じられ、それ以後、毎年、東海道の宿場の一つである駿河国吉原宿（現静岡県富士市）の鳥屋が納める「お鳥鶉」の雛三五羽を代官所手代の立会いのもとで鳥見から受け取り、屋敷内に建てられた「お鳥鶉置所」で飼育し、駒場原で挙行される鶉御成のさいの獲物として役立てられた（次頁図35）。なお、「お鳥鶉」の飼育に必要な薪・餌代、飼育所の修復費などはすべて幕府から支給されて

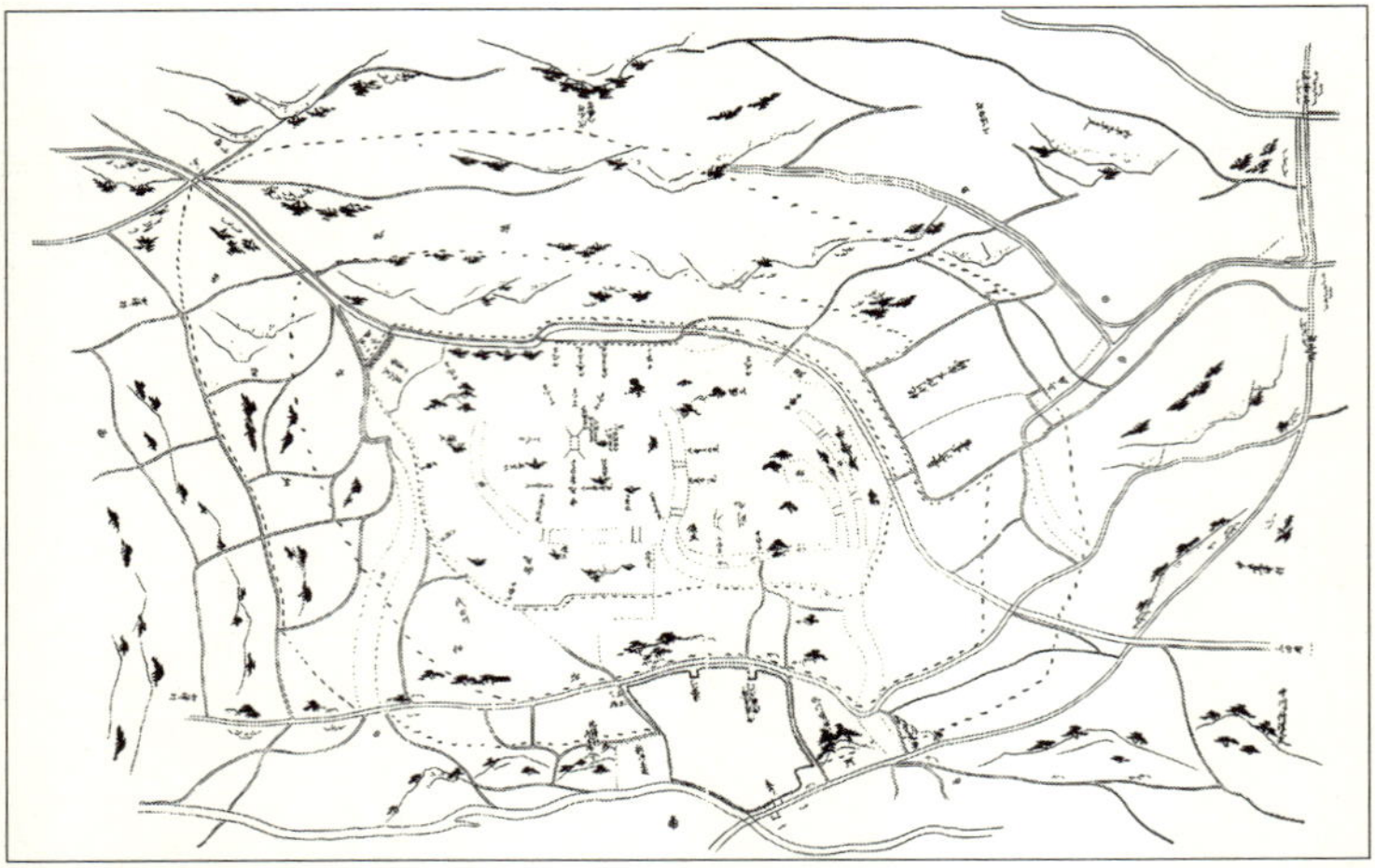

図35　駒場原の鶉狩場（古板江戸図集成刊行会編『集約江戸絵図』下巻、中央公論美術出版、1963 年、104-105 頁）

いた。なお、飼育しながら利用されなかった「お鳥鶉」は駒場原に放たれ、その増殖に寄与することになった（『綱差役川井家文書』目黒区教育委員会）。

江戸周辺の御拳場の各所には、さまざまな種類の鳥の「御飼付《おかいつけ》場所」（「御飼付場」「御場所」「御場」とも）が造成され、その飼育と増殖とがはかられた。水鳥が舞い下りて集まっているところを「代《しろ》」といい、一代は一反歩ほどであった。「鶴御飼付場」は小松川筋、千住・岩淵筋、品川・目黒筋の三組に分かれ、一組に「本代《ほんしろ》」八か所、「仕替代《しかえしろ》」八か所、合わせて四八か所がつくられていた。「白鳥御飼付場」もいくつか造成され、その一つ堀切村の毛無《けなし》の池は一町二反歩の広さで、そのほかに隅田・堀切両村の村境の新川筋、そして隅田村の丹頂の池（図36）などがあった。「雁鴨御飼付場」は隅田村より亀有筋、浅草・三河島筋を第一の場所としていた（図37）。各筋の綱差は日々その場所に出かけて餌を与え、その良否を判断して諸鳥の飼育に励んだ。す

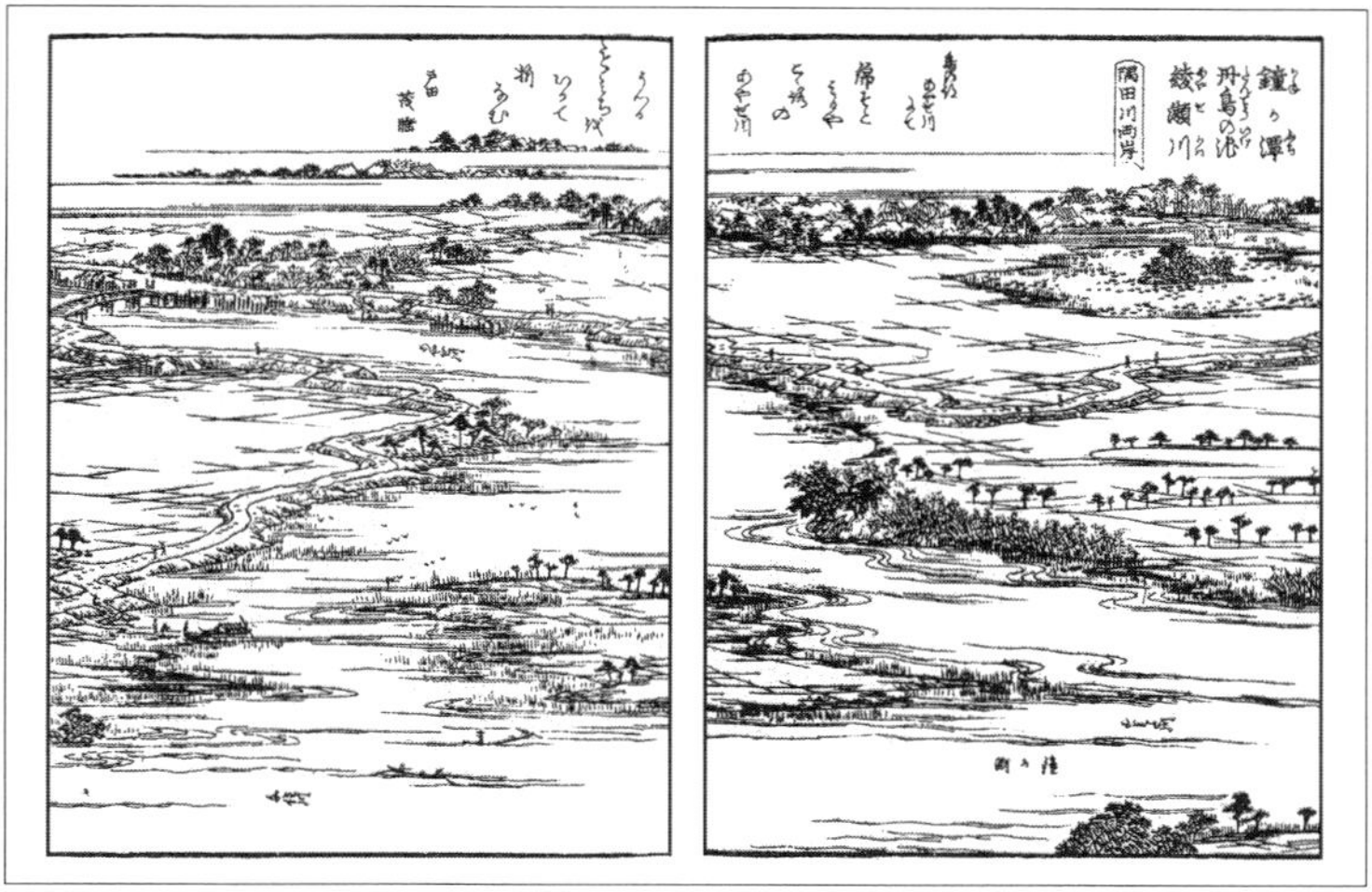

図36　白鳥場としての「丹頂の池」（「江戸名所図会」十九）（著者蔵）

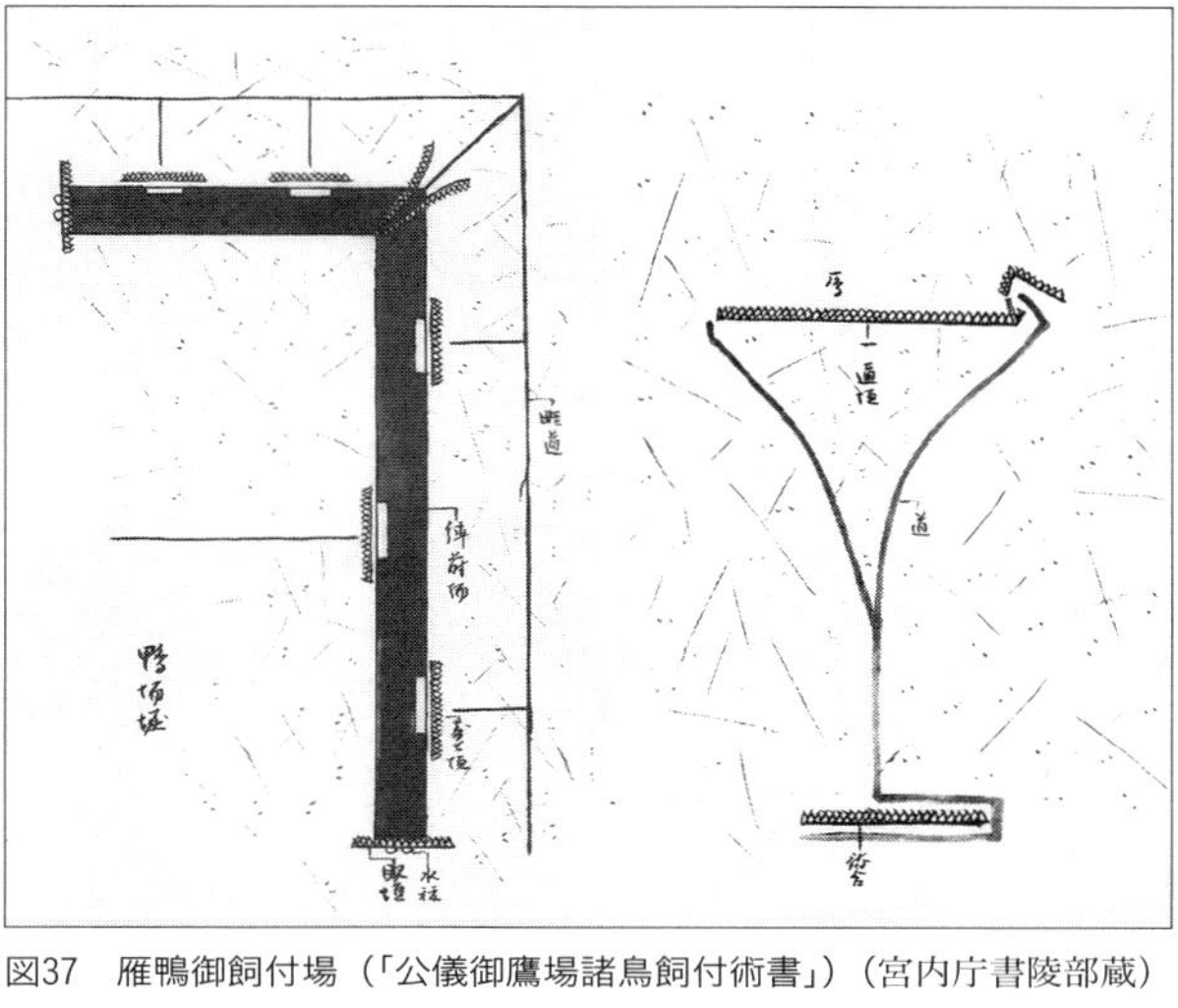

図37　雁鴨御飼付場（「公儀御鷹場諸鳥飼付術書」）（宮内庁書陵部蔵）

べての「御飼付場」では、立札を立てて門戸を締め切り、人の出入りを禁じていた。ここでは、鷹狩が禁じられ、諸鳥を驚かさないことが必須であった

（「公儀御鷹場諸鳥飼付術書」宮内庁書陵部蔵）。

こうして、享保初年に御拳場の葛西筋・六郷筋（のち品川筋に変更）・品川筋（のち目黒筋に変更）でおこなわれていた綱差による諸鳥の飼育態勢を、同六年ごろには六筋全域に拡大していった。寛延元年（一七四八）には、綱差・同見習を含めた定員が二六人となり、そのほか各筋に「飼付見習（飼付手伝）」や「白鳥寄上人《よせあげ》」などもいた。将軍の鷹狩がどこで挙行されようとも、獲物の「御鳥《おとり》」となる諸鳥を運んでいき、その捕獲ができるようになった。享保期の鷹狩の復活にさいしては、江戸周辺の自然環境が大きく変化し、綱差のような御飼付御用が欠かせなかったのである（拙著『犬と鷹の江戸時代――「犬公方」綱吉と「鷹将軍」吉宗』）。

6　社会の変容と放鷹制度の縮小・終焉

緊縮財政政策と放鷹制度の縮小

宝暦・天明期の自然災害に基づく農村荒廃は、幕藩財政に大きな影響を与えるようになった。この時期の大きな変化の一つに、御三家や御三卿の鷹場の返上・縮小の問題がある。この背景に、領主財政が窮乏して慢性化し、放鷹制度を維持できないという状況が発生してきた。

天明から寛政への移行期のなかで、御三家の一つ水戸徳川家は幕府に下総国葛飾郡小金西新田（現千葉県松戸市）の鷹場役所を除き、小金鷹場（下総国葛飾郡内および武蔵国葛飾・相馬両郡内の恩賜鷹場）の向こう三年間の返上を願い出、これにより幕府は寛政元年（一七八九）閏六月に水戸藩の家老に鷹場返上を了承する旨を通達し、今後、鷹狩を挙行する場合にはその都度幕府鷹場のうち御鷹捉飼場《おたかとりかいば》の拝借（恩借鷹場あるいは拝借鷹場と呼ぶ）を願い出させることにした（『柏市史』資料編九）。

以後、鷹狩が許された恩借鷹場のうち、「雁・鴨之場」（雁・鴨を捕獲する場所）は、武蔵国葛飾郡松伏領大川戸・松伏両村（いずれも現埼玉県松伏町）と、同国橘樹《たちばな》郡神奈川領新羽・綱島両村（いずれも現神奈川県横浜市）であり、毎年二月まで利用し、その頻度は一か月に一、二度とすることが申し渡された。また「鷭《ばん》之場」（鷭を捕獲する場所）は、武蔵国葛飾郡二郷半領彦成・下彦成（下彦川戸ヵ）両村（いずれも現埼玉県三郷市）での利用を、年に一、二度であれば許されることになった。そして、鷹狩にさいしては恩借鷹場内において雁・菱喰《ひしくい》・鵲《かささぎ》・鴨、あるいはそれよりも小さな鳥であれば捕獲してもよいことになったが、鶴が居ついている場所では遠慮するように命じられていた（『御触書天保集成』下）。

このように、幕府は水戸鷹場の返上後指定された恩借鷹場で鷹狩を挙行するように申し渡していた。向こう三年間の水戸鷹場の休止措置は、寛政元年七月、西新田の鷹場役所より鷹場村々に伝達され、村々では藩から鷹場休止の理由が疲弊した村々への「御慈悲」として「御休年」としたものであると伝えられていた（『柏市史』資料編九）。

寛政七年五月、水戸藩は拝借した鷹場が遠隔地のため、本所小梅（現東京都墨田区）の下屋敷近辺に変更してほしいと幕府に願い出た。しかし、下屋敷近辺は御拳場《おこぶしば》であるため拝借鷹場として認めるわけにはいかないとの回答であった。ただし、下屋敷に出向いたときには、御拳場の武蔵国豊島郡戸田領の関口・小日向《こひなた》の二か村（以上、現東京都文京区）や同郡野方領の中里（現東京都北区）・下高田（同豊島区）・早稲田（以下、現東京都新宿区）・下戸塚・源兵衛・諏訪・上戸塚・西大久保・下落合の九か村で、雁・菱喰・鸛《こうのとり》・鴨などを鷹狩で捕獲してもよいと許された。しかし、源兵衛村以下の五か村において雉《きじ》や鶉《うずら》の鷹野御成を挙行することは遠慮するように申し渡されていた。この措置により、これまでの恩借鷹場は返上することになった（『御触書天保集成』下）。

寛政九年十二月、水戸徳川家はすでに恩賜鷹場を返上していたため、かつての恩賜鷹場の南側の地域、西新田（現千葉県松戸市）の鷹場役所近辺の八〇か村（武蔵国葛飾郡二郷半領二八か村、利根川〈現江戸川〉付近の五二か村）を水戸藩の恩賜鷹場とすることを幕府に願い出た。幕府はこれを認め、その村々に水戸鷹場に指定されたことを伝達した。しかし、文政三年（一八二〇）三月、下総西新田の鷹場役所は鷹場村々のうち五二か村の名主らを呼び出し、それらの村々が水戸藩の財政倹約のため「御休場《おやすみば》」となることを告知した。このなかで、鷹場役所は水戸鷹場の境界に立っている「鷹場杭《くい》」をそのまま立てておき、鳥見の見廻りはなくなるけれども鳥類の殺生をしないように申し渡していた。このため、地《じ》鳥見をつとめていた小金町（現千葉県松戸市）の日暮玄蕃、松戸宿名主の隼人、鰭《ひれ》ヶ崎村（現千葉県流山市）名主の庄左衛門、茂田井村（現埼玉県三郷市）袋の平右衛門の四人に「休役」することを命じた（『柏市史』資料編九）。

こうした事情は、水戸徳川家に特有なものではなかった。尾張徳川家は享保期に再拝領した恩賜鷹場をすでに返上し、別の場所に恩借鷹場を拝借していた。ところが、名古屋藩主の徳川宗睦が老年のため恩借鷹場へ鷹狩に出かけるのが困難になり、和田戸山（現東京都新宿区）の下屋敷近辺に鷹場を拝借したいと幕府に願い出た。しかし、寛政七年十二月、幕府は和田戸山の下屋敷周辺が御拳場に設定されており、この地域を恩借鷹場として認めるわけにはいかないと回答した。このため、幕府は尾張徳川家当主が下屋敷に出向いたときには、御拳場内の武蔵国豊島郡野方領長崎・池袋の二か村（いずれも現東京都豊島区）、および同国同郡同領中丸・金井窪・下板橋・前野・上板橋の五か村（いずれも現東京都板橋区）で鷹狩をおこない、雁・菱喰・鸛・鴨などを捕獲してもよいと許可し、鷹狩のたびごとに申請するようにと尾張家の家老に命じた。ただし、その近辺で将軍家による雉・鶉・雲雀《ひばり》の鷹野御成が挙行される場合には遠慮するようにと申し渡されていた。

それからまもなく、尾張徳川家は下屋敷近辺の御拳場の地続きで鷹狩場を増やしてほしいと幕府に願い出た。これに対して、幕府は尾張家当主の「格別御保養」になるのであればという条件付きで鷹場を増やす措置を講じ、寛政九年十二月、武蔵国豊島郡峡田《はけた》領蓮沼・志村・中台・西台・根葉・徳丸本・徳丸脇・下赤塚・上赤塚の九か村（いずれも現東京都板橋区）、同郡野方領上練馬・下練馬の二か村（いずれも現東京都練馬区）、計一一か村を新たに拝借鷹場として認めた。ただし、蓮沼・志村・根葉の三か村で将軍家による雉御成が挙行される場合には遠慮するように申し渡されていた（『御触書天保集成』下）。

幕藩領主にとって、財政の再建は御家の存続にかかわることであり、重大な問題であった。寛政二年一月、幕府鳥見の飯田久太郎は武蔵国埼玉郡八条領の触次《ふれつぎ》役三名に、御三卿の一つ清水家が財政倹約のため幕府より拝借していた御借場《おかしば》を幕府に返上することになったと通達した（『越谷市史』続史料編一、一九八二年）。

御借場の幕府への返上は、田安・一橋両家でもみられた。天保十三年（一八四二）十一月、両家は財政改革にともなう倹約という理由で、御借場のうちもっとも西側の御拳場品川筋の六郷・稲毛・川崎領の鷹場村々を幕府に返上した。このため、同月二十日、品川筋の東大森村鳥見役宅に常駐していた鳥見の石黒錫《すず》次郎はそのことを御借場村々に通達した。この措置により、両家に雇用されていた綱差などは解雇され、返上後の鷹場村々はその取締りに留意するように申し渡されていた。この御借場の返上は、御場御用掛の若年寄大岡忠固《ただかた》の命により、幕府鳥見から触次役に通達され、触次役から鷹場村々に触れられていた（『大田区史』資料編、北川家文書一）。

こうした傾向は、鷹場の縮小にとどまらなかった。寛政三年十月、幕府はこの年秋の関東地方での洪水の影響で、御鷹捉飼場村々の百姓が困窮し、そのうえ田畑が冠水して鷹狩ができないため、「御鷹之鳥」（鷹狩による獲物の鳥）の下賜を中止すると、国持・溜詰《たまりづめ》・譜代衆・雁之間《かりのま》詰・奏者番の者たちに通達していた。その後、享和二年（一八〇二）七月にも、幕府は関東地方の洪水により鷹狩を中止し、「御鷹之雲雀」（鷹狩による獲物としての雲雀）の下賜を中止した（『御触書天保集成』下）。たび重なる自然災害が、幕府放鷹制度の変更を余儀なくさせたのである。

代官伊奈氏の失脚と鷹野御用

近世初期より関東の幕領支配に多大な貢献をなした幕府代官の伊奈氏が、十二代忠尊《ただたか》の代になって御家騒動に端を発する不行跡により、寛政四年（一七九二）一月に「諸懸り」を免じられ、また同年閏二月に代官を免職となり、さらに同年三月には知行高およそ四〇〇〇石も没収され、幕政の舞台から姿を消した。その「諸懸り」の一つに「御鷹野御用」があった。将軍の鷹狩に供奉《ぐぶ》し、鷹場の整備にかかわり、鷹場村々に将軍鷹狩の告知とその取締り事項を通達し、そのために必要となる人足をも徴集していた（「御鷹野旧記　全」国立公文書館蔵）。

寛政四年閏二月の伊奈氏の「諸懸り」を免じた時点で、幕府は伊奈氏が担ってきたさまざまな業務が勘定所に移管したことを町奉行・作事奉行・鷹匠頭・鳥見組頭などに通達した。勘定所にとって「御鷹野御用」ははじめての用向きであり、なかでも将軍の鷹野御成にともなう警備や取締りは格別重要なものであったが、ほかの用向きは簡素に取り計らうことにした（『御触書天保集成』下）。同月、鷹場村々にも「御鷹野御用」が勘定所の取り扱いになったことが触れられた。翌三月十日、幕府は伊奈家の廃絶を惜しみ、末家伊奈半十郎忠利の嫡男忠盈《ただみつ》に家禄一〇〇〇石と伊奈忠尊の屋敷を下され、忠尊の分家として扱うことで、家名の存続を許した。この日、勘定奉行の久世《くぜ》広民は幕府職制上はじめて設置された関東郡代職を兼帯するように命じられた。

寛政四年四月四日、勘定奉行兼帯関東郡代の久世氏のもとに、代官の大貫光豊・菅沼定昌・伊奈忠富・篠山景義・三河口輝昌の五人が「郡代支配代官」となり、伊奈忠尊が支配していた幕領三〇万石余を分割支配することになった。また、この月、大番・書院番・町奉行・旗奉行・百人組・先手に属していた同心三〇人が、新設された「関東郡代組附《くみつき》」に任命され、「諸懸り」を担当することになった。同月、勘定奉行の柳生久通は新任の同役佐橋佳如《さはせよしゆき》に対して、伊奈忠盈に相続が許されていた馬喰町《ばくろ》（現東京都中央区）の屋敷を上知して郡代屋敷とするための経費の調査を命じ、この地に関東郡代久世氏をはじめ、郡代支配代官や郡代組附が詰める郡代役所を設置することにした。

同年十二月、幕府は「御鷹野御用」にかかわる鷹野御成当日の将軍の鷹狩場所の警備について、これまでは代官所手代らが担ってきたが、今後は重要な取締り向きなので目付の担当にすることを決めた。そして実際に、将軍の鷹狩先での取締りを担ったのは、「御目付方在方出役」と呼ばれる役人であった。

この業務は将軍の身の安全にかかわることであり、関東郡代の久世氏は徒頭《かちがしら》衆にも鷹狩場内の人留めを要請し、徒方の出役役人一人当たり銀二匁の手当を支給することにした。このように、将軍鷹狩の警備は目付方と徒方の双方で担当することになったが、職務の重複による混乱が生じたため、それぞれの持場を決めて対処することにした。

また、鷹場内の幕府施設の普請・修復は、享保十九年まで代官伊奈氏の担当であったが、翌二十年から鳥見組頭の担当となり、伊奈氏は会計処理だけを取り扱うことになった。ところが、寛政期の伊奈氏の失脚によって、郡代支配代官がその職務を勘定所の指示のもとで担当することになり、馬喰町の郡代役所に付属する形で鷹野役所が設置されたことで、そこで取り扱われることになった。

鷹野役所は、将軍の鷹野御成にかかわって、「御鷹野御場　拵《こしらえ》并御賦《おくばり》方品々、上ケ物《あげもの》持送り、其外諸人足扶持米」(『大田区史』資料編、北川家文書一)とあるように、鷹場整備のための人足賦課やさまざまな夫役徴収の業務、さらには江戸城で必要となる上納品(「上ケ物」)の賦課・徴収、諸人足扶持米の受け渡しを担当した。

それらの業務は三つに大別される。一つは、鷹場環境を維持するため鷹場村々から人足を集めてその整備にあたったもので、その種類は「冬鳥御場所拵人足」「雉・兎御場所人足」「鶴・雲雀御場所人足」「鶉御場所人足」「目黒駒場原鶉狩出人足」「広尾原鶉狩出人足」「御上り場拵人足」「虫類採草持送り人足」など多様であった。二つには、鷹狩当日の業務として御膳所の指示や食膳の用意、それに必要な人足の調達やそのさいの手当米の支給などを担当した。三つには、幕府施設で必要となる上納品、つまり「蚊遣《かやり》御用」としての杉の葉、また江戸城で飼育している魚鳥の餌となるミミズ・エビヅルムシ・ケラ・

イナゴ・ハサミムシなど、「湯殿御用」としての桃の葉、大奥女性の「慰み」としての松虫・鈴虫などを御拳場村々へ割り当てて徴集した。これらの上納品は、江戸城御用物と呼ばれ、単に「上ヶ物」とも称された。なお、これらの業務を担当したのは関東郡代組附であり、文化三年（一八〇六）三月に関東郡代職の廃止によって鷹野方《たかのがた》と改称された。

このように、鷹野役所は鷹場村々への鷹野役《やく》の賦課・徴収機関として重要な役割を担っていたが、そればかりでなく、御拳場村々への江戸城維持のための江戸城御用物（上ヶ物）の賦課・徴収の機関としても大きな役割を果たしていたのである。

鷹場認識の変化と村方騒動

自然災害の多発によって農村荒廃が進み、関東の鷹場地域でも大きな影響を受け、放鷹制度の存続を揺るがす事態が発生していた。天明二年（一七八二）五月、武蔵国多摩郡岸村（現東京都武蔵村山市）など一七か村は御鷹捉飼場《とりかいば》に指定されていたが、打ち続く旱害や風雨の影響で諸作物が実らず、夥しい猪・鹿の発生もあって農業経営の維持が困難となっていた。しかし、鷹野御用人足などの諸御用をつとめなければならず、荒地も増大して困窮してきた。このため、恐れ多いことと知りながら、一五〜二〇年程度の鷹場御用の免除と鷹場指定の解除を幕府代官所に願い出、同年八月にはその参加村数を二三か村に増やして同様の嘆願をしていた（『東京市史稿』産業篇二十八）。結果は不明だが、こうした願いが提出されること自体、幕府にとっては深刻な事態であった。

こうした問題は、他の鷹場地域でも起きていた。寛政二年（一七九〇）三月、かつて水戸鷹場であった下総国葛飾郡小金新田（現千葉県松戸市・柏市）など一六か村は、下総牧内の小金牧付近の村落で猪・鹿や諸鳥が作物を食い荒らすため、村落が困窮し潰《つぶれ》百姓が激増していた。このため、家数や人口も減って田畑の荒地も増え、しだいに百姓の相続もできなくなってきていた。

これらの村々は、前年から「御休野《おやすみの》」（鷹場の休止状態）になっていたが、「御帰場《おかえり》」（鷹場に戻す）ではなく、「御捨場《おすて》」（鷹場指定の解除）にしてほしいと小金西新田の鷹場役所に願い出た（『松戸市史』中巻、近世編）。この地域は、幕府小金牧付近の村落であるため野馬御用人足をつとめ、また水戸道中に隣接するため松戸宿の助郷人馬もつとめ、さらに水戸鷹場の御用人足もつとめていた。こうして過重負担を強いられ、これに自然災害や鳥獣害が追い打ちをかけ、恒久的な鷹場解除を意味する「御捨場」を願い出たのである。

鷹場負担の上納は、村落の運営とも密接にかかわっており、村々への割り当てをめぐっては争いが起きることがたびたびあった。享保三年（一七一八）、下総国印旛・千葉・葛飾三郡内の五〇か村余が鷹場組合を結成し、共同で御鷹御用をつとめていた。ところが、同十年、代官伊奈氏家臣の落合吉五郎が廻村してきて、「小金領」がまとまって鷹場組合を結成し、御鷹御用をつとめるように申し渡した。その結果、江戸内湾沿いの御拳場《おこぶしば》二七か村と、内陸部側の御鷹捉飼場《おたかとりかいば》一九か村とが一緒になって、改めて鷹場組合を結成することになった。それ以降、この鷹場組合村々では御鷹御用の負担をめぐって争いが頻発し、たびたび訴訟に発展した。

鷹場組合の再結成直後から、御拳場二七か村はこのグループで御鷹御用をつとめ、御鷹捉飼場一九か村と共同歩調をとらなかった。しかし、御鷹捉飼場一九か村だけで御鷹御用を担うのがむずかしいため、代官の伊奈半左衛門役所に御拳場二七か村との共同負担により御鷹御用をつとめたいと訴えた。御鷹捉飼場一九か村は村の規模が小さく、ましてや新田村が多く、この村々だけで御鷹御用をつとめることが困難だったのである。このため、伊奈役所は鷹場組合の再結成時に提出していた証文通り、御拳場と捉飼場の村々がまとまって御鷹御用をつとめるように申し渡した。

宝暦八年（一七五八）六月にも、御鷹御用の人足配分をめぐって御拳場村々と御鷹捉飼場村々との間で争いが起こった。御拳場村々は御鷹捉飼場村々との鷹場組合を解消したいと申し入れたが、元文四年（一七三九）に作成された「為取替証文（共同で御鷹御用をつとめると誓約したもの）」が証拠として採用され、鷹場組合を解消することが認められなかった。

さらに、宝暦十年九月にもこの地域の鷹場組合村々は御鷹御用の負担をめぐって対立し、この裁判は評定所《ひょうじょうしょ》に持ち込まれた。その内容は、鷹匠が鷹の訓練で来村したさいの伝馬人足や宿泊賄い費用の負担をめぐって争っていたが、①鷹匠からの伝馬人足の催促に基づき「寄村」（「根村」を除く鷹場組合村々）に割り当て、余分な人足を必要とした場合は「根村」（交通の要所で鷹匠が宿泊する村）が責任をもって負担する、②村々のなかに遠方の村があった場合は二里内の村から馬を提供し、二里外の村からはその分を金銭で支払う、③この賄いに不足が生じた場合には月番の賄《まかない》名主が立ち会って村々に割り当てる、④支給された扶持米はすぐに村々に振り分ける、などのきめ細かな事項を確認して、両者（御拳場二七か村と御鷹捉飼場一九か村）との間で示談が成立した。

御鷹捉飼場とは、鷹匠らが将軍の「御鷹」を訓練する鷹場であると同時に、そのさいの鷹狩を通じて獲物を捕獲する場所でもあった。この捕獲された鳥は「上ケ鳥《あげどり》」と呼ばれ、鷹場村々の農民たちによっ

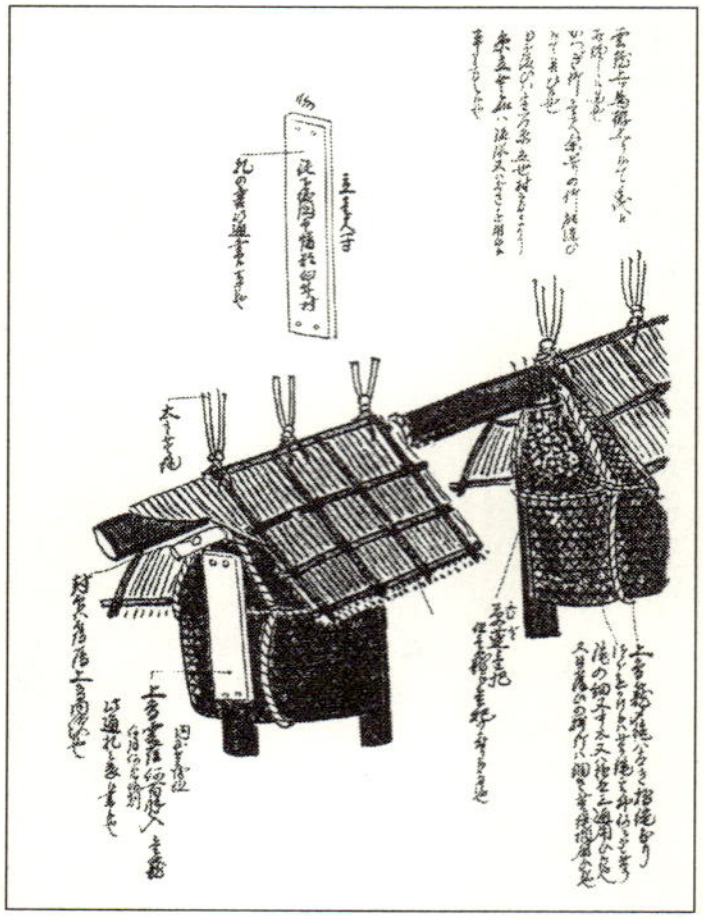

図38　上ヶ鳥の輸送籠（「雲雀上ヶ鳥道具絵図」）（宮内庁書陵部蔵）

て江戸城に運ばれた。これは、江戸城内の食膳に供されたほか、諸大名への贈答品としても下賜された。このため、鷹匠は鷹匠同心・鉄砲方同心・餌鳥屋らをともなって御鷹捉飼場村々に出かけて鷹狩をおこない、江戸城内で必要となる年間五〇〇〇羽の「上ヶ鳥」を捕獲しなければならなかった（「ねり雲雀幷上ヶ鳥拵方之記」宮内庁書陵部蔵）。鷹匠らが廻村した御鷹捉飼場村々では、旅宿の提供や人馬の手配を命じられ、捕獲した「上ヶ鳥」を宿継ぎで江戸まで運ぶことが義務づけられ、これは「上ヶ鳥御用」と呼ばれた（図38）。そのさい、村々は竹・縄・俵・塩・蓬草《よもぎ》などを上納し、籠・棹《さお》・挟み竹作りや「上ヶ鳥」の輸送のために人足を駆り出された（「刑銭須知」国立国会図書館蔵）。このためにかかる費用は莫大であった。

上総国内の市原・望陀《もうだ》・周准《すす》・武射《むしゃ》・長柄・山辺の六郡は、近世前期より幕府鷹場に指定され、享保期の鷹場再興時には御鷹捉飼場に編成された。このうち、望陀郡の御鷹捉飼場は江戸内湾沿いおよび小《お》櫃《びつ》川流域の六二か村であった。江戸から遠く隔たり、水鳥の生息が良好で、鷹匠らによる鷹の訓練に絶好の場所であった。しかし、鷹匠らの廻村が多くなればその宿泊費用や人足負担が村々に重くのしかかり、御鷹捉飼場村々だけではそれらの負担を賄いきれなくなってきた。そこで、幕府は広範囲の村々に負担を分散させようとして、御鷹捉飼場の周囲に縁《ふち》村二二か村（御鷹捉飼場に準じた役割を果たさせようとした村々）を設定し、御鷹捉飼場・縁村を含めて郡単位で村数を増やすことによって、人足の拠出を郡全体に拡大しようとしたのである。

また、鷹匠らによる鷹の訓練のための廻村では、鷹匠が宿泊する「根村」とその費用を負担する「寄村」とが連携して御鷹御用をつとめるよう定められていた。しかし、この地域の御鷹捉飼場村々以外の「寄村」は大部分が内陸部にあって、遠隔地の「根村」に人足を出さなければならないため重い負担となっており、実際の人足の代わりにその分を金銭で払いたいと主張した。「根村」も確実に人足を確保する必要からこの方法を認めたため、雇替え（金銭で人足を雇う）の制度が定着していった。ところが、「根村」のなかには鷹匠らの食事代やその事前準備の費用がかさむようになり、「寄村」もその費用を分担すべきとの意見が出てきていた。このため、「根村」は人足雇い賃に諸品代金などの賄い費用を上乗せして「寄村」に請求するようになった。本来、鷹匠の賄い費用は鷹匠が支払う宿泊賃銭で賄うことになっていたが、「寄村」はその賄い費用を支払う理由がないとして反発し、「根村」と対立していた。

宝暦八年（一七五八）六月、「根村」をつとめる上総国望陀郡神納《かんのう》・久保田・蔵波・飯富・横田（以上、現千葉県袖ケ浦市）・新田（現千葉県君津市）の六か村が原告となって、「寄村」一〇六か村の被告を相手取って勘定所に訴えた。この背景には、寛延四年（一七五一）に周准郡三九か村が「鶴御捉飼場《おとりかいば》」として独立したことで、その村々の負担分を望陀郡の御鷹捉飼場村々が賄わなければならなくなっていた。そして、事の発端はこの年一月、「寄村」のうち久留里藩領の村々が中心となって「根村」に対し、今後は「御鷹　賄水夫人足《まかないかこ》」を拠出しないと通告したことであった。「根村」としては、それを受け入れられるはずもなく、何度か話し合いをもったが決裂し、訴え出ることになった。このため、七月三日、上総国望陀郡横田村の代官陣屋に、代官吉田源之助と代官小田切新五郎の手代が出向いて「根村」と「寄村」の主張を聞き届けた結果、相互の主張の食い違いが明確となった。

このあと、両当事者は証拠書類を提出するなどして、以後二か月にわたって四回、評定所の白洲《しらす》で意見陳述して対決することになった。このなかで、もっとも大きな対立点は、鷹匠廻村時の賄い費用を「寄村」が負担すべきかどうかということであった。この結果、評定所は鷹匠賄い費用については「根村」の負担とするが、鷹匠が支払う賃銭以上の費用については「寄村」の了解を得ることを条件に負担すべきものであるとの判断をくだした。条件付きではあったが、「根村」の主張が認められたのである。

このように、御鷹御用の負担をめぐって地域社会内部で対立し訴訟に発展することがあり、またその負担自体を拒否する姿勢もみられるようになった。これには、村落間の情報交換による学びや御鷹御用そのものへの不信感、そして村落の自律心が働いていたとみられ、そうした動向は幕府にとっても重大な関心事とならざるをえなかったのである。

幕府鷹場支配体制の再編

文化三年（一八〇六）三月、関東郡代職が廃止されると、馬喰町御用屋敷詰代官がその屋敷内部にある鷹野役所を所管することになり、これによりそれまで鷹野関連業務を担ってきた関東郡代組附が鷹野《たかの》方《がた》と改称されることになった。鷹野役所は、将軍の鷹狩のさいの御膳所の指定や食膳の用意、それに必要な人足の調達やこれにともなう手当米の支給などのほか、御拳場村々が命じられていた江戸城御用物としての「上ヶ物」の賦課・徴集機関として位置づけられていた。

文政三年（一八二〇）三月一日、江戸の町触によれば、鷹場内風俗取締りのため、四人の代官の手《て》附《つき》・手代・足軽が鷹場の町々を巡回することになり、殺生人（鳥の捕獲者）を逮捕したときは、月番公事方勘定奉行衆へ引き渡すことになった。そして、町並地で殺生人を捕らえたときは町役人が預かり、月番の勘定奉行へ報告するようになった（『江戸町触集成』第十二巻、第一一八五九号）。

同年十月、幕府は鷹場村々の取締役として大貫次右衛門・中村八太夫・竹垣庄蔵・林金五郎を鷹場取締代官に任命した。このうち、大貫と中村は馬喰町御用屋敷詰代官であり、御用屋敷内にある鷹野役所を所管し、将軍の鷹狩のさいには馬喰町御用屋敷詰代官が鷹野方を引き連れて職務にあたった。これら代官所の手附・手代は昼夜の別なく村々を巡回し、御拳場内における殺生人や村内の治安を乱す者たち、そして魚猟道具を持ち歩いている者たちに対するきびしい取締りを命じられていた。また、代官の手附・手代による鷹場取締りは御鷹捉飼場村々に対してもおこなわれた。

文政五年になると、幕府は代官の手附・手代による鷹場村々の巡回を廃止して、以後は勘定所の鷹野方二人ずつを廻村させて取り締まり、鷹場内の町々へも間違いなく連絡するようにと申し渡していた。江戸の町と周辺村々を含めた一体的な取締りが志向されていたのである（『江戸町触集成』第十二巻、第一二二一四号）。

文政七年には、御拳場村々の村役人・惣代らが馬喰町御用屋敷に呼び出され、鷹場取締りに関する請書の提出を命じられた。その内容は、御拳場のうち利根川・中川・荒川・玉川通りの渡船場のある村々での見廻り強化についてであった。渡船場は人々の行き交う場所であり、そこでの取締りは鷹場地域での治安維持にも重要であると考えられていた。幕府でも鷹場村々での治安の乱れに深刻な危機感を抱き、その解決にあたっては鳥見や野廻《のまわ》りの警察的な役割が期待されていたのである。

そして、文政十年、関東一帯に関東取締出役と直結した改革組合の結成が指示され、鷹場支配とは別の改革組合村による体制によってもその取締りが強化された。つまり、関東農村の取締りが代官・鳥見のほかに、勘定奉行直属の関東取締出役と結びついた改革組合村によっても担われることになった。なお、鷹場環境の維持・保全については鳥見や野廻りの役割が大きく、関東農村の治安維持については関東取締出役と改革組合村が担当していた。この二つの組織は、それぞれの事物管轄に基づいて取締りをおこない、それぞれに対応していたというのが、この時期の特徴であった。

文政十一年には、鷹場取締出役を命じられた鷹野方の工藤小右衛門や雨村哲蔵が村々に申し渡した通達には、鷹場の取締りは例年と異なり、奉行所からもきびしく命じられているため、この者たちが昼夜の別なく頻繁に村々を巡回し、もし怪しい人物がいたときはすぐに捕縛し、容赦なく奉行所へ引き渡すことが記されていた。かれらは、鷹場取締りのための法令を村人に徹底させ、また魚釣りをしている者や鳥を密猟している者を見かけたときは、村役人と協力して逮捕することも命じられていた（本間清利『御鷹場』）。このように、鷹場村々は関東取締出役をはじめ、代官や鳥見、それに鷹野役所の鷹野方など、幾重にも重なった支配体制によって取り締まられていた。

ところで、鷹場の支配では鷹場環境の保全にともなう取締りだけでなく、鷹狩・鷹場を維持するための人足をいかに調達するかということも重要であった。代官伊奈氏の失脚によって、寛政四年（一七九二）十二月、鷹場を整備する人足である御場拵《こしら》え人足の調達に関する職務が鳥見の職務となり、その人足徴発は鳥見からの直触《じきぶれ》によっておこなわれることになった。その実務的な担当として、関東郡代の属僚である関東郡代組附の六名が鳥見手附に任命されていた（『寛永録』四、江東区教育委員会）。

またこのとき、葛西・岩淵両筋の村方名主のなかから御場所肝煎《きもいり》として一〇人が任命され、鳥見手附とともに人足の手配などを担当することになった。この二つの役向きは、御場所肝煎が農民出身、鳥見手附が御家人出身という違いがあったが、鳥見に属して鷹場の維持・保全に必要な御場拵え人足の徴発や、将軍の御成先の諸御用をつとめるという点では同じであった。このように、寛政期、伊奈氏が担ってきた鷹野御用が関東郡代役所内の鷹野役所のほか、鳥見機構へも移管され、郡代役所と鳥見機構との協力関係によって維持されていたのである。

いっぽうで、将軍の御成のさいの荷物持ち運び人足のなかには、勤め向きや態度が荒っぽく不作法な者たちがおり、大きな問題となっていた。そこで、文化七年（一八一〇）十二月には、江戸周辺にあった地域単位としての「領《りょう》」を束ねた領々触次一同が馬喰町御用屋敷内の鷹野役所に呼び出され、これまでの貢献を称えられて金三〇〇疋（年番は金二〇〇疋）を下賜された。またこのとき、触次役のなかから一〇人が「御鷹野方人足幷御賦《おくばり》方人足肝煎」（鷹野人足肝煎と略す）に任命された（『大田区史』資料編、北川家文書一、一九八四年）。この役職は、老中松平信明の命により勘定奉行小笠原長行が任命したもので、鷹野役所から命じられた人足の徴集を担当する役目であった。

このように、鷹狩や鷹場保全にともなう人足は、若年寄―鳥見―鳥見手附―御場所肝煎の系統と、老中―勘定奉行―鷹野役所―鷹野人足肝煎の系統とにより徴集されることになったのである。

幕府放鷹制度の終焉

幕府放鷹制度は、どのように解体していったのであろうか。その起点は宝暦・天明期の自然災害の多発による幕藩領主財政の窮乏と農村の疲弊とに求められる。鷹場村々でも、相次ぐ災害で農業経営がむずかしくなり、交通や鷹場・牧にともなう負担が重くのしかかり、鷹場負担を拒否し、鷹場の解除を願う村々も現れた。その後、日本は外圧に抗しきれず開国し、これは少なからず放鷹制度の維持に影響を与えた。

嘉永七年（一八五四）三月、日米和親条約に調印したアメリカは、人家のない山野での発砲による遊猟を要求し、これに対して日本側は狩猟者以外に鉄砲を使って遊猟できないことを説明した（『幕末外国関係文書之五』東京大学出版会）。しかし、両者の間で合意に達することができなかった。安政六年（一八五九）十月、鷹匠頭内山七兵衛組野廻り役の増山文蔵は、管轄する御鷹捉飼場村々に対して、外国人が鉄砲を使って雁や鴨などを捕獲していた場合には、見届けたうえで報告するように命じていた（『藤沢市史料集』十七、藤沢市文書館）。諸外国は、遊猟が必要であることの理由として食料不足をあげ、これに対して日本側は依然として「江戸十里四方」の御留場が鳥類殺生禁止区域で、鉄砲の使用ができないことを説明するのみで、意見の一致をみず、その取締りは徹底しなかった。

文久二年（一八六二）、幕府は勅命により幕政改革（文久の改革）を断行し、そのなかで大名への「御鷹之鳥」下賜を廃止した（『続徳川実紀』第四篇）。この理由は、「上ヶ鳥」御用により鷹匠らが御鷹捉飼場村々へ出張すると、その費用負担によって農民らが困窮し、また農業の支障にもなり、さらに将軍の「御鷹之鳥」の下賜は大名からの返礼をともなうものであったため、大名にとっても重い負担になると説明されていた。つまり、「御鷹之鳥」の下賜儀礼を維持することは、農民にも大名にも負担となるためその廃止に踏み切ったのである。そうした認識は、将軍の鷹狩にも波及し、十四代将軍徳川家茂による文久三年正月十八日の千住筋への鷹野御成が最後のものとなった（『続徳川実紀』第四篇）。

文久三年正月十二日には、幕府は役職の一部の異動をおこない、鷹匠頭の内山伊三郎を留守居番へ配置転換し、また同月十六日には伊三郎の子の善三郎も鷹匠頭見習から両番（書院番・小姓組番）へ異動させた（『大日本近世史料　柳営補任四』東京大学出版会、一九六四年）。この人事異動によって、鷹匠頭はそれまでの二人体制から戸田氏のみの一人体制へと変更になり、明らかに鷹匠組織が縮小したのである。

慶応二年（一八六六）七月二日に将軍家茂が死去し、その後継者が一橋慶喜《よしのぶ》に決定した。慶喜は、同年八月二十日に徳川宗家を相続し、十二月五日に将軍宣下を受けて十五代将軍となった。この間の九月十三日、幕府は朝廷に対し、これまで恒例化してきた「御鷹之鶴」献上の御免願いを提出した。これは、幕府の儀礼制度のなかできわめて重要なものであり、将軍の天皇への礼秩序として位置づけられていた。このため、将軍家が一方的に廃止するのではなく、「御免願」の形により伺いを立て、了承を得ようとしていたのである。

これを受けて、同年十月十五日、幕府は武蔵国橘樹・久良岐・都築の諸郡、相模国鎌倉郡内の村々のうち、御拳場や御鷹捉飼場に指定されている村々に「御差止《おさしとめ》」、つまり鷹場の解除を通達した（『続徳川実紀』第五篇）。この対応は、幕府鷹場全体から見れば一部に過ぎなかったが、外国人の遊猟解禁要求と密接にかかわっていた。

そして、慶応三年四月二十七日、幕府は関東地方において御拳場と御鷹捉飼場に指定されていた村々に対して「当分御用無之《これなく》」と通達し、御鷹御用を命じないことにした（『続徳川実紀』第五篇）。ここでは、「当分御用無之」と記述されていて、その再開を目論んでいた可能性がないわけではないが、これ以後、元に復すことはなかった。これにより、旧鷹場村々では運上金の納入と引き換えに鳥猟が許されるようになった。このなかで、鶴や白鳥の捕獲禁止、鷹狩や飛び道具での殺生禁止、禁断の場所での鳥猟禁止などが通達された。

将軍就任後、徳川慶喜は幕政改革を断行し、幕府に代わる政権構想や国家構想を抱いていた。慶応三年、薩摩・長州両藩などによる武力討伐の機運が高まるなか、諸侯会議という雄藩連合政権構想である公議政体論を主張した土佐藩は、将軍慶喜に討幕派の機先を制して政権の返上をおこなうよう勧めた。慶喜はこれを受け入れ、十月十四日、大政奉還を朝廷に上表し、受理された。これには、朝廷のもとに徳川氏を含む諸侯らの会議を組織して連合政権をつくろうとする願いが込められていたが、薩長両藩は政局の主導権を握るため、十二月九日に政変を決行し、王政復古の大号令を発して天皇を中心とする新政府が樹立された。ここに、江戸幕府は滅亡したが、慶喜らの旧幕府軍は新政府軍と一年余の戊辰戦争を繰り広げ、結局、新政府軍の勝利に帰した。

第3章　鷹・鷹狩をめぐる儀礼制度

1　鷹の確保体制と贈答儀礼

鷹の確保体制

鷹狩をおこなう前提となるのが、鷹の確保である。江戸幕府は鷹をどのように確保していたのであろうか。鷹はどこにでも生息していたわけではなく、その生息地が限られていた。このため、幕府はいくつかの方法で鷹を確保していた。大別すると、①鷹が営巣している山々を幕府が御巣鷹山《おすたか》(御鷹巣山・御鷹山)に指定し、その巣鷹《すだか》を確保する方法、②鷹が営巣している地域から鷹を購入する方法、③鷹が営巣している山々を領有する大名らから鷹を献上させる方法、④将軍就任祝賀のために来朝する朝鮮通信使が献上する鷹を受け取る方法などである。

寛永三年(一六二六)二月二十八日、幕府は直轄領の山間村落に三か条から成文化された「巣鷹の制」を触れた(『徳川実紀』第二篇)。①巣鷹を発見した者は本人および五人組の者までその年の鷹巣の番を許し、また本人には褒美を下されること。そして、新しい鷹巣を発見した者には通常の二倍の褒美を下されること。②雛鷹《ひな》のいる巣を隠し、また巣のなかの鷹を盗んだ者がいたならば処罰する。後日、露見した場合もその本人や一味とも死罪に処する。その場合、同じ五人組に所属する者たちは牢舎とする。③巣鷹を盗んだ者であっても仲間を密告した場合はその罪を許し、また褒美として金五〇両を下されること。巣鷹の発見・監視は百姓の役割であり、それに違反した者は処罰されることが明確となった。ここには、この時期から結成が奨励されてくる五人組を核として、巣鷹の発見・監視対策を強めていこうとする幕府の戦略的意図が認められる。このように、武士に軍役が義務づけられているように、山間村落の百姓には巣鷹発見の報告とその監視を義務づけていたのである。身分制にともなう御役奉公の明確化の一環といえよう。

幕府放鷹《ほうよう》制度の復活のなかで、享保五年（一七二〇）二月、幕府は「巣鷹差越御定《さしこし》」三か条を制定した。これは、たびたびの命令で情報が入り混じって紛らわしくなったため改めて触れたものである。①夏至十日後までに江戸に到着した巣鷹は新巣・古巣の差別なく献上する。②夏至二十日を過ぎて江戸に到着した巣鷹は献上しない。なお、昨年・一昨年と献上を怠った巣所は、いよいよ意を用いて発見につとめ献上する。③雀鷂《つみ》の巣を発見した場合には、早いか遅いかにかかわらず献上することを命じた（『徳川禁令考』前集第三）。巣鷹の献上時期に関するこれまでの命令を統一し、その徹底を促そうとしたのである。

享保八年八月、勘定奉行は巣鷹の上納について代官に三通の書付を通達した。一つ目は、近年、巣鷹の上納数が少なくなり、どのような問題点があるのかを問い合わせるので返答してほしいというものである。二つ目の書付は代官が心得ておくべきものであった。①巣元の百姓らが直接、巣鷹を江戸の代官宅へ持参し、その手代が付き添って鷹匠頭のもとに持っていき、その吟味によって買い上げるかどうかを決定する。その代金は直接、幕府の金蔵から支払う。②巣鷹の売買をしている商人は、外売りは自由にしてよいものとする。③巣鷹山では巣元村々が番人をつけて監視しているので、代官が関与することは何もない。三つ目の書付は、代官から巣元の村々へ触れるべきものであった。①巣元の百姓らが直接に巣鷹を江戸の代官宅へ持参し、それから鷹匠頭の下へ持参し、その吟味によって買い上げるかどうかが決まるものとする。この御用が済めば自由に外売りしてよいものとする。御用の巣鷹は五〇里（約一九六キロメートル）以内の村々であれば一居《もと》あたり金三両で、五〇里以上離れた村々であれば一居あたり金五両で買い上げる。その金銭は、直接に幕府の金蔵から支払う。②怪我をしている鷹や兄鷂《このり》（鷂《はいたか》のオス）を持参しても買い上げない。③今後、支払うのは巣鷹の代金だけで、巣元村々への番人手当や諸入用は払わないものとする。このように、巣鷹上納の条件が改められ、それでも希望する者は代官宅へ持参するようにと命じたのである。

享保期の幕府放鷹制度は、鷹役人の大幅な削減をはじめ、鷹場の規模や鷹献上大名数の縮小など、全体として縮減され、幕府の鷹保有数も少なくなっていった。鷹献上大名の数が少なくなったとはいえ、東北大名などを中心に鷹の献上は継続されていた。また幕府指定の御巣鷹山からの鷹上納についても、この書付から確認できるように、巣鷹代金以外の諸入用の支給も停止し、巣鷹御用の経費削減策が進められていた。これは、享保改革における幕府財政の再建と密接に連動しているものであった。

宝暦十四年（一七六四）三月、幕府は勘定奉行に対して、巣鷂の巣下ろしについては陸奥・飛騨・甲斐・信濃・駿河・上野・下野・武蔵の国々の山間村落に日程を決めて幕府に持参するようにという通達を出した。つまり、幕府への持参日を決めずに巣下ろしして持参しても、御用に役立てられないので、以後は日程を決めて巣下ろしして、良質な巣鷂だけを持参するようにという内容を周知させるために触れたものであった。もっとも、この通達と同様のものは前年にも触れられており、その内容を改めて周知させたものであった（『御触書天明集成』）。

しかし、宝暦十四年四月七日、目付の曲淵景漸《まがりぶちかげつぐ》は若年寄の小出英智の命令を受けて、つぎのような通達をおこなった。陸奥・飛驒・甲斐・信濃・駿河・上野・下野・武蔵の諸国山間村落に対して、これまでの巣鷹上納について、鷹巣のある村落の名主や村役人に知らせず、互いに競い合って巣鷹を発見して勝手に巣下ろししているという噂があるが、今後、巣鷹の上納はその地域の村の名主に知らせること。そして、その地域の支配領主に届け出て、どの山の何という場所で巣鷹を発見し、また卵が孵《かえ》ってからどれくらいの日数が経っているのかなどの詳細な情報を報告することになった。届け出る内容については、書類の作成月日やその者の名前、巣鷹の所在場所を確定し、村内の山に間違いなければ、名主の指図に従って都合のよい時期に巣下ろしし、その支配領主から添え状をもらって鷹匠頭へ巣鷹を持参すること。もし添え状がなく持参した場合は買い上げないことを通達した（『徳川実紀』第十編、「教令類纂二集」『内閣文庫所蔵史籍叢刊』教令類纂二集二）。この時期、不法な巣鷹の巣下ろしが横行していたので、一定した手続きに基づいて巣鷹を上納させることに改めたのである。

寛政十一年（一七九九）四月、若年寄の立花種周《たねちか》から命を受けた勘定奉行兼帯関東郡代の中川忠英は、珍しい鷹を発見した場合の対応について、各地の代官につぎのような申し渡しをおこなった。これまで鷹を献上してきた諸家へ、先ごろ「生替之鷹《うまれかわり》」を発見したならば差し出すように申し渡した（図39）。

この「生替之鷹」は他の国々でも発見されているので、各地の幕府直轄領で発見した場合は江戸表へ連絡する。これは、この時期に限ったことではなく、いつ発見した場合であっても届け出るように村々の者へ申し渡す。代官が異動した場合は、後任の者へ申し送りするように心得る（『牧民金鑑』下巻）。なお、「生替之鷹」がどのような鷹なのかはよくわからないが、おそらく珍しく良質な鷹を指しているのであろう。この時期、幕府放鷹制度も民衆の鷹場認識も大きく変化していたが、そのなかにあって幕府はなおも珍奇な鷹の確保に奔走していたのである。

江戸時代の武家社会においても、「抑《そもそも》鷹はもと朝廷より御預りの物なるが故に、将軍と雖《いえど》も御鷹《おたか》と唱へらるる」（「村越筆記」『古筝類苑』遊戯部）という認識があり、鷹が古代天皇の大権と結びついて以来、権威を象徴するものとなっていた。将軍であっても「御鷹」と唱えていたという存在であればこそ、もっとも良質な鷹を持ちたいという欲求は自然なことであり、そのためにさまざまな収集システムを創出し、良質な鷹が集まるような受け入れ体制を整備していたのである。

図39　鷹の捕獲（河鍋洞郁画『絵本鷹かゝみ』初編下）（早稲田大学図書館蔵）

御巣鷹山の指定

鷹は険峻な崖の窪みや大木の枝上に巣を掛ける特性を有しているので、鷹が営巣する鷹巣山を手中におさめることが何より重要であった。享保期以降と推定される「鷹出所名録」によれば、鷹の営巣地として松前・南部・佐竹・陸奥・上杉・津軽・戸沢・日光・鹿島・常陸・武州・下野・上州・信州・飛騨・岩城・下総・甲州・長門・伊予・遠州・薩摩・駿州などが書き上げられ、その地名は六六三地点を数えることができる(『放鷹』新装版)。このうち、松前・南部・佐竹・陸奥・上杉・津軽・戸沢・磐城の鷹出所の合計だけで、全体のおよそ六八パーセントを占めていた。ついで、関東地方が全体のおよそ一四パーセント、中部地方が全体のおよそ一四パーセントとなっていた。このように、日本全体のなかで、蝦夷松前と東北地方は鷹の産出地として重要な位置を占めていたのである。

まず、幕府は近世初期以来、鷹が生息する各地域の鷹の営巣に適した深山幽谷の山林を御巣鷹山に指定し、関係者以外の入山をきびしく禁止した。上野国甘楽《かんら》郡山中領《さんちゅう》(現群馬県多野郡上野村・神流町)は、信濃・武蔵両国と国境を接し、上山郷(七か村)、中山郷(六か村)、下山郷(九か村)の三つの「郷」に地域区分されていた。この山中領には、享保期(一七一六〜三六)には三六か所の幕府の御巣鷹山が点在し、これらの山林は御留山《おとめやま》であったため、その管理は幕府から任命された御巣鷹見衆(鷹見役)とその下役が担当した。上山郷の御巣鷹山は上野国甘楽郡楢原村(現群馬県上野村)の枝郷浜平と野栗沢が分担して鷹見役をつとめ、中山・下山両郷の御巣鷹山は同郡神原村(現群馬県神流町)と同郡平原村(現群馬県下仁田町)の枝郷八倉の者が鷹見役をつとめていた。かれらは山々を巡回して巣鷹の発見とその保護につとめ、雛鷹を適当な時期に巣下ろしして幕府へ上納した(須田努「山間地域(石高外領域)における『公儀』支配と民衆生活——御巣鷹山制度と御鷹見役をめぐって」『関東近世史研究』第二四号、一九八八年、佐藤孝之『近世山村地域史の研究』)。

また武蔵国多摩郡北西部地域には、幕府の御巣鷹山が三四か所（およそ二〇〇〇余町歩）あり、巣鷹を保護するために村人の立ち入りを禁じる御留山となっていた。しかし、五代将軍徳川綱吉政権時代、巣鷹の上納がみられなくなり、御巣鷹山の御林木は用材または炭材などとして伐り出されるようになった。山林利用の主体が雛鷹保護林から備荒林へと変化していった。とはいえ、延宝四年（一六七六）に武蔵国多摩郡氷川村（現東京都奥多摩町）から分村した日原《にっぱら》村の仁兵衛家は、天保年間（一八三〇〜四四）になっても鷹見役の職にあり、御巣鷹山の御林木の伐採による巣鷹への影響調査をおこなっていた（東京都西多摩郡奥多摩町誌編纂委員会『奥多摩町誌』歴史編）。

御巣鷹山の指定による鷹の確保は、諸藩でもおこなわれていた。たとえば、関ヶ原の戦いで勝利した直後の慶長五年（一六〇〇）、徳川家康は木曾山を直轄とし、木曾領主の木曾義昌の重臣であった山村良候《よしとき》（道祐）を代官に任命して管理させた。慶長七年の道祐の死後その跡を継いだ良勝ははじめて甚兵衛を名乗り、木曾山と木曽川を支配した。元和元年（一六一五）、甚兵衛管轄の木曾は尾張名古屋藩領となり、良勝は名古屋藩主徳川義直の所属となり、以後は事実上の木曾代官として木曾材の伐採と搬出とにかかわった。その材木は幕府が優先的に利用できる定めであり、伐採された木材は築城や造船、土木用材などに利用されたのである（『愛知県史』通史編近世1）。

しかし、これによって木材資源が枯渇してくると、材木の伐採量を減らした山林保護政策を打ち出した。元和四年、鷹の営巣に適した山林六一か所（元禄期以降、五九か所）を「御巣山」（御巣鷹山）に指定し、巣を保護してその育成を図るために住民の立ち入りを禁止した。寛文四年（一六六四）、名古屋藩は最初の木曾山巡見をおこない、山林資源を保護するために住民の立ち入りを厳重に禁止する「留山」を設けてその保護につとめた。それでも、山林資源の減少が止まらなかったため、宝永五年（一七〇八）に「停止木制度《ちょうじぼく》」を設けて、檜《ひのき》・椹《さわら》・翌檜《あすなろ》・高野槇《こうやまき》の伐採を禁止した。停止木制度は、俗に「木一本、首一つ」と呼ばれるほどきびしいもので、その違反者を厳罰に処し、その制度の維持を徹底させた。元文四年（一七三九）、「巣山」と「留山」の見廻りが山村氏家臣の担当となり、木曾山の保全がはかられていったのである（『木曽福島町史』第一巻〔歴史編〕、田原昇「山村甚兵衛家による木曾山支配の様相」『徳川林政史研究所研究紀要』四一、二〇〇七年）。

木曾の「御巣山」から巣下ろしされた巣鷹は、慶長年間（一五九六～一六一五）には幕府に上納されたが、元和元年に木曾が名古屋藩領となってからはそのすべてが名古屋藩に上納され、その一部は幕府に献上され、残りは名古屋藩主の用に供された。毎年、春になると名古屋藩から巣鷹管理のため御鷹奉行が派遣され、寛永十七年までは妻籠《つまご》・福島・奈良井の三か宿に駐在したが、同十八年には美濃国中津川宿の一か所になった。慶安三年（一六五〇）には鷹の巣下ろし数が少なくなったことで、御鷹奉行の出張ができなくなり、同三年から再び鷹匠三人が木曾に派遣されて妻籠・須原両宿に駐在した。この結果、三〇居の巣下ろしがおこなわれた。

その後、元禄六年（一六九三）、綱吉政権が諸大名に巣鷹献上の必要がないことを命じたため、各地で巣山番人が廃止された。将軍綱吉没後の正徳元年（一七一一）三月、名古屋藩は鷹狩を復活し、巣鷹を上納するようにとの内命があったが、中絶していたためうまくいかなかった。

享保元年（一七一六）、名古屋藩では改めて巣下ろしの準備をするよう内命があり、幕府放鷹制度の復活もあって巣鷹の需要が高まり、享保十五年二月、中山道藪原宿（現長野県木祖村）に鷹匠を配置することになった。この役所は御鷹匠役所と呼ばれ、毎年春、名古屋藩より鷹匠ら数名が出張してきて巣鷹発見を奨励し、巣下ろしされた鷹をすべて名古屋藩へ送り届けるなどの事務を管掌した。この御鷹匠役所は、明治四年（一八七二）の制度廃止まで存続した（『木曽福島町史』第一巻〈歴史編〉）。

このように、鷹狩で用いる鷹を確保するために、幕府や諸藩はその営巣する山々を御巣鷹山に指定し、鷹見役などの役人たちによって鷹巣の保護を徹底していた。そして、適当な時期に巣鷹が巣下ろしされて幕府や諸藩に上納され、鷹匠らの飼養と調教とによって鷹狩に用いられていたのである。

つぎに、鷹の購入についてみていきたい。「梅津政景日記」の元和六年（一六二〇）八月四日条や翌五日条に、幕府鷹匠の大塚茂右衛門や山本藤右衛門の存在が確認できる（『大日本古記録　梅津政景日記四』）。藤右衛門の履歴によれば、幕府の命により諸国に鷹を求めて出張し、なかでも鷹の産出地と名高い松前にたびたび出張し（『新訂寛政重修諸家譜』第三）、その道すがら秋田藩の久保田の町に立ち寄り、久保田城で饗応を受けていた。

このように、松前の鷹の買いつけにやってきた幕府や諸藩の鷹匠らは、情報交換を含めて秋田藩の鷹匠らと親密に交流していた。このあと、大塚と山本の二人は松前に出張したが、「梅津政景日記」の元和六年十一月二十七日条に、二人が松前で鷹を買いつけた帰路、出羽国秋田郡久保田（現秋田県秋田市）に立ち寄り、藩主の佐竹義宣《よしのぶ》や家老の梅津憲忠《のりただ》に若兄鷹《わかしょう》や隼《はやぶさ》を贈っていた（『大日本古記録　梅津政景日記四』）。松前での鷹の買いつけにさいして、幕府鷹匠らは饗応を受けた見返りに秋田藩主らに鷹を贈るという相互儀礼がみられた。

松前での鷹の買いつけは幕府のみならず、諸藩でも同様であった。「梅津政景日記」の寛永六年（一六二九）閏二月二十三日条に、秋田藩が松前へ鷹の買いつけに鷹匠を派遣し、入手してきた記事がある。このときの若大鷹《わかおおたか》一居の値段は金一二両、山帰《やまがえり》大鷹一居は金七両であった。なお、この時、若大鷹二居、山帰大鷹二居を買いつけ、その総額として金三八両を藩から支出していた（『大日本古記録　梅津政景日記七』）。また、「梅津政景日記」寛永六年六月十一日条に、福井藩でも松前へ鷹匠七人を派遣し、鷹を買いつけたあと秋田藩に鷹の餌となる犬やその輸送人足を貸してくれるよう要請していた（『大日本古記録　梅津政景日記七』）。幕府や諸藩は、鷹の買い出しのため松前や東北地方に鷹匠を派遣し、良質な鷹の入手に余念がなかった。

鷹献上大名の役割

徳川政権は、鷹が営巣している山々を領有している大名らからの献上により、鷹獲得数の大半を確保していた。これは、豊臣政権の鷹献上のあり方をほぼ全面的に継承したものであったが、徳川政権の鷹献上の手法は豊臣政権とは大きく異なっていた。すなわち、徳川家康は豊臣秀吉のように「所望」という形で大名に積極的に鷹の献上を催促するのと異なり、大名らの主体性に任せながら鷹を献上させ、その恒例化に結びつけていた。

鷹の献上は、大名が幕府老中に伺いを立てたうえでその承認を得、一定の手続きによっておこなわれていた。決して、大名がみずからの思いだけで献上していたわけではなく、幕府・大名間の合意によって鷹の献上がおこなわれていた。こうして、鷹の献上を恒例化した大名らは幕府から鷹献上大名として位置づけられ、幕府への御役奉公として機能し、統一政権と大名との主従関係を構成する証しともなった。

このなかにあって、松前藩は幕府への鷹献上にあたって、他大名とは異なり、固有な特権を幕府から与えられていた。それは「伝馬《てんま》御判」の拝領であり、徳川政権は松前の鷹の確保に強力な体制を敷いた。家康は将軍就任一年後の慶長九年（一六〇四）八月十六日付の朱印状で、松前から京都までの日本海沿岸に領知をもつ大名らに松前藩からの献上鷹の輸送と鷹餌の提供とを命じた（『徳川家康文書の研究』下巻之二）。また、同十六年四月十日にも、将軍徳川秀忠付き年寄の本多正信・酒井忠世・土井利勝・安藤重信・青山成重らは、松前から江戸までの間に領知をもつ大名らに松前鷹輸送の伝馬と鷹餌の提供とを命じる連署奉書を発給した（『大日本史料』第十二編之二）。幕府は松前の鷹の入手にあたって、江戸までの沿道大名らの輸送によって確保する体制を敷いたのである。

以後の歴代将軍も、このときの奉書の形式を踏襲した。秀忠政権下では、陸奥・羽後・羽前・陸中・陸前・下野・岩代・下総各国の主要街道を領有している大名らに鷹輸送の役負担を命じ、陸奥・出羽両国の大名や旗本らはそのほとんどが対象となっていた。このように、幕府権力によって松前からの鷹輸送体制が東北諸藩を包摂する形で確立し、東北諸藩は近世国家における鷹輸送の地域的分業を果たすべく編成されていたのである（長谷川成一『近世国家と東北大名』）。

一般に、諸大名の鷹献上は、伝馬が御定《おさだめ》賃銭、宿泊が相対銭で支払われていたのに対し、松前藩のみが無賃の「伝馬御判」を拝領し、他大名にはみられない鷹献上に関する特別な待遇を与えられていた。松前藩といえば独占的な蝦夷《えぞ》地交易権を保障されていたが、幕府への鷹献上についても「蝦夷島主」としての家柄から「伝馬御判」の拝領という特別な計らいを受けることになった（菊池勇夫『幕藩体制と北海道』)。ここには、松前が鷹の最大の供給地であり、かつ秀逸な鷹の産出地であるという点が考慮されていたとみられる。

松前からの鷹輸送は、家康政権初期には豊臣政権のときと同じように、松前から京都までの間を海上輸送していたが、慶長末期には松前から江戸までの陸上輸送に変更し、伝馬制を整備していった。なお、この海上輸送時に海運商人として活躍した人物に、田中(鷹屋)清六がいた。かれは織豊期から鷹買い業を営んで財を成し、海運業者としての地歩を固めて家康の信任を得、慶長四年(一五九九)十二月には北国中での船舶諸役免許を与えられていた(中村孝也『徳川家康文書の研究』中巻)。なお、鷹輸送を命じる老中奉書は、以後も将軍の代替わりごとに発給されていた。しかし、五代将軍徳川綱吉が生類保護政策にかかわって放鷹制度を縮小していた天和二年(一六八二)に、松前藩が献上鷹の「伝馬御判」の特権を辞退したことで中断した。その後、享保期の放鷹制度の再興にさいして、かつての特権も復活した。

また、豊臣政権下で重宝されていた日向国の鷹の確保について、関ヶ原の戦いに勝利した徳川家康は、その翌年に豊臣政権のときと同じように米良山《めらやま》を鷹巣山に設定した。「相良家文書之二」の慶長六年(一六〇一)九月二十九日付の黒印状で、家康は肥後人吉藩主相良頼房(長毎)に宛てて米良山の鷹巣山に弓・鉄砲を持ち込ませず、また焼畑も禁じて、その取締りと保護とを徹底するように命じていた(『大日本古文書』家わけ第五)。秀吉政権は日向の鷹巣奉行に薩摩の島津義弘を任命していたが、その島津氏が関ヶ原の戦いで西軍に所属したことで家康はこれを踏襲せず、人吉藩主の相良氏に命じて米良山の鷹の確保をはかった。この措置は、相良氏が関ヶ原の戦いで徳川方に内通していたことが高く評価された結果であった。

開幕後、将軍への鷹献上は大きな広がりをみせた。奥羽大名はいうまでもなく、鷹を産出する地域を領有する大名や代官らも鷹を献上した。その一人である秋田藩主の佐竹義宣《よしのぶ》は、元和四年（一六一八）九月十一日、出羽米沢藩主上杉景勝の鷹匠衆が秋田に鷹を求めてやってきたとき、「爰元《ここもと》ニハ売鷹一切無之候、当国にて被取候鷹ハ上様へ進上被致、義宣手遣《てづかい》ニハ松前より毎年所望被致候段、委《くわしく》申渡」と返答していた（『大日本古記録 梅津政景日記三』）。すなわち、将軍から宛行《あてが》われた領知から産出する鷹は、将軍の所有に帰するという認識をもっていたことがうかがえる。たとえ、これが原則論的な立場からの思考であったとしても、事実、佐竹義宣はみずからが使う鷹を松前だけでなく、出羽や常陸鹿島・下総海上地方などからも購入していた。

また、「肯山《こうざん》公治家《ちけ》記録全書前編巻之二」（『仙台藩史料大成 伊達治家記録』六）によれば、寛文三年（一六六三）における仙台藩の幕府への鷹献上は、九月十六日に「初種若黄鷹《きだか》」一居、九月二十八日に「二番ノ黄鷹」二居、十月一日に「三番ノ黄鷹」三居、十月三日に「四番ノ黄鷹」二居、十月十九日に「黄鷹」二居、十一月九日に「黄鷹」一居、十一月十一日に「黄鷹」一居、都合七回にわたって一二居の黄鷹を献上していた。ここで、その年の当初の鷹献上には「初種」「二番」などのように献上回数の順番が示されていることから、これは献上数とともに献上側・受領側双方にとって貢献の度合いの重要な指標となるものだったのである。

「大猷院《たいゆういん》殿御実紀」巻十九によれば、寛永九年（一六三二）九月から十一月までに幕府に鷹を献上した大名は、秋田藩主佐竹義宣、仙台藩主伊達政宗、上野館林藩主松平（榊原）忠次、小田原藩主稲葉正勝、米沢藩主上杉定勝、横須賀藩主井上正利、松前藩主松前公広、弘前藩主津軽信義、会津藩主加藤明成、佐賀藩主鍋島勝茂、陸奥三春藩主松下長綱、出羽上山藩主松平忠知、常陸宍戸《しど》藩主秋田俊季、川越藩主酒井忠勝、大和高取藩主本多政武、若狭小浜藩主京極忠高、遠江浜松藩主高力《こうりき》忠房ら一七名におよんでいた。やはり、松前・奥羽の大名が圧倒的に多く、これに関東大名が続き、わずかに九州・畿内・北陸・東海の大名からも献上されていた。このなかには、伊達政宗のように鷹を三度も献上した者、佐竹義宣・加藤明成・上杉定勝のように二度にわたって献上した大名たちも存在していたのである（『徳川実紀』第二篇）。

鷹献上者には、大名以外にも、大番頭松平忠実、豆州郡代小林重定、代官諸星政長、中奥小姓瀧川利貞、出羽村山郡白岩領主酒井忠重らの旗本らもいた。この年は、大御所秀忠が逝去した年で、いっぽう将軍家光が自立した事実上の「御代始《みよはじめ》」の年であり、幕府への鷹献上者はその祝儀としての意味合いもあって多かった。この年を境にして、鷹の献上は減少し、淘汰されていったように思われる。またこれ以後、それまで『徳川実紀』にみられた鷹献上者の記述が少なくなり、その全貌を把握できなくなっていった。しかし、その後も松前・奥羽大名の貢献の度合いは高かったとみられる。

享保期（一七一六〜三六）、幕府への鷹献上を恒例化していたのは、松前藩（松前志摩守）が黄鷹一五居、仙台藩（松平陸奥守）が黄鷹七居、弘前藩（津軽越中守）が黄鷹五居、秋田藩（佐竹右京大夫）が黄鷹五居、盛岡藩（南部信濃守）が黄鷹五居、米沢藩（上杉弾正大弼《だんじょうのだいひつ》）が黄鷹一居、越後長岡藩（牧野兵部）が鷂《はいたか》三居、伊予松山藩（松平隠岐守）が雀鷂《つみ》五居、出羽新庄藩（戸沢鶴千代）が黄鷹一居、信濃松本藩（松平〔戸田〕丹波守）が細掛鷂二居・巣鷂二居、名古屋藩（尾張殿）が巣鷂二居・巣雀鷂二居、信濃高島藩（諏訪因幡守）が巣鷂一居（但し、釜無山に巣がない場合は献上なし）の一二家から黄鷹三九居・鷂八居・雀鷂七居であった（『放鷹』新装版）。近世中期以降になると、鷹献上大名は少なくなり、これらの藩に限られるようになった。

このように、幕府への鷹献上は鷹を産出する地域に領知をもつ大名らによって担われ、それらは全国にわたっていたが、そのなかにあって松前・東北諸藩の大名の役割はきわめて大きかった。こうした役割は、古代以来、東北地方の権力者が担ってきており、その伝統が受け継がれていたのである。

こうした鷹の献上は、木製の箱に入れておこなわれたが、箱には献上者の名前を記した木札をつけて運ばれていた。これには、各藩によって箱籠の大きさや形状、足革・大緒《おおお》（條ともいう。鷹を据えたり架《ほこ》に止めたりするときに足革につなぐ大きな組糸の緒）・旋子《もとおし》（鷹の足革につなぐ大緒を回転させる金具）などに習わしがあった。たとえば、松前藩では箱を樅《もみ》の木でつくって鉄釘でとめ、高さ一尺五寸二分（約四六センチメートル）、長さ二尺四寸三分（約七四センチメートル）、幅一尺五寸五分（約四七センチメートル）であった。箱の床部は琉球表《おもて》、天井には白布を張り、なかに綿を入れた。そして、足革は茶色単革を用い、大緒は白苧麻《からむし》長さ七尺（約二メートル一二センチ）、旋子は真鍮《しんちゅう》で丸くつくった。また箱の提げ縄は白麻緒を上板の中央に貫き、木札は表に産地や塒《とや》名を書き、裏に鷹の種類や員数を記した。また、仙台藩では箱の天井に白革を張り、足革は燻《ふすべ》単革（松葉などの煙でいぶして地を黒くし、模様の部分を白く残した革）を用い、大緒は白麻長さ三尺三寸（約一メートル）、旋子は銅、小槌《こづち》の緒は燻革、木札は表に一行で書き、紺染緒でつないでいた。このように、それぞれの習わしでつくられた木箱に入れられて納められたのである（『放鷹』新装版）。

朝鮮からの鷹献上

ところで、江戸期の日朝交流は、文禄・慶長の役後、断絶していた李氏朝鮮と日本との国交を回復すべく、日本側から朝鮮側に使節の派遣を要請したことにはじまる。朝鮮側には日本と国交し、南方からの脅威を減らすという考えも醸成されていたため、その再開にあたって対馬藩が幕府と李氏朝鮮との仲介をつとめた。対馬藩は国交回復を確実なものとするため国書の偽造に手を染めたが、朝鮮の使者はこれを黙認した。こうして、朝鮮使節派遣が実現することになった。ただし、当初の三回は回答兼刷還使《さっかんし》と呼ばれ、日本からの国書に回答し、日本に残っている朝鮮人捕虜を送還するという意味合いの使節であった。この使節派遣による献上物のなかに、鷹が含まれていた。これには、将軍就任祝賀のために来朝する朝鮮通信使がもたらすものと、朝鮮国との交易に従事していた対馬藩主の宗《そう》氏からもたらされるものとがあった。

その第一回は、慶長十二年（一六〇七）閏四月二十四日であり、朝鮮国から回答兼刷還使が来朝して大鷹五〇居《もと》を献上し、これらの鷹は沿道の諸藩鷹匠らによって江戸まで運ばれてきた（『徳川実紀』第一篇）。元和三年（一六一七）八月二十日には朝鮮国王の献上物を携えた朝鮮使節が上洛し、同月二十六日に使節一行が対馬藩主の宗義成にともなわれて伏見城に登城し、二代将軍徳川秀忠に拝謁した。このとき献上された鷹は五〇聯《もと》であったが、翌九月六日に伏見に詰めている諸大名に分与された（『徳川実紀』第二篇）。寛永元年（一六二四）十二月十九日、朝鮮国からの回答兼刷還使が徳川家光の将軍就任祝賀と捕虜送還のために来朝し、鷹五〇連《もと》を献上した（『徳川実紀』第二篇）。

寛永十三年十二月十三日、朝鮮通信使は江戸城に登城し、鷹二〇聯を献上した（『徳川実紀』第三篇）。同二十年七月十八日、朝鮮通信使が家綱誕生祝賀および日光東照宮落成祝賀として江戸城に登城し、鷹二〇聯を献上した（『徳川実紀』第三篇）。明暦元年（一六五五）十月八日、朝鮮通信使が家綱の将軍就任祝賀のため江戸城に登城し、鷹二〇聯を献上した（『徳川実紀』第四篇）。天和二年（一六八二）八月二十七日にも綱吉の将軍就任祝賀のため江戸城に登城し、将軍綱吉に鷹一〇聯、その子徳松に鷹五聯を献上した（『徳川実紀』第五篇）。正徳元年（一七一一）十一月一日、徳川家宣の将軍就任祝賀として来朝した朝鮮通信使は、多くの進物とともに大鷹一〇居を幕府に献上した（『徳川実紀』第七篇）。この鷹は吹上の花畑奉行の所管となって塒《とや》で飼養されていたが、その後病気で二居を失った。そして、残る八居の大鷹は、享保期の幕府放鷹制度復活のなかで二人の鷹匠頭が所管する鷹部屋へと引き渡されていった。

享保四年十月一日にも、吉宗の将軍就任祝賀のため来朝した朝鮮通信使は、「有徳院《ゆうとく》殿御実紀」巻九によれば鷹二〇居を献上したと記録される（『徳川実紀』第八篇）。しかし、「享保年中御鷹心得方其外帳」（宮内庁書陵部蔵）によれば、「朝鮮之黄鷹」四一連が献上され、そのうちの二一居は鷹匠頭小栗長右衛門組（雑司ヶ谷組）に、二〇居は同じく戸田五助組（千駄木組）に分与されたとある。同三日にはこれらの鷹が上覧され、千駄木組では二〇居の鷹のうち、ろ・は・ほ・り・る・れ（鷹を識別するための番号）の六居を留保し、残り一四居を返却し、対馬藩主宗対馬守義誠《よしのぶ》の屋敷まで持参した。

この日、「有徳院殿御実紀」巻九によれば、老中の井上正岑《まさみね》、寺社奉行の松平近禎《ちかよし》、勘定奉行の大久保忠位《ただたか》らが、対馬藩主宗義誠の江戸屋敷に出向いて朝鮮人の戯騎の試技を見物し、同五日には将軍吉宗が田安門内の新馬場での朝鮮人の戯騎を見物するため吹上の御覧所に出向いた。また同日、東本願寺に宿泊している朝鮮人に、将軍吉宗が朝鮮での鷹の使い方を知りたいということで、鷹匠頭の戸田五助を派遣してその内容を聴取させていた（『徳川実紀』第八篇）。

ついで、寛延元年（一七四八）六月一日、朝鮮通信使が江戸城に登城し、家重の将軍就任祝賀として鷹二〇連、大御所吉宗に鷹一〇連、家治に鷹一〇連を献上した（『徳川実紀』第九篇）。また宝暦十四年（一七六四）二月二十七日、家治の将軍就任祝賀として鷹二〇連を献上していた（『徳川実紀』第十編）。

天明八年（一七八八）、老中松平定信は朝鮮通信使の接遇改正を企図し、来朝延期を要請したことで朝鮮国との関係がこじれ、一旦、交渉は打ち切りとなった。寛政三年（一七九一）、幕府は江戸に代えて対馬での易地聘礼《えきちへいれい》を朝鮮に打診したが、朝鮮側は対馬での聘礼には納得できないとして通信使の派遣を延期すると回答してきた。文化二年（一八〇五）には、朝鮮の通訳官が易地聘礼を実現するために対馬藩から賄賂を受け取っていたことが発覚し、処刑される事件があった。翌三年、幕府と朝鮮との易地聘礼の交渉が開始され、朝鮮にも遣使負担を回避したいという意向があったため、文化七年に通信使派遣の再開を決定し、翌文化八年（一八一一）に実現した。このとき、使節は対馬で聘礼を済ませ、将軍家斉に鷹を一〇連、子の家慶に鷹五居を献上した（『続徳川実紀』第一篇）。

天保十二年（一八四一）、徳川家慶が将軍に就任すると、老中水野忠邦は江戸招聘から大坂招聘へと変更する計画を立てた。これは、西国大名を朝鮮接遇に動員することで幕府財政を削減し、また主従関係を活用した御役奉公を発動することで幕府の権威を示し、さらに大坂・江戸間の行列を縮小することで幕府経費を削減し、いわゆる一石三鳥をねらったものである。しかし、この計画は幕府内部の反対で頓挫し、以後の三代の将軍就任にさいしても朝鮮側に招請を繰り返したが、具体的な計画にはいたらなかった（田中建夫・田代和生監修『宗家記録と朝鮮通信使展――江戸時代の日朝交流』朝日新聞社、一九九二年）。

鷹の贈答儀礼

大名などから献上されて集積された鷹は、将軍らの鷹狩に利用されただけでなく、諸大名への下賜物ともなった。「大猷院殿御実紀」の寛永十五年（一六三八）二十五日、幕府は病に臥していた和歌山藩主の徳川頼宣のもとに六人衆（若年寄）の阿部重次を使者として派遣し、病状を聞いたうえで巣鶴を贈り、翌十六年六月八日にも御三家へ小姓組番頭の久世広之を使者として派遣し、巣鷹三連を下賜していた（『徳川実紀』第三篇）。

こうした鷹の下賜は御三家に限らなかった。寛永十八年二月六日、幕府は播磨姫路藩主の松平忠明に就封の暇《いとま》を許して鷹を下賜し、同年二月九日にも近江彦根藩主の井伊直孝に鷹三聯を贈った（『徳川実紀』第三篇）。松平忠明と井伊直孝は、ともに徳川秀忠の遺言によって、家光を補佐し幕政に参与した人物であったが、ほぼ同時に鷹を下賜され、同等の扱いを受けていた。このように、将軍のもとに集められた鷹は、将軍家の所有になったあと、御恩の一環として大名や重臣らに下賜されていたのである。

これ以前の元和七年（一六二一）十月二十八日、秋田藩主の佐竹義宣が将軍の徳川秀忠に若大鷹八居を献上したところ、そのうちの六居は将軍家で受け取り、残り二居は義宣が拝領した。このとき、義宣は放鷹の暇を許されたばかりであった。このように、佐竹義宣がみずから将軍家に献上した鷹であっても、将軍への献上後であれば同じ大名への下賜物ともなったのである。このことは、将軍家からの鷹の下賜が大名家にとっては大変名誉なことであり、家格の安定のためにも重要であったことを物語っていよう。

こうしたことが繰り返されることによって、贈答関係の儀礼化が進み、一定した儀礼秩序が形成されていった。五代将軍徳川綱吉の政権下では、幕府の諸鳥拝領の基準を示した書類が作成されていた。この書類は、金沢藩の藩法に収録されている「江戸表聞合書類」のなかの「当用集」として残された（藩法史料叢書刊行会編『藩法史料叢書2　金沢藩』）。これは、金沢藩が江戸表で入手した「公儀向」の書類を入手して同藩に伝えたものであり、このなかに「御巣鷹拝領」という記事があり、その対象となった大名家が示されていた。ここには、「御両殿」、すなわち三代将軍徳川家光の子で、甲府藩と上野館林藩の両徳川家、また御三家およびその嫡子、さらに越前松平系の越後高田藩主の松平光長、金沢藩主の松平（前田）綱紀、会津藩主の保科正之、彦根藩主井伊直澄、大老で前橋藩主の酒井忠清、老中で下野壬生《みぶ》藩主の阿部忠秋らが対象となっていた。とくに、御三家は在国中であっても、江戸城に家臣一人を招かれて殿中で巣鷹を拝領することになっていた。

確かに、「寛文年録」の寛文十一年（一六七一）における巣鶴の拝領状況を確認してみると、六月三日に甲府・館林の両徳川家が巣鶴二居ずつ、五日に御三家が巣鶴二居ずつ（紀伊家の徳川光貞は在国により家臣が江戸城に招かれて拝領）、七日に尾張家嫡子綱義《つなよし》・松平越後守・松平（前田）加賀守・井伊掃部頭《かもんのかみ》・保科肥後守が巣鶴二居ずつ、八日に酒井雅楽頭《うたのかみ》・阿部豊後守が巣鶴二居ずつを拝領し、拝領日は異なるものの、その基準と合致していた（『江戸幕府日記』第一編之三）。

なお、巣鷹の拝領は臨時に執行されることもあり、寛永八年（一六三一）二月二十九日、細川忠興が嫡子の小倉藩主細川忠利に宛てた書状に、大御所秀忠と将軍家光の両名から秘蔵の巣鷹を下賜されたことに対して「目出度儀」「満足難尽筆紙」と記され（『大日本近世史料　細川家史料四』）、将軍家からの巣鷹拝領がこの上ない喜びであったことがわかる。

しかし、天和二年（一六八二）には「御巣鷹拝領」が御三家とその嫡子、甲府徳川家のみへと変更になり、そのほかは中止された。このなかで、館林徳川家では延宝八年（一六八〇）に綱吉が将軍家綱の養嗣子になると、その嫡男徳松が家督を継いだ。そして、天和二年には城付領の大半が旗本たちに分与され、翌三年、徳松の急死によって廃藩となったため、城は取り壊されることになった。

また巣鷹の拝領者のなかには、尾張徳川家・甲府徳川家のように、綱吉政権の前半期まで将軍家への巣鷹の献上を恒例化している家もあった。さらに、天和二年以降においても、金沢藩前田家のように毎年ではないが巣鷹を拝領している家もあり、「柳営日次記《ひなみ》」（国立公文書館内閣文庫蔵）によれば、天和三年、貞享二年、同四年にはそれが確認できる。このように、綱吉政権前半期には、巣鷹拝領の基準が明確となっており、その通りに巣鷹の拝領儀礼が執行されていた。しかし、この政権前期にも、鷹儀礼においては大名の格式を意識した縮小政策が進められていたのである。

こうした鷹の贈答儀礼は、大名間や藩内部でもおこなわれた。明暦三年（一六五七）六月六日、会津藩はこの年捕獲した巣鶴一二居、児鷹《このり》一七居の配分先を決定した。出羽米沢藩主の上杉綱勝に巣鶴二居・児鷹三居を贈呈し、巣鶴七居は会津藩鷹師へ、巣鶴三居は会津藩加判者の竜造寺季明・北原采女《うねめ》・田中三郎兵衛の三人へ、児鷹五居は会津藩鷹師（会津二居・下館三居）へ、児鷹四居は会津藩加判者の今村伝十郎・萱野権兵衛・佐川勘兵衛・保科頼母《たのも》の四人へ、児鷹四居は会津藩家老の中条越前・黒川右衛門・新沢右近・平林内蔵助の四人へ、残りの児鷹一居は米沢藩への輸送中の予備とし、無事到着のさいは米沢藩の鷹部屋へ渡すことにしていた（『会津藩家世実紀』第一巻）。

このように、会津藩の場合、集積された鷹の大半は藩内に配分されたが、米沢藩へも贈られていた。会津藩の米沢藩への鷹贈与は友好の証しだったとみられる。なお、米沢藩への鷹の輸送は、会津藩鷹匠の黒河内久太郎が中間三人をともなって送り届け、米沢藩からは会津藩鷹匠の黒河内へ銀子一枚、中間三人には金一分ずつが下賜されていた。また中条越前ら四人の者へは、加判者四人の直書を鷹師の斎藤兵右衛門が渡すことになった。

こうした鷹の贈答は、将軍・大名間、大名間、藩主・家臣間などで幅広くおこなわれていた。主従関係に基づく鷹の贈答は、御役奉公や御恩としての意味合いが強いが、大名間では友好の証しとしてもおこなわれていたのである。

2　鷹狩をめぐる贈答儀礼

鷹狩と鷹野見舞

江戸時代、将軍や大名の鷹狩にかかわって、さまざまな儀礼が存在した。その一つとして、鷹狩に出かける将軍や大名へ下位の者から「鷹野見舞」と称してさまざまな品物が献上されることがあった。一例を示すと、年不詳の十一月二十日、徳川秀忠は伊達政宗から「鷹野見廻（見舞）」として小袖五枚を献上されたことに対して、それへの礼として御内書（主君から臣下へ直接に出す書状）を発給した。『伊達治家記録』の寛永七年（一六三〇）十一月二十日条には、この書状の説明として「大御所（秀忠）ヨリ御内書ヲ賜フ、御鷹野ノ御機嫌伺ヒトシテ、御小袖五献上シ玉フニ因テナリ」と記載され（『伊達治家記録』三）、政宗が秀忠の鷹狩にさいしてご機嫌伺いとして小袖を献上していたことがわかる。

寛永七年十一月十八日、大御所の徳川秀忠は上総国山辺郡東金（現千葉県東金市）における鷹狩のため江戸を出発した。父家康が鷹狩の地先として好んだ東金の地を秀忠もこよなく愛し、幾度となく鷹狩に出向いていた。この時、秀忠は八回目の東金行であった。この鷹狩でのご機嫌伺いとして、御三家や本願寺門跡《もんぜき》光従らは小袖を献上し、大御所からはそれぞれへ御内書を下していた（『徳川実紀』第二篇）。このとき、仙台藩初代藩主の伊達政宗も鷹狩のご機嫌伺いとして大御所徳川秀忠に小袖五枚を献上していた。その結果、大御所の秀忠から伊達政宗のもとへ礼状としての御内書を送った。こうした大御所や将軍の鷹狩にさいして、大名や門跡寺院の住持などからさまざまな品々が献上され、この儀礼は「鷹野見舞」と呼ばれ、その献上の品々は「鷹野料」（鷹野之料）と称されていた。

この儀礼は、江戸時代から始まったものではなく、豊臣秀吉の時代にもおこなわれていた。天正十九年（一五九一）十一月中旬からの三河国吉良などでの秀吉の鷹狩にさいして、長州萩藩主の毛利輝元は秀吉への鷹野見舞として立付《たてつけ》一〇具と道服《どうぶく》二枚を献上していた。これに対して、同年十二月八日、秀吉は輝元に対して鷹野見舞への返礼として朱印状を発給していた。この朱印状で、秀吉は輝元に鷹狩によって捕獲した獲物の雁・鶴など一万余羽を携えて上洛するという示威行動を伝え、同時に朝鮮出兵のための「路次通、分国中泊々」の普請と「兵船用意」とを命じていた。

江戸時代であれば、年頭・八朔の御礼献上、三季（端午・重陽・歳暮）の祝儀献上、時献上（領内産物など）に対する返礼としての御内書は、返礼文言だけの簡略的な内容で、しかも黒印状で発給されることが多い。しかし、この御内書は返礼文言以外のきわめて重要事項が記され、ましてや朱印状の形式であった。天下人・豊臣秀吉時代の特徴ともいえるが、そのなかにあってもかなり異質な内容の御内書であった。

前年の小田原攻めで関東を平定した秀吉は、甥の豊臣秀次を尾張に移して直轄化し、翌十九年の夏ごろから尾張・三河両国での大規模な鷹狩を挙行する準備をはじめた。十一月中旬から三河国吉良を中心に三か月にわたって大々的に催された鷹狩は「大鷹野」と称され、盛大におこなわれた。秀吉は帰洛のさいに華美な装束で大規模な行列を組織し、京の貴賤の注目を浴びたと当時の記録に記されている（慶應義塾大学付属研究所斯道文庫編『大かうさまくんきのうち』〔太閤様軍記の内〕）。

この鷹狩のねらいは、鷹狩自体の軍事演習的な性格を考えると、一つには家康の旧領で大鷹野を挙行することで家康を牽制するねらいを有し、二つには豊臣政権の権勢を印象づける重要な政治的パフォーマンスとしての役割があったと思われる。秀次への関白職譲渡や朝鮮出兵を目前にして、諸大名の支配強化と軍役動員とを意図した政治的な行動であったとみられる。ここでは、鷹狩が武威を象徴する政治的儀礼として執行されたことが如実に示されていたといえよう。

「鷹野料」の献上

つぎに、鷹野見舞としての「鷹野料」の献上について確認していきたい。寛永十三年（一六三六）十月十四日、三代将軍の徳川家光が熊本藩主の細川忠利宛で、「鷹野料」が届いたことに対して、それへの返礼として御内書を発給した（『熊本県史料』近世篇第一）。このときの「鷹野料」は「雉《きじ》のかつは（合羽）」であった。「江戸幕府日記」の同年十月十二日条に「細川越中守使者御目見《おめみえ》」（『江戸幕府日記』〈姫路酒井家本〉第五巻）とあり、この日に献上されたものであろう。この御内書には「毎年種々入念之段」との記載があり、忠利が毎年趣向を凝らしてさまざまな物品を献上していたことがわかる。なお、この献上にさいして、老中の土井利勝が将軍への取次をつとめていた。

この御内書発給の翌十五日、細川忠利のもとに老中連署奉書が届いた（藤井譲治『江戸幕府老中制形成過程の研究』〈歴史科学叢書〉）。その内容は、先に示した将軍の御内書とほぼ同様であったが、このなかには熊本藩細川家が贈った雉の羽毛でできた合羽が大変珍しいものであったこと、また熊本藩の使者が将軍の御前に召し出されたこと、さらにいつも趣向を凝らした品々の献上に将軍はご満悦で御内書を発給したこと、その詳細は使者から説明を聞いてほしいことが記載されていた。この時期、老中在職者は五人であったが、連署したのは堀田正盛・阿部忠秋・松平信綱・土井利勝の四人であり、残る一人の酒井忠勝は在国のため奉書に加判できなかった。このように、大名が将軍に鷹野見舞として「鷹野料」を献上した場合、将軍は大名に返礼として御内書を発給し、ついで老中連署奉書が発給されるという一連の文書のやり取りがあった。これは、鷹野見舞という個人間の関係を、御内書と老中連署奉書の発給を通して公的に位置づける役割を果たしたものとみられる。

熊本藩細川家は、「雉毛御かつは（合羽）」という珍しい「鷹野料」をどのように準備したのであろうか。献上に先立つ寛永十三年九月四日、藩主細川忠利は嫡男光尚《みつなお》に、この年の将軍家光への鷹野見舞として小袖や「雉子之毛ニ而中付候御雨蓑」（東京大学史料編纂所編纂『大日本近世史料　細川家史料十三』東京大学出版会）を献上することにし、九月の月番老中が土井利勝であることからその披露を依頼し、同じ老中の酒井忠勝・堀田正盛からも了承を得ていることを知らせていた。そのために、雉毛の「御雨蓑」を入れる桐箱の作製を光尚に依頼し、これが出来上がるまで待っていると献上自体が遅延するので、取りあえず仮の木台の上に載せて献上することを幕府の納戸衆に断っておき、桐箱が出来上がりしだい差し替える手はずであることを伝えていた。

藩主忠利の将軍への鷹野見舞としての「鷹野料」の献上は十月中旬におこなわれたが、献上後の十月二十三日、老中の土井利勝は忠利に書状を送り、将軍への「鷹野料」披露時の詳細を伝えていた（『熊本県史料』近世篇第一）。この年の細川家が献上した「鷹野料」は、羽織・小袖・股引《ももひき》・雉毛の雨蓑であったが、このうち雉毛の雨蓑の製作には三年の歳月を要したことが披露役をつとめた月番老中の松平信綱から紹介されると、将軍家光は大変喜んで細川家の使者を御前に召し出して謝礼を述べたことが記されていた。

それから一か月後の十一月二十九日、藩主細川忠利はこの年の「鷹野料」の献上が滞りなく終了したことで、到来した老中連署奉書に加判した土井利勝・松平信綱・阿部忠秋・堀田正盛ら四名連記宛ての礼状と、それとは別に各老中宛ての礼状を送った。各老中に送った書状には、忠利が「鷹野料」を献上したことに対して、将軍からの御内書や老中連署奉書を頂戴したこと、そのうえ将軍が忠利の使者を御前に召し出してくれたことに感謝の意を表していた。同日、忠利は子の光尚に各老中に礼状を送ったことの報告のほか、将軍家光からの重陽の献上に対する御内書の到来や朝鮮通信使の情報を承知しているなどの連絡をし、土井利隆の婚儀の進物についても指示していた（『大日本近世史料　細川家史料十三』）。

このように、大名らは将軍の鷹狩の挙行日が決定すると、鷹野見舞として「鷹野料」を献上していた。そのために、各大名は事前から準備して丹精を込めた品々を用意し、将軍への礼節を尽くしていた。同時に、大名らはその献上儀礼が滞りなく済むように「鷹野料」の披露役をつとめる老中たちと事前に綿密な情報交換をしていた。これに対し、将軍は返礼としての御内書を大名に発給し、老中たちもこの儀礼の執行が無事に終了したことの老中連署奉書を発給していた。こうした一連の文書のやり取りによって、一つの儀礼が完結していたのである。

なお、鷹野見舞やそれにともなう「鷹野料」の献上儀礼は、将軍と大名との間だけの固有な儀礼ではなかった。たとえば、豊前小倉藩主の細川忠興は、年不詳の二月十一日付文書で、その三男忠利に鷹野見舞として袖なしの下着と三河海鼠腸《このわた》が到来した返礼の書状を発給していた。同様に、寛永三年（一六二六）四月十六日付で、隠居していた細川忠興は嫡子の小倉藩主細川忠利から鷹野見舞として密柑《みかん》二籠と善徳寺酢徳利一つを献上され、これに対する返礼の書状を送っていた（『大日本近世史料　細川家史料一』）。忠興は、隠居後も藩政の運営にあたって藩主忠利を指導しており、大殿的立場にあった。この二つの書状の間には、二人の立場に大きな変化があったが、いずれも子が親に鷹野見舞として「鷹野料」を献上し、親が子の藩主に返礼の書状を送っていた。通常では、鷹野見舞は下位の者が上位の者におこなうことが多かったが、後者の事例では子の藩主が隠居した親に鷹野見舞をしたものであった。

このように、将軍・大名間、藩主・家臣間などで、鷹野見舞として「鷹野料」の献上がおこなわれていた。献上先が将軍や藩主である場合は、その品物の製作に意を用いて贅を尽くし、贈り先に喜んでもらえる品物づくりに励んでいたのである。

鷹狩の暇願いにともなう儀礼

大名が将軍より下賜された鷹場（恩賜鷹場）に鷹狩に出かけるには手続きが必要であり、そのさいに将軍と大名との間には一定の相互儀礼が存在した。ここでは、御三家を事例として取り上げ、その相互儀礼を確認していきたい。御三家が恩賜鷹場に鷹狩に出かけるさい、御三家から幕府に鷹狩の暇《いとま》を願い出る場合と将軍から御三家に鷹狩の暇をとるように促す場合とがあった。通常、大名は幕府に鷹狩の暇を願い、幕府より「放鷹の暇給ふ」のようにその許可を得た（図40）。ところが、さまざまな事情によって、将軍（大御所）から鷹狩に出かけるよう働きかけることもあったのである。

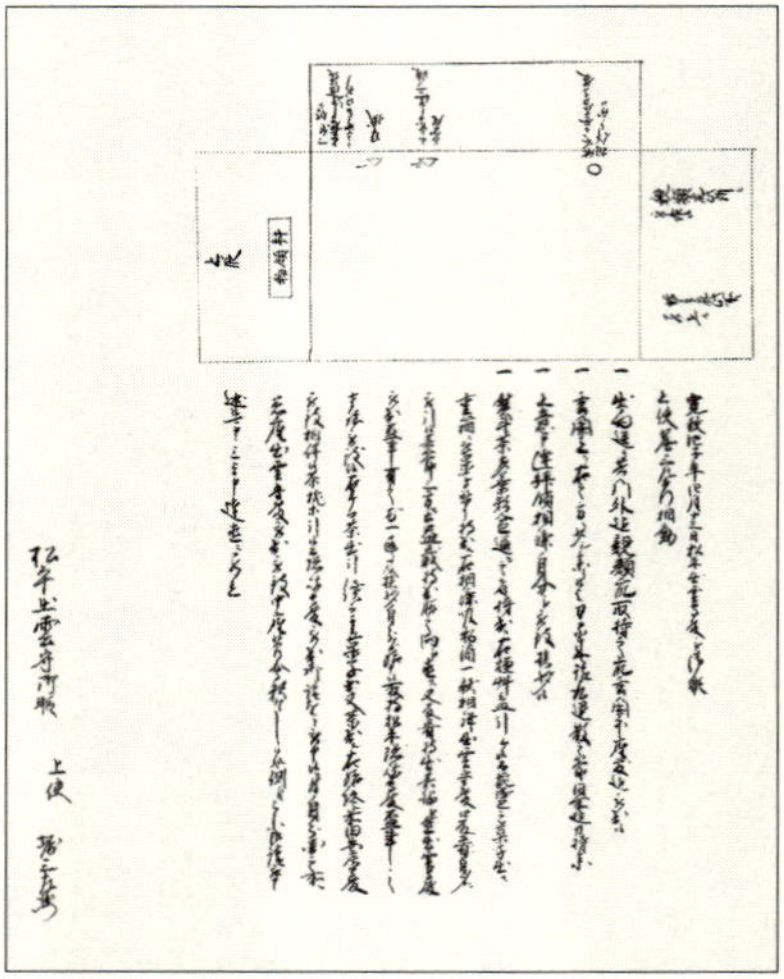

図40　松平出雲守への御暇下賜（著者蔵）

たとえば、「大猷院殿御実紀」巻五六の正保元年（一六四四）三月五日条に、将軍徳川家光は一六歳の水戸徳川家の世嗣光圀（のち水戸藩二代藩主）に身体鍛錬のため鷹狩の暇を願うようにと命じていた（『徳川実紀』第三篇）。これが契機となり、光圀は同年三月八日に鷹狩の暇を許され、将軍より鷹一居を下賜された。下総国葛飾郡小金の水戸家鷹場に出かけた光圀は、翌九日、将軍家光と世嗣竹千代（のちの四代将軍家綱）に雁二羽ずつを献上した。

つぎに、御三家が鷹狩の暇を許されて、それぞれの恩賜鷹場に出かけて帰還するまでの将軍と御三家の相互儀礼を確認していく。寛永二十年（一六四三）十一月二十四日、将軍家光は尾張名古屋藩邸に御側の牧野親成《ちかしげ》を派遣し、初代藩主徳川義直に尾州鷹場への鷹狩の暇を許可し、このとき黄鷹三居を下賜した。これにより、翌々二十六日、義直は武蔵国内の尾州鷹場に出発し、同月二十八日、将軍家光に恩賜の鷹で捕獲した白雁一双を献上し、家光の長男竹千代へも白鳥と鴻《こう》をそれぞれ一双ずつ献上した。これに対して、翌二十九日、将軍家光は尾州鷹場へ書院番頭の新庄直房を派遣し、菓子を差し入れた。

また十二月二日、義直は鷹場より使者を派遣し、雁一双を献上した。この日、将軍家光は鷹師頭の小栗政次を尾州鷹場へ派遣し、大鷹二居を持参させて贈った。これに対し、義直は鷹場より鴨一双を献上した。そして七日、将軍家光は義直が尾州鷹場より帰還した労をねぎらうため、書院番頭の池田長賢《ながかた》を派遣した。義直からも使者を派遣し、将軍家光とその子竹千代に雁・鴨三双ずつを献上した。

いっぽう、このころ、和歌山藩初代藩主の徳川頼宣《よりのぶ》は重病であり、将軍家光は紀伊藩邸に御側の牧野親成を病状確認のために派遣し、前日の江戸城外での鷹狩で捕獲した雁一双を贈った。また病状が重いことを知った家光は、老中の阿部忠秋を派遣し、医者を連れていって診察のうえ治療を施し、その長男光貞（のち二代藩主、八代将軍徳川吉宗の実父）に看病するよう命じた。

正保元年三月八日、将軍家光は紀伊徳川家の世嗣光貞と水戸徳川家の世嗣光圀に、鷹場での鷹狩の暇を許し、鷹一居ずつを下賜した。翌九日には、光貞と光圀が将軍家光とその子竹千代に鷹場より雁二双ずつを献上した。これに対し、将軍家光は尾州鷹場へ小姓組番頭の加々爪《かがつめ》直澄を、水戸鷹場へ書院番頭の本多忠相《ただすけ》を、それぞれ派遣して菓子を差し入れた。また十三日には光貞が紀州鷹場より使者を派遣し、将軍家光とその子竹千代にそれぞれ雁一隻を献上し、十四日には同様に光圀が水戸鷹場より使者を派遣し、将軍家光とその子竹千代に雁一隻ずつを献上した。さらに、十六日には光貞が鷹場より帰還して江戸城へ登城し、将軍の家光に雁二隻を献上し、竹千代にも雁一隻と連雀《れんじゃく》一隻とを献上した。この日、水戸藩初代藩主の徳川頼房は将軍の家光に庭の松一株を献上したが、これは通常の時献上なのか、あるいは世嗣光圀に代わって贈ったものであろう。

このように、御三家の恩賜鷹場での鷹狩にさいしては、鷹狩の暇の許可として御側衆が派遣されたのを手始めに、鷹場に出かけると御三家は将軍に使者を派遣して「御鷹之鳥」を献上し、これに対して将軍も御三家の鷹場に使者を派遣して菓子を差し入れていた。その後、再び御三家は将軍家に「御鷹之鳥」を献上していた。そして、御三家が鷹場から帰還すると、将軍家から労《ねぎら》いのため使者が派遣されることがあった。これに対し、御三家は江戸城に登城して「御鷹之鳥」を献上し、滞りなく鷹狩が終了したことを報告した。このように、御三家が恩賜鷹場に鷹狩に出かけると、おおよそこうした相互儀礼が執行され、これに将軍家から御三家に鷹の下賜がともなうことがあったのである。

3　「御鷹之鳥」の贈答儀礼

武将から天皇への「御鷹之鶴」進上

鷹狩で捕獲した獲物の一部は、贈与の対象となり、通常、「鷹之鳥《たかのとり》」と呼ばれた。その贈与された鳥は食膳に供され、共同飲食の食材となった。こうした呼称は、戦国期には使用されていたが、「鷹之鳥」はその種類によって「鷹之鶴」「鷹之白鳥」「鷹之鴨」などと称された。鷹狩で捕獲される鳥のなかでもっとも珍重されたのは鶴、第二は白鳥、第三は鴨であった。

「鷹之鳥」といえば、一六世紀までは鷹狩で捕獲された雉《きじ》を指していたが、それは平安時代から公的な饗応で供された鳥が雉であったことに因んでいたからである。江戸時代には、鷹狩で捕獲された獲物の総称として「鷹之鳥」が使われる場合が多かった。捕獲された鳥は狩猟の道具によってもランクづけされ、鉄砲を使って捕獲した「鉄砲之鳥」よりも鷹を用いて捕獲した「鷹之鳥」のほうが上位に位置づけられていた。また鷹狩をおこなう人の立場が権威者で、その人の鷹狩で捕獲された鳥は「御鷹之鳥」と呼ばれ、その種類によって「御鷹之鶴」「御鷹之白鳥」「御鷹之鴨」などと称された。

たとえば、時代の権威者となった織田信長・豊臣秀吉・徳川家康が鷹狩で捕獲した鶴は「御鷹之鶴」と呼ばれて重宝され、天皇や将軍がみずからの鷹を用いて捕獲した鶴は「御拳《おこぶし》之鶴」と称され、最上の贈答品であった。この「御鷹之」を冠する用法は、近世では天皇・公家のみならず、将軍・大名（藩主）の鷹狩の獲物の場合にも用いられた。将軍が天皇に献じた「御鷹之鶴」は、それを受領した天皇家では「鷹之鶴」と呼んでおり、「御鷹之鳥」の贈答儀礼においては将軍よりも天皇が最上位に位置づけられていた。

「御鷹之鳥」の贈答は、天皇と公家の間でもおこなわれ、江戸時代前期の公卿で陰陽頭《おんみょうのかみ》の土御門《つちみかど》泰重の日記（『史料纂集　泰重卿記第二』）によれば、寛永二年（一六二五）一月二十四日条には御所より「御鷹之鳥」を拝領したとあり、また同年九月十九日条にも御所より「御鷹之鷺《さぎ》」を拝領したとあり、泰重は天皇家から「御鷹之鳥」を拝領していた。いっぽう、泰重も天皇家に食膳用の鳥をはじめ、飼鳥を献上することがあった。同書の元和六年（一六二〇）十一月六日条には、清華《せいが》家の公家で大納言の今出川宣季（のち経季）が後水尾天皇に献上した「鷹之鳥」などが公家らに振舞われた。この「鷹之鳥」は鴨・雁・青首・鶉《うずら》・青鷺などであったが、若狭小浜藩主の京極忠高から贈られたものであった。大名から公家に贈られた「鷹之鳥」が天皇家に献上されて公家らに振舞われ、また公家は大名から「鷹之鳥」を贈られることもあったのである。

江戸時代の日本では、諸鳥の贈答が身分や職分に関係なく、交流の一環として幅広くおこなわれていた。鷹狩の獲物である「鷹之鳥」や「初鳥」などの贈答儀礼に限定すれば、天皇から公家へ、将軍から天皇・公家へ、将軍・大名間で、大名から公家へ、家臣から将軍・大名へ、公家同士の間でおこなわれていたが、天皇・公家から将軍・大名へ「鷹之鳥」を贈る事例は見いだせない。これらのことから、江戸時代における鷹狩の獲物の贈答は天皇と公家との間の上下関係と、将軍・大名と家臣との間の上下関係とを基礎としながら、将軍・大名から天皇・公家へも贈答が繰り広げられていたとみられる。

このように、武家社会の贈答サークルは将軍を頂点とした編成がなされていたが、江戸時代の「鷹之鳥」の贈答全体のサークルは天皇を頂点として編成され、これに武家社会も包摂されていたのであり、この贈答儀礼では将軍よりも天皇が上位に位置づき、それぞれの立場を維持する重要な装置の一つとして機能していた。鷹狩という外来文化を受け入れた古代天皇に端を発し、江戸時代においても鷹は朝廷からの預かりものであり、将軍といえども「御鷹」と唱えていた（「村越筆記」『古筝類苑』遊戯部十四放鷹）という観念が広く存在していたのである。

さて、「お湯殿の上の日記」（『続群書類従』補遺三）によれば、織田信長は永禄十一年（一五六八）十月にはじめて朝廷に「鷹の鳥」として雁を献上した。これは、同年九月、信長に擁立されて入洛した足利義昭が朝廷に「初雁」を献上したことに影響を受けたものであろう。その後、信長は毎年、「初鳥」や「鷹の鳥」を献上した。『信長公記』天正六年(一五七八)一月十日条には、信長から正親町《おおぎまち》天皇に「御鷹の鶴」を献上して大変喜ばれていたことが記され、このとき使者として同朋衆《どうぼう》の一雲斎針阿弥《しんあみ》を派遣して関白近衛前久《さきひさ》にも「御鷹の鶴」を献上したことが見えている。信長は室町将軍家による朝廷への「鷹の鳥」献上の先例を継承しながら、朝廷への接近策を講じていたことが知られる。

後陽成天皇時代の「お湯殿の上の日記」の天正十五年(一五八七)一月十七日には、禁裏で「鶴包丁《つるの》」の儀式がおこなわれており、豊臣秀吉が「御鷹之鶴」を献上したものとみられる。また同書の天正十六年(一五八八)五月四日条に、豊臣秀吉が鷹狩の土産として天皇家に雉を献上していたことも確認できる。

徳川家康の天皇への「御鷹之鶴」の献上については、「東照宮御実紀」巻二十四(『徳川実紀』第一篇)に、慶長十七年(一六一二)一月、三河国吉良での鷹狩で捕獲した鶴を仙洞《せんとう》(後陽成上皇)に献上し、同月に「御鷹之鶴」を後水尾《ごみずのお》天皇に献上し、これが契機となって天皇家への「御鷹之鶴」献上が恒例化したと記録されている。

しかし、これは誤りで、「お湯殿の上の日記」の慶長三年十一月二日には、徳川家康が後陽成天皇に「鷹の鶴」を献上し、その後同六年まで継続していた。同書の慶長八年二月十一日には「鷹の鳥」を献上し、その翌日、右大臣に任官されるとともに将軍宣下を受けた。同じく翌九年十一月十日には、家康が将軍になってはじめて「鷹の白鳥」を、同十四年十二月十二日には将軍辞任後であっても「鷹の鶴」を献上していた。ここでは、家康が公家の唐橋・勧修寺《かしゅうじ》両名を宛所とする折紙を送り、後陽成天皇に鶴を献上していた。これは、のち武家伝奏《てんそう》に鶴を贈って披露する形式の前提をなすものであったといえよう。

このように、徳川家による天皇家への「御鷹之鶴」の献上は、開幕以前からおこなわれており、開幕後も踏襲されていた。なお、こうした天皇家への「御鷹之鶴」の献上は、徳川家に固有なものではなく、同書の慶長十三年二月十七日、豊臣秀頼も天皇家に「御鷹の鶴」を献上していた。武家による天皇家への礼の一つとして「御鷹之鶴」の献上がおこなわれていたのである。

将軍から大名への諸鳥下賜

金沢藩の藩法に収録されている「江戸表《おもて》聞合書類」(藩法史料叢書刊行会編『藩法史料叢書2 金沢藩』)のなかに「当用集」と名づけられた記録がある。この記録は、金沢藩前田家の江戸留守居により収集された情報を編纂したもので、幕府の職制・諸法制のみならず、幕府における諸大名の家格に関する諸種の基準を詳細に書き留めている。前田家が幕府の制度・典礼を知り、また幕府が定めた大名家格制における自家の位置づけを知るために収集・記録したものであった。この「江戸表聞合書類」の内容は、長い年月にわたって収集されており、特定の時期に編纂されたものではないが、五代将軍徳川綱吉によってきびしい大名統制がおこなわれたとき、金沢藩が公儀御用を大過なくつとめるために、また一族および親類大名との交際を円滑におこなうために情報を収集したのが当初の編纂方針であったと思われる。

ここには、①「御鷹之鳥」の下賜における上使《じょうし》、②「梅首鶏」(大鶴の漢名)の拝領、③「御巣鷹拝領」、④「鶴拝領」、⑤「雁《がん》拝領」、⑥「雲雀《ひばり》」の拝領、の六つの見出しがあり、上使派遣および諸鳥拝領の基準が示されている。とくに、「雲雀」拝領の記事のなかには、朝廷（禁裏・仙洞・本院・新院・女院）への「初鮭」「初菱喰《ひしくい》」「初鶴」「御鷹之鳥」（「御拳之鳥」）の進上についても記録され、将軍家の諸方面への諸鳥の贈答が家格や個人を基準としながら執行されていたことが示されている。全体として、四代将軍徳川家綱政権期の諸鳥の拝領基準が示され、それに綱吉政権期における拝領基準の変化を付加したものであった。

①では「御鷹之鳥」の拝領にさいして、御両殿（将軍家光の三男で甲府藩主の徳川綱重と家光の四男で館林藩主の徳川綱吉の二人を指す）、御三人方（尾張・紀伊・水戸の徳川御三家）、保科家（二代将軍徳川秀忠四男で会津藩主保科正之）、井伊家（譜代筆頭で彦根藩主井伊直澄）の七家は、原則的に将軍の上使として小姓が派遣され、特例として番頭や書院番頭の場合もあった。なお、家光・家綱政権下で老中をつとめた阿部忠秋には、隠居後将軍の上使として新番頭が派遣され、その嫡子で家綱政権の老中をつとめた阿部正能《まさよし》には将軍の「上意」として「御鷹之鳥」が拝領されないこともあった。また家光の娘で尾張藩主徳川光友に嫁いだ千代姫、家光の御台所《みだいどころ》（正室、前関白鷹司信房の娘孝子）本理院、秀忠の娘で越前松平家に嫁いだ高田（勝姫）には上使として奥方女中が派遣された。これ以外の「御鷹之鳥」の拝領者には上使として使番《つかい》（使役）が遣わされた。

②では梅首鶏の拝領者が、甲府・館林の両徳川家、御三家、御三家嫡子のほか、四〇人の大名（四人の隠居を含む）であった。このうち、四〇人の大名は家門大名の越前松平系六人、会津藩保科家の二人、水戸藩支藩高松藩松平家の二人、伊予松平藩主松平（久松）定直、譜代大名では彦根藩主井伊直澄と武蔵忍《おし》藩主阿部忠秋の二人、残りの二七人（四人の隠居を含む）はすべて外様大名で、「国持」および「国

持並」（「准国持」）に位置づけられている者たちであった。

③では、「御巣鷹拝領」の対象者が、甲府・館林の両徳川家、御三家およびその嫡子、越前松平系の越後高田藩主松平光長、金沢藩主松平（前田）綱紀、会津藩主保科正之、彦根藩主井伊直澄、大老で前橋藩主酒井忠清、老中で武蔵忍藩主阿部忠秋であった。このうち、御三家は在国中であっても、江戸城に家臣一人が招かれ、巣鷹を拝領した。

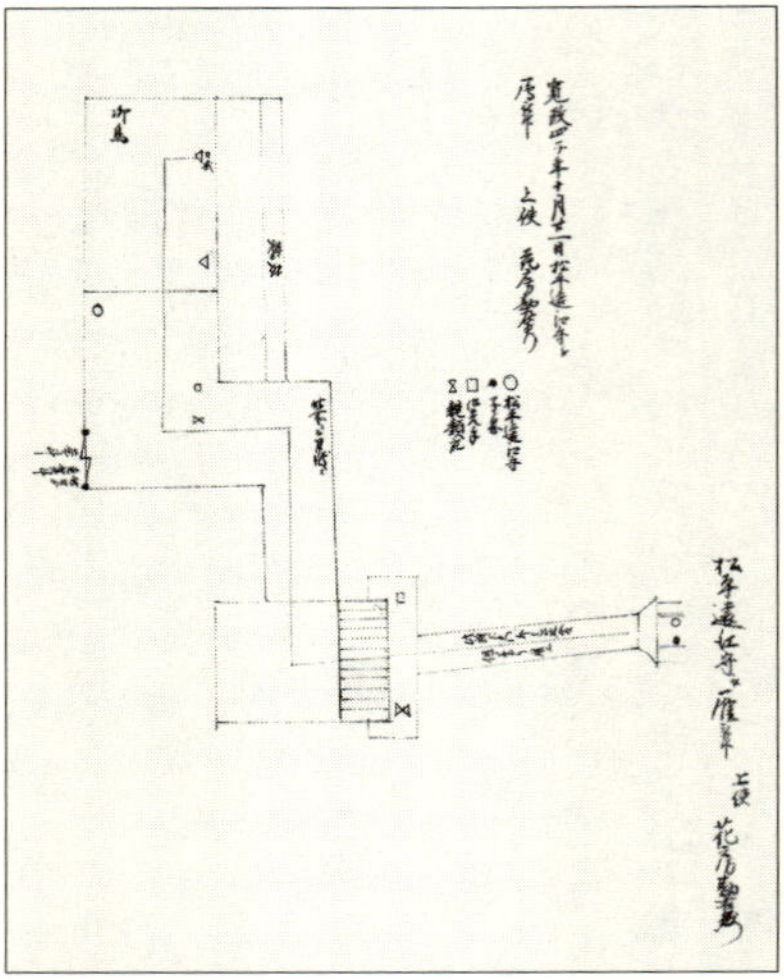

図41　松平遠江守への雁下賜（著者蔵）

④の「鶴拝領」対象者は、在府・在国ともに甲府・館林の両徳川家、御三家、国持衆（国持大名）で少将以上の者に限られた。ここでは、「国持」を金沢藩主松平（前田）氏、鹿児島藩主松平（島津）氏、仙台藩主松平（伊達）氏、広島藩主松平（浅野）氏、岡山藩主松平（池田）氏、鳥取藩主松平（池田）氏、萩藩主松平（毛利）氏、福岡藩主松平（黒田）氏、佐賀藩主松平（鍋島）氏、徳島藩主松平（蜂須賀）氏、熊本藩主細川氏、高知藩主松平（山内）氏、秋田藩主佐竹氏、津藩主藤堂氏、対馬藩主宗氏、津山藩主森氏の一六家のうち、少将以上に任官した者が拝領対象となった。このように、鶴の拝領では「国持」といった領地の規模とは別に、大名の官位も家格の重要な基準の一つとなっていたのである。

⑤の「雁拝領」対象者は、「国持」の惣領で四品《しほん》（従四位下）以上の者であり、父が在府の場合にも

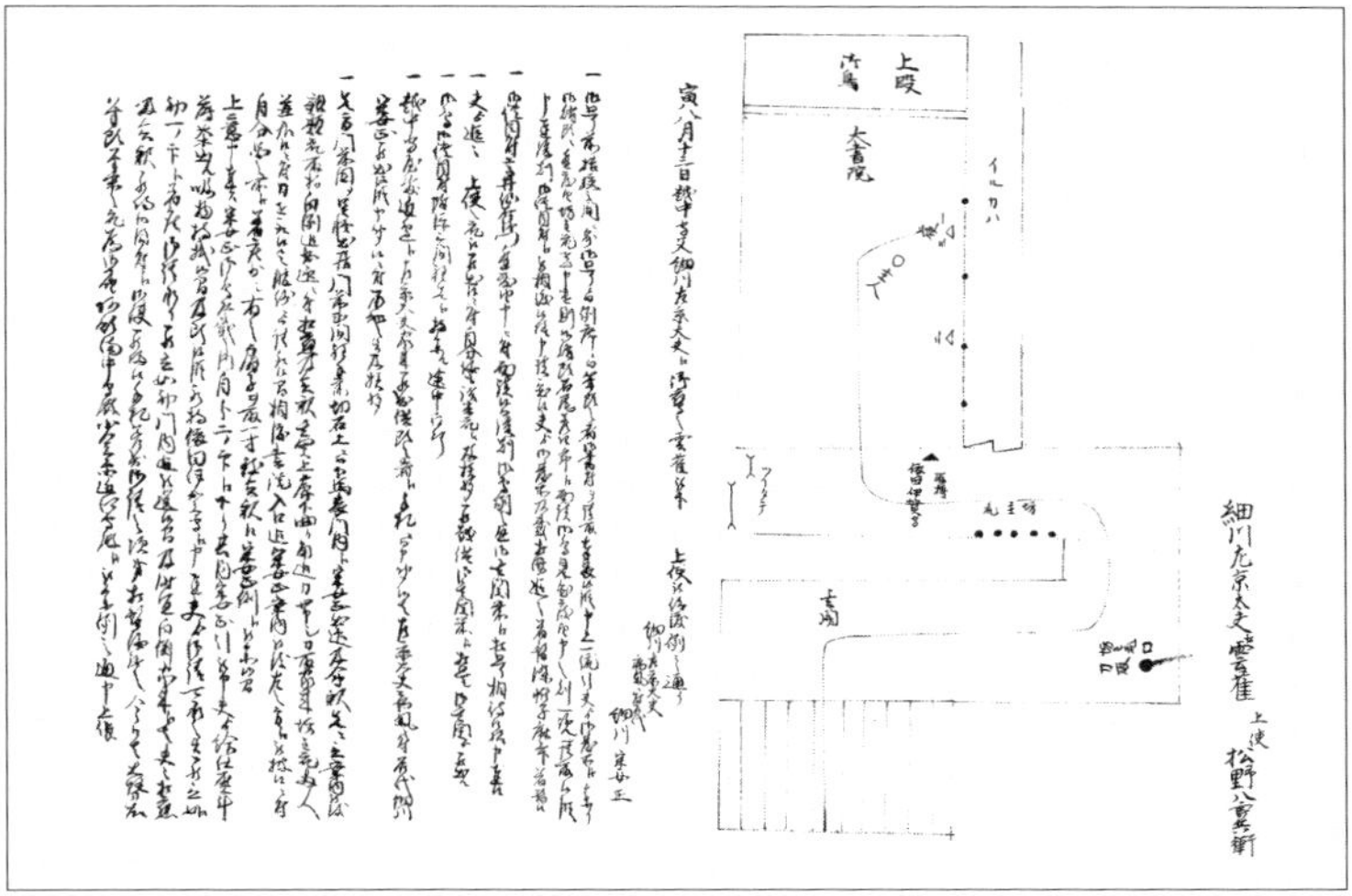

図42　細川左京大夫への雲雀下賜（著者蔵）

拝領できた（図41）。このほか、御三家の分家である「御門葉《ごもんよう》」の場合、侍従以上であっても雁の拝領であった。また老中・若年寄・城代に就任中の者、および徳川宗家の外戚である今治藩主松平（久松）定房と大老酒井忠清の子忠挙《ただたか》は御前での拝領であり、京都所司代は宿継《しゅくつぎ》による拝領であった。さらに「国持並之衆」や譜代大名の城主、それに隠居した前盛岡藩主南部重信・前柳河藩主立花忠茂も拝領の対象であり、ほかに、詰衆・寺社奉行・奏者番の者は殿中での拝領であった。このように、雁の拝領では御前拝領・殿中拝領・宿継拝領の別があった。

⑥の「雲雀」の拝領者は、甲府・館林の両徳川家（御両殿）、御三家・国持衆・連枝・譜代大名のうち城主に位置づけられている者、そしてその拝領にあたって奥方女中が派遣されたのは、前岡山藩主池田光政の母親、同人内室、前広島藩主浅野光晟《みつあきら》の内室、それに御両殿・紀伊徳川家の正室であった（図42）。

ここには、将軍家の朝廷への諸品の進献についても記述され、その品々は初鮭・初菱喰・初鶴、それに将軍が鷹狩で捕獲した「御拳之鳥《おこぶし》」であり、宿継により京都に送られた。家綱政権末期の進献先は、禁裏《きんり》（霊元天皇）、仙洞《せんとう》（後水尾院）、本院（明正院）、新院（後西院）、女院（将軍秀忠の娘で、後水尾天皇の中宮、のちの東福門院和子《まさこ》）であった。なお、「御拳之鳥」とは朝廷への鷹狩の獲物の進献品が、原則として将軍みずからの鷹狩によって捕獲した鳥を対象にしていたことを示すものであり、これを「御鷹之鳥」などと表記することもあった。

このほか、将軍が鷹狩で捕獲した「御拳之鳥」は、甲府・館林の両徳川家および御三家に下賜され、また江戸城に譜代大名を招いて料理としても振舞われた。そして、鵩鷹が捕らえた雁・鴨は、上使を派遣して本院（明正院）、千代姫（将軍家光の娘で、名古屋藩二代藩主徳川光友の正室）、保科正之（将軍家光の弟）、井伊直澄（筆頭譜代）に下賜された。つまり、「御拳之鳥」を恒常的に贈られたのは、天皇・上皇などの朝廷関係者と御両殿（甲府・館林の両徳川家）・御三家のみであり、将軍の拳から放った鷹で捕獲した「御拳之鳥」は鷹狩の獲物のなかでも最上位に位置づけられていたのである。

このように、将軍は毎年、朝廷や大名らに「御鷹之鳥」を下賜したが、獲物の種類によってその拝領者や拝領形式が細かく決められていた。また、天皇への諸鳥の献上も多岐にわたっていたが、大名へのそれは全体的に家格が意識された拝領であったといえよう。

大名から将軍への「鷹之鳥」献上

大名は領内に設定した鷹場（藩鷹場）や将軍から拝領した鷹場（恩賜鷹場）で鷹狩をおこなっていた。そこでの鷹狩で捕獲した獲物を大名が将軍に献上する場合、その獲物は「鷹之鶴」「鷹之鳫《がん》」などと呼ばれた。つまり、下位者が上位者に鷹狩の獲物を献上する場合は、「御」を冠することはなかった。しかし、大名が藩鷹場や恩賜鷹場で捕獲した獲物を家臣らに下賜する場合は「御」を冠し、振舞いの対象となった。つまり、上位者が下位者に鷹狩の獲物を下賜する場合は、上位者の権威を帯びた「御」を冠するのが一般的であった。

大名の将軍への「鷹之鳥」の献上でもっとも一般的におこなわれていたのが、将軍から鷹狩の暇を許された大名が鷹場に出かけて捕獲した「鷹之鳥」を献上する場合であった。「厳有院殿御実紀」巻十三（『徳川実紀』第四篇）から、その事実関係を確認する。明暦二年（一六五六）十一月二十五日、御三家のうち和歌山藩主の徳川頼宣と水戸藩主の徳川頼房は四代将軍徳川家綱より鷹狩の暇を許され、鷹二居ずつを下賜された。これにより、両人は将軍より拝領した恩賜鷹場に出かけた。紀州家の恩賜鷹場は武蔵国足立郡周辺、水戸家の恩賜鷹場は江戸川両岸の武蔵国葛飾郡周辺や下総国葛飾郡周辺であった。

明暦二年（一六五六）十一月二十八日には水戸中納言頼房が水戸鷹場で捕獲した「鷹之雁」を、同月二十九日には紀伊大納言頼宣が紀州鷹場で捕獲した「鷹之雁」を将軍家綱に献上した。これに対して、将軍家綱は紀州鷹場へ書院番頭の安藤重元を派遣し、枝柿や鯛《たい》を差し入れた。また同日、家綱は水戸家鷹場へ小姓組番頭の戸田重種を派遣し、蜜柑《みかん》や鯛を差し入れた。このあと、頼宣と頼房は翌十二月十五日に鷹場より帰還し、雁三羽ずつを将軍に献上した。

また、同年十二月一日、御三家のうち名古屋藩主徳川光友は将軍家綱より鷹狩の暇を許され、鷹二居を下賜された。その後、光友は将軍家より拝領した武蔵国多摩郡周辺の恩賜鷹場に鷹狩に出かけ、同月四日には使者を将軍家に派遣して雁や鴨を献上した。これに対して、将軍家綱は尾州鷹場へ書院番頭の渡辺吉綱を派遣して密柑や鯛を差し入れた。同二十一日、光友は鷹場より帰還し、将軍に雁三羽を献上した。

この時期、御三家の嫡子たちも父と入れ替わる形で鷹狩に出かけていた。同年十二月十五日、紀伊徳川家の跡継ぎと決定していた徳川光貞は、将軍家綱より鷹狩の暇を許され、黄鷹と鷂《はいたか》を下賜された。このあと、光貞は武蔵国内の紀州鷹場へ出かけ、同月十九日には鷹場から使者を派遣し、将軍家へ雁・鴨一隻ずつを献上した。これに対して、将軍家綱は紀州鷹場へ小姓組番頭の松平忠利を派遣し、枝柿と魚を差し入れた。

また、同年十二月十八日、水戸徳川家の跡継ぎと決定していた徳川光圀は、将軍家綱から鷹狩の暇を許され、また鷹二双を下賜された。そのあと、武蔵・下総両国内の水戸鷹場へ出かけた。同二十二日、将軍家綱は水戸鷹場へ書院番頭の北条氏利を派遣し、密柑と魚一種を差し入れた。これに対して、光圀からも将軍家綱へ使者を派遣して雁・鴨一隻ずつを献上した。そして、十二月二十八日、紀伊徳川家の光貞と水戸徳川家の光圀の両人は、それぞれ鷹場から帰還し、将軍家綱に雁・鴨二羽ずつを献上した。

このように、御三家の当主や世子《せいし》（世嗣）が将軍から鷹狩の暇を許されて鷹場に出かけると、御三家から将軍へ「鷹之鳥」が献上され、それに対して将軍家からそれぞれの鷹場へ使者が派遣されて果物や魚などの食料が差し入れられた。また御三家が鷹場から帰還すると、鷹狩の暇を許された礼として「鷹之鳥」を献上した。こうして、御三家の恩賜鷹場での鷹狩にさいしては将軍への「鷹之鳥」献上と、将軍家から御三家への食料差し入れとの相互儀礼が存在していた。

こうした「鷹之鳥」の献上は、御三家だけでなく、他の大名でもみられた。寛永九年（一六三二）十一月二十三日、仙台藩主の伊達政宗は将軍家より拝領した武蔵国埼玉郡久喜（現埼玉県久喜市）の恩賜鷹場に鷹狩に出かけた。これ以前、政宗は将軍徳川家光より鷹を下賜され、暇を許されていた。そして、翌々二十五日に「鷹之雁」三羽を将軍家光に献上した。その後も、政宗は息子（宗家後継者）の忠宗や幕府老中らに鶴・鴻《こう》・雁・菱喰などを贈った。また十二月十八日、鷹場から江戸屋敷に帰還した政宗は、江戸城に登城し、将軍家光に謁見して「鷹之雁」五羽を献上した（『伊達治家記録』四）。政宗の鷹狩中、御三家でみられたような将軍からの食料差し入れはなかったが、鷹狩の暇を許された礼として「御鷹之鳥」の献上を恒例化していたのである。

いっぽうで、大名が将軍に献上する鳥は鷹狩の獲物である「鷹之鳥」とは限らず、鉄砲や罠《わな》で捕獲した獲物の場合も同様であった。江戸時代には、その季節にはじめて採取された野菜や果物は「初物」、またその年はじめて捕獲した鳥は「初鳥」と呼ばれ、これらを食べると福を呼び込み、長寿になるという言い伝えがあり、縁起がよいということで珍重された。「初鰹《がつお》」「初松茸《まつたけ》」「初茄子《なす》」「初鮭《ざけ》」「初鶴」「初雁《かり》」「初菱喰《ひしくい》」などがそれである。

自然の恵みである魚鳥や野菜を「初物」「初鳥」「鷹之鳥」などと称して、下位者から上位者へ、上位者から下位者へ、あるいは対等の関係であっても贈答・饗応の儀礼は江戸時代の武家・公家のいずれの社会においても、自然の領有とかかわって広くおこなわれていた。そして、その頂点には天皇や将軍が位置づいていたのである。

4 「御鷹之鳥」の饗応儀礼

「御鷹之鳥」の振舞い

鷹狩はその行為だけで完結するものではなく、鷹狩で捕獲された鳥が贈与の対象となり、また共同飲食の対象ともなり、別のステージでの行為を支えるものともなった。

将軍から天皇に献上された「御鷹之鶴」は、次節で述べるように、宮中で天皇御前での「鶴《つるの》包丁」の儀式を経たうえで、親王や公家らに鶴の吸物として振舞われた。しかし、天皇による親王・公家らへの諸鳥の振舞いは将軍が献上した「御鷹之鶴」に限られていたわけではなかった。

関白近衛信尋《のぶひろ》の日記「本源自性院記」（『史料纂集』）の寛永五年（一六二八）正月九日条に、「今日禁中諸礼、未剋（刻）計参内、御鷹雁ノ御振舞、右府（一条兼遐《かねとお》）、高松殿（好仁親王）、左大将（鷹司教平《のりひら》）、公卿・侍従七八輩」とあり、禁中諸礼のために参内した親王・公卿・侍従らに「御鷹之雁」が振舞われていた。ここにみられる「御鷹之雁」は後水尾天皇の鷹狩で捕獲した雁を示すものであろう。

「鷹之鳥」の振舞いは、公家間でもおこなわれていた。「慶長日件録」（『史料纂集 慶長日件録一』）の慶長八年（一六〇三）五月十五日条には、公家の舟橋秀賢《ひでかた》が公家の勧修寺《かじゅうじ》光豊から「鷹之鴨振舞」を受けていた。「鷹之鴨」と記述されていることから、光豊が鷹狩で捕獲したものか、あるいは天皇から「鷹之鳥」を分与されたものかもしれない。舟橋秀賢は明経《みょうぎょう》博士であり、勧修寺光豊は武家伝奏である。

「泰重卿記」（『史料纂集 泰重卿記三』）の寛永二年（一六二五）十月五日条には、後水尾天皇から拝領した鶴を公家の倉橋泰吉・五辻済仲・竹田信勝の三人に振舞っていた。

つぎに、武家社会における「御鷹之鳥」の振舞いについて述べることにする。寛永二十年（一六四三）十月三日、書院番頭の酒井重之は三代将軍徳川家光の使者として仙台藩に派遣された。このことは、酒井家の家譜に「松平陸奥守忠宗が許《もと》への御使をうけたまはりて仙台に赴く」と記録される（『新訂寛政重修諸家譜』第二）。これに対して、仙台藩の記録には、同月十四日、幕府から派遣された上使の酒井氏を陸奥国名取郡増田（現宮城県名取市）にて出迎え、これより以前においても仙台藩の家臣が陸奥国刈田郡越河（現宮城県白石市）や岩代国信夫《しのぶ》郡福島（現福島県福島市）へ派遣されていたと記録されている（『伊達治家記録』五）。

幕府上使の酒井氏は、十月十五日に仙台城に登城し、藩主忠宗に迎えられた。このときの用向きは、将軍家光からの「御鷹之鶴」の下賜であった。藩主忠宗は大広間で酒井氏と対面して「御鷹之鶴」を拝領し、受領した鶴は部屋の上段の間に飾られた。そして、書院にて祝宴を開き、鮑《あわび》を使った儀式膳から本膳料理にいたるまでの振舞いがおこなわれた。このとき、亘理《わたり》伊達家初代当主の伊達成実や侍医の岡本竹庵らがご相伴にあずかった。ついで、腰物「無銘・樋掻《ひかき》」が酒井氏に贈られ、そのあと式楽として能五番が舞われ、その終了後数寄屋にてお茶が振舞われた。こうして、仙台藩の饗応は終わり、酒井氏は仙台城をあとにした。

そして、十月十七日、藩主忠宗は幕府からの「御鷹之鶴」拝領のお礼として、「一族」の大町定頼を使者として江戸に派遣するいっぽうで、幕府奏者番の牧野信成に書簡を認《したた》め、幕府老中への取次を依頼していた。十月二十日には、将軍家光から拝領した「御鷹之鶴」が城内で家臣らに披露され、一門・一家・一族の門閥及び諸士に料理が振舞われ、その後、式楽として能五番も舞われた。

こうして、将軍から「御鷹之鳥」を下賜された諸藩では、幕府から派遣された上使を城内に迎え入れて諸儀式を執行し、同時に振舞いをおこなった。ついで、「御鷹之鳥」の披露と振舞いが家臣らを招いておこなわれ、同様に式楽としての能が舞われて一連の儀礼が終了したのである。

朝廷の「鶴包丁」

将軍から天皇に献上された「御鷹之鶴」は、親王や公家らに分与され、あるいは公家らを御所に招待して料理として振舞われた。この「御鷹之鶴」の振舞いについて、十八世紀後半、有職故実家の伊達玄庵(賀生)が著した「光台一覧」(『古事類苑』遊戯部)によれば、一月十八日に宮廷舞楽を演奏し、天皇にご覧に入れた舞御覧の行事終了後、天皇の御前で古式に則った鶴を調理する「鶴包丁《つるの》」が披露された。この鶴は将軍が天皇に献上した「御鷹之鶴」であり、清涼殿の庭上で御膳番二人が隔年交替で料理して親王・公家らに振舞う饗応儀礼であった。この鶴は包丁でさばかれ、吸物にして振舞われた。

文化三年(一八〇六)に刊行された速水春暁書画による「諸国図会年中行事大成 壱」(国立公文書館内閣文庫蔵)の「鶴包丁」の記事によれば、一月十九日におこなわれる「鶴包丁」の起源については、年始の行事として豊臣秀吉が天皇に鶴を献上したことがきっかけで始まったと記されている。しかし、ここには根拠となる出典や年月の記載がなく、その信憑性について疑問がある。ところが、後陽成天皇時代の「お湯殿の上の日記」(『続群書類従』補遺三)の天正十五年(一五八七)一月十七日条によれば「鶴包丁」がおこなわれており、豊臣秀吉が「御鷹之鶴」を献上したものとみられる。また、同書の天正十六年五月四日条によれば豊臣秀吉が鷹狩の土産として雉を献上したことも確認できる。

この「諸国図会年中行事大成 壱」には、「鶴包丁」の儀式について比較的詳細な記述がある。それによれば、御厨子所《みずしどころ》の高橋家と大隅家が料理番を担当するようになってから、この両家が「鶴包丁」の儀式を隔年交替でつとめるようになり、衣冠の装束を着して臨むようになった。

儀式は、朝、六位の官人二人が俎板《まないた》に箸と壇紙《だんし》（和紙の一種）を載せて「鶴包丁」の舞台へ運び、塩鶴一羽を俎板の上に置くところからはじまった。そして、塩鶴を包丁や魚箸を用いて鳥の両羽をしごいた（強く押さえつけるようにしながら、手や指をこするように包丁を動かす）。これを俗に「みずしごき」といった。ついで、両翼を切って丸板の上に筋交いに置いて、十字の形にした。続いて、両足を切って丸板の上へ包丁箸で置いた。これを千年切とか、万年切ともいった。そして、肉を調理して退いた。このあと清涼殿の階下に臨んで、太刀と折紙を賜い、左手で取って殿上に退き、拝して退出した。鳥を調理するのに使った俎板などは、六位の官人が撤去した。のち、舞楽の天覧があり、そのあとに鶴の高盛りなどの料理が出され、公家らはこれをいただいた。このように、「鶴包丁」の調理方法は、古式の伝統に則り、箸を使って鳥を押さえながら包丁を入れていくもので、直接、鳥自体に調理人が手を触れることはなかった。

鳥の調理を天覧に供する儀式は、「お湯殿の上の日記」（『続群書類従』補遺三）の永禄十二年（一五六九）一月二十二日条に「鵠《くぐい》包丁」の記事が確認できる。「鵠《くぐい》」は白鳥の古称だが、「鶴包丁」や「白鳥包丁」に先駆けて「鵠包丁」と呼ばれる儀式がおこなわれていた。また、戦国期から江戸初期にかけての公卿山科言経《ときつね》の日記「言経卿記」（『大日本古記録 言経卿記一』）の天正四年一月十七日条に、織田信長が安土城を築いて移った年に、宮廷の有職料理を伝えてきた御厨子所小預《こあずかり》の大隅秀信による「鵠包丁」の天覧が禁裏内の小御所でおこなわれ、その調理された鵠が公家らに振舞われていた。このとき、鵠に包丁を入れた秀信は天皇から太刀を拝領した。

これ以後、織田信長の時代から豊臣秀吉の時代にかけて「鵠包丁」は確認できないが、「お湯殿の上の日記」によれば、後陽成天皇時代の天正十五年一月十七日、同十六年一月十七日、同十七年一月七日、同十八年一月十三日に「鶴包丁」の儀式がおこなわれ、同十七年一月七日には「鶴包丁」とともに「鵠包丁」ではなく「白鳥包丁」に改めて同時におこなっていた。また「言経卿記」(『大日本古記録 言経卿記十一』)の慶長七年(一六〇二)二月十七日、禁中の東庭で「鶴包丁」の儀式がおこなわれ、そのあと舞楽の天覧などがあって酒食の宴席に移り、鶴の吸い物が振舞われた。このとき、振舞いの対象となったのは、大臣家・羽林《うりん》家・名家《めいか》・半家《はんけ》の公家三三人におよんでいた。

この時期の古式の包丁儀式は日程が必ずしも一定していなかったが、しだいに一月十七日におこなわれることが多くなった。「鶴包丁」と「白鳥包丁」が同時におこなわれることもあり、「泰重卿記」(『史料纂集 泰重卿記一』)慶長二十年(一六一五)一月十七日条には「鶴包丁」が大隅信守、「白鳥包丁」が高橋宗好の担当で儀式を執行していた。宮廷の鳥料理として最上位に位置づけられていた鶴と白鳥は格別なものであり、両方とも調達されていた場合には同時におこなっていたものであろう。このように、新年の嘉例としては「鶴包丁」を基本としながら、時として「鵠包丁」や「白鳥包丁」に代わることもあったが、元和期以降は「鶴包丁」のみが宮中の年中行事として定着するようになっていった。

将軍から天皇への「御鷹之鶴」の献上、「鶴包丁」の執行、調理された鶴の公家らへの「御振舞」は連鎖性を有し、それぞれが儀式化し、一定した作法と秩序のもとでおこなわれていた。なお、この行事は豊臣秀吉が関白・太政大臣に任じられ、豊臣姓を名乗ったあとから開始され、その任官中は継続されたが、秀次に関白職を譲った天正十九年から途絶え、徳川家康の覇権が確定したあとの慶長七年から再開していたことから、統一権力の生成と密接にかかわっていたとみられる。

幕府の「鶴包丁」

徳川将軍家は、天皇家や摂関家との婚礼を通じて血統の貴種化を図り、また朝廷が独占してきた文化伝統を模倣してその貴種化も進めた。儀礼や有職故実などの文化伝統は徳川将軍家によって模倣され摂取されていった。天皇家ではじまった「鶴包丁」や「白鳥包丁」は、将軍家でもみられるようになったのである。「大猷院殿御実紀」巻二十二(『徳川実紀』第二篇)の寛永十年(一六三三)九月十三日条に、江戸城において水戸藩主徳川光圀・加賀藩主前田利常・薩摩藩主島津家久をはじめ、在府の国持大名らを招いて「御鷹之鶴」の饗応をおこない、将軍家光の御前で台所頭の神谷正重が「鶴包丁」をつとめて鶴料理が振舞われていた。その結果、神谷氏は時服《じふく》を拝領した。

同書の寛永十二年十一月二十九日条にも、将軍家光は江戸城黒木書院で台所頭の神谷正次による「白鳥包丁」を観覧し、譜代衆や談伴衆は白鳥料理の饗応にあずかった。この白鳥は、三日前、武蔵国葛飾郡島根村(現東京都足立区)での鷹野御成で捕獲された白鳥であった。この日の模様は、「幕府日記」(『江戸幕府日記〔姫路酒井家本〕』第四巻)にも同様の記載がみられ、俎板の担当は石谷十蔵と馬場三左衛門であった。家光政権下で朝廷の「鶴包丁」や「白鳥包丁」が摂取されたのである。

幕府の「鶴包丁」は、将軍徳川吉宗による放鷹制度の復活によって再開された。「有徳院御実紀」巻七（『徳川実紀』第八篇）の享保三年（一七一八）十二月二十三日条には、将軍吉宗が台所頭小林祐良によるはじめての「鶴包丁」の儀式を、江戸城黒木書院で観覧したことが記録されている。この儀式に、台所頭は熨斗目《のしめ》の小袖と麻の裃《かみしも》を着用して臨んでいた。このとき、御三家のうち尾張・水戸の両徳川家・高家《こうけ》・雁之間詰の譜代大名・芙蓉《ふよう》之間詰の役人・遠国奉行・小普請奉行・目付などにいたるまで、その儀式の拝観を許され、そのあと羹《あつもの》を振舞われた。また台所頭の小林氏ははじめての「鶴包丁」の儀式を成功させたことで賞せられ、時服を賜った。

幕府の「鶴包丁」の儀式は、「御鷹之鶴」の振舞い儀礼と一体化し、幕府からすれば天皇家でおこなわれていたその儀式を摂取して貴種化を図るとともに将軍の権威を高め、招かれた大名などからすれば御目見・振舞いの場の席次からみずからの家格を再認識し、その招待により将軍への拝謁を通じて主従関係を再確認することにもなった。

また、「御鷹之鶴」の「鶴包丁」とその振舞いとは、鷹狩の殺生に基づく共同飲食を通じて、その穢《けが》れを共有して最小化し、同時に士気を高めるという役割をもっていたものとみられる。鷹狩のさいの供《ぐ》奉《ぶ》の者たちに「鶴血酒」を提供していたのも、表向き上は家族の健康増進であったが、殺生の穢れの共有という役割をも担っていたように思われる。

第4章　鷹場町村の支配と諸役負担

1　鷹場の支配と環境保全

幕府鷹場の維持・保全とその支配

幕府の鷹場支配は、鷹場を管轄した鷹場役人によって鷹場法度にもとづいておこなわれた。近世前期、幕府鷹場にはその拠点に鳥見《とりみ》や鷹匠頭の属僚であった郷《ごう》鳥見（享保三年、野廻《のまわ》りと改称）が置かれ、近世中期以降、御拳場《おこぶしば》は鳥見、御鷹捉飼場《おたかとりかいば》は野廻りによってそれぞれの地域を分担して鷹場支配をおこなっていた。

幕府の鷹場支配は、第一義的には諸鳥の保護と鷹場の維持・保全にかかわるものであった。このことを端的に示しているのが毎年鷹場村々に触れられた「鷹場法度」であった。この法度が村々に触れられると、村々は一か村ごとにその内容に違反しないことを誓約した「御鷹場御法度証文之事」、あるいは「御鷹場御法度手形之事」をその地域を管轄する鷹場役人に提出した（次頁図43／口絵⑲）。

将軍の鷹狩場となった御拳場の「御鷹場御法度手形之事」は、享保期以降、七か条から成文化され、

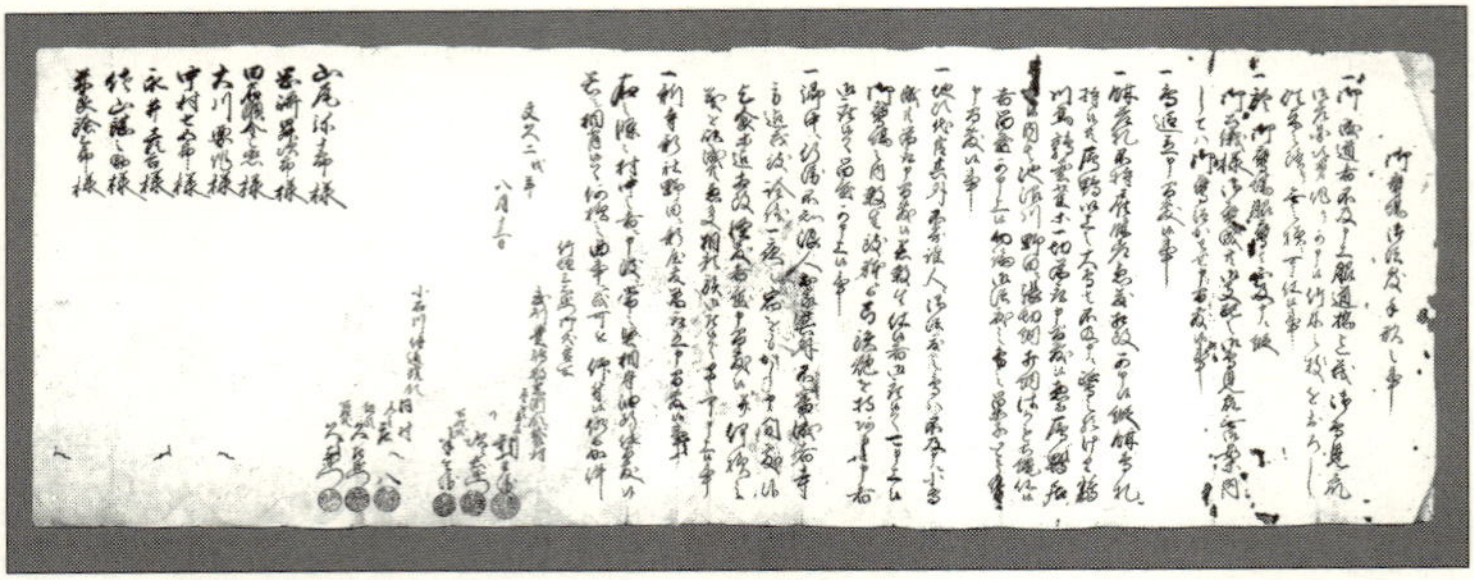

図43　御鷹場御法度手形之事（「松澤家文書」東京都北区立中央図書館保管）

定型化した内容で、各筋の鳥見に提出された。また、江戸内海沿岸の御拳場村々には、「御鷹場御法度手形之事」のほかに、「差上申海辺手形之事」の提出も命じられていた。しかし、鷹匠頭が管轄する御鷹捉飼場では必ずしも同じ条文ではなく、各地域に見合った条文が触れられた。御鷹捉飼場支配を担当した野廻りは、村々から毎年八月に「御証文」と呼ばれる鷹場法度を遵守する誓約書を提出させた。この「御証文」には二種類があって、それぞれを毎年提出させていた。

そこで、文政十三年（一八三〇）八月、御拳場の武蔵国葛飾郡東葛西領西宇喜田村（現東京都江戸川区）の村役人が、葛西筋の鳥見衆に提出した「御鷹場御法度・海辺証文控」（『江戸川区郷土資料集』第七集）を紹介することにする。まず「御鷹場御法度手形之事」から見てみよう。

第一条　御成道・脇道・橋の修理と竹木の枝下ろしの励行
第二条　鷹場では鳥見の案内がない公儀の御鷹や脇鷹による鷹狩の監視
第三条　鳥追い立ての取締り
第四条　餌鳥《えとり》札不所持の雇い餌差《えさし》の改めと、餌鳥札所持餌差の諸鳥

捕獲の監視

第五条　地頭・代官の諸鳥捕獲の監視と、鷹場内での弓・鉄砲所持者の改め
第六条　不審者の穿鑿《せんさく》と宿提供の禁止、かつ悪事依頼者の注進
第七条　新寺・新社、および野田での新屋敷建築禁止

つぎに、「差上申海辺手形之事」を見てみよう。

第一条　海辺での鳥殺生者の留め置きと注進
第二条　海辺での鳥殺生道具所持者の注進
第三条　海辺での不審船確認時の改めと詮議

全体的に、将軍の鷹野御成を見越した鷹場の環境整備と景観保全、また諸鳥保護や鷹狩人・殺生人・不審者の監視・注進に関する条文である。とくに、鷹場では捕鳥の禁止と諸鳥の生息環境の保全が中心となっていた。鷹狩は鷹場に諸鳥が生息していなければ成り立たないものであり、また鷹狩に出かけた将軍の生命を守ることは鷹場支配の絶対必要な要件であった。「差上申海辺手形之事」も同様の視点から条文が成文化され、江戸内海およびその沿岸も鷹狩の対象地域となっていたのである。

なお、御拳場村々では、「御鷹場御法度手形之事」のほかに、「別紙証文」やその他の請書を提出し、鷹場環境保全のための細かな規則を厳守しなければならなかった。その規則は、川殺生の禁止、祭礼・

芝居・相撲・開帳・興行・行事開催の申請と許可、案山子《かかし》立ての申請と許可、病鳥・落鳥発見時の届出、飼犬・田船の届出、竹木の伐採・植栽の申請と許可、大声・高唄の禁止、無宿者の改め、鷹場御用にかかわって作られた伝板・萱屏風・潮留などの保護、新規百姓商売の禁止など多岐にわたっていた。

つぎに、天保二年（一八三一）八月二十五日、御鷹捉飼場の下総国葛飾郡藤原新田（現千葉県船橋市）の村役人が野廻り役の大野隼人《はやと》に提出した「一札之事」と「覚《おぼえ》」を紹介することにする（『船橋市史』近世篇）。まず、「一札之事」から見てみよう。

第一条　堀川筋での魚殺生禁止と告知用の立札の吟味、御鷹御用中の黐《もち》（鳥などを捕らえるのに使う粘り気のある物質）売買禁止
第二条　鷹場内での鉄砲所持・使用の禁止と、鳥殺生人・不審者への宿貸しの禁止

つぎに、「覚」を見てみよう。

第一条　雁の追い立てや雁小屋建設の禁止
第二条　稲刈り後から冬季の田の水落としの励行
第三条　病鳥や鷲・野鷹が蹴落として死んだ鳥の注進
第四条　鶴代《しろ》（鶴が居ついている場所）になっている田畑への人往来の禁止
第五条　御鷹の到来時、引き手のいない馬の使用禁止

第六条　芝居・開帳など賑やかな催しの禁止
第七条　御鷹御用のさい、関係者以外の者が堀川筋に架橋して通行することの禁止
第八条　新規の家作造成時の申請と許可
第九条　御鷹訓練時の案山子《かかし》の取り払い義務

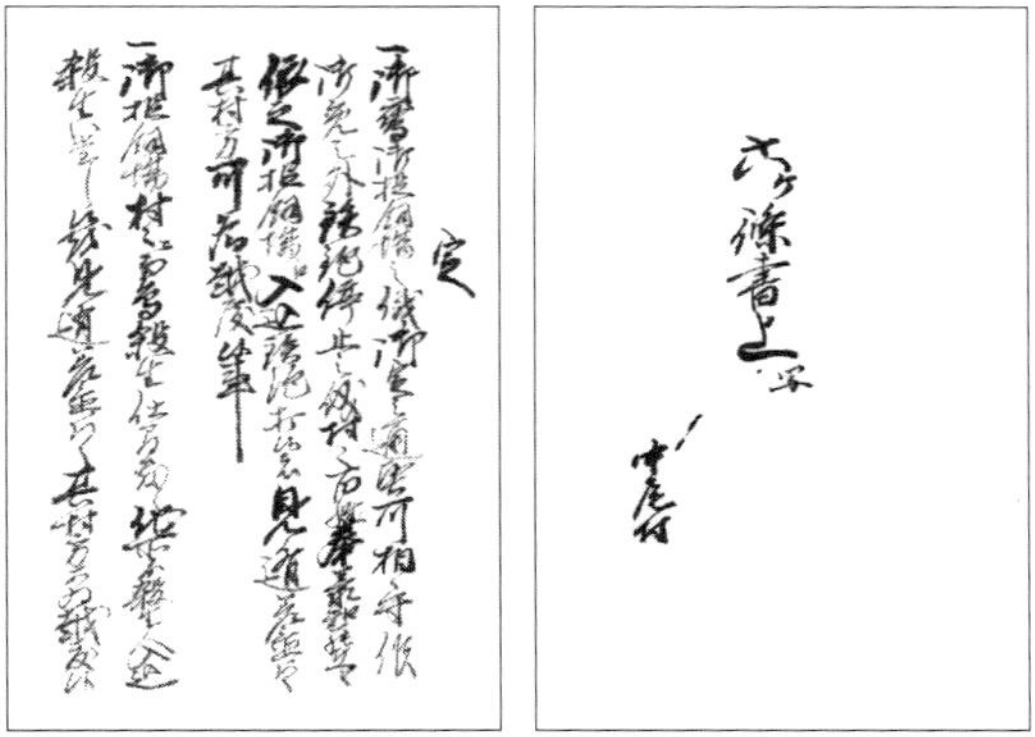

図44　御鷹捉飼場六ヶ条書上写（嘉永７年８月）（著者蔵）

御鷹捉飼場は、鷹匠らが御鷹の訓練のためにやってくる鷹場であり、その鷹場環境の維持・保全は御拳場と同様に重要な問題であり、また鷹匠らの鷹狩にさいしての注意事項は多岐にわたっていた。鷹は水を嫌うため稲刈り後の田の水を切り落としておくこと、御鷹訓練時には案山子を取り払っておくこと、諸鳥の生息に支障をきたす騒がしい行事を慎むこと、諸鳥の保護に取り組むこと、その餌となる魚の殺生をしないことなどが命じられていた（図44）。御拳場・御鷹捉飼場を問わず、鷹場の支配は細部にわたって厳重をきわめていたのである。

御三家鷹場の支配と鷹場役人

御三家は鷹場（恩賜鷹場・恩借鷹場）を与えられると、藩政組織のなかに鷹場支配機構を整え、諸鳥の生息環境保全と殺生

人取締りを中心とする鷹場法度を整備する必要があった。五代将軍徳川綱吉政権の下で幕府放鷹制度も御三家のそれも中断し、近世前期の寛永期から元禄期までと、近世中期以降の享保期から幕末期までとでは、その事情が大きく変化していた。ここでは、近世中期以降の御三家の鷹場支配をみていくことにする。

まず、幕府から拝領した尾張徳川家の恩賜鷹場（尾州鷹場と呼ぶ）からみてみよう。尾州鷹場は、武蔵国入間・新座・多摩の三郡内に与えられ、江戸戸山（現東京都新宿区）にあった「御鷹方役所」が統括していた。その下に鷹場支配の拠点となった陣屋や鷹匠頭が統轄した鷹匠組織が位置づいていた。藩士の「鳥見」（尾州鳥見と呼ぶ）が常駐した「常宿陣屋」（鳥見陣屋）には立川陣屋（現東京都立川市、立川への移転前は砂川村）、下保谷陣屋（現東京都西東京市）、水子陣屋（現埼玉県富士見市）の三か所の陣屋があった。各陣屋では、受持ち範囲の村々を数組に分けて、「御鷹場御預り御案内」（「鷹場預り」と略す）を任命し、鷹場の支配にあたらせた。鷹場預りは在地の有力百姓から選ばれ、就任すると三人扶持を給されたほか、御用をつとめると褒美金や手当金を支給された。

宝暦三年（一七五三）における鷹場預りの預り村数は、下小金井村の関忠蔵が二二か村、立川村の小川弥五左衛門が一五か村、殿ヶ谷村の村川祐蔵が五一か村、下清戸村の粕谷右馬之助《うまのすけ》が三九か村、館村の宮ヶ原繁右衛門が二四か村、田無村の下田孫右衛門が二九か村で、六人の鷹場預りが預かる鷹場村総数は一八〇か村であった。天保十三年（一八四二）には、鷹場預りが一一人に増員され、その村総数は一八五か村となった。文政期以降、鷹場預りのなかに「年番」をつとめる者が登場するが、これは陣屋と鷹場預りたちを繋いでいたとみられる（井田実「尾張家の御鷹場について（上）（中）（下）」『埼玉史談』

第一三巻第一号・第三号、第一四巻第一号、一九六六〜六七年。千葉元義「尾州藩鷹場の支配」『国史談話会雑誌』第二二号、一九八一年。槇本晶子「尾州藩の鷹場について」、蛭田廣一「史料紹介・尾州様御鷹場御定杭場所書上帳」、ともに『多摩のあゆみ』第五〇号、一九八八年)。

鷹場村々は尾州鷹場役人によりきびしい規制を受けた。その規制内容を端的に示しているのが「御鷹場御法度証文」である。天保九年(一八三八)一月のものを紹介すると、その内容は前段の「諸願書付」と後段の「鷹場法度証文」から構成されていた。「諸願書付」は鷹場の維持にかかわって、第一条では棒・竹・鑓《やり》で猪や鹿を追い散らすための願書提出を一月二十日までとする。第二条では威し鉄砲で猪や鹿を追い散らすための願書提出を三月二十日までとする。第三条ではその打ち留め期日を八月一日とする。第四条では案山子立ての願書提出を九月二十日までとすることが決められていた。この期限を過ぎての提出は、それぞれの願いを認めないという強い姿勢を示していた。

後段の「鷹場法度証文」の第一条は鷹場内に鷹匠や餌差(鷹餌の捕獲担当)がやってきたならば預かっている鷹場判鑑の合札と引き合わせて改める。第二条は鷹野御成の道筋や脇道・細道、橋にいたるまで手入れをしておく。第三条は藩主の鷹野御成逗留中の犬・猫繋ぎ、また御鷹方の宿泊中の村で無礼なことをしない。さらに許可なき案山子立てをせず、そして冬の田んぼに水を湛えない。第四条は鷹場内で鉄砲を所持することがないようにし、もし発砲者がいた場合はその出所を見届けすぐに報告する。また許可のない猪や鹿の捕獲をしない。第五条は飼い鳥のすべてを禁止し、また諸鳥の捕獲を禁止する。さらに死んだ鳥獣がいたならばすぐに連絡し指示を受け、もし隠し置いて後日露見した場合は処罰する。第六条は鷹場判鑑の合札を紛失しないよう大切に保管し、また鷹場の境杭・境塚・垣根などが破損した場合は修復し連絡する。さらに御用人馬の廻状（領主からの通達を村々へ順達した文書）の村継ぎを遅滞なくつとめる。第七条は鷹場内で新屋敷や水車をつくる場合はその届を提出し、鳥の居つきに支障がないようにする。第八条は神事や祭礼など多くの人々が集まる場合にはその開催以前に届け出る。第九条は近年鷹場内で箕《み》（穀物を選別する農具）や籠《かご》を伏せて小鳥を捕獲する者が多数いるようだが、発見したならば大鳥と同様の処分とする。第一〇条は川殺生（漁業や魚釣りなど）を一年中禁止するなどであった。全体的には、鷹場内での諸鳥生息環境の保全とそのための取締りが中心であるが、武蔵国多摩地域の特徴的なものとして水車の取り立てについても注意が注がれていた。

つぎに、幕府から拝領した紀伊徳川家の恩賜鷹場（紀州鷹場と呼ぶ）をみてみよう。紀州鷹場は武蔵国足立郡浦和・大宮周辺に与えられ、三人扶持を給された紀州鳥見によって支配されていた。享保十年（一七二五）五月の「御鷹場惣村石高控帳」によれば、紀州鷹場村々は八人の紀州鳥見によって支配され、林八郎右衛門の預り村が二七か村、松本万右衛門の預り村が二八か村、北沢甚之丞の預り村が二八か村、星野権兵衛の預り村が二八か村、八木橋七兵衛の預り村が二六か村、会田平左衛門の預り村が二五か村、蓮見万之助の預り村が二五か村、小沢三郎兵衛の預り村が二三か村、村数の合計は二一〇か村であった（『浦和市史』第三巻、近世史料編I）。

鷹場村々への規制は、「差上申一札之事」と題された鷹場法度証文に端的に示されていた。この証文は、紀州鳥見へ鷹場村の名主が一か村ごとに隔年八月に作成し、村役人の連印で提出した。享保期から寛保期にかけて、その条文は一〇か条程度であったが、宝暦期には一四か条、文化期には一五か条に増えていった。

そこで、宝暦二年（一七五二）八月、武蔵国埼玉郡越谷領大間野村（現埼玉県越谷市）が、紀州鳥見の会田平左衛門・平八に提出したものを確認する。第一条は鷹場法度の遵守と諸鳥の殺生・追い回しの禁止、第二条は鷹場判鑑の所持と諸鳥殺生人・餌鳥《えとり》殺生人への判鑑改めと鷹匠への鷹場案内、第三条は八月一日から翌年一月晦日までの川殺生禁止と怪しき者の吟味・注進、第四条は麦作案山子《かかし》立ての許可申請の徹底、第五条は鳥の居つきの障りになる行為の禁止、第六条は飼い鳥の禁止、第七条は鷹場御用への精勤、第八条は鷹場村継御用状や廻状の刻付・封印の吟味と昼夜の回達、第九条は猪や鹿など害獣駆除による支障の回避、第一〇条は鳥が居ついている場所への新屋敷取り立てと家作の原則的禁止、第一一条は飼い犬の禁止、第一二条は代官・地頭・名主交替時の姓名の報告、第一三条は鷹場境定杭《じょうくい》変更時の届を提出、第一四条は村内寺社領への鷹場御用の通知徹底などであった。なお、紀州鷹場においては、鷹場証文と同時に稲刈り後の田船片づけと、鷹場御用時の田船提供とを義務づけた田船証文も提出していた（『浦和市史』第三巻、近世史料編Ⅰ）。全体的には、鳥の居つきに関する鷹場環境の維持と殺生人取締りとを中心に、鷹場御用への協力や鷹場内情報の連絡などを強制したものであった。

とくに、期限つきの川魚殺生（漁業）や魚釣りの禁止は鷹狩の獲物となる諸鳥の餌を減らさないためであり、また鳥が居ついている場所での家作禁止は鷹場環境の保全のための措置であった。さらに飼い犬なども諸鳥の生息に支障をきたすとの考えによるものであった。このほか、人が多数集まる興行などは鳥の生息に影響を与えるため許可を得る必要があり、相撲興行・神楽興行・祭礼・花火・寺での供養や法要などは開催の願書を提出する必要があった。これらの規制は、鷹場内民衆の日常生活に支障をきたすことが少なくなかった。

さらに、幕府から拝領した水戸徳川家の恩賜鷹場（水戸鷹場と呼ぶ）をみてみよう。水戸鷹場は武蔵国葛飾郡および下総国葛飾郡内に与えられ、下総国葛飾郡小金西新田（現千葉県松戸市）の鷹場役所が統括していた。水戸鷹場およそ二〇〇か村は一〇区分され、それぞれの地域に鳥見役所が設置されていた。鳥見役所は設置された宿村の名を冠し、松戸宿に設置されていた鳥見役所は「松戸役所」と呼ばれていた。鳥見はこの鳥見役所に詰めて十数か村から二十数か村の鷹場村々を支配した。各鳥見役所の管轄地は「御見場《おみば》」と称され、その管轄村々は「御見場組合」として把握されていた。

鳥見役所に詰めた鳥見は、正式には「中間鳥見《ちゅうげん》」といい、これには二系統の鳥見が存在した。一つは藩士出身の鳥見であり、もう一つは在地の百姓から召し抱えられた「地《じ》鳥見」（「郷鳥見」ともいう）である。延享五年（一七四八）一月には、藩士出身の鳥見として小森宇左衛門・鴨志田伊三郎・鈴木半内・野口幸衛門・高須小市の五人、「地鳥見」として古谷斧衛門・塩田佐源太・須藤平蔵・浅川宇八・田中四方七の五人、合わせて一〇人の鳥見が一〇か所の鳥見役所に一人ずつ交代で詰めていた。その交代日は毎年八月二十六日と決められていた（千葉県柏市・後藤家文書）。

藩士出身の鳥見は地鳥見の御見場五か所を除いて、残りの五か所の御見場を一年ごとに交替し、鳥見を長期にわたってつとめている者であれば五年ごとに同一の御見場を管轄する仕組みであった。また鳥見役所が置かれていた村は固定したものではなく、御見場のなかでたびたび変更された。このように、藩士の鳥見が地鳥見の鳥見役所を担当することはなかった。この一〇か所の鳥見役所による鷹場支配は、寛政元年（一七八九）の鷹場返上まで維持された。

水戸鳥見の職務は、御見場村々の取締り、鷹場御用人足・物品の徴発、鷹場役所からの触《ふれ》の伝達、御見場組合村々からの届や願書の受理と鷹場役所への取次ぎ、鷹場定杭の管理などであった。いずれも鷹場の維持管理に不可欠なものであったが、鷹場取締りは鷹場法度に規定された鳥の居つきにかかわる鳥殺生や鉄砲使用などを中心としていた。これは鳥見ばかりでなく、鳥見頭（御場頭）もその着任時に「御場廻《おば》り」と称する鷹場巡回を恒例化しており、鷹場支配者にとってもっとも重要なつとめであった。

なお、水戸鳥見は御見場の支配だけでなく、人足調達の権限も有していた。鳥見頭の「御場廻り」時の内夫人足や廻状などの村継持送人足、鷹匠来村時の御場御用人足や鳥追立て人足、それに猪・鹿追い払い人足などの徴集は、水戸鳥見の重要な役割の一つであった。また、鷹場役所と鷹場村々とをつなぐ廻状類の伝達者としての機能もあった。藩主の鷹狩の告知、鳥見頭・鳥見らの交替時の触、鳥見頭の「御場廻り」日時の周知などは、いずれも鳥見から村々に伝達された。さらに、鳥見は鷹場村々からの届や願書の鷹場役所への取次機能も有していた。

ただし、水戸鳥見の鷹場支配にともなう権限は幕府鳥見に比べて弱く、案山子立てや芝居・相撲の興行などの願いについても、すべての権限は鷹場役所が掌握し、鳥見はその回答を村々に伝達するだけであった。また水戸鷹場の境界に立てられた鷹場定杭も、その設置の指示は鷹場役所が所管し、設置状況の確認や管理が鳥見の任務となっていた。

このように、御三家の恩賜鷹場はそれぞれ独自の鷹場支配機構によって支配されていた。その支配方式はまちまちであり、尾州鷹場は鳥見陣屋ごとに藩役人の鳥見と在地出身の鷹場預りとが連携しており、また紀州鷹場はそれぞれの紀州鳥見による預り村支配がおこなわれ、さらに水戸鷹場は藩士出身の鳥見と在地出身の「地鳥見」による鷹場支配であった。それぞれの藩が在地に精通した地元民を鷹場役人として召し抱え、その支配体制を構築していたのである。

御三卿鷹場の維持・管理

御三卿の鷹場は、将軍の鷹狩場である御拳場《おこぶしば》内の一部を貸し与えられていたために「御借場《おかしば》」と呼ばれた。こうして、御拳場と御借場とが重層的に設定されていたことにより、この地域の鷹場支配は幕府鳥見によっておこなわれ、御三卿各家が独自に鷹場支配組織を具備することはなかった。

しかし、御三卿の各家が鷹場支配にまったく関与しなかったかといえば、そうではなかった。「一橋徳川家記」の宝暦七年（一七五七）十月二十二日条によれば、本来、鷹場村々では毎年三月まで一橋家当主の鷹狩期間中であるため田の耕作を禁じられていたが、その御借場になっていた下総国葛飾郡行徳領村々（現千葉県市川市）では、この地域を支配していた幕府代官の小田切新五郎を通じて、夏期の水腐れと雑草の繁茂とを防止するため、一橋家に冬期の田への水張りを認めてくれるよう交渉をおこなっていた。その結果、一橋家はこれを許可していた（『新稿一橋家記』続群書類従完成会）。

一般に、鷹場では鷹の羽に水がかかると鷹が人の指示を聞かなくなるため、稲刈り後鷹狩がしやすくなるように田の水を切っておくことを命じられていた。しかし、一橋家が冬期中の田の水張りを許したということは、事実上、この年の鷹狩を挙行しないと宣言したに等しいものであった。稲刈り後の田んぼに水を張り、冬から春にかけて水を溜めておくことで、稲の切り株や藁などが水中で腐食して微生物や藻を発生させ、自然の施肥効果が生まれ、田んぼにミミズや蛙《かえる》、ドジョウ、小魚などの生物が集まり、豊かな生態系をつくりだせたのである。このように、御借場の村々から鷹場支配にかかわる問い合わせがあれば一橋家では返答することがみられた。

御拳場品川筋の一部村々は、御三卿のうち田安・一橋両家の御借場に指定され、安永三年（一七七四）九月の書類には「御本丸御場所」「田安家御借場海手之方」「一ツ橋様御借場山之手之方」（『大田区史』資料編、平川家文書一）の記述があり、将軍家・田安家・一橋家の鷹狩場は三つに区分して利用されていた。このため、毎年、鷹場を整備するために、幕府代官伊奈氏の家来が派遣され、そのための人足は近くの村々に割り当てられて駆り出されていた。これにより、代官の伊奈役所は人足一人あたり米五合の扶持米を村々に支給していた。このように、代官の伊奈役所では鷹狩場整備のための人足の調達やその手当としての扶持米の支給もおこなっていた。

また、御三卿の鷹狩期日やそのさいの厳守事項に関する通達も、代官伊奈氏によっておこなわれていた。天明三年（一七八三）二月十一日、一橋家の鷹狩が同十三日に武蔵国橘樹《たちばな》郡稲毛領（現神奈川県川崎市）で挙行されることが同国荏原郡六郷領村々（現東京都大田区）にも通達されたが、この連絡も代官伊奈氏の家来が担当していた。この鷹狩にさいしては、火の用心や不審者の監視、御成道の木の枝の伐採、橋梁の修繕、不浄物の取り捨て、肥溜の撤去、下肥輸送の中止などを厳守するよう命じていた。

ところで、御三卿各家が独自に具備していた鷹狩・鷹場の維持にかかわる職制がいくつかあった。一つは鷹の飼育・訓練にかかわる職制であり、幕府であれば鷹匠に該当するものである。この組織は田安家では御鷹方役所と呼ばれ、御鷹方肝煎《きもいり》の下に御鷹方が属し、一橋家では御鷹方支配の下に御鷹方が置かれていた。二つには、鷹狩の獲物となる諸鳥の飼いつけを担当する御雇綱差《つなさし》を四人ほど採用していた。三つには、御借場の維持・整備のために駆り出される人足を統括する人足肝煎《きもいり》を任命していた。

このように、御三卿の鷹場維持組織は、全体的には幕府の庇護のもとに置かれ、御借場の人足肝煎の任免についても幕府の専権事項であった。御借場自体が幕府御拳場と重層的に設定されていたこともあって、御三卿が御借場の支配を独自におこなうことはなかった。このため、幕府鳥見が鷹場法度に基づいて御拳場と御借場の鷹場支配を達成していた。このことは、独立分家した御三家と異なり、御三卿は「将軍ノ厄介《やっかい》」（『松平春嶽全集』第一巻）とあるように将軍の庇護のもとに置かれていたのである。

2　江戸町方と鷹場支配

幕府鷹場のうち、御拳場は江戸周辺の村々だけでなく、江戸の町の一部も指定されていた。これを端的に示しているのが、文化二年（一八〇五）の「江戸近郊御場絵図」（国立公文書館蔵）である（一二一頁図26／口絵⑬）。幕府御拳場の六筋（葛西筋・岩淵筋・戸田筋・中野筋・目黒筋・品川筋）が朱線で区切って示され、それらの筋のなかには江戸の町々も含まれていた。しかし、江戸のすべての町々が御拳場であったのではなく、鷹場に指定されていた町々は外濠の外側の町人地ばかりで、内濠内や外濠内の武家地は含まれなかった。

このことは何を物語っているのかといえば、一つには幕府御拳場に指定されていたのは江戸の町人地の町々と江戸周辺五里四方の村々であったということと、二つには指定された鷹場村々に諸役が課されたが鷹場役というのは百姓・町人を対象とした課役であったということである。つまり、鷹場の支配は一般民衆を対象としたもので、またその民衆に鷹場役を負担させることで達成されていたということを雄弁に物語っていた。また、将軍が江戸城近くで鷹狩を挙行することもあったが、これは鷹狩の場になっていたということであって、鷹場に指定されていたわけではなかった。鷹場に指定されると、その支配と鷹場負担を義務づけられていた。そして、事情によっては負担を免除されることもあったのである。

なお、御拳場の町村は固定しておらず、新たに設定されることもあった。元文三年（一七三八）八月、江戸町方である浅草寺領の諏訪町・駒形町・並木町・西仲町・東仲町・三軒町・田原町・浅草町・田町・聖天町（以上、現東京都台東区）の一〇か町は、鷹場法度証文の提出を義務づけられ、御拳場に編入された（「御場御用留」国立公文書館蔵）。

また、寛政五年（一七九三）三月、江戸町方に居住する浪人や寺院奉公の出稼ぎ人らの人別調査を命じられたさいに町年寄役所に提出した書類には、四谷伝馬町三丁目、四谷忍町、四谷塩町二丁目、四谷塩町三丁目、四谷新屋敷六軒町の五か町が御拳場であったことが示されている。さらに、この書類には四谷伝馬町一丁目、四谷伝馬町二丁目、四谷伝馬町新一丁目、四谷塩町一丁目、四谷坂町上・下町、四谷御簞笥《おたんす》町、四谷伊賀町、四谷了学寺門前、四谷仲町、麹町十一丁目、麹町十二丁目、麹町十三丁目（以上、現東京都新宿区）の一二か町が「御拳場近辺町」に指定されていたこともわかる（『四谷塩町一丁目御用留』東京都江戸東京博物館、次頁図45）。甲州街道沿いの御拳場近辺町も、御拳場に準じた扱いとなり、さまざまな規制を受けることになったのである。

この四谷周辺の町々は、地域的には御拳場中野筋に属していたとみられるが、享和元年（一八〇一）十月の「中野筋御拳場幷御両卿様御借場村町石高書上帳」（「堀江家文書」、東京都立大学付属図書館蔵）では確認できない。このため、四谷地域の御拳場五か町と「御拳場近辺町」一二か町とが一つにまとまっ

御拳場　御拳場近辺町

図45　四谷地域の御拳場・御拳場近辺町（ちくま学芸文庫『江戸切絵図集』より作成）

て鷹場組合を結成し、別に組織されて運営されていたのではないかとみられる。

御拳場に指定された江戸の町々は、原則として江戸周辺の村々と同じように鷹場法度に基づく鳥見による支配を受けた。鳥見は鷹場環境の維持・保全をはかるため、諸鳥の捕獲・威嚇・殺生を禁止し、また鷹場に入ってくる不審者の監視を鷹場村々に義務づけた。このほか、鷹場内での火の用心、池・沼での漁業制限、飼い犬の禁止、釣りの禁止などについて取り締まった。

また、宝暦十一年（一七六一）十二月、江戸の本所・深川地域では鷹の据え廻し場所が取り決められ、本所地域では竪《たて》川通りの撞木《しゅもく》橋より横堀通りの業平《なりひら》橋や源兵衛橋までの西方となり、深川地域では八幡町往還通りの潮見橋までとした。このように、江戸の町では都市域の拡大によって御拳場に指定されていたとはいえ御飼付場近くで不向きな場所もあり、鷹の据え廻し場所が限定されていた。

さて、各町村では町村ごとに石高《こくだか》が付され、鷹場に指定された町村ではその規模に応じて鷹場の維持にかかわる諸役を負担していた。この石高は町村の生産量を示すものであるが、江戸の町のなかには耕地がないところもあり、石高が付されていない町もあった。このような場合、無高の町は町屋敷の規模が面積（坪や町反畝歩）で把握され、同時に家持（町人階層の一つで、家屋敷を所有する者）の数も把握されていた。

たとえば、武蔵国多摩郡野方領中野村の触次《ふれつぎ》卯右衛門が統括する鷹場組合は、寛延二年（一七四九）には七八か町村で結成されていた。このうち、石高が付されたのは六九か町村で、鷹場組合の石高総計は二万六九八二石余であった。このなかには、小規模な石高の町奉行支配の一三か町が含まれていた。そのほか、町奉行支配で無高の町が九か町あり、それら町々の坪数合計は一万九八五坪、町屋敷反別は七町七反一九坪、家持の総数は二六八軒であった。そして、この鷹場組合が御鷹御用の人足を課された場合、町村の石高に応じて負担する町村（六九か町村）と、無高の町（九か町）の場合家持の人数に応じて負担する町とがあった。なお、この地域では家持一軒あたり一人ずつを拠出する決まりであった（「堀江家文書」、東京都立大学付属図書館蔵）。

ところで、江戸時代中期以降になると、江戸の町では鳥を飼うことが流行した。この結果、飼い鳥が逃げることがあり、あるいは死んでいる鳥が落ちていることもあった。そうした場合、町人地であれば町奉行所に届を出すが、その処理には落鳥場所や鳥の種類によってさまざまな幕府組織がかかわることになった。その落鳥が鷹狩の獲物となる鳥であれば、御拳場であるか否かを問わず鳥見の検分が必要であった。また、旗本や御家人の飼い鳥であれば目付へ届出、鳥の種類が鷹であれば鷹匠頭のもとへ持参し、調査してもらうことになった。さらに、孔雀などのような舶来の鳥であれば、江戸城で飼育している可能性もあるため、小納戸《こなんど》頭取に問い合わせることもあった（「記事條例」雑之部、国立国会図書館蔵）。このように、江戸の町における諸鳥の届出はその場所や鳥の種類によってそれらを所管する役所が対応することになっていたのである。

3 鷹場町村の諸役負担

鷹狩時の鷹野諸役

幕府は、放鷹制度を維持するために、鷹場町村の民衆に鷹野役を賦課した。幕府の鷹の確保にあたっては、鷹巣山周辺の村落がその維持にともなう諸役を課され、鷹を上納した。その鷹の輸送人足も宿《しゅく》継《つぎ》をもって周辺村落から駆り出された。また将軍の鷹狩にさいして、鷹場村々は鷹野役所から御焚出《おたきだし》人足・御道具持《もち》人足・御茶所　働《はたらき》人足・御膳所働人足などを駆り出された。さらに鷹匠が鷹の訓練で諸地域に出かけたさい、鷹場村々は伝馬人足・水夫《かこ》人足・御鷹方御用人足などを駆り出され、「上ケ鳥《あげどり》」の輸送にさいしてはその持送人足や籠・縄・竹・蓬《よもぎ》葉・木札などの物品の調達も命じられた。そして、鳥見の御鷹御用にさいしても、鷹場を維持するために御場拵《こしら》え人足、御鷹御用人足などを駆り出された。

このほか、御拳場村々に賦課される江戸城御用物としての「上ケ物《あげもの》」の上納も多種多様なものがあり、その上納にあたっては持ち運び人足も必要となった。これら鷹場村々に賦課される諸役は、きわめて重いものであり、村々を困窮に陥れる場合もあった。そうした経費は、村入用帳などに記載され、多大な出費となっていた。

御拳場の中野筋村々のなかには、多摩・豊島両郡の野方・世田谷・府中などの諸領の村々のほか、江戸の町方も含まれていた。この地域では、武蔵国多摩郡中野村（現東京都中野区）の名主卯右衛門を触次とする鷹場組合が結成され、享和元年（一八〇一）の総石高は二万二九九四石余であった。この地域に設置されていた鳥見屋敷の石高一石三斗四合と触次方廻状持送人足の拠出にともなう石高二〇〇〇石を差し引いて、この組合の勤め高は二万九九三石であった。この鷹場組合に御鷹御用人足が課された場合、所属町村はそれぞれの町村高に応じて人足負担を果たすことになっていた（「堀江家文書」、東京都立大学付属図書館蔵）。

ところが、この鷹場組合には無高（石高のない土地）の江戸町方が含まれ、享和元年にはそれらの町に居住する家持数二六九軒で、二六九人分の人足を負担することが決まっていた。つまり、家持一軒につき一人の人足を拠出することになっていた。天保九年（一八三八）閏四月の「差出申一札之事」（「堀江家文書」、東京都立大学付属図書館蔵）によれば、御鷹御用人足は石高一〇〇石あたり三〜五人の割合で人足を割り当てられ、町方は家持の人数に応じて人足を負担することになっていた。ただし、寺社領の町村や江戸の町方は、他の村々と異なり、採草虫類（「上ヶ物」）の上納を免除されていた。

このように、鷹場あるいはそれに準じた扱いを受けていると、特別な事情がないかぎり、原則的に鷹野役を賦課され、それを拒否することはできなかった。このため、鷹場に指定された諸地域では、鷹役の負担をめぐって訴訟に発展することも少なくなかったのである。

鷹場組合の結成

享保期、幕府は鷹餌の徴集や鷹場取締りのために鷹場村々に義務づけていた鷹番人足を廃止し、鷹狩の挙行や鷹場の維持にかかわる諸役に限定して賦課することにした。また村々の負担を軽減するために、地域社会の共同負担方式を模索していった。

享保四年（一七一九）、幕府は鷹役人が御鷹御用で来村した場合の費用についての負担方法を取り決めた。つまり、御拳場《おこぶしば》村々への鷹役人来村時の費用は御拳場村々全体が高割（村高の規模に応じた割当方法）で負担し、また御鷹捉飼場《おたかとりかいば》・十里内御鷹場・新御鷹場村々への来村時の費用はこの三種の鷹場全体が高割で負担することを命じた（『大田区史』資料編、平川家文書）。このため、内々で勝手に鷹場負担組合を結成しないように申し渡した。

享保八年三月、幕府は鷹匠が野先に鷹の訓練で出かけたさいの水夫《かこ》人足負担の窓口として、鷹場組合（霞《かすみ》組合）を結成するよう代官を通じて鷹場村々に命じた。従来、鷹匠来村時の水夫人足は立ち寄った村のみが負担してきたが、今後は鷹場組合の共同負担にするので、まだ鷹場組合が結成されていない地域ではすぐに結成し、その構成村々や村高をまとめて提出するように命じた（『上尾市史』第三巻、資料編三、近世二）。また、御三家の恩賜鷹場村々へも鷹場組合の結成を促して、水夫人足の徴発に備えるように申し渡した。この通達は、代官伊奈氏が主導して郡を単位に、御料（幕府直轄領）・私領・寺社領の村々を宛所としたものであった。

ところが、鷹場組合の結成をめぐって、地域社会の利害が対立し、順調に進まない地域があった。一例をあげれば、享保十年一月、代官池田喜八郎は武蔵国埼玉郡八条領村々に、鷹場組合の結成にさいして訴訟が起きている地域では「一領限《りょう》」で組合を結成するように命じ、問題が生じていない地域では従来通りのまとまりで組合を結成するように申しつけた。この「領」は江戸周辺村々にみられる地域社会のまとまりの単位であり、原則的には一つの「領」がまとまって組合を結成するように申し渡されたが、村々が望むのであれば一つの「領」を分割することも認められた。地域の事情により、鷹場組合は数か村から数一〇か村で組織され、運営はその総代である「触次《ふれつぎ》」が担当することになった。

ただし、鷹匠の野先御用は主として御鷹捉飼場でおこなわれるものであり、そのさいに必要となる水夫《か》人足《こ》を負担する鷹場組合の結成は、「領」を基礎としながらも地域の自主的結合を尊重したものであった。代官の伊奈氏は地域社会のこうした自主的な結合を把握し、鷹狩・鷹場にかかわる諸負担を徴収する組織を構築することが最大の目標だったのである。

御拳場《おこぶしば》地域の幕領村々では、近世前期から「領」を単位とした諸役徴収組織が結成されていた。しかし、この鷹場組合の結成にあたっては地域の新しい結合関係を把握し、そうした仕組みを御鷹捉飼場にも拡大しようとしていた。また、幕府放鷹《ほうよう》制度の維持のために、安定した鷹野諸役徴収体制の構築を企図していた。その後も、江戸周辺村々の一部地域では鷹野諸役の割り当てをめぐって争いが続いたが、「領々」（複数の「領」のまとまり）間の強い結びつきも生まれた。「領々」間の広域的なまとまりによって、鷹野諸役負担に関する協定を結んでいる地域もみられたのである。

天保四年（一八三三）十二月十六日に作成された「御鷹野御用触次心得方ニ付書上」（『大田区史』資料編、北川家文書一）によれば、武蔵国荏原郡世田谷・馬込・品川・麻布・六郷の各領（現東京都世田谷・大田・品川・目黒・渋谷各区の一部）は、将軍の鷹野御成にさいしての諸役割当てについて協定を結んだ。駒場原鶉《うずら》御場拵《こしら》え人足は世田谷・馬込・品川・六郷の四か領、雉勢子《きじせこ》人足は麻布・品川・馬込・世田谷の四か領、当日の御用人馬にかかわる御賦《くばり》御道具・御酒香持送人足、御茶所働《はたらき》人足、幟・竿持人足、御刀入釣台持《つりだいもち》人足、騎馬口附《くちつき》人足などは麻布領、焚出働・御賦仕立方持送人足、御膳所用意人足、その他御茶所等人足は馬込領、惣御茶所御道具・夜番御賦御道具持帰《かえり》人足などは世田谷領、臨時の急御用のときは各領の担当でつとめることになったのである。

　御拳場村々に限ってみてみると、享保九年から同十年までにほとんどの地域で鷹場組合が結成された。しかし、鷹場組合を結成したものの、組合内村々の内紛によって訴訟に発展してしまった場合や組合自体を結成できなかった地域も存在した。下総国小金領村々では、はじめ印旛・千葉・葛飾三郡内村々からなる五〇か村余で組合を結成していたが、享保十年に代官伊奈氏の家臣落合吉五郎の求めに応じて、小金領村々が一つにまとまって四六か村からなる鷹場組合を結成した。この鷹場組合は、御拳場村々と御鷹捉飼場村々とから構成されていたが、御鷹捉飼場村々は新田村を含む小規模な村落が多く、幕末まで鷹野諸役の負担をめぐって御拳場村々と訴訟を繰り広げた（千葉県船橋市「安川家文書」）。

　また御拳場の戸田筋村々には、この地域をまとめていた「領内惣代」が存在していたが、鷹野御用は各村が負担し、急な御用のときには対応できないことがあった（『新修蕨市史』資料編二）。そこで、宝暦七年（一七五七）八月、戸田筋を管轄していた鳥見の土屋三郎左衛門が村々の代表を呼び出し、鷹場組合の結成とそれを束ねる「触次」を選任するように命じた。村々は、当初、「触次」を選任すると給与などの経費がかかって負担が重くなるという理由で抵抗したが、経費がかからない方法で「触次」を選ぶように命じられ、戸田筋の七二か村は六三か村と九か村とに分かれて鷹場組合を結成することになった。そのうち、六三か村組合では武蔵国豊島郡大塚上町（現東京都文京区）の名主三十郎を名目的な「触次」とすることで合意に達した。そこで、同年十一月、鷹場組合の構成村々を一二組に分け、それぞれの組の代表が毎月交替で「月番触次」をつとめ、鷹場組合を運営していくことになった。そして、このような鷹場組合の運営の仕方を代官伊奈氏に報告した（『戸田市史』通史編上）。

こうして、代官伊奈氏の主導で進められた鷹場組合の結成は、それぞれの地域で紆余曲折を経ながらも維持され、鷹場の支配や鷹野諸役の徴収の下部組織として機能していくことになったのである。

鷹餌犬の徴収

鷹は猛禽類に属する鳥であるため、その餌は基本的には動物の肉であった。野生の鷹は、その種が生息している環境に応じて、さまざまな鳥獣を捕食しており、ウサギ・リス・イタチなどの哺乳類、アオダイショウなどの爬虫類、カケス・アオバト・ヤマドリなどの鳥類を餌としていたことが知られている。しかし、鷹狩用の鷹の餌は、その確保の問題もあって入手可能な鳥類や獣類にかぎられた。近世前期には、ハトやニワトリなどの鳥類や犬が鷹餌としてよく用いられていた。このため、幕府は餌差《えさし》を採用し鳥を捕獲させて鷹の餌とし、いっぽう農民からは飼い犬を上納させて鷹の餌としていた。

「黒田故郷物語」（『大日本史料』第十二編之二）には、福岡藩が鷹の餌として領内の百姓たちに犬の上納を申しつけ、村落に犬を割りつけていた記述がみられる。百姓たちからすれば、飼育している犬の上納を命じられ、その犬を連れて行くと眼前で屠殺され、それを見るのが大変つらいことだったと記されていた。また、痩せている犬を上納しようとすると何かと因縁をつけて役人は痩せ犬を受け取らず、一匹の上納のはずが二匹も三匹も要求され、そして犬一匹の上納の代わりに痩せ馬一匹の値段ほどの金銭を上納することになったという。

会津藩でも鷹の餌として犬が用いられ、藩領村々には村高一〇〇〇石につき犬一匹の上納を命じられていた。犬の上納が困難な場合は、犬上納の請負業者に犬一匹につき金一分《ぶ》を払って上納していた。藩領村々では数多くの犬が飼育されていたが、鷹の餌になる犬は少なく、鷹の餌にならない犬を殺処分にするかどうかが問題となっていた。慶安四年（一六五一）三月二十八日、藩の調査によれば、犬の総数二六八七匹のうち鷹の餌になる「能犬《よき》」は四二八匹、鷹の餌にならない「悪犬」は一五二一匹、「助《たすけ》置《おき》」（繁殖のため残し置く）犬は七三八匹であった（『会津藩家世実紀』第一巻）。このように、鷹の餌となる「能犬」は全体のおよそ一六パーセントであった。村々は犬飼育のためには餌が必要になるので「悪犬」の殺処分を望んでいたが、藩では村々が用心や食料のために犬を飼育していたことから殺処分をやめるように命じていた。

寛永五年（一六二八）四月二十九日、下野国都賀郡下初田村（現栃木県小山市）では代官所役人より鷹の餌として犬三匹を上納するように命じられていた（『小山市史』史料編、近世一）。そして、鷹の餌犬は村を単位に上納していた。

また、明暦二年（一六五六）九月、日光道中千住宿（現東京都足立区）から栗橋宿（現埼玉県久喜市）

までの七か宿が負担した諸役の一つに、鷹餌犬の上納があり、村高一〇〇〇石あたり一年に六匹ずつの犬の割り当てがあった（『越谷市史』三、史料一）。この納入は、当時、犬の現物納ではなく代銭納でおこなわれ、犬一匹につき銀二三匁《もんめ》五分《ふん》ずつの割合で納めていた。

さらに、延宝七年（一六七九）五月、武蔵国葛飾郡二郷半領村々（現埼玉県吉川市・三郷市）の名主たちは、代官伊奈氏配下の支配人が発行した前年一年分の鷹餌犬代金五九両二分と銀四匁一分の受領書を受け取っていた（『三郷市史』第二巻、近世史料編一）。ここでは、犬の現物納でなく代銭納であり、それも前年分の二郷半領村々の鷹餌犬代金をまとめて納めていたことがわかる。

享保期以降、幕府は鷹の餌として犬を用いなくなり、鳥に限定するようになった。また鷹餌を農民に賦課することもなくなった。この鳥は幕府餌差と町方の鳥商人によって調達されていたが、しだいに幕府餌差が廃止され、その代わりに鷹餌鳥請負人によって担われるようになった。享保八年（一七二三）における幕府の雀買上価格は金一両につき雀二五〇羽であり、この年の鷹餌鳥買上代金総額は金一八二四両余であった（大友一雄『日本近世国家の権威と儀礼』）。鷹匠頭が管轄する千駄木・雑司ヶ谷・吹上の各鷹部屋および鷹匠の野先での鷹の訓練では、一年に雀で換算するとおよそ四万六〇〇〇羽の鷹餌鳥を必要としていた。

「上ヶ物」「上ヶ鳥」の御用

鷹場村々は、鷹狩・鷹場にかかわる諸役のほか、それらと直接にはかかわらない諸役も課されていた。後者は江戸周辺農村（享保期以降、御拳場地域）を課役対象とし、江戸城の維持に必要な採草虫類の上納を命じたものだが、「上ケ物《あげもの》」や「江戸城御用物」とも呼ばれた。御本丸御奥御用、西御丸御小納戸御用・山里御庭御用・吹上御用・御広敷御用・御膳御用・御馬御用・御鷹御用などと称して、さまざまな物品の上納を命じられ、そのなかには蚊遣《かやり》御用・湯殿御用・染物御用と呼ばれる御用も含まれていた。その徴集機関は、近世前期から中期にかけては代官伊奈氏の鷹野御用掛であり、伊奈氏失脚後の寛政四年（一七九二）からは勘定所（関東郡代役所）管下の馬喰《ばくろ》町御用屋敷内の鷹野役所であった。

明暦二年（一六五六）九月、日光道中の千住宿から栗橋宿までの七か宿（千住・草加・越谷・粕壁・杉戸・幸手・栗橋の各宿）が、宿場財政の窮乏と伝馬課役の過重負担とを理由に、勘定所に高役《たかやく》（村高の規模に応じて賦課された役負担）の免除を願って認められた（『越谷市史』三、史料二）。このなかに、江戸城で飼育している鳥の餌として籾《もみ》・蜘蛛《くも》・螻《けら》などを「御城様御用物」として上納し、また薬用として枸《く》杞《こ》・古加《こか》・真菰《まこも》・蓬《よもぎ》・菖蒲《しょうぶ》・蓮の葉のほか、鰻《うなぎ》を高一〇〇〇石あたり一年に六本ずつ上納するよう命じられていた。このほかにも、結城地域からの巣鷹輸送の人足や下妻の鷹部屋からの塒《とや》出し鷹輸送人足、さらには八条・岩付（岩槻）・川辺・榎本筋からの「御鷹之鳥」の輸送人足なども負担していた。このように、近世前期から、江戸周辺の宿村では「江戸城御用物」と呼ばれる上納が義務づけられていた。そして、七か宿が高役の免除願を提出したさいに、記載された村高に間違いないことを保障したのは、代官伊奈氏家臣の田口勘兵衛であった。

この「江戸城御用物」の上納は、五代将軍徳川綱吉による幕府鷹場の廃止によって一時姿を消したが、享保期、徳川吉宗の将軍就任による幕府放鷹制度の復活によって、享保四年（一七一九）六月から再び上納されるようになった。代表的な物品は、両御丸・御小納戸御用として蚊を追い払う（蚊遣御用）ための杉の枝葉、御鷹御用・吹上御用・御飼鳥御用としての螻・稲子《いなご》・田螺《たにし》、御城御用・奥御用としての松虫・鈴虫、両御丸御小納戸御用としての蚯蚓《みみず》・海老蔓《えびづる》虫、両御丸奥御用としての蛍《ほたる》、御膳御用としての赤蛙・蝦蟇《がま》、吹上御畑御用としての隠元豆・大角豆《ささげ》の種、山里御庭御用としての里芋・生姜《しょうが》の種、皮膚病を治すための湯殿御用としての桃の葉、染物御用で用いられる茜草《あかね》の根などであった。

これらの上納物品は、寛政期までは幕府代官が御拳場村々の触次に命じて馬喰町の幕府代官伊奈屋敷へ提出させた。また寛政期以降、鷹野役所が御拳場村々に命じて上納させた。そのさい、螻の上納であれば土を入れた桶や箱で運び、稲子であれば露を打った青草を入れた籠をつくって運び、納入期限や数量を間違えずに納入するよう命じていた（『大田区史』資料編、平川家文書一）。このため、村々は物品調達の請負業者から買い上げて納めることが多くなっていった。

また御鷹捉飼場村々は、鷹匠が鷹の訓練で来村してさまざまな獲物の鳥類を捕獲したものを江戸城に運ぶ役割があった。この捕獲された鳥類は江戸城の食料に供されるものであり、これを運ぶのが村人たちの務めであった。これらの鳥は腐敗防止のためすぐに塩漬けされ、雲雀《ひばり》の場合一〇〇羽で塩一升が必要になった。この御用は、「上ヶ鳥御用」と呼ばれた。嘉永期（一八四八〜五四）、幕府は年間五〇〇〇羽の「上ヶ鳥」を必要としており、千駄木組と雑司ヶ谷組の御鷹部屋では、それぞれ二五〇〇〜二六〇〇羽を捕獲しなければならなかった。それよりも少ないと、不足してしまうことがあったのである（「雲雀上ヶ鳥道具絵図」宮内庁書陵部蔵）。

そこで、上ヶ鳥御用の様子を、寛政六年（一七九四）八月、黒沢菊右衛門が駒込・千駄木御鷹部屋の鷹匠同心和田太助から借用して書写した「鶴雲雀捉飼《とりかい》書上ヶ留」（宮内庁書陵部蔵）を用いて紹介していく。この書類には、享保十二年（一七二七）から同十六年までの諸地域での鷹の訓練の様子が詳しく記されている。「上ヶ鳥」御用で出張する役人の数はその都度異なったが、享保十四年における鷹匠同心和田清六の鷹の訓練日数は、下野筋《しもつけ》（現栃木県）で正月五日から二月二十一日までの四七日間、相州筋（現神奈川県）で七月六日から八月八日までの三〇日間、新方領《にいかた》（現埼玉県春日部市・越谷市あたり）で十一月一日から十二月四日までの三四日間であり、合計一一一日間も野先に出張していた。

たとえば、鷹匠組頭が鷹の訓練に出かけたさいには、上ヶ鳥掛の鷹匠二人、その仮役として鷹匠同心一人、書役《かきやく》一人、上ヶ鳥の拵え方《こしら》（上ヶ鳥役）三人、これに勘定奉行からの人足触「御印状」を触れるために代官手代一人が同行し、さらに鷹一居《もと》につき鉄砲方一人が付き添った。鉄砲方が同行したのは、鷹匠による鷹の訓練のさいにそれを妨害する鳶《とび》や烏《からす》を打ち払うためであった（『船橋市史』史料編二・三）。

享保十二年六月二十日から七月十八日まで、鷹師の木村弥七郎や真野久左衛門らが下総国千葉郡内で鷹の訓練をおこなったが、このとき一八〇羽の雲雀《ひばり》を捕獲し、このうち一〇七羽が「上ヶ鳥」となった。また同十三年七月に鈴木市太夫らが上総国市原郡などでおこなった鷹の訓練では、二九〇羽の雲雀を捕獲したが、このうち二四九羽が「上ヶ鳥」となった。さらに同十五年七月上旬から八月初旬にかけて、鷹師の高橋喜兵衛・佐原長三郎・稲田喜介らは鷹六居を据えて武蔵国多摩郡に鷹の訓練に出かけ、雲雀三八一羽とそれ以外の鳥二二羽を捕獲したが、このうち「上ヶ鳥」となったのは雲雀三二五羽であった（「鶴雲雀捉飼書上ヶ留　乾」、宮内庁書陵部蔵）。このように、捕獲した鳥がすべて「上ヶ鳥」となったわけではなく、その一部は野先逗留中の鷹の餌となり、鷹一居あたりの一日の餌鳥は三羽と決まっていた。

「上ヶ鳥」を輸送するためには籠《かご》が必要であり、これをつくるのも運搬するのも農民側の仕事であった。毎回、二一籠ほどが必要であった。「上ヶ鳥」の籠にも大小があり、大きいものには一籠で一六〇羽、小さいものでは一籠で一二〇羽が入った。この籠に雨除けの屋根をつくり、担ぎ竹に二籠以上をぶら下げて運んだ（一五六頁、図38参照）。この籠には臭《にお》い除《よ》けの蓬葉一把をつり下げたほか、その正面に木札を下げ、これに鷹匠の所属組、「上ヶ鳥」の鳥の種類と数量・日付、その裏には「上ヶ鳥」輸送の村名を書き入れた（「雲雀上ヶ鳥道具絵図」、宮内庁書陵部蔵）。このように、籠・縄・竹・蓬葉・塩・木札などは村落から調達され、この段取りを指揮したのは鷹匠鷹匠がつとめた「上ヶ鳥役」と呼ばれる役人であった。

御拳場や御鷹捉飼場の村々は、将軍である徳川家の鷹狩場であったが、江戸城を支える「城付地《しろつけち》」としての領域でもあった。つまり、将軍には天下人としての立場と大名としての立場があり、御拳場の範囲は私的な立場としての徳川家を支える領域で、江戸城で必要となる物品を負担する義務を負い、江戸城で必要となるさまざまな物品は鷹場組合の総代である触次を通して村々に割り当てられ徴集されていた。その物品は御拳場では「上ヶ物」であり、御鷹捉飼場では「上ヶ鳥」だったのである。

第5章　鷹・鷹狩をめぐる文化

1　鷹・鷹狩を描いた絵画

鷹がもつ俊敏性や威厳のある姿から、人はその能力に惹かれ、憧れさえ抱いてきた。また歴史的に「御鷹《おたか》」を用いた鷹狩が一部の権力者によって継承されてきたことから、鷹は権威の象徴となり、庶民を平伏させる存在となった。この鷹狩にともなう社会システムは、天皇・武将から一般民衆にいたるまでその役割が社会的に編成されていた。鷹を持ち、鷹狩をできるのは一部の権力者に限られ、それ以外の下位の支配層は権力者の鷹狩に奉仕し、一般民衆は鷹狩や鷹場の維持にかかわる諸役を負担する義務を負っていた。

そうした鷹・鷹狩の歴史にかかわって、さまざまな文化が生み出された。その一つに絵画の展開がある。人々は鷹や鷹狩の絵画を好み、絵師たちによって数多くの絵画が描かれた。その数は多数にのぼり、全体的には鷹を主体とした「鷹図」、また鷹狩を主体とした「鷹狩図」などの画題で、掛け軸や屏風・絵巻物の体裁により描かれてきた。なかでも、そうした絵画は城郭内の壁画や大名らの愛玩品ともなった。東京国立博物館には江戸城障壁画の下絵が保管されているが、そのなかの大奥新座敷には鷹狩の場面が描かれている。三の間はとくに細密な筆使いで、騎馬や徒歩の人物、草木までが描かれている。大奥に鷹が描かれているのは、安産祈願や武勇な男子誕生への期待を込めていたからにちがいない。

ところで、鷹が絵画に描かれるのはそれが有する凛々《りり》しい姿と、遥か彼方を見据えて獲物を捕らえる能力とに憧れを抱いていたからであろう。そうした鷹の絵画は、とくに元気で勇ましい男子の成長を願う親たちにとって吉祥画として好まれた。また衰えぬ繁栄を意味する「松」と、勇ましい武威を象徴する「鷹」とを描く「松鷹図」も吉祥画として数多く描かれた。二条城二の丸御殿の大広間の金碧《きんぺき》障壁画や襖《ふすま》には、狩野探幽筆の「松鷹図」が描かれている。壁や襖いっぱいに老松の巨木が枝を延ばし、その幹や枝に鷹が止まり、スケールの大きな作品となっている。

そこで、「鷹図」を描いた絵師たちをみてみよう。鷹の絵については多くの画家たちが数多くの作品を制作しているのだが、まず鷹絵の絵師として想起されるのは、曽我派の曽我直庵《ちょくあん》と曽我二直庵であろう。直庵は一六世紀後期から一七世紀初頭に活躍した絵師で、「蛇足六世」を名乗って父の紹祥《しょうしょう》とともに堺（現大阪府堺市）に移り住み、「鷹図」を得意とした。その子二直庵（諸説あり）も堺で活躍し、父と同様、「鷹図」を得意とした。曽我派は漢画系の画派であるが、全体的に謎の多い地方の画派であった。

直庵が描いたボストン美術館所蔵の「松鷹図」は、紙本墨画による縦長の構図で、老松の枝に止まる横向きで腹を見せた鷹は、比較的穏やかな顔立ちで表現されているのが印象的であり、鋭い爪で幹を摑んでいる構図には安定感がある。直庵の子とされる二直庵は、近世前期に活躍し、直庵画の影響下にあり、直庵から印章を継承した。鷹を描いた作品には、大徳寺所蔵の「柏鷹芦鷺図」（国指定重要文化財）や東京芸術大学大学美術館所蔵の「架鷹《かよう》図屏風」などがある。

近世中・後期に活躍した曾我蕭白《しょうはく》は、曽我蛇足に連なる画系と自称し、落款に「蛇足十世」などと記しているが、血縁関係は認められていない。緻密な山水画からエキセントリックな絵画にいたるまでそのテーマは幅広く、その卓越した技法にも定評があり、奇想の絵師とも称される。伝統的な画題の「寒山拾得図」（京都・興聖寺、国指定重要文化財）や刺激的な色彩と怪異な幻想性を有する「群仙図屏風」（国指定重要文化財）は今なお人々を驚嘆させる。曽我派のお家芸である鷹の絵もよく描き、紙本墨画の「鷹図押絵貼屏風」（六曲一双、個人蔵）や永島家襖絵「松鷹図」（襖五面）などはきわめて質の高い作品といえよう。

つぎに、「鷹狩図」であるが、屏風形式では狩野晴川院養信《おさのぶ》（一七九六～一八四六）筆の「鷹狩図屏風」（二曲一隻、板橋区立美術館蔵）や江戸時代前期の狩野派絵師である久住《くすみ》守景（生没年不詳）筆の「鷹狩図屏風」（八曲一双、日東紡績株式会社蔵）、絵巻形式では「鷹狩絵巻（下巻）」（埼玉県立歴史と民族の博物館蔵）や「鷹狩図巻」（埼玉県立歴史と民族の博物館蔵）などがよく知られる。前者の二作品は絵画的に優れ、後者の二作品は資料的に貴重なものである。

このなかで、異彩を放っているのが、守景の「鷹狩図屏風」（二四六～七頁、図46／口絵⑱）である。鷹狩は厳粛で静寂ななかでおこなわれるものだが、守景の作品では左隻・右隻ともに緊迫した鷹狩に勤しむ鷹匠・犬牽《いぬひき》・餌差《えさし》らの動向がリアルに描かれるいっぽうで、右隻右下隅や左隻左下隅には仮屋の前で餅つきをしている農民たちとその周りで遊ぶ子供たち、馬の足を止めてくつろぐ人たち、松樹の下で

遊ぶ子供たち、が描かれている。鶴を捕獲する「鶴御成」や白鳥を捕らえる「白鳥御成」は鷹狩のなかでは、もっとも厳かなものとして知られているものだが、ここでは緊迫した光景と穏やかな光景とが共存している。こうした画面構成から、本作で守景が何を描こうとしていたのかを考えてみると、人々の日常的な暮らしを阻害しない鷹狩の理想郷を描いているように思われてならない。つまり、本来的には、人々を平伏させ、狩場近くに人々を寄せつけないのが鷹狩なのだが、大人たちもくつろぎ、子供たちも気兼ねなく遊べるような鷹狩であってほしいという穏やかな社会への希求が、守景の揶揄を込めた作画意図ではなかったかと想像する。

なお、江戸時代、鷹の芸術は掛け軸や屏風・衝《つい》立《たて》・壁画といった形式での表現だけでなく、工芸の分野でも彫金や木彫・陶磁器、刀装具としての目《め》貫《ぬき》や鐔《つば》、根《ね》付《つけ》や印籠などでも数多く制作されている。このように、鷹の表現は多種多様であり、その作品

図46　久隅守景「鷹狩図屏風」（右：右隻の右から四扇。左：左隻の左から四扇）
（東京・日東紡績株式会社蔵、画像提供：東京国立博物館　Image: TNM Image Archives）

は人々の暮らしに根づいていたことがわかる。

ところで、近代になると、天皇家や一部の旧大名家にわずかに放鷹術が伝えられたが、宮内省で整備された御猟場では鷹狩よりも網・銃猟が主体となり、しだいに鷹狩がおこなわれなくなった。しかし、こうしたなかで鷹にかかわるものといえば、日本画における花鳥画の盛行によって多数の「鷹図」が描かれた。なかでも、吉祥画としての「松鷹図」は多くの画家たちによって描かれ、社会に広く受け入れられていたのである。

そうしたなかにあって、「鷹図」を得意とした画派に東京官展派の荒木寛畝《かんぽ》・十畝《じっぽ》一門がある。この一派の創始者は、近世後期に活躍し、風俗美人画を得意とした寛快《かんかい》であった。その養嗣子となった寛畝は、南北合派花鳥画の系譜を引き、幕末から明治期にかけて活躍した。土佐藩の御用絵師を経て、東京女子高等師範学校教授から明治三十一年（一八九八）には橋本雅邦の後任として東京美術学校教授と

図47　荒木十畝「柏白鷹（絶筆）」（昭和 19 年）（個人蔵）

なり、同三十三年には帝室技芸員に選ばれた。作品には、松の樹の枝に止まった「鷹図」や、水が流れ落ちる巌上に止まった鷹を描いた「巌上鷹」などがある（『寛畝画集』画報社、一九一二年）。

寛畝の養嗣子となった十畝は、義父の跡を継いで東京女子高等師範学校教授となり、その後帝国美術院会員および帝国芸術院会員に選ばれ、東京の日本画壇において重きをなした。また寛畝から引き継いだ画塾の発表団体である読画会を主宰し、日本画の伝統を守りながら新日本画を追求する「守旧斬新主義」の立場で多くの門弟を育てた。鷹を描いた作品には、昭和二年（一九二七）の第八回帝展出品作「白鷹」や同十一年の文展招待展出品作「雄風」、絶筆「柏白鷹」（図47／口絵⑯）などがある。

また寛畝の弟子で、十畝と兄弟弟子であった池上秀畝は、文展・帝展・新文展で装飾的な花鳥画をよくし、平明で綺麗な花鳥画を描いたことで高い人気を誇った。鷹の作品には、昭和九年の「威震八荒」（横浜美術館蔵）や旧徳島藩主蜂須賀家邸宅（のちオーストラリア大使館）の杉戸絵として描かれた昭和三年の「松に白鷹図」（図48／口絵⑰）などがある。

この官展系荒木派からは多くの花鳥画家が生まれ、数多くの「鷹図」や「松鷹図」などが制作された。寛畝一門の渡辺晨畝《しんぽ》が昭和六年の読画会第二四回展に出品した「鷹」、十畝門の永田春水《しゅんすい》が同会第二八回展に出品した「白鷹」、十畝門の小林観爾《かんじ》が松鷹の構図で描いた大作「鷹図」（図49／口絵⑳）などがあり、いずれもこの画系で使われた粉本で鍛えられた技法で描いている。

京都画壇の画家のなかにも鷹の絵を描く画家がおり、大正七年（一九一八）の国画創作協会の新日本

図48　池上秀畝「松に白鷹図」（昭和３年）（オーストラリア大使館蔵）

図49　小林観爾「鷹図」（著者蔵）

画運動に参画した花鳥画家榊原紫峰《しほう》や文展・帝展・新文展で活躍した動物画の大家山口華楊《かよう》がいた。紫峰には昭和三年頃の「鷹に栗」や同九年の「松に鷹」などがあり、花鳥画に自然とみずからの内的生命の表現を徹底し、華楊には昭和十九年の戦時特別文展に出品した「制空」があり、天空を気高く飛翔する鷹を画面いっぱいに描いている。

日本美術院の画家には、大正三年（一九一四）の日本美術院再興時に横山大観・下村観山らと行動をともにした木村武山《ぶざん》が、大正十二年の第九回日本美術院試作展覧会に「鷹」（二曲一双）を描き、空間構成に配慮した鷹狩の場面を緊張感のある筆致で描いている。

なお、鷹の絵画は花鳥画や吉祥画としても数多く描かれたが、戦時下においては武勇や大和魂の発露として、また国家・社会を鼓舞するために描かれることも多かったのである。

2 鷹野行列図と鷹場絵図

鷹狩には行列が付き物であり、よく知られるものに国立歴史民俗博物館所蔵の「将軍家御鷹野御成之図」や茨城県龍ヶ崎市歴史民俗資料館所蔵の「御鷹野御成図」（一一四～五頁、図25／口絵⑪⑫）がある。この二つの絵巻物は酷似した構図であるが、前者は彩色、後者は淡彩という違いがあり、また文字の書き込みについては後者が多い。この鷹野行列図は、江戸城を出てから両国橋で御座船に乗り、亀戸・隅田川あたりで鷹狩したときのものである。その画面構成は狩で捕らえた獲物を運ぶ「御鳥持」の家臣団を先頭に、行列の中程に将軍が乗った御駕籠と「御召替駕籠」、その周りで護衛する色とりどりの装束

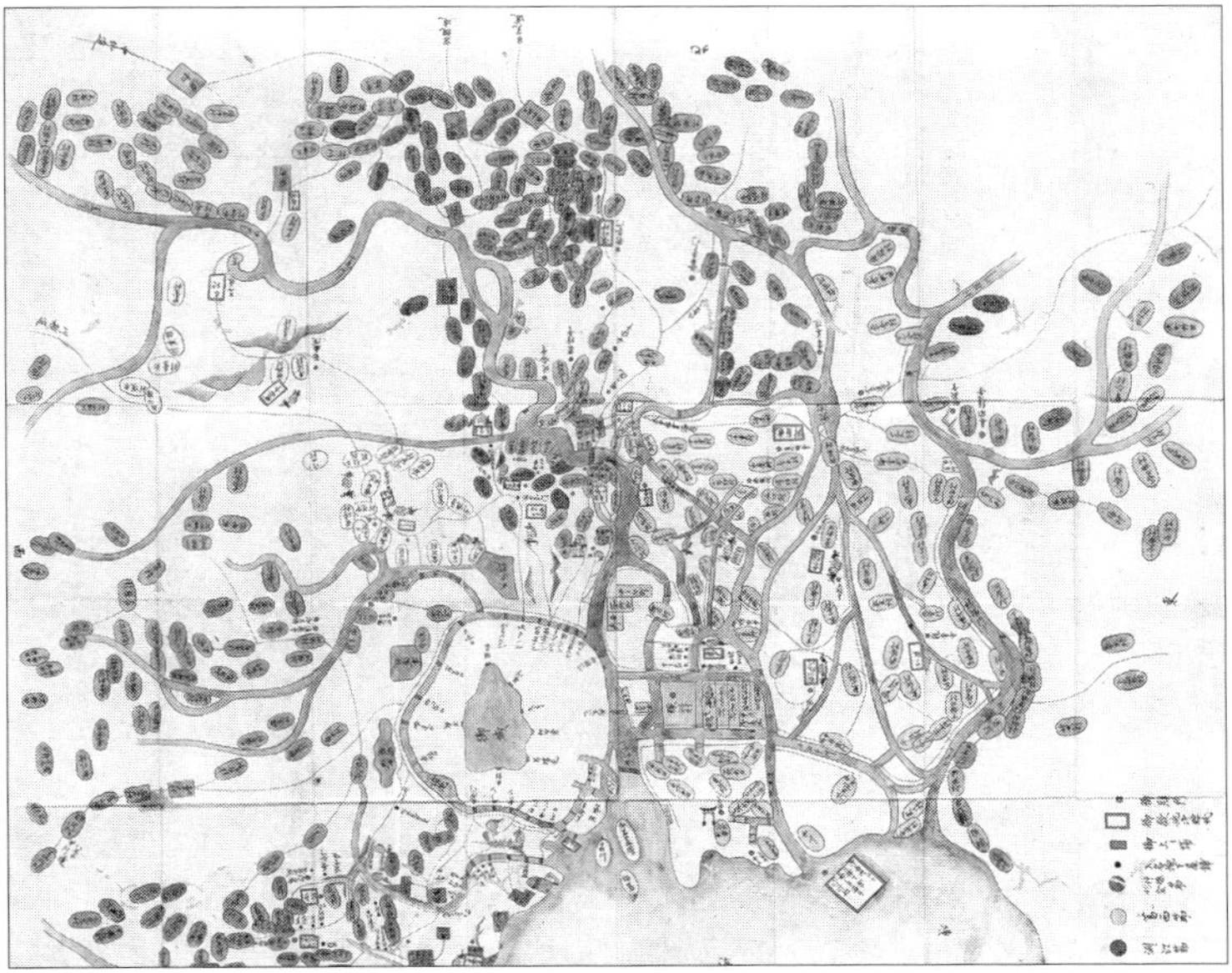

図50　江戸五里四方御鷹場絵図（国立歴史民俗博物館蔵）

を身につけた大勢の供奉《ぐぶ》の者たちが行進している一団を描いている。将軍の鷹狩の帰路の場面を描いた二つの行列図はほぼ似通ったものであり、享保二年（一七一七）五月十一日に挙行された、八代将軍徳川吉宗による復活第一回目の鷹野御成行列を記録したものとみられる。

なお、国立歴史民俗博物館には、三代将軍徳川家光の事績を顕彰しようとした「江戸図屏風」（八九頁、図22）が所蔵されている。このなかに、「鴻巣御鷹野」の場面があり、田んぼの畦《あぜ》道を歩いて鷹狩に出かける行列を描いている。鷹を据えた鷹匠一行を先頭に、それに続いて将軍が乗っていると思われる御駕籠と、それを囲みながら供奉の者たちが整然と行進している様子は、当時の鷹野御成を彷彿とさせている。

また、絵画ではないが、鷹場村々を書き

上げた絵図のなかにも見逃せないものがある。鷹場領有者および鷹場管理者、あるいは鷹場村々の要請によって作成されるもので、全国的には数多く存在している。ここでは、独立行政法人国立公文書館蔵の文化二年（一八〇五）の「江戸近郊御場絵図」（一一二頁、図26／口絵⑬）、国立歴史民俗博物館蔵の「江戸五里四方御鷹場絵図（年不詳）」（前頁図50／口絵㉑）、東京都立大学図書館蔵（堀江家文書）の「御城より五里四方鷹場惣小絵図（年不詳）」（図51／口絵㉒）を紹介する。

「江戸近郊御場絵図」は、江戸周辺の御拳場《おこぶしば》六筋の境界線を示し、葛西・岩淵・戸田・中野・目黒・六郷の六筋に属する各領の村々を色分けして作成している。そして、絵図の余白に各筋に属す各領の村数とその総石高を記していて便利である。ここには、御拳場の村数が二八か領の六九一か村で、その総石高が二四万八七八三石五斗一升五合五勺九才と記されている。それに加えて、方位のほか、江戸の町の鷹場も記され、正確さゆえにさまざまな用途で利用できる便利な絵図といえよう。なお、文化二年制作とされているのだが、享保十年十一月に品川筋へと変更された筋名がかつての六郷筋と記され、同じく品川筋から変更された目黒筋はそのままの筋名であり、利用にあたっては注意を要する。

「江戸五里四方御鷹場絵図」は、御拳場を小金・行徳筋と葛西・淵江・岩淵・戸田・中野・品川・練馬・六郷の八筋、計九「筋」に属する村々をそれぞれ色分けして作成している。ここでの「筋」は享保初期に御拳場を六つの筋に分けた「筋」ではなく、将軍の鷹野御成先の方面を示すときに用いられる「筋」であろうと思われる。六郷筋は多摩川右岸までとなっていて一部脱漏があり、またのちの目黒筋も「品川筋」となっており、本絵図の作成意図を慎重に検証する必要があるように思われる。そして、江戸町方の鷹場についての記述がみられず、江戸五里四方御拳場の鷹狩地先を簡便に把握するものであ

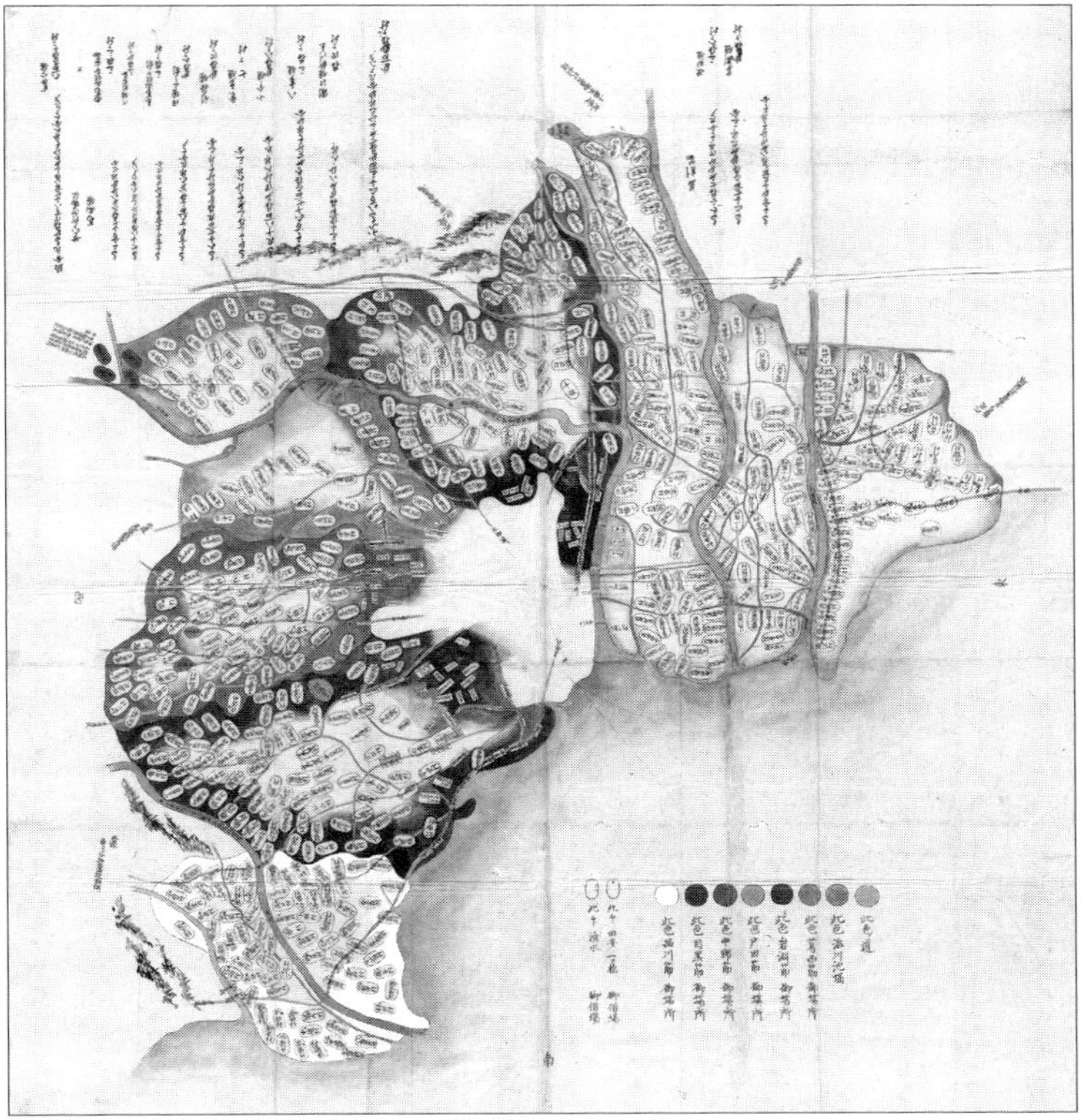

図51　御城より五里四方鷹場惣小絵図（東京都立大学図書館所蔵「堀江家文書 S15」）

ったのかもしれない。この絵図の特徴は、御膳所・御殿地御腰掛・御上り場のほか、御三家上屋敷・大名抱下屋敷も記されていることである。

「御城より五里四方鷹場惣小絵図」は、武蔵国多摩郡中野村名主の堀江家に伝来したものである。葛西・岩淵・戸田・中野・目黒・品川の御拳場六筋が色分けされており、視覚的にわかりやすい絵図となっている。また、絵図の余白に、葛西筋と岩淵筋の各領の村数と石高が記されているが、その他の筋の記載はない。そして、御拳場六筋の各領村々の総村数が六九一か村で、その総石高が二四万八七八三石五斗一升五合五勺九才であることを記している。これは、「江戸近郊御場絵図」の数字と同じであり、同時期の制作と考えられる。そして、御拳場のなかの御三卿の御借場《おかしば》村々を記し、その外側に、御三家の鷹場や雑司ヶ谷・千駄木の御鷹捉飼場《とりかいば》が展開していたことも記されている。但し、江戸町方の鷹場が明確になっていないので注意を要する。

鷹場絵図は諸藩でも制作され、尾張名古屋藩の藩領内鷹場村を記した近世中・後期作成の「尾張家御鷹場絵図」（徳川美術館蔵）、和歌山藩の武蔵国内恩賜鷹場村を記した近世中期作成の「紀州御鷹場村絵図」（会田家文書、埼玉県立公文書館寄託、さいたま市指定有形文化財、一二六頁、図28／口絵⑩）、仙台藩の武蔵国久喜《くき》の恩賜鷹場を記した近世前期作成の「久喜御鷹場絵図」（八六頁、図21／口絵⑧）などがある。いずれも、各藩の鷹場領域を示しており、きわめて貴重な資料である。

3　鷹・鷹狩と文学

鷹や鷹狩を題材とした文学作品は、古代から現代まで数多く存在する。近年では、古記録史料を収集して鷹狩という視点から主な王朝文学作品における鷹狩関係の章段を見直し、通説を点検した三保忠夫氏の『鷹狩と王朝文学』がある。ここでは、「万葉集」「宇津保物語」「源氏物語」「増鏡」などにみられる鷹狩記事を検証し、通説の見直しをおこなっている。

また、文学のジャンルで研究が進んでいるものに「鷹書《たかしょ》」の研究がある。これは、鷹の調教や鷹狩

（放鷹）に必要な技術や知識・作法、そして説話・縁起などの物語伝承を含んで編まれた鷹道の伝書の総称である。長い鷹狩の歴史のなかで、鷹狩をする人たちが独自の見識や、流派と称してその伝統を伝承すべく秘伝書としてまとめたものもある。平安時代に成立したと目される「新修鷹経」を嚆矢《こうし》とし、中世から近世末期にいたるまで多数の鷹書が編纂・書写されてきた。

それでは、鷹書とはどのようなものであろうか。一口に鷹書といってもさまざまなものがあり、決まった内容で統一されていたわけではない。このため、鷹書と称されるものが、どのような内容を扱っていたのかを簡潔に述べておきたい。大別すれば、四つに分類できる。一つは、鷹それ自体にかかわるものであり、種類、身体部位名称、捕獲・飼育・調教、疾病・治療など、その範囲は幅広い。二つには、鷹狩の組織であり、鷹匠の装束や用具、犬飼（犬牽）の装束や用具、鷹犬の種類・飼育・管理・疾病などにおよんでいる。三つには、鷹狩場での作法や故実にかかわるものであり、禁忌・獲物・犬の扱い・鷹逃亡時の対応、それに神社の贄《にえ》にかかわる神前作法・宗教的慣習などが含まれる。四つには、鷹にかかわる文芸について記したものであり、鷹詞《たかことば》・鷹歌・起源伝承などにおよんでいる。ほとんどの鷹書は、これらの内容の一部について記述している。なかでも、もっとも多い内容は鷹の疾病への対処法で、薬の処方や餌の調合はさまざまなものが伝えられている。

昭和六年（一九三一）、宮内省式部職によって編纂された『放鷹』（吉川弘文館より一九八三年に復刊、同社より二〇一〇年に新装版として刊行）は、鷹・鷹狩の総合的研究書といえるものだが、このなかに「本邦鷹書解題」が収められ、六〇〇〇点余りの鷹書が紹介されている。しかし、書誌情報が粗略であるため、その利用は限られている。

近年、鷹書研究を積極的に進めたものに、秋吉正博氏の『日本古代養鷹の研究』、同「『新修鷹経』の構成――『鷹賦』との関係」(『八洲学園大学紀要』創刊号、二〇〇五年)、同「『新修鷹経諺解』の翻刻と解題」(『八洲学園大学紀要』第七号、二〇一一年)があり、『新修鷹経』が平安時代の成立であるとする研究成果が出された。

また、堀内勝氏の『鷹の書――諏訪藩に残る「鷹書(大)」の翻刻と注解』は、諏訪氏の鷹書を翻訳して研究を深め、二本松泰子氏の『中世鷹書の文化伝承』は中世に流布した注目すべき鷹書を紹介し、同『鷹書と鷹術流派の系譜』も、中世・近世の鷹書と鷹術流派を考察している。

さらに、三保忠夫氏の『鷹書の研究――宮内庁書陵部蔵本を中心に』は、宮内庁書陵部蔵の鷹書七三七点の悉皆《しっかい》調査を進め、そのうち六三六点を寄贈した雲州松江藩松平家の収集の事情についても検討している。

なお、山本一氏の「鷹書と鷹歌」(『中世文学』第六〇巻、二〇一五年)は鷹書研究の基礎となる鷹書の内容についてまとめ、同「鷹書文献序説――富山市立図書館山田孝雄文庫蔵本の検討」(『金沢大学人間社会研究域学校教育系紀要』二〇一八年)は鷹書研究の文献について整理していて参考になる。

そこで、東京都立中央図書館が所蔵する「御鷹書」(特別買上文庫五五四四)と「鷹術四季書法儀」(特別買上文庫五五四五・七)を簡潔に紹介する。まず、「御鷹書」であるが、編纂者についての記述がなくその詳細は不明であるが、江戸時代に書写されたものとみられる。その内容については、鷹部屋の構造を記した「御鷹諸事覚」、鷹の据え方を記した「御鷹据様」、鷹の飼育および部位を記した「鷹羽名前の覚」、鷹羽の場所を記した「鷹羽所覚」、鷹を産出する地域や御鷹献上の大名を記した「鷹出所之名」、そして最後に鷹の餌についての記述がある。全体として、この「鷹書」は鷹の飼育についての知識をまとめたものとみられる。

もう一つの「鷹術四季書法儀」は、表紙に「伊藤篤太郎《とくたろう》記」の印があり、かつて所蔵していたことを示すものであろう。この人物は慶応元年（一八六五）十一月二十九日、尾張国に生まれ、昭和十六年（一九四一）三月二十一日に没した植物学者であるが、鷹狩研究の足跡もみられ、その記事も多い。この書物の文末に、これは将軍吉宗が紀州より持ち込んだもので、この一巻に放鷹術吉田流の秘伝が書かれており、これを会得すると免許皆伝になる、と記されている。ここでは、鶴・雁の寄せ方や羽合《あわ》せ方を図入りで詳述し、鷹狩の実践的な方法がまとめられている。

このほか、日本では鷹や鷹狩にかかわって、鷹匠たちが用いる言葉があり、これを鷹詞《たかことば》といった。また、鷹狩では猟犬（鷹犬）を用いるため、鷹詞だけでなく、犬の飼育・訓練にともない犬詞も使ったのである。ここでは、紙数の関係もあって触れられないが、その詳細については昭和六年（一九三一）、宮内省式部職によって編纂された『放鷹』（一九八三年に復刊、二〇一八年に新装版発行）のなかに「鷹犬詞語彙」「鷹文字画引」が収められているので参照していただきたい。

このように、鷹にかかわる文学は、鷹・鷹狩に関するさまざまな知識や技術・作法などを会得するために、鷹書や鷹詞・鷹歌・鷹文字を生み出し伝承されてきた。放鷹術の各流派にとっては、それらの内容が秘伝的に伝えられて排他的なものであり、それらを身につけることで免許皆伝となったので、その知識・技術の習得は必要不可欠なものであった。

第6章　近代・現代日本の鷹狩

1　天皇の御猟場と鷹狩

明治政府による旧幕府放鷹制度の残務処理

旧幕府の放鷹《ほうよう》制度廃止にともなう残務処理は、明治政府に引き継がれた。明治二年（一八六九）十一月、政府の中央行政官庁として設置された民部省が、和歌山藩に対して東京近在の鷹場の榜示杭を取り払い、地所を返納するように命じた（『南紀徳川史』第十七冊、一九九〇年復刻版）。これ以前の慶応三年（一八六七）八月、幕府鷹場の使用停止によって鳥猟取締りを担っていた幕府代官松村忠四郎の役所が、御三家および諸大名に対して、鷹場の有無やその石高・反別を調査して、九月四日までに提出するように命じていた。しかし、同年十月二十九日、幕府は御三家の鷹場についても「当分御用無之」（『幕末御触書集成』第三巻）として鷹場の使用停止を触れただけで、その返納を済ませることができなかった。こうして、御三家鷹場の返納事務が明治政府に引き継がれたのである。

ここに登場する民部省は、明治二年四月に設置された民部官を改めて、職員令の制定により同年七月に設置されたものであった。その所管するところは府県事務・戸籍・逓信・橋梁道路・水利・物産などであった。同省は、同年八月に大蔵省と合併したが、同三年七月に再び分離、同四年七月に廃止され、その事務は大蔵省や工部省に引き継がれた。

明治三年二月、明治政府の命を受けた品川県は、旧幕府の御拳場《おこぶしば》・御鷹捉飼場《おたかとりかいば》や御三家・御三卿鷹場の村々に対して「高外《たかがい》空地之場所」（江戸時代、石高がつけられていない空地）を報告するように命じた（『小金井市誌編纂資料』第十九編）。これは、地租改正に向けた取り組みであり、土地の所有関係を明確にするための措置であったとみられる。このほか、旧鷹場村々では同年九月、旧幕府時代の鷹場役人から渡されていた「鷹場鑑札」などの回収も命じられていた。このような明治政府による残務処理によって、旧幕府放鷹制度廃止に関する事務が終了したのである。

天皇の御猟場と狩猟

近代の天皇像について、岩倉具視・大久保利通・木戸孝允ら維新の元勲たちは、公家的な柔和なイメージから脱却し、武人的な君主へと成長することを望んでいた。明治四年（一八七一）になって、西郷隆盛が参議として政府に加わると、そうした路線はさらに強化されて宮中改革が進んでいった。同年七月には、天皇の侍従として士族出身者が任命され、宮中には剛健勇武の気風が渦巻くことになった。このことは、天皇の側近から公家出身者を外し、士族出身者を採用することを意味した。そうした方針によって、明治天皇のイメージづくりがおこなわれるようになった。

『明治天皇紀』によれば、明治初年、天皇は浜離宮（現東京都中央区）へ行幸して漁夫による漁猟を観覧する程度であったが、明治六年（一八七三）に陸軍による野営演習がはじまると、これに参加し閲兵した。同八年五月二十五日、天皇は下総習志野原《ならしの》での近衛歩兵第二連隊の野営演習を、同じく下志津原《しもしづ》（現千葉県四街道・佐倉・八千代・千葉各市の一部）での近衛砲兵第一大隊などの射的演習を天覧するため、宮内卿の徳大寺実則《さねつね》、宮内大輔《たいふ》の万里小路《までのこうじ》博房、侍従長の東久世通禧《みちとみ》らを従えて赴いていた（『明治天皇紀』第三）。

このなかで、天皇自身が狩猟の「古技保存」にも意欲を示したため、狩猟への誘いが開始され、それが天皇の御猟場の設置へと結びついていった。明治八年一月三十一日、天皇は叔母の和宮親子《ちかこ》内親王の麻布邸に行幸する道すがら、宮内卿の徳大寺実則、宮内少輔《くないのしょう》の杉孫三郎、侍従長の東久世通禧らとともに、亜米利加合衆国留学中の黒田長知《ながとも》（旧筑前福岡藩十二代藩主、福岡県知藩事、岩倉使節団の海外留学生として渡欧・渡米）の赤坂邸（旧中屋敷、桜田の旧上屋敷は新政府に献上）に立ち寄った。黒田邸は当時まだ珍しい壮麗な洋風建築であり、その庭園には大きな鴨池があることでも知られていた。邸内では陳王庶筆「百蟹百蝦」などの書画を観覧し、ついで庭園に出て鴨猟や放鷹を天覧した（『明治天皇紀』第四）。この時期、旧大名家などでは屋敷内に鴨場を造成する者が少なくなかったのである。

明治十一年六月二十八日、内務卿の伊藤博文は東京府・埼玉県・千葉県・神奈川県・群馬県に宛てて、「御遊猟場」の候補地選定を依頼した。この依頼に対して、同年中に各府県から内務省に表7（次頁）のような候補地が提出された。東京府は比較的小規模な六つの地域、神奈川県は大規模な五つの地域、埼玉県は大規模な四つの地域、千葉県は大規模な一地域、群馬県も大規模な一地域を選定していた（「自明治十二年至同十五年　猟場録　主猟寮」宮内庁宮内公文書館蔵）。この時期、伊藤博文の統率力もあって、

表７　御遊猟場の候補地

府　県	候補場所	面　積	東京からの距離
東京府	南葛飾郡亀戸村外７か村之内	217 町 7 反　　14 歩	1 里 15 町
	荏原郡池上村之内　千足池	93 町 8 反 6 畝 28 歩	3 里
	荏原郡池上村之内	63 町 7 反 3 畝 17 歩	3 里 20 町
	南多摩郡中野村之内　字桃園	18 町 5 反 8 畝 16 歩	2 里 20 町
	北豊島郡上石神井村之内	44 町 7 反 7 畝 12 歩	
	東多摩郡下井草村之内	38 町　　3 畝 15 歩	4 里　8 町
神奈川県	武蔵国多摩郡百草村外 16 か村	1759 町 5 反 6 畝 28 歩	9 里
	武蔵国多摩郡元八王子村外４か村	1852 町 9 反 8 畝 26 歩	14 里
	武蔵国多摩郡御嶽山外３か村	1452 町 6 反 2 畝 19 歩	16 里
	相模国高座郡相模原上鶴間村外８か村	1748 町 5 反 6 畝 23 歩	11 里
	武蔵国久良岐郡金沢冨岡村外９か村	1757 町 4 反 5 畝 23 歩	12 里 20 町
埼玉県	武蔵国葛飾郡彦倉村外 79 か村	4008 町 2 反 3 畝 23 歩	5 里余
	武蔵国埼玉郡八條村外 27 か村	2311 町 5 反 7 畝 23 歩	
	武蔵国足立郡美女木村外２宿 15 か村	2225 町 3 反 1 畝 10 歩	凡５里
	武蔵国足立郡川口町外１宿７か村	1438 町 3 反 2 畝 26 歩	凡５里
千葉県	下総国葛飾郡国府台村外 45 か村	東西凡２里、南北凡２里余	
群馬県	上野国邑楽郡城沼	周囲凡２里	18 里 20 町余

註　「自明治十二年至十五年 猟場録」（宮内庁宮内公文書館蔵）より作成。

内務省が御遊猟場の選定に深くかかわっていたことがわかる。

明治十二年五月、皇室の御料地「新宿植物御苑」が創設されると、翌十三年には新宿御猟場として鴨場が新設され、同十七年まで使われたが、その庭園改修にともない鴨場は動物園を含めた日本庭園に改められた。このとき、宮内省は長知の養父黒田長溥《ながひろ》（旧筑前福岡藩十一代藩主）に命じて、黒田邸猟場担当の鷹匠小林宇太郎・安藤知四（ともに諏訪流鷹師）を宮内省に出仕させ、鴨場の維持管理や放鷹術の保存に従事させた（『明治天皇紀』第四）。

内務省は、同十二年十一月十七日、各府県からの候補地選定を受けて東京府豊島郡・埼玉県足立郡・千葉県南葛飾郡での一般の銃猟を禁止し、「御遊猟場」に指定するよう東京府に出願した。同月二十一日、内務卿の伊藤博文は三郡内で最適の地を選定して「御遊猟場」にするため宮内卿の徳大寺実則に照会した。これに対して、宮内卿は異議がないことを返答したが、当時は決定にはいたらなかった（『明治天皇紀』第五）。

旧平戸藩主の松浦詮《まつらあきら》は、吹上御苑の馬場で小笠原流の武技を天覧に供するため準備を整え、明治十三年三月二十二日午前、天皇は皇太后・皇后とともに宮内卿の徳大寺実則、宮内少輔の土方久元、侍従長の山口正定《まささだ》らを従えて犬追物《いぬおうもの》を観覧した。昼食後、流鏑馬《やぶさめ》・歩射《ぶしゃ》・騎射《きしゃ》も天覧した。その後、天皇は兎《うさぎ》狩をおこない、武蔵国荏原郡上馬《かみうま》引沢村（現東京都世田谷区）や同国南多摩郡八王子町（現東京都八王子市）などに行幸した（『明治天皇紀』第五）。

明治十四年四月、下総国千葉郡習志野原（現千葉県船橋・八千代・習志野・千葉各市の一部）は陸軍省の管轄であったが、軍隊演習時以外は利用していないということで、他地域に先駆けて原野の一定区域を御遊猟場とし、宮内権大書記官児玉愛二郎に同場御用掛を兼任させることになった（『明治天皇紀』第五）。

同十四年七月二十八日付で、宮内卿は陸軍卿に宛てて、習志野原御遊猟場内への「鳥獣畜養地＝聖上御猟場」の設置についての照会文書を提出した。ここでの照会は、その支障の有無と支障がなかった場合には、その場所と面積などの調査を申し入れるというものであった。なお、この文面では狩猟の場である「御遊猟場」と、鳥獣を畜養しつつ狩猟の場とする「御猟場」とは異なるものであることが明示された。ここには、宮内省の「御猟場」と内務省の「御遊猟場」との認識の相違が内在していたのである。最終的には、「習志野原中統《すべ》テ右畜養地」と決定され、同十六年三月に「千葉県下御遊猟場規則」が改正されたさいに、別途「習志野原御猟場外国人臨時特許規則」が定められることになった（吉岡拓「千

表８　御遊猟場の決定

所在地	東　西	南　北
群馬県利根郡	12 里 18 町	8 里 27 町
埼玉県秩父郡	11 里半	6 里半
栃木県上都賀郡	8 里半	13 里半
神奈川県南多摩郡	6 里 4 町	3 里 12 町
神奈川県足柄下郡	6 里 12 町	4 里
静岡県天城山官林内	4 里	20 里

註　宮内庁編『明治天皇紀』第五、「自明治十二年至同十五年猟場禄」（宮内庁宮内公文書館蔵）より作成。

波湖御猟場について――風致保存のための御猟場の誕生」明治学院大学教養教育センター紀要『カルチュール』第一七巻第一号、二〇二三年）。

明治十四年十一月十四日午前七時三十分、天皇は伏見宮貞愛《さだなる》親王および宮内卿の徳大寺実則、宮内権大書記官の堤正誼《まさよし》、侍従らを従えて皇居を出発、新宿植物御苑に行幸した。北白川宮能久《よしひさ》親王、宮内大輔の杉孫七郎、宮内省御用掛の岡田善長らは、とくに召されて参加していた。そして、御苑内に新設された猟場に出かけ、午後まで親王や宮内卿らとともに鴨猟をおこなった。この日捕獲した鴨は二六六羽、小鳥は一〇〇余羽であった。このとき、引き連れていった鷹匠五人が鷹を放って諸鳥を捕獲し、天皇はその様子をご覧になった。これにより、この時期、宮内省には五人の鷹匠が少なくとも採用されていたことがわかる。

明治十五年四月五日、「群馬県利根・埼玉県秩父・栃木県下都賀・神奈川県南多摩及び足柄下の諸郡、竝びに静岡県天城山官林内に聖上御猟場を定む」（『明治天皇紀』第五）とあり、ここでは宮内省は「聖上御猟場」と記しているが、正式発表では内務省の表記を尊重して関東・東海の六地域を「御遊猟場」とすることに決定した（表8）。

これらの地域では、狩猟を生業としている人々も存在するため、恒常的な鳥獣捕獲禁止令を発令しないこととし、天皇の狩猟日前後の期間だけ狩

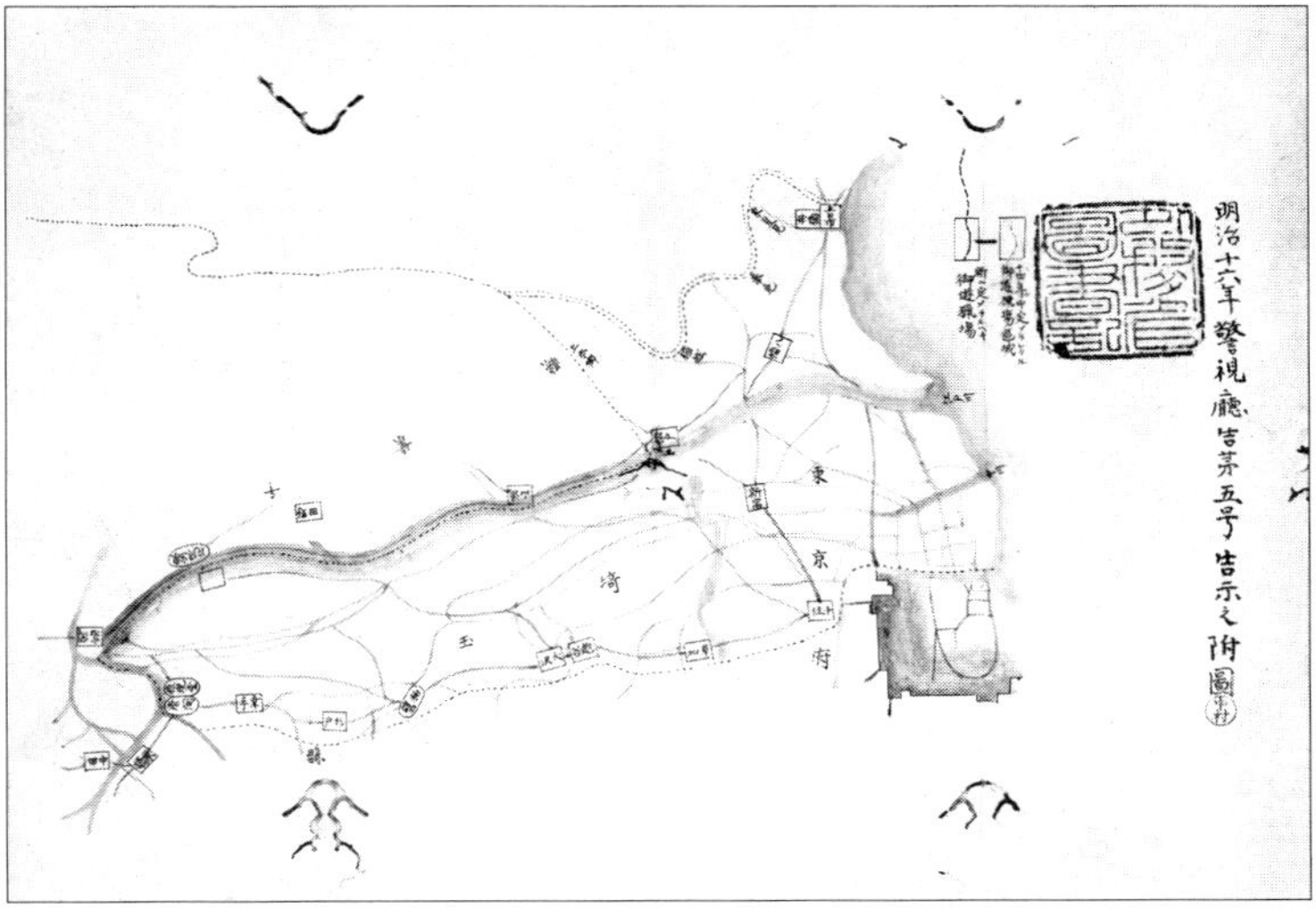

図52　江戸川筋御遊猟場（明治16年）（国立公文書館蔵）

猟を禁止することとした。つまり、宮内省は天皇の「御遊猟場」がその周辺地域の迷惑とならないように、当初、地域社会との協調路線を優先したのであるが、目指していたのは禁猟区にして天皇が狩猟に出かけたときに獲物を捕獲しやすいようにすることであった。

明治十四年、江戸川筋に「御遊猟場」が設置されたが、同十六年五月にはその区域が「明治十六年警視庁告第五号告示之付図」（国立公文書館蔵）として明示された（図52）。東京・千葉・埼玉の一府二県にまたがり、その範囲は東側が江戸川を、西側が陸羽街道（現国道四号）を境界とし、南側が東京湾まで及んでいた。この一帯を宮内省と協議して「江戸川筋御猟場」と定めた。明治十六年九月には東京府全域が解除されたが、同十七年六月には西側の境界が陸羽街道から岩槻街道へと広げられ、幡ヶ谷町（現埼玉県川口市）から幸手《さって》宿（現埼玉県幸手市）に至る日光御成道に改められた。

埼玉県下の拡張された区域を第一区と第二区に区分し、これは埼玉県下江戸川筋御猟場と称され、江戸川河口一帯を第三区とし、これは千葉県下江戸川筋御猟場と呼ばれた。その後も「江戸川筋御猟場」は縮小と拡大を繰り返しながら存続し、昭和二十六年（一九五一）に廃止された。

宮内省庶務課に設置されていた「御遊猟場御用掛」は、明治十六年九月までに「御猟場御用掛」となり、同十七年一月十七日には御猟場掛へと改組され、それぞれの御猟場のいっさいの事務を所管した（『明治天皇紀』第六）。同年八月二十一日には、宮内少輔書記官高辻修長《おさなが》が内務書記官に宛てて、「御遊猟場」を「御猟場」へと変更することについて照会していた。これは、皇室の狩猟場にかかわる業務の主導権が内務省から宮内省へと移行することを象徴するものであった。ところが、明治二十一年四月二十日、御猟場掛が廃止され、代わって主猟局が設置され、帝室の狩猟に関する一般の事務を所管し、宮内書記官海軍大佐山口正定を同局長官に任じ、侍従の米田虎雄・片岡利和・毛利左門が主猟官を兼任した（『明治天皇紀』第七）。

その後も、数多くの御猟場が設定されていった。その背景の一つとして、地租改正事業が完了し、明治十四年政変後の自由民権運動の高揚に危機感をもって、皇室の基盤を固めようとしていた侍講の元田永孚《ながざね》や参議の佐々木高行らが、すべての土地や空間は天皇のものであるという認識を再び活発化させていったことが考えられる。いっぽうで、地租改正によって人民が土地を私有することになっていた現実を前に、伊藤博文らは皇室も土地財産を私有して皇室の基盤を確立すべきである、という皇室財産設定論を唱えていた。人民の土地私有権を認めつつ、その民有地の上に設定できる御猟場は、この双方の対立に関係なく設定でき、しかも皇室関係地を創出できるメリットがあった。

また、別の背景として、条約改正問題と関連し、外国貴賓の接待にも利用する目的で、西欧諸国の王室が設置していた御猟場をこの時期設定したことが考えられる。もう一つは、立憲制を確立する準備として、行動する君主としての天皇のイメージを広めることを企図して、明治政府によって設定された側面も考えられる。

その後、明治二十四年、「江戸川筋御猟場」は存続期間一五か年の期限で設定されたが、同三十九年三月末の存続期限切れが迫ってきた同三十八年末、宮内省と埼玉県は御猟場を継続存続させる方針を決定した。すでに同三十五年には御猟場への地域住民の抵抗が高まってきており、「御猟場は成るべく御料地中に設定し、其の民有地に係れるものは之れを解除する」(『明治天皇紀』第十)方針を確認していた。

明治三十四年の狩猟法第四条では御猟場での一般人の狩猟が禁じられ、皇室専属の狩猟場として位置づけられた。ところが、時間の経過とともに、当初の御猟場設置の目的や機能の意味が薄れはじめ、同時に明治四十年以降になると表立った事態には至らなかったが、地元の指定解除の請願を押し切ってまで維持していくことへの疑問も宮内省内では出はじめていたようである(『多摩市史』通史編二 近現代、一九九九年)。

このなかで、明治三十七年に開戦した日露戦争では、ロシア軍が通信のために使っていた伝書鳩を妨害するため、鷹を飛ばすことを試みた。これは「放鷹試験」と呼ばれたが、山県有朋元帥や将校らの前で実施されていた。小林宇太郎や福田亮助など宮内省鷹匠らがこれに協力し、蒼鷹《おおたか》や隼《はやぶさ》を飛ばして実験していた。かれらは日露戦争が早く終結したため戦地に赴くことはなかったが、古くから鷹を使って

表9　「御遊猟場」「御猟場」の設置・廃止状況

御猟場	設置年	廃止年	備　考
植物御苑鴨猟場（東京府）	明治13年	明治17年	明治12年御料地。現新宿御苑
習志野原（千葉県）	明治14年	大正11年	
連光寺村（神奈川県）	明治15年	大正　6年	
赤城山（群馬県）	明治15年	大正14年	明治35年赤城御猟場と改称
天城山（静岡県）	明治15年	大正14年	
日光（栃木県）	明治15年	大正14年	当初、栃木県上都賀郡御猟場
千波湖（茨城県）	明治16年	明治21年	
江戸川筋御猟場	明治16年	昭和26年	明治24年変更
愛宕（京都府雲ケ畑）	明治22年	明治23年	明治38年再設置、大正12年廃止
長良川筋（岐阜県）	明治24年		明治23年鮎猟場設置、鵜飼保護
岩瀬（福島県）	明治24年	大正14年	明治18年御料地
沼津（静岡県）	明治32年	明治42年	
涌谷（宮城県）	明治25年	明治30年	五カ年の期限付き
段戸（愛知県）	明治35年	大正14年	御料地内
三方（静岡県）	明治35年		御料地内
七宗（岐阜県）	明治35年		御料地内
神通川（富山県）	明治45年	昭和23年	有沢橋下流の第3区は禁猟区
新浜鴨場（千葉県）	明治26年	～現在	鴨場
埼玉鴨場（埼玉県）	明治41年	～現在	鴨場

註　主に宮内庁編『明治天皇紀』（吉川弘文館、1967～1975年）による。

害鳥を追い払う伝統があったことを知っており、これを伝書鳩の追い払いに利用したのである。

明治四十一年（一九〇八）一月一日に施行された皇室令による宮内省官制では、大臣官房、侍従職・式部職の二職のほか、一二の寮が置かれ、これまで御猟場事務を担当した主猟局は主猟寮《りょう》に改められた。通常の官庁と異なり、内部部局に「職・寮」といった律令制下の部局名を継承し、その長は主猟頭と呼ばれた。しかし、同四十五年七月の明治天皇の崩御後、御猟場設置当初からの職員が相次いで退職、その後職員の解任によって特別手当や恩給の下賜が順次おこなわれた。

このなかで、大正六年（一九一七）六月三十日、連光寺村御猟場が廃止された。また、同八年には農商務省農務局に鳥獣調査関係事務を所管する機関が設置され、禁漁区であった多摩村大字連光寺に、同省直轄の鳥類調査実験場（昭和十一年に鳥獣実験場と改称）が設置された。大正末年になると、皇室の経費節減により御猟場がつぎつぎと廃止され（表9）、大正十四年に分割された農林省の国営猟区に併合されていった。

2　鴨場と饗応儀礼

御猟場が整備されるいっぽうで、効率的な狩猟を目指し、場所も狭く管理しやすい鴨場《かもば》が設置された。鴨場の起源については、類似の施設がイギリスやオランダにおいても確認されており、外来文化としての鴨場が日本でも取り入れられたのではないかという見解がある（池田真次郎『日本列島 鳥と獣』）。しかし、鴨場が鴨を捕獲するための狩猟場所であり、また江戸期から鴨の狩猟方法は鷹狩が中心であったことから、鷹狩の場所である「鷹場」に鴨場の起源があるとみる見解もある（服部勉・進士五十八「浜離宮庭園における鴨場についての研究」『造園雑誌』五七巻五号、一九九四年）。

確かに、安永七年（一七七八）、江戸幕府は将軍家の別邸となった浜御庭（一三九頁、図34／口絵⑭、現東京都立浜離宮恩賜庭園）の一角に「蓮浄院殿御住居跡、凡千六百坪余、当四月より鷭《ばん》堀、鴨堀新規出来」（『浜殿旧記上』東京都公文書館蔵）とあるように、およそ一六〇〇坪の規模で鴨場を造成した。このように、設置当初から鷭や鴨を捕らえる狩猟場所として造成され、のちこの施設は「庚申堂《こうしんどう》鴨場」と呼ばれるようになった。また、寛政三年（一七九一）四月、浜御庭の別の一角に「御庭鴨場池新規出来」とあり、翌五月には「当春、鴨場池、掘方之節有来白蓮池へ流れ候清水口之辺、地中より御影石手洗鉢弐ツ埋込有之、掘出し」（「浜殿旧記上」）とあって、新銭座《しんせんざ》鴨場の造成で御影石の手水鉢《ちょうず》が掘り出されていたことがわかる。

浜御庭内の鴨場の構造は、「元溜《もとだまり》」と呼ばれる池が造成され、その池の左右には「中の島」と呼ばれる島があり、水鳥の骨休めの場所ができた。この池にはおとりのアヒルが放たれ、野生の水鳥も渡ってくるようになった。「元溜」の周囲には「引堀《ひきぼり》」や「大覗《おおのぞき》」「小覗《このぞき》」と呼ばれる施設が設置されていた。「大覗」は池全体を見回して、どのあたりに水鳥の群れがいるのかを確認するための小屋であり、「引堀」は「元溜」と呼ばれる池の周囲に放射状に幾筋も伸びている堀であり、各「引堀」の末端部には「小覗」という「引堀」に入ってくる水鳥の様子を確認する施設が設置されていた。この「小覗」には木の板が掛けてあり、これを小槌《こづち》で打ち鳴らすと飼いならされたアヒルを先頭に野生の水鳥もつられて入ってくる仕組みであった。これは、餌をもらえる合図であった。「引堀」を挟んだ両側には鷹匠たちが身をかがめて配置につき、驚いて逃げ惑う水鳥をめがけて鷹を放ち、水鳥を捕獲したのである。

このように、近代の鴨場は江戸時代の浜御庭の鴨場とほぼ同じ構造であり、その系譜を引いていると考えられる。ただし、狩猟方法は鷹を用いた鷹狩から叉手網《さであみ》猟へと変化し、叉手網と呼ばれるすくい網を人の手で操作して水鳥を捕獲する狩猟へと変わっていったのである。

そこで、近代以降の鴨場の設置経緯を確認しておこう。明治五年（一八七二）、内藤新宿（現東京都新宿区）の旧高遠藩主内藤家の下屋敷とその周辺の土地は、農業振興を目的とした国営の「内藤新宿試験場」となった。しかし、同十二年五月、その業務が三田育種場に移されると皇室に献納され、皇室の御料地「新宿植物御苑」に改められた。翌十三年にはその御苑内に鴨猟場が新設され、宮内省は黒田長溥

（旧筑前福岡藩十一代藩主）に命じて黒田邸猟場担当の鷹匠小林宇太郎と安藤知四（ともに諏訪流鷹師）を宮内省に出仕させ、鴨場の維持管理や放鷹術の保存・継承に従事させた（『明治天皇紀』第四）。この鴨猟場は同十七年まで使われたが、その庭園改修にともなって動物園を含めた日本庭園に改められた。

いっぽう、明治二十六年十二月、千葉県東葛飾郡南行徳村（現千葉県市川市）の新浜《にいはま》御料地に鴨場が設置され、「新浜《しんはま》鴨場」と称された（口絵㉓）。敷地面積は一九万五八〇〇平方メートル（約五万九二二六坪）で、このうち越冬のために飛来する鴨が羽を休める「元溜」と呼ばれる池の面積は約一万二〇〇〇平方メートル（約三六三〇坪）であった。この地は「江戸川筋御猟場」に指定されていた一角で、東京湾を望む地に建設された。この鴨場新設の提案は天皇からあり、これを受けて同年九月二十三日に宮内省主猟局長の山口正定に実地見分を命じて鴨場設置を決定し、工事に着手していた。そして、この年十二月に鴨場が完成し、天皇に報告された（『明治天皇紀』第八）。

明治三十一年五月二十九日と同年十二月十一日、皇太子（嘉仁親王）が新浜鴨場に行啓し、前者では鷂猟、後者では鴨猟をおこなっていた（『明治天皇紀』第九）。この鴨場は皇族の遊猟および外国からの貴賓や政府高官の接待猟を目的として設置されたもので、冬季を中心とした狩猟期間中は頻繁に鴨猟が催され、外国人賓客の接待の場としても利用された。施設内には、事務所や貴賓室、鷹を飼育する鷹部屋も設置された。第二次世界大戦後、御猟場は廃止されたが、戦後も新浜鴨場は宮内庁の所管となって、今も継承されている。現在は、すでに述べた目的以外に、皇室関連施設公開の一環として鴨場見学会を実施している。

また新浜鴨場とは別に、明治四十一年六月、埼玉県南埼玉郡大袋村大字大林（現埼玉県越谷市）にも鴨場が設置され、「埼玉鴨場」と称された（口絵㉔）。この地も、「江戸川筋御猟場」の一角で、元荒川が円曲する堤塘（堤防）の地点に所在し、新浜鴨場同様、宮内省主猟局の所管であった。大正十一年（一九二二）時点の総面積は一一万六四二一平方メートル（三万五二一五坪）、そのうち「元溜」と呼ばれる池の面積は約一万二〇〇〇平方メートル（約三六三〇坪）であった。敷地内には、鴨猟のための鴨場のほか、事務所や貴賓室、鷹を飼育する鷹部屋などが設置された。

叉手網を用いた鴨猟の由来や埼玉鴨場の設計については、「江戸に在勤する大名は、徳川将軍家に遠慮して放鷹をしなかった代わりに、下屋敷に池を設けて、ここに来た鴨を鷹で捕らせていたので、今でも鷹場という名称が残っている。鷹の代わりに人が捕獲するようになったのは将軍家の鷹匠村越文一郎（仙太郎の父）が、薩摩藩の御鴨場へ釣《つり》に行ったところ、医師が溝に鴨が入ると口を閉ざして網ですくっているのをみて考案したのが現在残っている御鴨場で、皇室の越ヶ谷御鴨場は村越仙太郎と会津の鷹匠潘正臣の設計によるものである」と説明されている（越谷市郷土研究会「史跡めぐりしおり・埼玉鴨場沿革」二〇〇一年）。

埼玉鴨場での鴨猟を調べてみると、明治四十二年六月十七日には皇后が埼玉鴨場に行啓し、同四十三年十二月十八日には皇太子（のち大正天皇）や裕仁《ひろひと》（のち昭和天皇）、雍仁《やすひと》（のち秩父宮）、宣仁《のぶひと》（のち高松宮）の三親王が埼玉鴨場で鴨猟をおこない、捕獲した鴨二五羽を天皇・皇后に献上した。また、同四十四年三月二日には、駐日各国大使・公使・首席館員・館付武官並びにその妻らをこの日および七日の両日に分けて埼玉鴨場に招待し、鴨猟をおこなっていたことが確認できる（『明治天皇紀』第十二）。

3　鷹狩の伝統継承と現代

鎌倉時代から室町時代にかけて、鷹道を家業とした公家には、西園寺家と持明院家とがあり、持明院家から園家・坊門家が分家し、また藤原季行《すえゆき》の子息重季の系統を楊梅《やまもも》家と称した。室町末期から織豊時代を経て江戸時代に入ると、文武ともに流派を立てて口伝《くでん》を残す傾向が生じ、政頼《せいらい》流・故竹《こちく》流・祢津《ねつ》流・諏訪《すわ》流・大宮流・屋代流・吉田流・小笠原流・荒井流・平野流・宇都宮流などが生まれた。

このなかにあって、江戸幕府鷹匠の放鷹術を担ったのは、諏訪流と吉田流であった。諏訪流は、信州の諏訪大明神において贄鷹《にえたか》の神事を執行する大祝《おおほうり》諏方《すわ》一族に継承されたものであった。諏訪流を継承した家には祢津家・小林家・茅野家などがあり、戦国時代以降は小林家によって相伝され、幕府の千駄木御鷹部屋を担うことになった。この流派の伝書としてもっとも完備したものに「諏訪流鷹秘全書」全一〇巻がある。

いっぽう、吉田流は祢津松鷗軒信直の高弟であった吉田多右衛門家久にはじまり、その後子孫に相伝されてきた。家久の孫家政は、織田信長や徳川家康に召し抱えられて手鷹匠《てだかじょう》となり、幕府の雑司ヶ谷御鷹部屋を管轄した。この流派の伝書としては、「吉田流鷹書」が知られる。

明治時代に入り、宮内省は明治二年（一八六九）に江戸幕府の鷹匠をつとめた諏訪流の小林鳩三（旧名・段蔵）を採用し、御鷹掛を担当させた。そのほか、田中修三（恒三郎）、山本源之助、加納十次郎らも採用され、同六年には五人の鷹匠がいた。小林段蔵の子の宇太郎も、明治十二年（一八七九）宮内省に入省し、その後一時辞職したが復帰し、大正七年には鴨場に勤めながら鷹匠から鷹師に任じられた。大正十三年（一九二四）、宮内省に入省した花見薫は、昭和二年（一九二七）に鷹匠補から鷹匠に昇任し、同四年には小林宇太郎に実子がなかったため、小林家伝来の鷹書を授かり、諏訪流放鷹術を継承した。

戦後の昭和二十二年五月三日の日本国憲法施行により宮内省は宮内府となったが、同二十四年六月一日の総理府設置法施行により宮内府は宮内庁となり、総理府の外局となった。この組織改革のなかで、宮内庁は鴨場での公式の鴨猟において鷹を用いなくなり、叉手網を用いた狩猟へと変更した。こうして、公式な鷹狩が廃止されたことで、花見は宮内省最後の鷹匠となった。

花見は、公職に就いていた関係で、現役時代、諏訪流放鷹術の指南を遠慮していたが、昭和五十一年の宮内庁退官を機に、諏訪流放鷹術の伝統を残すため門弟の育成・指導に励み、田籠《たごもり》善次郎、篠崎隆男、室伏三喜男らを育てた。同五十八年、門弟の三人は日本放鷹協会を設立し、同六十年に花見を同協会会長に招聘《しょうへい》した。日本放鷹協会設立時は、流派にこだわらず、広く放鷹文化に興味をもつ会員を募集したが、平成十四年（二〇〇二）の花見の逝去後三人はそれぞれ独自行動をとるようになり、田籠は同十八年十二月に諏訪流放鷹術保存会、また室伏は諏訪流古技保存司会を設立した。

いっぽう、織田信長の時代から始まり、徳川将軍家に仕えて雑司ヶ谷御鷹部屋を担った吉田流村越家の放鷹術を受け継いでいるのが伏屋典昭である。このほか、ネット情報を検索してみると、特定非営利活動法人（NPO法人）として日本放鷹協会、日本鷹匠協会などの団体名も確認できる。

現在、鷹匠の公的な認定制度はなく、それぞれの団体の規約に従って鷹匠の認定を受けて活動しているか、あるいはみずから鷹匠を名乗って活動しているかのどちらかであり、正式な鷹匠の人数も把握されていない。現在でも継承されている伝統的な放鷹術の流派としては、諏訪流と吉田流が知られるが、そうした流派に属さず、個人的に研鑽を積んで活動している方々もいる。なお、現在、鷹狩をおこなうのに免許や登録の必要はなく、狩猟法の規則を守れば誰でも自由にできる。

現代の鷹匠の活動もさまざまであり、鷹狩を生業としている人はきわめて少なく、活動の中心は放鷹術の継承・保存、放鷹技術者の育成、放鷹術の実演、鳥獣駆除、猛禽類飼育にともなう増殖、傷病鳥の治癒およびリハビリテーション、人と猛禽類の歴史および文化研究、放鷹術の啓蒙・普及などとなっている。なかには、那須どうぶつ王国のように猛禽類の飼育とそのパフォーマンスを披露して多くの人々を楽しませ、また鷹狩によって鳥獣駆除を請け負う会社もあり、鷹匠の活動も多様化している。

平成二十二年（二〇一〇）、世界鷹匠協会（ＩＦＡ）が申請した「鷹狩」がユネスコ（国際連合教育科学文化機関）の無形文化遺産に認定され、日本の一部団体も加盟している。それとは別に、鷹狩は欧州・中東をはじめ、世界の多くの国々でおこなわれており、そうした国々の鷹匠たちと国際交流を進めている団体もある。鷹の保護が進み、そして鷹狩の伝統がさまざまな形で継承され、維持されていくことを願ってやまない。

終章

鷹に求めた人の規範

戦後、実証史学の展開により、鷹狩・鷹場についての歴史研究が進展・蓄積され、多くの事実関係が明らかとなった。とくに、古代と近世の鷹狩研究が活発におこなわれて多くの成果が生み出され、近年になって中世の鷹狩研究や近代の御猟場研究も進んできている。

さて、人と鷹との関係を歴史的にたどってみると、縄文・弥生時代までは鷹が狩猟の対象となっていた以外の関係は見出せない。もちろん、その時代の人々においても、猛禽類の鷹が天空を悠々と舞い、獲物を漁《あさ》っている姿を見て、あこがれや脅威を抱いていた可能性もあるように思われる。

古墳時代となって、鷹狩は朝鮮半島の百済《くだら》系渡来人によってわが国にもたらされたようであり、当時の大王《おおきみ》は鷹甘部《たかかいべ》を設置し、それに奉仕する部民《べのたみ》が存在し、かれらは百済系渡来人の系譜を引く人々だったようである。こうした延長線上に、鷹甘部を継承する形で律令国家成立後に兵部省主鷹司《しゅようし》（放鷹司）が置かれ、それに属した鷹養戸《たかかいこ》、のちの鷹戸が存在していた。外来文化としての放鷹《ほうよう》（鷹狩）を律令国家が取り入れ、放鷹職制を国家機構の兵部省のもとに位置づけたのである。

古代の天皇は、一般の私的な鷹狩や鷹の飼育を禁じ、鷹狩を親王・観察使以上、および六衛府次官以上の者に許し、鷹狩の権限を社会的に編成した。このなかで、天皇に貢上される鷹はその権威を帯びて

「御鷹」と称されて権威化がはかられ、それを他の者に貢上することは禁じられた。

また、天皇の狩猟場として「禁野《きんや》」（「標野《しめの》」）が設定され、天皇は山川藪沢《そうたく》の公私共有原則を超えた存在となり、「禁野」は「禁処《きんしょ》」になっていた。いっぽう、鷹狩と私鷹の飼育を許された者は、「禁野」以外の野での狩猟を認められることになった。ただし、「禁野」以外の野は耕地周辺に存在していたので、耕地を踏み荒らす可能性があり、農民に許しを請う必要があった。

さらに、天皇のもとにはさまざまな食料品が全国各地から貢納されていた。このなかで、「御贄《みにえ》」は魚介類や果菜類を主体としたものであり、「獦贄《かりにえ》」とは区別されていた。狩猟の獲物としての猪・鹿や鳥類を主体とする「獦贄」は、政治的支配権の掌握を象徴する儀礼的狩猟によって得た獲物を天皇に貢納したものであった。これにより、天皇は全国支配を食料の貢上によって儀礼的に確認することになったのである。

中世社会になると、古代後半以降の貴族社会にみられた仏教的な殺生罪業観を受容するようになり、鷹狩による殺生や肉食を悪行とみなす風潮が広まった。鎌倉幕府は幾度も鷹狩禁止令を触れたが、いくら繰り返し触れても止むことはなかった。それは、禁野で秦《はた》氏や下毛野《しもつけの》氏が朝廷御厨子所《みずしどころ》に鷹の鳥を献上する鷹狩を継続し、また諏訪大明神の贄《にえ》鷹に代表されるような供祭《ぐさい》（神仏などに物を備えて祭る）のための鷹狩も鎌倉幕府の守護・地頭らによって維持されていた。

鎌倉幕府は、神社の供税《ぐぜい》や贄鷹を目的とした鷹狩を認めながら、諸国御家人らの間でおこなわれている鷹狩を規制していた。そこで、供祭以外の鷹狩を禁じ、神事の供祭であっても鷹狩ができるのは社領の社官に限り、供祭に事寄せて勝手に鷹狩をおこなおうとしている法令違反の者たちを取り締まろうとしていたのである。

室町政権に移行しても、鷹狩への規制に変化はなく、室町中期まで天皇や公家、あるいは足利将軍家の鷹狩もほとんどみられなかった。将軍の鷹狩が本格化するのは、十一代将軍足利義澄《よしずみ》の時代、つまり戦国時代の幕明けとなる応仁の乱後の一五世紀末ごろからである。戦国時代の争乱のなかで、鷹狩を軍事的な目的を兼ねておこなうようになったのである。

この時期に台頭してくる戦国大名たちは、領内での鷹狩に規制を加え、大名と家臣団の間の主従関係を社会的に編成しようとしていた。それだけ、鷹狩が流行し、鷹狩用の鷹を求めて奥羽に出かけて買い求め、あるいは家臣や従属下にある在地領主から鷹を献上させていた。戦国大名のなかには、領内の鷹を独占する体制を敷き、従属下の領主の領内から鷹や鷹の鳥を上納させる体制を築いている者たちがいたのである。

このなかにあって、天下統一を成し遂げた豊臣秀吉は、絶大なる権威や権力を掌握し、全国的に鷹産地として知られた日向・松前・津軽などの鷹巣山《たかすやま》の鷹の確保に乗り出し、また有力大名に自分への鷹の献上を強要することもみられた。そうした権威・権力を背景として、天正十九年（一五九一）後半には美濃・尾張・三河で大規模な鷹狩を挙行し、上洛や「唐入り」（秀吉が明征服を目指して朝鮮に侵略した文禄・慶長の役）のための政治的な示威行動をとったのである。

そして、何よりも天下統一を印象づけたのは、文禄三年（一五九四）九月、「五畿内」（山城・摂津・河内・和泉・大和の五か国）や「近国」（近江・三河・尾張の三か国）という広大な領域を豊臣政権の鷹場に設定していたことであった。そのうえで、九州・中国・四国・東北の有力諸大名に朱印状を発し、領内で鉄砲を使って鶴・白鳥・雁・鴨などを捕獲し、それを献上するように命じていた。これは、「五畿内并近国」の豊臣政権の鷹場へ諸鳥を集めるためであると説明されていた。翌四年九月にも、同様なことがおこなわれた。これに先立ち、同四年一月、秀吉は尾張・三河両国の鷹場使用を後継者の秀次に認め、みずからは使用しないことを約束した。江戸時代、徳川将軍家が諸大名に鷹場を貸与・下賜する前例が、ここに開かれたのである。

こうした豊臣政権の放鷹制度の仕組みは、徳川政権にも引き継がれ、より国家・社会の内部に浸透していった。徳川政権は放鷹の歴史的伝統を重んじ、天皇に「御鷹之鶴《おたかのつる》」を献上することで「臣下」としての立場を確保し、伝統的な放鷹の継承者としての体制を整えた。また、将軍・大名間の主従関係を生かして、鷹の確保体制を構築し、あるいは鷹場を下賜することで公儀鷹場の管理の一翼を担わせ、さらに「御鷹之鳥」の贈答儀礼を通じて大名の階層序列を家格と連動させて編成していった。

幕府鷹場の維持や鷹狩のさいの諸負担については、鷹場に設定された町村に命じ、民衆役として定着させた。御巣鷹山の管理も、鷹餌の調達も、村落の指導者層を支配機構の末端に位置づけることによって達成していた。このほか、御拳場《おこぶしば》や御鷹捉飼場《おたかとりかいば》の村々には、「上ケ物《あげもの》」の上納や「上ケ鳥《あげどり》」御用にともなう人足拠出を命じ、江戸城や将軍家の維持をはかっていた。このように、幕府の放鷹制度は日本全国の幕藩領主や一般民衆を巻き込んで構築され、また天皇を頂点とした放鷹にかかわる諸関係を層序的に社会編成していったのである。

近代になると、明治新政府はその当初から放鷹制度の構築には積極的でなく、鷹狩は大名特権から自由化され、免許制を経て自由猟となった。いっぽうで、天皇の「武人」化戦略を進め、全国各地に御猟場（鴨場を含む）を設置して狩猟制度を構築していった。このなかで、宮内省は少数の鷹匠を採用していたが、しだいに狩猟の主体は鷹狩から網猟へと移行していった。これにともない、鷹匠の活躍の舞台は少なくなり、大正末期には御猟場も廃止されていった。このなかで、叉手網《さで》による狩猟である鴨猟が鴨場で細々とおこなわれ、戦後に引き継がれていった。新浜《しんはま》・埼玉の鴨場で網による鴨猟がおこなわれ、その獲物は皇族や国内外の賓客の接待に利用された。このため、公式に鷹狩をおこなうことはなくなり、昭和五十一年（一九七六）に宮内庁を退官した花見薫は最後の鷹匠となった。その後、宮内庁を離れた諏訪流の花見のもとで民間の門弟が育ついっぽうで、伝統に拠らない人々のなかにも鷹狩の愛好家がいて、鷹狩の技術が継承されている。現在、宮内庁で鷹匠の採用はないが、鴨場の鷹部屋では蒼鷹《おおたか》が職員らによって飼育されている。

このように、日本社会では外来文化としての鷹狩を受け入れた古代以来、鷹の飼育や鷹狩・鷹場にかかわる法律を制定して、社会編成と規範とを定めて全国統治に役立て、それに違反すると罰則が科された。いっぽう、鷹の飼養や鷹狩場の決定にともなう社会的慣習などは、社会の非公的な規範でありながら、これを守ることで社会の一員として認められ、尊重された。そして、社会のなかで生活するすべての人々に影響を与えることになり、鷹狩はいつの時代でも社会の要請のなかで命脈を保ってきたのである。

主要参考文献（研究書）

青木義脩『紀州鷹場――埼玉県南にあった紀伊徳川家の鷹場』……………………関東図書、二〇一六年
秋吉正博『日本古代養鷹の研究』……………………思文閣出版、二〇〇四年
池田真次郎『日本列島　鳥と獣』……………………玉川大学出版部、二〇〇四年
榎村博之『狩りと王権』……斎宮歴史博物館、一九九五年
大石学『享保改革の地域政策』…吉川弘文館、一九九六年
大石学『吉宗と享保改革――教養の日本史』……………………東京堂出版、二〇〇一年
大石学『近世日本の統治と改革』吉川弘文館、二〇一三年
太田尚宏『幕府代官伊奈氏と江戸周辺地域』……………………岩田書院、二〇一〇年
大塚紀子『鷹匠の技とこころ――鷹狩文化と諏訪流放鷹術』……………………白水社、二〇一一年
大友一雄『日本近世国家の権威と儀礼』……………………吉川弘文館、一九九九年
岡崎寛徳『鷹と将軍――徳川社会の贈答システム』講談社選書メチエ……………………講談社、二〇〇九年
亀井正道『日本の美術3　人物・動物はにわ』第三四六号……………………至文堂、一九九五年
菊地勇夫『幕藩体制と蝦夷地』…雄山閣出版、一九八四年
宮内省式部職編纂『放鷹』（新装版）……………………吉川弘文館、二〇一〇年
佐藤孝之『近世山村地域史の研究』……………………吉川弘文館、二〇一三年
武田佐知子『古代国家の形成と衣服制――袴と貫頭衣』……………………吉川弘文館、一九八四年
千葉徳爾『狩猟伝承』ものと人間の文化史14……………………法政大学出版局、一九七五年
塚本学『生類をめぐる政治――元禄のフォークロア』平凡社選書八〇……………………平凡社、一九八三年
塚本学『江戸時代人と動物』……………………日本エディタースクール出版部、一九九五年
徳川記念財団編『徳川将軍家と鷹狩り』……………………徳川記念財団、二〇〇五年
二本松泰子『中世鷹書の文化伝承』……………………三弥井書店、二〇一一年
二本松泰子『鷹書と鷹術流派の系譜』……………………三弥井書店、二〇一八年

二本松泰子『真田家の鷹狩り――鷹術の宗家、祢津家の血脈』……三弥井書店、二〇二三年
根崎光男・村上直『鷹場史料の読み方・調べ方』古文書入門叢書六……雄山閣出版、一九八五年
根崎光男『将軍の鷹狩り』同成社江戸時代史叢書三……同成社、一九九九年
根崎光男『生類憐みの世界』同成社江戸時代史叢書二三……同成社、二〇〇六年
根崎光男『江戸幕府放鷹制度の研究』……吉川弘文館、二〇〇八年
根崎光男『「環境」都市の真実――江戸の空になぜ鶴は飛んでいたのか』講談社＋α新書……講談社、二〇〇八年
根崎光男『犬と鷹の江戸時代――〈犬公方〉綱吉と〈鷹将軍〉吉宗』歴史文化ライブラリー四二三……吉川弘文館、二〇一六年
長谷川成一『近世国家と東北大名』……吉川弘文館、一九九八年
花見薫『天皇の鷹匠』……草思社、二〇〇二年
樋口広芳『日本のタカ学――生態と保全』……東京大学出版会、二〇一三年
平林仁章『鹿と鳥の文化史――古代日本の儀礼と呪術』……白水社、一九九二年
福田千鶴・武井弘一編『鷹狩の日本史』……勉誠出版、二〇二一年
藤井譲治『江戸幕府老中制形成過程の研究』歴史科学叢書……校倉書房、一九九〇年
堀内勝『鷹の書――諏訪藩に残る「鷹書（大）」の翻刻と注解』中部大学学術叢書……信州イスラーム世界勉強会、二〇〇八年
本間清利『御鷹場』……埼玉新聞社、一九八一年
三保忠夫『鷹書の研究――宮内庁書陵部蔵本を中心に』研究叢書四七二（上下冊）……和泉書院、二〇一六年
三保忠夫『鷹狩と王朝文学』……吉川弘文館、二〇一八年
盛本昌弘『日本中世の贈与と負担』……校倉書房、一九九七年
盛本昌弘『贈答と宴会の中世』……吉川弘文館、二〇〇八年
森田喜久男『日本古代の王権と山野河海』……吉川弘文館、二〇〇九年
安田寛子『幕末期の江戸幕府鷹場制度』……河出書房新社、二〇二〇年
山﨑久登『江戸鷹場制度の研究』……吉川弘文館、二〇一七年
山名隆弘『中世鷹飼の春秋――鷹狩の種々相一二話・「蒙求臂鷹往来」一二か月』……雄峰舎、二〇一八年
山名隆弘『中世鷹狩の研究』……雄峰舎、二〇一九年
若狭徹『もっと知りたいはにわの世界――古代社会からのメッセージ』アート・ビギナーズ・コレクションプラス……東京美術、二〇〇九年

あとがき

鷹・鷹狩の古文書に出会ってから、ほぼ五十年になる。大学の学生時代、東京都教育委員会をはじめ、東京都板橋区教育委員会、千葉県船橋市教育委員会などが組織していた古文書調査団の一員となり、それぞれの所蔵者宅で古文書を拝見させていただいた。この三か所の所蔵者宅の古文書には、いずれも鷹狩・鷹場に関する史料が数多く含まれていた。見慣れず聞きなれない用語が数多くでてきて、悩まされたことが思い出される。自宅に帰り、意味のわからない用語を辞典で調べてみたが、そのほとんどは見出せなかった。

それでも、古文書調査に参加し続けていると、同じ用語が幾度も出てきて、このような意味なのではないかと推測するようになった。その最《さい》たるものが、「御拳場《おこぶしば》」と「御鷹捉飼場《おたかとりかいば》」であった。そのうち、ある自治体の通史を呼んでいて、「御拳場」については簡単な説明があるのを見つけた。同時に、鷹狩の研究が少ないことにも気づいた。このため、鷹・鷹狩に関するテーマで卒業論文を書き上げようと決意し、史料を収集した。大学三年の時、調査団から鷹場に関する論文を書くように要請され、「近世鷹場制度の展開と農民支配」と題して提出し、大学四年の昭和五十二年（一九七七）一月に『田島家文書』第七巻（東京都教育委員会）の解説論文として掲載された。

それ以来、史料を収集して論文を蓄積していくことになった。大学院の修士論文でも、そのあとしばらく経ってまとめた博士論文でも鷹狩をテーマとして提出した。博士論文の一部は、『江戸幕府放鷹制度の研究』（吉川弘文館、二〇〇六年）と題して上梓した。鷹・鷹狩の研究成果は、『鷹場史料の読み方・調べ方』（雄山閣出版、一九八五年）、『将軍の鷹狩り』（同成社、一九九九年）、『生類憐みの世界』（同成社、二〇〇六年）、『「環境」都市の真実』（講談社、二〇〇八年）、『犬と鷹の江戸時代』（吉川弘文館、二〇一六年）などである。その後、鷹狩研究から派生して動物史や環境史・都市史・美術史の研究へと進み、その分野の研究に励んだ。鷹・鷹狩の研究は、当初の二十年間が中心であり、その後は環境史研究が主体となっていった。

こうして、鷹狩の研究を進めた結果、マスメディアなどから声をかけていただく機会が増えた。平成二十二年（二〇一〇）夏、NHK総合のテレビ番組「ブラタモリ」が「鷹狩り」をテーマとしたさいに出演依頼があった。都内の目黒区駒場の鷹狩史跡を案内し、浜離宮恩賜庭園ではタモリさんに内緒で鷹の「振替」（鷹が他の見知らぬ人の拳にも恐れずに乗ることを教える調教）を経験してもらうことになった。それを終えたタモリさんから「鷹狩をしたことはあるの？」と問われ、「ありません」と即答したところ、「だめじゃないの！」とダメ押しされ、予定になかった鷹の「振替」をテレビの収録ではじめて経験することになった。鷹の種類はハリスホーク（タカ目タカ科のモモアカノスリ）であったが、拳に据えた鷹は重さを感じず、その意外なほどの軽さに驚いた。こうして、鷹が拳に乗り移ってくるのを経験してみると、実に気分がよかった。天皇や将軍がみずからの拳から放った鷹が鶴などの獲物を捕らえた時には、かなり気分爽快だったのではないかなどと思い巡らせた。

長年、鷹狩研究に手を染めてきたとはいえ、その歴史・文化はきわめて豊かなものであり、著者が解き明かしたものはその一部にすぎない。にもかかわらず、鷹・鷹狩の通史を描き出すという作業は、かなり荷の重いものであった。日本近世史を専攻する著者にとって、本書の執筆にあたっては近世以外は先学の研究成果を参考にさせていただき、それぞれの時代に鷹・鷹狩が国家・社会とどのようにかかわり、そしてどのような歴史・文化を築いてきたのかを意識しながらまとめてみた。本書には不十分な点が多々あるだろうが、鷹・鷹狩の通史の理解に少しでも役立つことができれば、著者として望外の喜びである。

最後に、本書をまとめるにあたって、史資料・図書の閲覧や図版の借用にあたってご快諾いただいた各機関や所蔵者の方々、およびこれまでの鷹狩研究でご指導・ご鞭撻を賜った皆様に、心よりお礼申し上げます。

根崎　光男

二〇二四年五月二三日　諏訪大社四社の参拝を終えて

著者略歴

根崎 光男（ねさき みつお）

1954 年茨城県に生まれる．1977 年法政大学文学部史学科卒業，1983 年同大学大学院人文科学研究科博士後期課程満期退学．1984 年練馬区教育委員会（美術館）学芸員，主任学芸員，1997 年法政大学第二教養部助教授，1999 年人間環境学部助教授，2001 年人間環境学部・大学院環境マネジメント研究科（公共政策研究科）教授．2006 年「江戸幕府放鷹制度に関する研究」で博士（歴史学）．現在，法政大学名誉教授．
著書：『将軍の鷹狩り』（同成社，1999），『生類憐みの世界』（同成社，2006），『江戸幕府放鷹制度の研究』（吉川弘文館，2008），『「環境」都市の真実――江戸の空になぜ鶴は飛んでいたのか』（講談社，2008），『犬と鷹の江戸時代――〈犬公方〉綱吉と〈鷹将軍〉吉宗』（吉川弘文館，2016），『大江戸トイレ事情』同成社，2024），他．

ものと人間の文化史　191・鷹

2024年 12 月 1 日　初版第 1 刷発行

著　者　©　根崎 光男
発行所　一般財団法人　法政大学出版局
〒102-0071 東京都千代田区富士見 2-17-1
電話 03（5214）5540　振替 00160-6-95814
組版：秋田印刷工房　印刷：三和印刷　製本：誠製本

ISBN 978-4-588-21911-5

ものと人間の文化史

★第9回梓会出版文化賞受賞

文化の基礎をなすと同時に人間のつくり上げたもっとも具体的な「かたち」である個々の「もの」を根源から問い直し、営々と築かれてきた暮らしの具体相を通じて歴史を捉え直す。

1 船　須藤利一編

海国日本では古来、漁業・水運・交易はもとより、大陸文化も船によって運ばれた。本書は造船技術、航海の模様の推移を中心に、漂流、船霊信仰、伝説の数々を語る。
３６６頁　'68

2 狩猟　直良信夫

人類の歴史は狩猟から始まった。本書は、わが国の遺跡に出土する獣骨、猟具の実証的考察をおこないながら、狩猟をつうじて発展した人間の知恵と生活の軌跡を辿る。
２７２頁　'68

3 からくり　立川昭二

〈からくり〉は自動機械であり、驚嘆すべき庶民の技術的創意がこめられている。本書は、日本と西洋のからくりを発掘・復元・遍歴し、埋もれた技術の水脈をさぐる。
４１０頁　'69

4 化粧　久下司

美を求める人間の心が生みだした化粧――その手法と道具に語らせた人間の欲望と本性、そして社会関係。歴史を遡り、全国を踏査して書かれた比類ない美と醜の文化史。
３６８頁　'70

5 番匠　大河直躬

番匠はわが国中世の建築工匠。地方・在地を舞台に開花した彼らの造型・装飾・工法等の諸技術、さらに信仰と生活等、職人以前の独自で多彩な工匠的世界を描き出す。
２８８頁　'71

6 結び　額田巌

〈結び〉の発達は人間の叡知の結晶である。本書はその諸形態および技法を作業・装飾・象徴の三つの系譜に辿り、〈結び〉のすべてを民俗学的・人類学的に考察する。
２６４頁　'72

7 塩　平島裕正

人類史に貴重な役割を果たしてきた塩をめぐって、発見から伝承・製造技術の発展過程にいたる総体を歴史的に描き出すとともに、その多彩な効用と味覚の秘密を解く。
２７２頁　'73

8 はきもの　潮田鉄雄

田下駄・かんじき・わらじなど、日本人の生活の礎となってきた伝統的はきものの成り立ちと変遷を、二十年余の実地調査と細密な観察・描写によって辿る庶民生活史。
２８０頁　'73

9 城　井上宗和

古代城塞・城から近世大名の居城として集大成されるまでの日本の城の変遷を辿り、文化の各領野で果たしてきたその役割を再検討。あわせて世界城郭史に位置づける。
３１０頁　'73

10 竹　室井綽

食生活、建築、民芸、造園、信仰等々にわたって、竹と人間との交流史は驚くほど深く永い。その多岐にわたる発展の過程を個々に辿り、竹の特異な性格を浮彫にする。
３２４頁　'73

11 海藻　宮下章

古来日本人にとって生活必需品とされてきた海藻をめぐって、その採取・加工法の変遷、商品としての流通史および神事・祭事での役割に至るまでを歴史的に考証する。
３３０頁　'74

12 絵馬　岩井宏實

古くは祭礼における神への献馬にはじまり、民間信仰と絵画のみごとな結晶として民衆の手で描かれ祀り伝えられてきた各地の絵馬を豊富な写真と史料によってたどる。
３０２頁　'74

13 機械　吉田光邦

畜力・水力・風力などの自然のエネルギーを利用し、幾多の改良を経て形成された初期の機械の歩みを検証して、日本文化の形成における科学・技術の役割を再検討する。
２４２頁　'74

14 狩猟伝承　千葉徳爾

狩猟には古来、感謝と慰霊の祭祀がともない、人獣交渉の豊かで意味深い歴史があった。狩猟用具、巻物、儀式具、またけものたちの生態を通して語る狩猟文化の世界。
３４６頁　'75

15 **石垣**　田淵実夫

採石から運搬、加工、石積みに至るまで、石垣の造成をめぐって積み重ねられてきた石工たちの苦闘の足跡を掘り起こし、その独自な技術の形成過程と伝承を集成する。　２６８頁　'75

16 **松**　高嶋雄三郎

日本人の精神史に深く根をおろした松の伝承に光を当て、食用、薬用等の実用の松、祭祀・観賞用の松、さらに文学・芸能・美術に表現された松のシンボリズムを説く。　３４２頁　'75

17 **釣針**　直良信夫

人と魚との出会いから現在に至るまで、釣針がたどった一万有余年の変遷を、世界各地の遺跡出土物を通して実証しつつ、漁撈によって生きた人々の生活と文化を探る。　２７８頁　'76

18 **鋸**　吉川金次

鋸鍛冶の家に生まれ、鋸の研究を生涯の課題とする著者が、出土遺品や文献・絵画により各時代の鋸を復元・実験し、庶民の手仕事にみられる驚くべき合理性を実証する。　３６０頁　'76

19 **農具**　飯沼二郎

鍬と犂の交代・進化の歩みとして発達したわが国農耕文化の発展経過を世界史的視野において再検討しつつ、無名の農具たちによる驚くべき創意のかずかずを記録する。　２２０頁　'76

20 **包み**　額田巌

結びとともに文化の起源にかかわる〈包み〉の系譜を人類史的視野において捉え、衣・食・住をはじめ社会・経済史、信仰、祭事などにおけるその実際と役割とを描く。　３５４頁　'77

21 **蓮**　阪本祐二

仏教における蓮の象徴的位置の成立と深化、美術・文芸等に見る人間とのかかわりを歴史的に考察。また大賀蓮はじめ多様な品種とその来歴を紹介しつつその美を語る。　３０６頁　'77

22 **ものさし**　小泉袈裟勝

ものをつくる人間にとって最も基本的な道具であり、数千年にわたって社会生活を律してきたその変遷を実証的に追求し、歴史の中で果たしてきた役割を浮彫りにする。　３１４頁　'77

23-I **将棋I**　増川宏一

その起源を古代インドに、我国への伝播の道すじを海のシルクロードに探り、また伝来後一千年におよぶ日本将棋の変化と発展を盤、駒、ルール等にわたって跡づける。　２８０頁　'77

23-II **将棋II**　増川宏一

わが国伝来後の普及と変遷を貴族や武家・豪商の日記等に博捜し、遊戯者の歴史をあとづけると共に、中国伝来説の誤りを正し、将棋宗家の位置と役割を明らかにする。　３４６頁　'85

24 **湿原祭祀**　金井典美

古代日本の自然環境に着目し、各地の湿原聖地を稲作社会との関連において捉え直して古代国家成立の背景を浮彫にしつつ、水と植物にまつわる日本人の宇宙観を探る。　４１０頁　'77

25 **臼**　三輪茂雄

臼が人類の生活文化の中で果たしてきた役割を、各地に遺る貴重な民俗資料・伝承と実地調査にもとづいて解明。失われゆく道具のなかに、未来の生活文化の姿を探る。　４１２頁　'78

26 **河原巻物**　盛田嘉徳

中世末期以来の被差別部落民が生きる権利を守るために偽作し護り伝えてきた河原巻物を全国にわたって踏査し、そこに秘められた最底辺の人びとの叫びに耳を傾ける。　２２６頁　'78

27 **香料**　日本のにおい　山田憲太郎

焼香供養の香から趣味としての薫物へ、さらに沈香木を焚く香道へと変遷した日本の「匂い」の歴史を豊富な史料に基づいて辿り、我国風俗史の知られざる側面を描く。　３７０頁　'78

28 **神像**　神々の心と形　景山春樹

神仏習合によって変貌しつつも、常にその原型＝自然を保持してきた日本の神々の造型を図像学的方法によって捉え直し、その多彩な形象に日本人の精神構造をさぐる。　３４２頁　'78

29 **盤上遊戯** 増川宏一

祭具・占具としての発生を『死者の書』をはじめとする古代の文献にさぐり、形状、遊戯法を分類しつつその〈進化〉の過程を考察。〈遊戯者たちの歴史〉をも跡づける。 326頁 '78

30 **筆** 田淵実夫

筆の里・熊野に筆づくりの現場を訪ねて、筆匠たちの境涯と製筆の由来を克明に記録しつつ、筆の発生と変遷、種類、製筆法、さらには筆塚、筆供養にまで説きおよぶ。 204頁 '78

31 **ろくろ** 橋本鉄男

日本の山野を漂移しつづけ、高度の技術文化と幾多の伝説とをもたらした特異な旅職集団＝木地屋の生態を、その呼称、地名、伝承、文書等をもとに生き生きと描く。 460頁 '79

32 **蛇** 吉野裕子

日本古代信仰の根幹をなす蛇巫をめぐって、祭事におけるさまざまな蛇の「もどき」や各種の蛇の造型・伝承に鋭い考証を加え、忘れられたその呪性を大胆に暴き出す。 260頁 '79

33 **鋏**（はさみ） 岡本誠之

梃子の原理の発見から鋏の誕生に至る過程を推理し、日本鋏の特異な歴史的位置を明らかにするとともに、刀鍛冶等から転進した鋏職人たちの創意と苦闘の跡をたどる。 396頁 '79

34 **猿** 廣瀬鎮

嫌悪と愛玩、軽蔑と畏敬の交錯する日本人とサルとの関わりあいの歴史を、狩猟伝承や祭祀・風習、美術・工芸や芸能のなかに探り、日本人の動物観を浮彫りにする。 292頁 '79

35 **鮫** 矢野憲一

神話の時代から今日まで、津々浦々につたわるサメの伝承とサメをめぐる海の民俗を集成し、神饌、食用、薬用等に活用されてきたサメと人間のかかわりの変遷を描く。 292頁

36 **枡** 小泉袈裟勝

米の経済の枢要をなす器として千年余にわたり日本人の生活の中に生きてきた枡の変遷をたどり、記録・伝承をもとにこの独特な計量器が果たした役割を再検討する。 322頁 '80

37 **経木** 田中信清

食品の包装材料として近年まで身近に存在した経木の起源を、こけら経や塔婆、木簡、屋根板等に遡って明らかにし、その製造・流通に携った人々の労苦の足跡を辿る。 288頁 '80

38 **色** 染と色彩 前田雨城

わが国古代の染色技術の復元と文献解読をもとに日本色彩史を体系づけ、赤・白・青・黒等におけるわが国独自の色彩感覚を探りつつ日本文化における色の構造を解明。 314頁 '80

39 **狐** 陰陽五行と稲荷信仰 吉野裕子

その伝承と文献を渉猟しつつ、中国古代哲学＝陰陽五行の原理の応用という独自の視点から、謎とされてきた稲荷信仰と狐との密接な結びつきを明快に解き明かす。 234頁 '80

40-I **賭博Ｉ** 増川宏一

時代、地域、階層を超えて連綿と行なわれてきた賭博。その起源を古代の神判、スポーツ、遊戯等の中に探りつつ、抑圧と許容の歴史を物語る。全III分冊の〈総説篇〉。 298頁 '80

40-II **賭博II** 増川宏一

古代インド文学の世界からラスベガスまで、賭博の形態・用具・方法の時代的特質を明らかにし、夥しい禁令に賭博の不滅のエネルギーを見る。全III分冊の〈外国篇〉。 456頁 '82

40-III **賭博III** 増川宏一

聞香、闘茶、笠附等、わが国独特の賭博を中心にその具体例を網羅し、方法の変遷に賭博の時代性を探りつつ禁令の改廃に時代の賭博観を追う。全III分冊の〈日本篇〉。 388頁 '83

41-I **地方仏Ｉ** むしゃこうじ・みのる

古代から中世にかけて全国各地で作られた無銘の仏像を訪ね、素朴で多様なノミの跡に民衆の祈りと地域の願望を探る。宗教の伝播、文化の創造を考える異色の紀行。 256頁 '80

41-Ⅱ 地方仏Ⅱ　むしゃこうじ・みのる

紀州や飛騨を中心に草の根の仏たちを訪ねて、その相好と像容の魅力を探り、技法を比較考証して仏像彫刻史に位置づけつつ、中世地域社会の形成と信仰の実態に迫る。　２６０頁　’97

42 南部絵暦　岡田芳朗

田山・盛岡地方で「盲暦」として古くから親しまれてきた独得の絵解き暦を詳しく紹介しつつその全体像を復元する。その無類の生活暦は、南部農民の哀歓をつたえる。　２８８頁　’80

43 野菜　在来品種の系譜　青葉高

蕪、大根、茄子等の日本在来野菜をめぐって、その渡来・伝播経路、品種分布と栽培のいきさつを各地の伝承や古記録をもとに辿り、畑作文化の源流とその風土を描く。　３６８頁　’81

44 つぶて　中沢厚

弥生投弾、古代・中世の石戦と印地の様相、投石具の発達を展望しつつ、願かけの小石、正月つぶて、石こづみ等の習俗を辿り、石塊に託した民衆の願いや怒りを探る。　３３８頁　’81

45 壁　山田幸一

弥生時代から明治期に至るわが国の壁の変遷を壁塗＝左官工事の側面から辿り直し、その技術的復元・考証を通じて建築史・文化史における壁の役割を浮き彫りにする。　２９６頁　’81

46 箪笥（たんす）　小泉和子

第11回江馬賞受賞　近世における箱から抽斗への転換に着目し、以降近現代に至るその変遷を社会・経済・技術の側面からあとづける。著者自身による箪笥製作記録を付す。　３７８頁　’82

47 木の実　松山利夫

山村の重要な食糧資源であった木の実をめぐる各地の記録・伝承を集成し、その採集・加工における幾多の試みを実地に検証しつつ、稲作農耕以前の食生活文化を復元。　３８４頁　’82

48 秤（はかり）　小泉袈裟勝

秤の起源を東西に探るとともに、わが国律令制下における中国制度の導入、近世商品経済の発展に伴う秤座の出現、明治期近代化政策による洋式秤受容等の経緯を描く。　３２６頁　’82

49 鶏（にわとり）　山口健児

神話・伝説をはじめ遠い歴史の中の鶏を古今東西の伝承・文献に探り、特に我国の信仰・絵画・文学等に遺された鶏の足跡を追って、鶏をめぐる民俗の記憶を蘇らせる。　３４６頁　’83

50 燈用植物　深津正

人類が燈火を得るために用いてきた多種多様な植物との出会いと個個の植物の来歴、特性及びはたらきを詳しく検証しつつ「あかり」の原点を問いなおす異色の植物誌。　４４２頁　’83

51 斧・鑿・鉋　吉川金次

古墳出土品や文献・絵画をもとに、古代から現代までの斧・鑿・鉋を復元・実験し、労働体験によって生まれた民衆の知恵と道具の変遷を蘇らせる異色の日本木工具史。　３０４頁　’84

52 垣根　額田巌

大和・山辺の道に神々と垣との関わりを探り、各地に垣の伝承を訪ねて、寺院の垣、民家の垣、露地の垣など、風土と生活に培われた生垣の独特のはたらきと美を描く。　２３４頁　’84

53-Ⅰ 森林Ⅰ　四手井綱英

森林生態学の立場から、森林のなりたちとその生活史を辿りつつ、産業の発展と消費社会の拡大により刻々と変貌する森林の現状を語り、未来への再生のみちをさぐる。　３０６頁　’85

53-Ⅱ 森林Ⅱ　四手井綱英

森林と人間との多様なかかわりを包括的に語り、人と自然が共生するための森や里山をいかにして創出するか、森林再生への具体的な方策を提示する21世紀への提言。　３０８頁　’98

53-Ⅲ 森林Ⅲ　四手井綱英

地球規模で進行しつつある森林破壊の現状を実地に見聞し、森と人間とのかかわりの歴史を振り返りながら、森と人とが共存してきた日本の伝統的自然観を見なおす。　３０２頁　’00

54 **海老**（えび） 酒向昇

人類との出会いからエビの科学、漁法、さらには調理法を語り、めでたい姿態と色彩にまつわる多彩なエビの民俗を、地名や人名、詩歌・文学、絵画や芸能の中に探る。 ４２８頁 '85

55-Ⅰ **藁**（わら）Ⅰ 宮崎清

稲作農耕とともに二千年余の歴史をもち、日本人の全生活領域に生きてきた藁の文化を日本文化の原型として捉え、風土に根ざしたそのゆたかな遺産を詳細に検討する。 ４００頁 '85

55-Ⅱ **藁**（わら）Ⅱ 宮崎清

床・畳から壁・屋根にいたる住居における藁の製作・使用のメカニズムを明らかにし、日本人の生活空間における藁の役割を見なおすとともに、藁の文化の復権を説く。 ４００頁 '85

56 **鮎** 松井魁

清楚な姿態と独特な味覚によって、日本人の目と舌を魅了しつづけてきたアユ——その形態と分布、生態、漁法等を詳述し、古今のアユ料理や文芸にみるアユにおよぶ。 ２９６頁 '86

57 **ひも** 額田巌

物と物、人と物とを結びつける不思議な力を秘めた「ひも」の謎を追って、民俗学的視点から多角的なアプローチを試みる。『結び』、『包み』につづく三部作の完結篇。 ２５０頁 '86

58 **石垣普請** 北垣聰一郎

近世石垣の技術者集団「穴太」の足跡を辿り、各地城郭の石垣遺構の実地調査と資料・文献をもとに石垣普請の歴史的系譜を復元しつつ石工たちの技術伝承を集成する。 ４３８頁 '87

59 **碁** 増川宏一

その起源を古代の盤上遊戯に探ると共に、定着以来二千年の歴史を時代の状況や遊び手の社会環境との関わりにおいて跡づける。逸話や伝説を排して綴る初の囲碁全史。 ３６６頁 '87

60 **日和山**（ひよりやま） 南波松太郎

千石船の時代、航海の安全のために観天望気した日和山——多くは忘れられ、あるいは失われた船舶・航海史の貴重な遺跡を追って、全国津々浦々におよんだ調査紀行。 ３８２頁 '88

61 **篩**（ふるい） 三輪茂雄

臼とともに人類の生産活動に不可欠な道具であった篩、箕（み）、笊（ざる）の多彩な変遷を豊富な図解入りでたどり、現代技術の先端に再生するまでの歩みをえがく。 ３３４頁 '89

62 **鮑**（あわび） 矢野憲一

縄文時代以来、貝肉の美味と貝殻の美しさによって日本人を魅了し続けてきたアワビ——その生態と養殖、神饌としての歴史、漁法、螺鈿の技法からアワビ料理に及ぶ。 ３４４頁 '89

63 **絵師** むしゃこうじ・みのる

日本古代の渡来画工から江戸前期の菱川師宣まで、時代の代表的絵師の列伝で辿る絵画制作の文化史。前近代社会における絵画の意味や芸術創造の社会的条件を考える。 ２３０頁 '90

64 **蛙**（かえる） 碓井益雄

動物学の立場からその特異な生態を描き出すとともに、和漢洋の文献資料を駆使して故事・習俗・神事・民話・文芸・美術工芸にわたる蛙の多彩な活躍ぶりを活写する。 ３９６頁 '89

65-Ⅰ **藍**（あい）Ⅰ 竹内淳子

全国各地の〈藍の里〉を訪ねて、藍栽培から染色・加工のすべてにわたり、藍とともに生きた人々の伝承を克明に描き、風土と人間が生んだ〈日本の色〉の秘密を探る。 ４１６頁 '91

65-Ⅱ **藍**（あい）Ⅱ 竹内淳子

日本の風土に生まれ、伝統に育てられた藍が、今なお暮らしの中で生き生きと活躍しているさまを、手わざに生きる人々との出会いを通じて描く。藍の里紀行の続篇。 ４０６頁 '99

66 **橋** 小山田了三

第8回日本文芸大賞受賞 丸木橋・舟橋・吊橋等、人々に親しまれてきた各地の橋を訪ねて、その来歴と架橋の技術伝承を辿り、土木文化の伝播・交流の足跡をえがく。 ３１２頁 '91

67 **箱** 宮内悊

平成3年度日本技術史学会賞受賞　日本の櫃と西欧のチェストを比較文化史の視点から考察し、居住・収納・運搬・装飾の各分野における箱の役割と文化を浮彫りにする。　３９０頁　'91

68-I **絹 I** 伊藤智夫

養蚕の起源を神話や説話に探り、伝来の時期とルートを跡づけ、記紀・万葉の時代から近世に至るまで、それぞれの時代・社会・階層が生み出した絹の文化を描き出す。　３０４頁　'92

68-II **絹 II** 伊藤智夫

生糸と絹織物の生産と輸出が、わが国の近代化にはたした役割を描くと共に、養蚕の道具、信仰や庶民生活にわたる養蚕と絹の民俗、さらには蚕の種類と生態におよぶ。　２９４頁　'92

69 **鯛**（たい） 鈴木克美

古来「魚の王」とされてきた鯛をめぐって、その生態・味覚から漁法、祭り、工芸、文芸にわたる多彩な伝承文化を語りつつ、鯛と日本人とのかかわりの原点をさぐる。　４１８頁　'92

70 **さいころ** 増川宏一

古代神話の世界から近現代の博徒の動向まで、さいころの役割を各時代・社会に位置づけ、木の実や貝殻のさいころから投げ棒型や立方体のさいころへの変遷をたどる。　３７４頁　'92

71 **木炭** 樋口清之

炭の起源から炭焼、流通、経済、文化にわたる木炭の歩みを歴史・考古・民俗の知見を総合して描き出し、独自で多彩な文化を育んできた木炭の尽きせぬ魅力を語る。　２９６頁　'93

72 **鍋・釜**（なべ・かま） 朝岡康二

日本をはじめ韓国、中国、インドネシアなど東アジアの各地を歩きながら鍋・釜の製作と使用の現場に立ち会い、調理をめぐる庶民生活の変遷とその交流の足跡を探る。　３２６頁　'93

73 **海女**（あま） 田辺悟

その漁の実際と社会組織、風習、信仰、民具などを克明に描くとともに海女の起源・分布・交流を探り、わが国漁撈文化の古層としての海女の生活と文化をあとづける。　２９４頁　'93

74 **蛸**（たこ） 刀禰勇太郎

蛸をめぐる信仰や多彩な民間伝承を紹介するとともに、その生態・分布・捕獲法・繁殖と保護・調理法などを集成し、日本人と蛸との知られざるかかわりの歴史を探る。　３７０頁　'94

75 **曲物**（まげもの） 岩井宏實

桶・樽出現以前から伝承され、古来最も簡便・重宝な木製容器として愛用された曲物の加工技術と機能・利用形態の変遷をさぐり、手づくりの「木の文化」を見なおす。　３１８頁　'94

76-I **和船 I** 石井謙治

第49回毎日出版文化賞受賞　江戸時代の海運を担った千石船の構造と技術、性能を綿密に調査し、通説の誤りを正すとともに、海難と信仰、船絵馬等の考察におよぶ。　４３６頁　'95

76-II **和船 II** 石井謙治

造船史から見た著名な船を紹介し、遣唐使船や遣欧使節船、幕末の洋式船における外国技術の導入について論じつつ、船の名称と船型を海船・川船にわたって解説する。　３１６頁　'95

77-I **反射炉 I** 金子功

日本初の佐賀鍋島藩の反射炉と精練方＝理化学研究所、島津藩の反射炉と集成館＝近代工場群を軸に、日本の産業革命の時代における人と技術を現地に訪ねて発掘する。　２４４頁　'95

77-II **反射炉 II** 金子功

伊豆韮山の反射炉をはじめ、全国各地の反射炉建設にかかわった有名無名の人々の足跡をたどり、開国か攘夷かに揺れる幕末の政治と社会の悲喜劇をも生き生きと描く。　２２６頁　'95

78-I **草木布**（そうもくふ） **I** 竹内淳子

風土に育まれた布を求めて全国各地を歩き、木綿普及以前に山野の草木を利用して豊かな衣生活文化を築き上げてきた庶民の知られざる知恵のかずかずを実地にさぐる。　２８２頁　'95

78-Ⅱ **草木布**（そうもくふ）Ⅱ　竹内淳子

アサ、クズ、シナ、コウゾ、カラムシ、フジなどの草木の繊維から、どのようにして糸を採り、布を織っていたのか。聞書きをもとに忘れられた技術と文化を発掘する。　２８２頁　'95

79-Ⅰ **すごろくⅠ**　増川宏一

古代エジプトのセネト、ヨーロッパのバクギャモン、中近東のナルド、中国の双陸などの系譜に日本の盤雙六を位置づけ、遊戯・賭博としてのその数奇なる運命を辿る。　３１２頁　'95

79-Ⅱ **すごろくⅡ**　増川宏一

ヨーロッパの鵞鳥のゲームから日本中世の浄土双六、近世の華麗な絵双六、さらには近現代の少年誌の附録まで、絵双六の変遷を追って時代の社会・文化を読みとる。　３９０頁　'95

80 **パン**　安達巖

古代オリエントに起ったパン食文化が中国・朝鮮を経て弥生時代の日本に伝えられたことを史料と伝承をもとに解明し、わが国パン食文化二千年の足跡を描き出す。　２６０頁　'96

81 **枕**（まくら）　矢野憲一

神さまの枕・大嘗祭の枕から枕絵の世界まで、人生の三分の一を共に過す枕をめぐって、その材質の変遷を辿り、伝説と怪談、俗信と民俗、エピソードを興味深く語る。　２５２頁　'96

82-Ⅰ **桶・樽**（おけ・たる）Ⅰ　石村真一

第５回日本文化芸術振興賞受賞　日本、中国、朝鮮、ヨーロッパにわたる厖大な資料を集成して東西の木工技術史を比較し、世界史的視野から桶・樽の文化を描き出す。　３８８頁　'97

82-Ⅱ **桶・樽**（おけ・たる）Ⅱ　石村真一

多数の調査資料と絵画・民俗資料をもとにその製作技術を復元し、東西の木工技術を比較考証しつつ、技術文化史の視点から桶・樽製作の実態とその変遷を跡づける。　３７２頁　'97

82-Ⅲ **桶・樽**（おけ・たる）Ⅲ　石村真一

樹木と人間とのかかわり、製作者と消費者とのかかわりを通じて桶樽と生活文化の変遷を考察し、木材資源の有効利用という視点から桶樽の文化史的役割を浮彫にする。　３５２頁　'97

83-Ⅰ **貝Ⅰ**　白井祥平

世界各地の現地調査と文献資料を駆使して、古来至高の財宝とされてきた宝貝のルーツとその変遷を探り、貝と人間とのかかわりの歴史を「貝貨」の文化史として描く。　３８６頁　'97

83-Ⅱ **貝Ⅱ**　白井祥平

サザエ、アワビ、イモガイなど古来人類とかかわりの深い貝をめぐって、その生態・分布・地方名、装身具や貝貨としての利用法などを豊富なエピソードを交えて語る。　３２８頁　'97

83-Ⅲ **貝Ⅲ**　白井祥平

シンジュガイ、ハマグリ、アカガイ、シャコガイなどをめぐって世界各地の民族誌を渉猟し、それらが人類文化に残した足跡を辿る。参考文献一覧／総索引を付す。　３９２頁　'97

84 **松茸**（まつたけ）　有岡利幸

秋の味覚として古来珍重されてきた松茸の由来を求めて、稲作文化と里山（松林）の生態系から説きおこし、日本人の伝統的生活文化の中に松茸流行の秘密をさぐる。　２９６頁　'97

85 **野鍛冶**（のかじ）　朝岡康二

鉄製農具の製作・修理・再生を担ってきた農鍛冶の歴史的役割を探り、近代化の大波の中で変貌する職人技術の実態をアジア各地のフィールドワークを通して描き出す。　２８０頁　'98

86 **稲**　品種改良の系譜　菅洋

作物としての稲の誕生、稲の渡来と伝播の経緯から説きおこし、明治以降主として庄内地方の民間育種家の手によって飛躍的発展をとげたわが国品種改良の歩みを描く。　３３２頁　'98

87 **橘**（たちばな）　吉武利文

永遠のかぐわしい果実として日本の神話・伝説に特別の位置を占めて語り継がれてきた橘をめぐって、その育まれた風土とかずかずの伝承の中に日本文化の特質を探る。　２８６頁　'98

88 **杖**（つえ） 矢野憲一

神の依代としての杖や仏教の錫杖に杖と信仰とのかかわりを探り、人類が突きつつ歩んだその歴史と民俗を興味ぶかく語る。多彩な材質と用途を網羅した杖の博物誌。 ３１４頁 '98

89 **もち**（糯・餅） 渡部忠世

モチイネの栽培・育種から食品加工、民俗、儀礼にわたってそのルーツと伝承の足跡をたどり、アジア稲作文化という広範な視野からこの特異な食文化の謎を解明する。 ３３０頁 '98

90 **さつまいも** 坂井健吉

その栽培の起源と伝播経路を跡づけるとともに、わが国伝来後四百年の経緯を詳細にたどり、世界に冠たる育種と栽培・利用法を築いた人々の知られざる足跡を描く。 ３２８頁 '99

91 **珊瑚**（さんご） 鈴木克美

海岸の自然保護に重要な役割を果たす岩石サンゴから宝飾品として知られる宝石サンゴまで、人間生活と深くかかわってきたサンゴの多彩な姿を人類文化史として描く。 ３７０頁 '99

92-I **梅I** 有岡利幸

万葉集、源氏物語、五山文学などの古典や天神信仰に表れた梅の足跡を克明に辿りつつ、日本人の精神史に刻印された梅を浮彫にし、梅と日本人の二〇〇〇年史を描く。 ２７４頁 '99

92-II **梅II** 有岡利幸

その植生と栽培、伝承、梅の名所や鑑賞法の変遷から戦前の国定教科書に表れた梅まで、梅と日本人との多彩なかかわりを探り、桜との対比において梅の文化史を描く。 ３３８頁 '99

93 **木綿口伝**（もめんくでん） 福井貞子

老女たちからの聞書を経糸に、厖大な遺品・資料を緯糸に、母から娘へと幾代にも伝えられた手づくりの木綿文化を掘り起し、日本近代の木綿の盛衰を綴る。増補新版。 ３４０頁 '00

94 **合せもの** 増川宏一

「合せる」には古来、一致させるの他に、競う、闘う、比べる等の意味があった。貝合せや絵合せ等の遊戯・賭博を中心に、広範な人間の営みを「合せる」行為に辿る。 ３００頁 '00

95 **野良着**（のらぎ） 福井貞子

明治初期から昭和40年代までの日本人の仕事着を収集・分類・精査して、高度経済成長期以前の日本人の衣生活文化の豊かさを見直し、リサイクル文化の原点を探る。 ２９２頁 '00

96 **食具**（しょくぐ） 山内昶

食の人類学の視点から東西の食法を考察し、箸の食文化と三点セット（スプーン、フォーク、ナイフ）の食文化の違いを人間の自然へのかかわり方の違いとして捉える。 ２９２頁 '00

97 **鰹節**（かつおぶし） 宮下章

黒潮の恵み・カツオの漁法から鰹節の製法、商品としての流通までを歴史的に展望し、この日本的な食材の秘密を探るとともに、そのルーツをモルジブ諸島に発見する。 ３８０頁 '00

98 **丸木舟**（まるきぶね） 出口晶子

山の民、川の民、海の民が暮らしの中で丸木舟をどのように利用してきたか、その技術と民俗をたどり、列島の舟の文化を隣接アジアとのつながりにおいて考察する。 ３２２頁 '01

99 **梅干**（うめぼし） 有岡利幸

梅実にまつわる古記録や伝承を渉猟し、健康増進や医療に驚くべき効能を発揮するとして、古来民間療法や漢方で重用されてきた梅干の知られざるパワーの秘密を探る。 ３１０頁 '01

100 **瓦**（かわら） 森郁夫

仏教文化と共に大陸から伝来し千四百年にわたり日本の建築を飾ってきた瓦の変遷を通じて政治・経済・社会の動向を読みとり、日本建築におけるその効用と美を探る。 ３１８頁 '01

101 **植物民俗** 長澤武

野の草花や森の樹々が人々の営みと共にあった農山村の暮らしの歳時記。植物をめぐって伝承されてきた知恵のかずかずを克明に記録し、真の豊かさとは何かを問う。 ３４６頁 '01

102 **箸**（はし） 向井由紀子

そのルーツを中国、朝鮮半島に探るとともに、日本人の食生活に不可欠の食具となり、日本文化のシンボルとされるまでに洗練された箸の文化の変遷を総合的に描く。 ３３８頁 '01

103 **採集** ブナ林の恵み 赤羽正春

縄文時代から今日に至る採集・狩猟民の暮らしを復元し、動物の生態系と採集生活の関連を明らかにしつつ、民俗学と考古学の両面から山に生かされた人々の姿を描く。 ２９８頁 '01

104 **下駄** 神のはきもの 秋田裕毅

古墳や井戸等から出土する下駄に着目し、下駄が地上と地下の他界を結ぶ聖なるはきものであったという大胆な仮説を提出、日本の神々の忘れられた側面を浮彫にする。 ３０４頁 '02

105 **絣**（かすり） 福井貞子

膨大な絣遺品を収集・分類し、絣産地を実地に調査して絣の技法と文様の変遷を地域別・時代別に跡づけ、明治・大正・昭和の手づくり染織文化の盛衰を描き出す。 ３１０頁 '02

106 **網**（あみ） 田辺悟

漁網を中心に、網に関する基本資料を網羅して網の変遷と網をめぐる民俗を体系的に描き出し、網の文化を集成する。「網に関する小事典」「網のある博物館」を付す。 ３１６頁 '02

107 **蜘蛛**（くも） 斎藤慎一郎

「土蜘蛛」の呼称で畏怖される一方「クモ合戦」など子供の遊びとしても親しまれてきたクモと人間との長い交渉の歴史をその深層に溯って追究した異色のクモ文化論。 ３２０頁 '02

108 **襖**（ふすま） むしゃこうじ・みのる

襖の起源と変遷を建築史・絵画史の中に探りつつその用と美を浮彫にし、衝立・障子・屏風等と共に日本建築の空間構成に不可欠の建具となるまでの経緯を描き出す。 ２７０頁 '02

109 **漁撈伝承** 川島秀一

漁師たちからの聞き書きをもとに、寄り物、舟霊、大漁旗など、漁撈にまつわる〈もの〉の伝承を集成し、海の道によって運ばれた習俗や信仰の民俗地図を描き出す。 ３３４頁 '03

110 **チェス** 増川宏一

世界中に数億人の愛好者を持つチェスの起源と文化を、欧米における膨大な研究の蓄積を渉猟しつつ探り、日本への伝来の経緯から美術工芸品としてのチェスにおよぶ。 ２９８頁 '03

111 **海苔**（のり） 宮下章

海苔の歴史は厳しい自然とのたたかいの歴史だった——採取から養殖、加工、流通、消費に至る先人たちの苦難の歩みを史料と実地調査によって浮彫にする食物文化史。 ３７２頁 '03

112 **屋根** 原田多加司

屋根葺師十代目の著者が、自らの体験と職人の本懐を語り、連綿として受け継がれてきた伝統の手わざを体系的にたどりつつ伝統技術の保存と継承の必要性を訴える。 ３４０頁 '03

113 **水族館** 鈴木克美

初期水族館の歩みを創始者たちの足跡を通して辿り直し、水族館をめぐる社会の発展と風俗の変遷を描き出すとともに、その未来像を探る初の〈日本水族館史〉の試み。 ２９０頁 '03

114 **古着**（ふるぎ） 朝岡康二

仕立てと着方、管理と保存、再生と再利用等にわたり、衣生活の変容を近代の日常生活の変化として捉え直し、衣服をめぐるリサイクル文化が形成される経緯を描く。 ２９２頁 '03

115 **柿渋**（かきしぶ） 今井敬潤

染料・塗料をはじめ生活百般の必需品であった柿渋の伝承を記録し、文献資料をもとにその製造技術と利用の実態を明らかにして、忘れられた豊かな生活技術を見直す。 ２９４頁 '03

116-I **道I** 武部健一

第25回国際交通安全学会賞受賞　先史時代から説き起こし、古代律令制国家の要請によって駅路が設けられ、しだいに幹線道路として整えられてゆく経緯を描き出す。 ２４８頁 '03

116-Ⅱ **道Ⅱ** 武部健一

中世の鎌倉街道、近世の五街道、近代の開拓道路から現代の高速道路網までを通観し、道路を拓いた人々の手によって今日の交通ネットワークが形成された歴史を語る。 ２８０頁 ’03

117 **かまど** 狩野敏次

日常の煮炊きの道具であるとともに祭りと信仰に重要な位置を占めてきたカマドをめぐる忘れられた伝承を掘り起こし、民俗空間の壮大なコスモロジーを浮彫にする。 ２９２頁 ’04

118-Ⅰ **里山Ⅰ** 有岡利幸

縄文時代から近世までの里山の変遷を人々の暮らしと植生の変化の両面から跡づけ、その源流を記紀万葉に描かれた里山の景観や大和・三輪山の古記録・伝承等に探る。 ２７６頁 ’04

118-Ⅱ **里山Ⅱ** 有岡利幸

明治の地租改正による山林の混乱、相次ぐ戦争による山野の荒廃、エネルギー革命、高度成長による大規模開発など、近代化の荒波に翻弄される里山の見直しを説く。 ２７４頁 ’04

119 **有用植物** 菅洋

人間生活に不可欠のものとして利用されてきた身近な植物たちの来歴と栽培・育種・品種改良・伝播の経緯を平易に語り、植物と共に歩んだ文明の足跡を浮彫にする。 ３２４頁 ’04

120-Ⅰ **捕鯨Ⅰ** 山下渉登

世界の海で展開された鯨と人間との格闘の歴史を振り返り、「大航海時代」の副産物として開始された捕鯨業の誕生以来四〇〇年にわたる盛衰の社会的背景をさぐる。 ３１４頁 ’04

120-Ⅱ **捕鯨Ⅱ** 山下渉登

近代捕鯨の登場により鯨資源の激減を招き、捕鯨の規制・管理のための国際条約締結に至る経緯をたどり、グローバルな課題としての自然環境問題を浮き彫りにする。 ３１２頁 ’04

121 **紅花**（べにばな） 竹内淳子

栽培、加工、流通、利用の実際を現地に探訪して紅花とかかわってきた人々からの聞き書きを集成し、忘れられた〈紅花文化〉を復元しつつその豊かな味わいを見直す。 ３４６頁 ’04

122-Ⅰ **もののけⅠ** 山内昶

日本の妖怪変化、未開社会の〈マナ〉、西欧の悪魔やデーモンを比較考察し、名づけ得ぬ未知の対象を指す万能のゼロ記号〈もの〉をめぐる人類文化史を跡づける博物誌。 ３２０頁 ’04

122-Ⅱ **もののけⅡ** 山内昶

日本の鬼、古代ギリシアのダイモン、中世の異端狩り・魔女狩り等々をめぐり、自然＝カオスと文化＝コスモスの対立の中で〈野生の思考〉が果たしてきた役割を探る。 ２８０頁 ’04

123 **染織**（そめおり） 福井貞子

自らの体験と厖大な残存資料をもとに、糸づくりから織り、染めにわたる手づくりの豊かな衣生活文化を見直す。創意にみちた手わざのかずかずを復元する庶民生活誌。 ２９４頁 ’04

124-Ⅰ **動物民俗Ⅰ** 長澤武

神として崇められたクマやシカをはじめ、人間にとって不可欠の鳥獣や魚、さらには人間を脅かす動物など、多種多様な動物たちと交流してきた人々の暮らしの民俗誌。 ２６４頁 ’05

124-Ⅱ **動物民俗Ⅱ** 長澤武

動物の捕獲法をめぐる各地の伝承を紹介するとともに、全国で語り継がれてきた多彩な動物民話・昔話を渉猟し、暮らしの中で培われた動物フォークロアの世界を描く。 ２６６頁 ’05

125 **粉**（こな） 三輪茂雄

粉体の研究をライフワークとする著者が、粉食の発見からナノテクノロジーまで、人類文明の歩みを〈粉〉の視点から捉え直した壮大なスケールの〈文明の粉体史観〉。 ３０２頁 ’05

126 **亀**（かめ） 矢野憲一

浦島太郎伝説や「兎と亀」の昔話によって親しまれてきた亀のイメージの起源を探り、古代亀卜の方法から、亀にまつわる信仰と迷信、鼈甲細工やスッポン料理におよぶ。 ３２８頁 ’05

127 **カツオ漁** 川島秀一

一本釣り、カツオ漁場、船上の生活、船霊信仰、祭りと禁忌など、カツオ漁にまつわる漁師たちの伝承を集成し、黒潮に沿って伝えられた漁民たちの文化を掘り起こす。 ３７０頁 '05

128 **裂織**（さきおり） 佐藤利夫

木綿の風合いと強靱さをいかした裂織の技と美を、すぐれたリサイクル文化として見直す。東西文化の中継地・佐渡の古老たちからの聞書をもとに歴史と民俗を描く。 ３０８頁 '05

129 **イチョウ** 今野敏雄

「生きた化石」として古くから珍重され、医薬品・食料・木材等としてひろく利用されてきたイチョウの生い立ちと人々の生活文化とのかかわり・その未来像をさぐる。 ３１２頁 '05

130 **広告** 八巻俊雄

平成17年度日本広告学会賞受賞 のれん、看板からインターネット広告までを通観し、人々の暮らしと密接にかかわって独自の広告文化が形成されてきた経緯を描く。 ２７６頁 '06

131-Ⅰ **漆**（うるし）**Ⅰ** 四柳嘉章

全国各地で発掘された考古資料を対象に科学的解析を行ない、縄文時代から現代に至る漆の技術と文化をあとづける試み。漆が日本人の生活と精神に与えた影響を探る。 ２６８頁 '06

131-Ⅱ **漆**（うるし）**Ⅱ** 四柳嘉章

遺跡や寺院等にのこる漆器を分析し体系づけるとともに、絵巻物や文学作品の考証を通じて、職人や産地の形成、漆工芸の地場産業としての発展の経緯などを考察する。 ２０４頁 '06

132 **まな板** 石村眞一

日本、アジア、ヨーロッパ各地のフィールド調査と考古・文献・絵画・写真資料をもとに、まな板の素材・構造・使用法を分類し、多様な食文化とのかかわりをさぐる。 ３７０頁 '06

133-Ⅰ **鮭・鱒Ⅰ** 赤羽正春

鮭・鱒をめぐる民俗研究の前史から現在までを概観するとともに、原初的な漁法から商業的漁法にわたる多彩な漁法と用具、漁場と社会組織の関係などを明らかにする。 ２８６頁 '06

133-Ⅱ **鮭・鱒Ⅱ** 赤羽正春

鮭漁をめぐる行事、鮭捕り衆の生活等を聞き取りによって再現し、人工孵化事業の発展とそれを担った先人たちの業績を明らかにするとともに、鮭・鱒の料理におよぶ。 ３４４頁 '06

134 **遊戯** その歴史と研究の歩み 増川宏一

古代から現代まで、日本と世界の遊戯の歴史を概説し、内外の研究者との交流の中で得られた最新の知見をもとに、研究の出発点と目的を論じ、現状と未来を展望する。 ３１８頁 '06

134-Ⅱ **遊戯Ⅱ** 日本小史と最新の研究 増川宏一

前作では触れなかった中国や朝鮮、インドの遊びに大きな紙幅を割き、シルクロードを経て日本に到達する過程も考察した。携帯ゲームの普及など新たな動きも検討。 ３１０頁 '21

135 **石干見**（いしひみ） 田和正孝

沿岸部に石垣を築き、潮汐作用を利用して漁獲する原初的漁法を、日・韓・台に残る遺構と伝承の調査・分析をもとに復元し、東アジアの伝統的漁撈文化を浮彫にする。 ３３２頁 '07

136 **看板** 岩井宏實

江戸時代から明治・大正・昭和初期までの看板の歴史を生活文化史の視点から考察し、多種多様な生業の起源と変遷を多数の図版をもとに紹介する〈図説商売往来〉。 ２６０頁 '07

137-Ⅰ **桜Ⅰ** 有岡利幸

そのルーツと生態から説き起こし、和歌や物語に描かれた古代社会の桜観から「花は桜木、人は武士」の江戸の花見の流行まで、日本人と桜のかかわりの歴史を探る。 ３８０頁 '07

137-Ⅱ **桜Ⅱ** 有岡利幸

明治以後、軍国主義と愛国心のシンボルとして政治的に利用されてきた桜の近代史をたどり、日本人の生活とともに歩んだ「咲く花、散る花」の栄枯盛衰を描き出す。 ４００頁 '07

138 **麴**（こうじ） 一島英治
日本酒、醤油、味噌等の醸造の原料として日本人の味覚をリードしてきた麴のルーツを辿り、日本の気候風土の中で稲作と共に育まれた麴菌のすぐれたはたらきを探る。　２４８頁 '07

139 **河岸**（かし） 川名登
近世初頭、各地に設けられた河岸＝川の湊は、物流ターミナルとして、また旅行など遊興の場として賑わいを見せた。利根川水系を中心にその盛衰と人々の生活を描く。　２９８頁 '07

140 **神饌**（しんせん） 岩井宏實
神事・祭礼を厳格に継承する近畿地方の主要神社の神饌儀礼をつぶさに調査して、神饌調製と献供の実際、儀礼の組織と作法・習慣等を豊富な写真と共に明らかにする。　３７４頁 '07

141 **駕籠**（かご） 櫻井芳昭
その様式、利用の実態、地域ごとの特色、車の利用を抑制する交通政策との関連から駕籠かきたちの風俗までを明らかにし、日本交通史の知られざる側面に光を当てる。　２９４頁 '07

142 **追込漁**（おいこみりょう） 川島秀一
沖縄の島々をはじめ、日本各地で今なお行なわれている沿岸漁撈を実地に精査し、魚の生態と自然条件を知り尽した漁師たちの知恵と技を見直しつつ漁業の原点を探る。　３６８頁 '08

143 **人魚**（にんぎょ） 田辺悟
ロマンとファンタジーに彩られて世界各地に伝承される人魚の実像をもとめて東西の人魚誌を渉猟し、フィールド調査と膨大な資料をもとに集成したマーメイド百科。　３５２頁 '08

144 **熊**（くま） 赤羽正春
狩人たちからの聞き書きをもとに、かつては神として崇められた熊と人間との精神史的な関係をさぐり、熊を通して人間の生存可能性にもおよぶユニークな動物文化史。　３８４頁 '08

145 **秋の七草** 有岡利幸
『万葉集』で山上憶良がうたいあげて以来、千数百年にわたり秋を代表する植物として日本人にめでられてきた七種の草花の知られざる伝承を掘り起こす植物文化誌。　３０６頁 '08

146 **春の七草** 有岡利幸
厳しい冬の季節に芽吹く若菜に大地の生命力を感じ、春の到来を祝い新年の息災を願う「七草粥」などとして食生活の中に巧みに取り入れてきた古人たちの知恵を探る。　２７２頁 '08

147 **木綿再生** 福井貞子
自らの人生遍歴と木綿を愛する人々との出会いを織り重ねて綴り、優れた文化遺産としての木綿衣料を紹介しつつ、リサイクル文化としての木綿再生のみちを模索する。　２６６頁 '09

148 **紫**（むらさき） 竹内淳子
紫根染・貝紫染の伝統を受け継ぐ人々、復元に力をつくす人々を全国にたずねるとともに、華岡清洲と紫雲膏、助六の伊達鉢巻などの話題にもおよぶ「むらさき紀行」。　３３２頁 '09

149-I **杉I** 有岡利幸
その生態、天然分布の状況から各地における栽培・育種、利用にいたる歩みを弥生時代から今日までの人間の営みの中で捉え直し、わが国林業史を展望しつつ描き出す。　２８２頁 '10

149-II **杉II** 有岡利幸
古来神の降臨する木として崇められるとともに生活のさまざまな場面で活用され、絵画や詩歌に描かれてきた杉の文化を辿り、さらに「スギ花粉症」の原因を追究する。　２７８頁 '10

150 **井戸** 秋田裕毅
井戸はそもそも飲料水など生活用水を得るためではなく、祭祀に使う聖なる水を確保するためにつくられたのではないか。目的や構造の変遷、宗教との関わりをたどる。　２６０頁 '10

151 **楠**（くすのき） 矢野憲一
語源と字源、分布と繁殖、文学や美術における楠から医薬品としての利用、キューピー人形や樟脳の船まで、楠と人間の関わりの歴史を辿りつつ自然保護の問題に及ぶ。　３３８頁 '10

152 温室 平野恵
温室は明治時代に欧米から輸入された印象があるが、じつは江戸時代半ばから「むろ」という名の保温設備はあった。絵巻や小説、遺跡などより温室の歴史を読み解く。　３０２頁　'10

153 檜（ひのき） 有岡利幸
建築・木彫・木材工芸に最良の材としてわが国の〈木の文化〉に重要な役割を果たしてきた檜。その生態から保護・育成・生産・流通・加工までの変遷をたどる。　３２４頁　'11

154 落花生 前田和美
南米原産の落花生が大航海時代にアフリカ経由で世界各地に伝播していく歴史をたどるとともに、日本で栽培を始めた先覚者や食文化との関わりを紹介する。　３１６頁　'11

155 イルカ（海豚） 田辺悟
神話・伝説の中のイルカ、イルカをめぐる信仰から、漁撈伝承、食文化の伝統と保護運動の対立までを幅広くとりあげ、ヒトと動物との関係はいかにあるべきかを問う。　３３０頁　'11

156 輿（こし） 櫻井芳昭
古代から明治初期まで、千二百年以上にわたって用いられてきた輿の種類と変遷を探り、天皇の行幸や斎王群行、姫君たちの輿入れにおける使用の実態を明らかにする。　２５２頁　'11

157 桃 有岡利幸
魔除けや若返りの呪力をもつ果実として神話や昔話に語り継がれ、近年古代遺跡から大量出土して祭祀との関連が注目される桃。日本人との多彩な関わりを考察する。　３３０頁　'12

158 鮪（まぐろ） 田辺悟
古文献に描かれ記されたマグロを紹介し、漁法・漁具から運搬と流通・消費、漁民たちの暮らしと民俗・信仰までを探りつつ、マグロをめぐる食文化の未来にもおよぶ。　３５０頁　'12

159 香料植物 吉武利文
クロモジ、ハッカ、ユズ、セキショウ、ショウノウなど、日本の風土で育った植物から香料をつくりだす人びとの営みを現地に訪ね、伝統技術の継承・発展を考える。　２８８頁　'12

160 牛車（ぎっしゃ） 櫻井芳昭
牛車の盛衰を交通史や技術史との関連で探るとともに、絵巻や日記・物語に描かれた牛車の種類と構造、利用の実態を明らかにして平安の「雅」の世界へと読者を誘う。　２２２頁　'12

161 白鳥 赤羽正春
世界各地の白鳥処女説話を博捜し、古代以来の人々が抱いた〈鳥への想い〉を明らかにするとともに、その源流を、白鳥をトーテムとする中央シベリアの白鳥族に探る。　３６０頁　'12

162 柳 有岡利幸
日本人との関わりを詩歌や文献をもとに探りつつ、容器や調度品に、治山治水対策に、火薬や薬品の原料に、さらには風景の演出用に活用されてきた歴史をたどる。　３２８頁　'13

163 柱 森郁夫
竪穴住居の時代から建物を支えてきただけでなく、大黒柱や鼻っ柱などさまざまな言葉に使われている柱。遺跡の発掘でわかった事実や、日本文化との関わりを紹介。　２５２頁　'13

164 磯 田辺悟
磯と人間の関わりの歴史を信仰や民俗・伝承に探り、磯とともに生きた人びとの生活誌と漁法を、全国各地の実地調査によって明らかにする。既刊『海女』の姉妹篇。　４５０頁　'14

165 タブノキ 山形健介
南方から「海上の道」をたどってきた列島文化を象徴する樹木について、中国・台湾・韓国も視野に収めて記録や伝承を掘り起こし、人びとの暮らしとの関わりを探る。　３１６頁　'14

166 栗 今井敬潤
縄文人が主食として栽培していた栗。建築や木工の材、鉄道の枕木といった生活に密着した多様な利用法や、品種改良に取り組んだ技術者たちの苦闘の足跡を紹介する。　２７４頁　'14

167 **花札** 江橋崇

法制史から文学作品まで、厖大な文献を渉猟して、その誕生から現在までを辿り、花札をその本来の輝き、自然を敬愛して共存する日本の文化という特性のうちに描く。 ３７４頁 '14

168 **椿** 有岡利幸

本草書の刊行や栽培・育種技術の発展によって近世初期に空前の大ブームを巻き起こした椿。多彩な花の紹介をはじめ、椿油や木材の利用、信仰や民俗まで網羅する。 ３３６頁 '14

169 **織物** 植村和代

第7回日本生活文化史学会賞受賞 機織り技術の変遷を世界史的視野で見直し、古来から日本と東南アジアやインド、ペルシアの交流や伝播があったことを解説する。 ３４６頁 '14

170 **ごぼう** 冨岡典子

和食に不可欠な野菜ごぼうは、焼畑農耕から生まれ、各地の風土のなか固有の品種や調理法が育まれた。そのルーツを稲作以前の神饌や祭り、儀礼に探る和食文化誌。 ２７６頁 '15

171 **鱈**（たら） 赤羽正春

漁場開拓の歴史と漁法の変遷、漁民たちの暮らしを跡づけ、戦時の非常食として鱈が果たした役割を明らかにしつつ、「海はどれほどの人を養えるか」についても考える。 ３３６頁 '15

172 **酒** 吉田元

酒の誕生から、世界でも珍しい製法が確立しブランド化する近世までの長い歩みをたどる。飢饉や幕府の規制、酒が原因の失敗など、人々の暮らしがかいま見える。 ２６０頁 '15

173 **かるた** 江橋崇

外来の遊技具でありながら二百年余の鎖国の間に日本の美術・文芸・芸能を幅広く取り入れ、和紙や和食にも匹敵する存在として発展した〈かるた〉の全体像を描く。 ３６６頁 '15

174 **豆** 前田和美

ダイズ、アズキ、エンドウなど主要な食用マメ類について、その栽培化と作物としての歩みを世界史的視野で捉え直し、食文化に果たしてきた役割を浮き彫りにする。 ３７２頁 '15

175 **島** 田辺悟

日本誕生神話に記された島々の所在から南洋諸島の巨石文化まで、島をめぐる数々の謎を紹介し、島に残存する習俗の古層を発掘して島の精神性にもおよぶ島嶼文化論。 ３１０頁 '15

176 **欅**（けやき） 有岡利幸

長年営林事業に携わってきた著者が、実際に見聞きした事例や文献・資料を駆使し、ケヤキの生態から信仰や昔話、防災林や木材としての利用にいたる歴史を物語る。 ３０６頁 '16

177 **歯** 大野粛英

虫歯や入れ歯など、古来より人は歯に悩んできた。著者は小説や日記、浮世絵や技術書まで多岐にわたる資料を駆使し、歯科医ならではの視点で治療法の変遷も紹介。 ２７４頁 '16

178 **はんこ** 久米雅雄

「漢委奴国王」印から織豊時代のローマ字印章、歴代の「天皇御璽」、さらには「庶民のはんこ」まで、歴史学と考古学の知見を綜合して、印章をめぐる数々の謎に挑む。 ３４６頁 '16

179 **相撲** 土屋喜敬

一五〇〇年の歴史を誇る相撲はもとは芸能として庶民に親しまれていた。力士や各地の興行の実態、まわしや土俵の変遷、櫓の意味、文学など多角的に興味深く解説。 ３１４頁 '17

180 **醤油** 吉田元

醤油の普及により、江戸時代に天ぷらや寿司、蕎麦など一気に食文化が花開く。濃口・淡口の特徴、外国産との製法の違い、代用醤油、海外輸出の苦労話等を紹介。 ２７８頁 '18

181 **和紙植物** 有岡利幸

奈良時代から現代まで、和紙原木の育成・伐採・皮剝ぎの工程を軸に、生産者たちの苦闘の歴史を描き、生産地の過疎化・高齢化、野生獣による被害の問題にもおよぶ。 ３１８頁 '18

182 **鋳物** 中江秀雄

仏像や梵鐘、武器、貨幣から大砲、橋梁、自動車やジェット機エンジンまで。古来から人間活動を支えてきた金属鋳物の技術史を、燃料や炉の推移に注目して概観する。 ２３６頁 '18

183 **花火** 福澤徹三

戦国期に唐人が披露した花火は武士の狼煙と融合して独自の進化を遂げ、江戸時代に庶民の娯楽として全国に広まった。大人も子供も夢中になった夏の風物詩の歩み。 ２６８頁 '19

184 **掃除道具** 小泉和子・渡辺由美子

古代から現代まで、掃除の歴史を道具と精神性の視点から概観し、箒を巡る習俗、名称と分類、素材や産地・製法を精査して日本人の暮らしとの関わりを明らかにする。 ３１８頁 '20

185 **柿** 今井敬潤

柿は古来、日本人と苦楽を共にする「生活樹」であった。その深く豊かな歴史をたどり、調査・研究の発展、栽培の技術、採取と脱渋の方法から民俗や風習等にもおよぶ。 ２１２頁 '21

186 **パチンコ** 杉山一夫

バガテールの伝来、ウォールマシンの登場、そしてパチンコの誕生へ。昭和を象徴する大衆娯楽の全貌。私設「パチンコ誕生博物館」を開館させた著者によるパチンコ史。 ３７２頁 '21

187 **地図** 鳴海邦匡

近代的な測量技術が登場する前から、境界争いや新田開発、沿岸警備など多様な目的で地図は作成されてきた。社会と土地や空間の関わり方が地図から見えてくる。 ３１４頁 '21

188 **玉ころがし** 杉山一夫

永井荷風、萩原朔太郎、尾崎紅葉、田村松魚、前田河広一郎、広津和郎、谷譲次、川崎長太郎、川端康成はじめ、多くの文人たちが記録した幻の遊戯の盛衰をたどる。 ３７０頁 '22

189 **百人一首** 江橋崇

その様々な型式、和歌や歌人名の表記の異同、歌人画の装束や敷物までを徹底的に調査し、地域に固有の「かるた」札や遊技法にも着目して「百人一首」の謎に迫る。 ３６６頁 '22

190 **寒天** 中村弘行

古代より伝わるトコロテンの歴史を紐解き、摂津、薩摩、信州、天城、岐阜の寒天産業の盛衰や、樺太での寒天をめぐる知られざる闘争を描き出す、本邦初の本格通史。 ３２４頁 '23

191 **鷹** 根崎光男

古代から現代にいたる鷹狩の歴史。とりわけ近世におけるそのシステムを軸に、鷹の飼養や訓練、鷹場の維持管理の方法、さらには絵画・文学にわたった展開までを描く。 ３００頁 '24